“萃英记忆工程”丛书编委会

我的蘭大

人物回忆录 1

主编／王安平 陈艳

副主编／黄飞跃 王秋林 段小平 陈闻歌 刘继华

● 本书由1982级校友冯治库资助出版

● 丛书被列入兰州大学『双一流』文化传承创新建设项目

蘭州大學出版社
LANZHOU UNIVERSITY PRESS

图书在版编目（CIP）数据

我的兰大 ：人物回忆录. 1 / 王安平，陈艳主编
. -- 兰州 ：兰州大学出版社，2023.9
ISBN 978-7-311-06272-9

Ⅰ. ①我… Ⅱ. ①王… ②陈… Ⅲ. ①兰州大学－人物－访问记 Ⅳ. ①K820.842.1

中国版本图书馆CIP数据核字(2022)第085785号

责任编辑　钟　静
封面设计　汪如祥
书名题签　秦理斌

书　　名　我的兰大——人物回忆录 1
作　　者　王安平　陈　艳　主编
出版发行　兰州大学出版社　(地址:兰州市天水南路222号　730000)
电　　话　0931-8912613(总编办公室)　0931-8617156(营销中心)
网　　址　http://press.lzu.edu.cn
电子信箱　press@lzu.edu.cn
印　　刷　兰州银声印务有限公司
开　　本　710 mm×1020 mm　1/16
印　　张　30.5
字　　数　480千
版　　次　2023年9月第1版
印　　次　2023年9月第1次印刷
书　　号　ISBN 978-7-311-06272-9
定　　价　108.00元

序

萃英记忆

有人说，山河是有记忆的。

我想，如果有的话，那么皋兰山的记忆里，一定有一座坚强甚至桀骜的城市——兰州。

西汉时，武帝讨匈奴，历数十年，封狼居胥，勒石燕然。乃列四郡，据两关，漠南遂定。

今天，从兰州出发，踏上大漠与风沙中直通西域的丝绸之路，千年前的名字依旧鲜活：武威、张掖、酒泉、敦煌，河西走廊就此名载史册。

兰州在哪里?

从长安城向西，横穿秦岭，直抵祁连山下；黄河岸边，一条狭长的河谷蜿蜒伸展。北守河西，西通青藏，南望巴蜀，要冲所在，屏障所处。

武帝崩，昭帝于此置金城郡。隋文帝时，改金城郡为兰州。

展开最新的中国地图，那座黄河上的城市，依旧是要冲之地，西北的门户和枢纽。遍布中原的路网收束于此，向新疆、青海和西藏伸出两条长长的臂膀。共和国西部战区的陆军司令部，曾一度长居此地。

这，就是兰州。

有人说，故乡是在梦里的。

我想，如果在的话，那么黄河水的梦乡里，一定满溢着四面八方的呼唤与思念。

从立城的那一天起，兰州就怀抱着来自五湖四海的人们。从戍边的卫士到屯田的军户，从西北的边民到诸部的血脉，从举家迁移的普通人到寻求希望的追梦者，每个人都有曾经的故乡和小小的心愿。他们把人生寄托在这座城市里，期待着自己的归宿。

在这里，藏族和汉族的男孩称兄道弟，维吾尔族和蒙古族的姑娘结伴出游，福建和山东的口音讨价还价，关中和西域的美食同台竞技。东方红广场上与你擦肩而过的，也许是孜孜以求的学子，也许是为国铸剑的英雄，也许是一声令下千军万马的将军，也许是汲汲于营生而无暇他顾的百姓。黄土地上，他们的生命少有华彩的文章，朴实而平凡。

这，就是兰州人。

有人说，文明是历史与现实的交叠。

我想，如果是的话，那么在恢宏的中华文明里，一定闪耀着黄土高原上的小小灯火。

兰州大学，陇原大地上的人们用心点起的文明之灯，是兰州乃至甘肃的骄傲。

1938年，抗战的烽火燃遍神州大地，侵华日军刀锋所向，尸横遍野，血流漂橹。漫天的烽烟下，校园里传唱起不知名的歌曲，从此，兰州大学有了自己堪称独特的校歌。没有书卷，没有学府，没有教师，没有礼乐，有的是冲出潼关扫荡凶焰，有的是挥起铁拳还我河山，还有一首战歌和一篇号召这片土地的青年浴血报国的檄文。

建校一个多世纪，桃李满天下，享誉海内外，从不曾失却那份千年以降的情怀。它的学子，有的回到了自己的故乡，有的踏上了远方的路途，也有的留在了兰州城，和他们身边的人一起，慢慢成为了兰州人。

这，就是兰州大学。

一百多年前，西学东渐，战火纷飞，列强软硬兼施，神州风雨飘摇。清廷为求自保，欲行宪政，遂急切于预备立宪，一再诏令各省推行法政教育。

1909年，甘肃法政学堂成立。从此，一所自强不息、独树一帜的学校，一群勤奋、求实、进取的人们，在高山与大河之间，留下了自己的足迹。于是，有了一本本书，用传承五千年的语言，记住了他们的青春和过往、汗水与拼搏。字里行间，是梦想，是希望，是感动，是怀念，是心绪万千，是回首无愧。

然而，纸张的厚度，文字的数量，终归是有限的。萃英门与积石堂仍在，那些经时光洗礼的岁月、冲刷过的人和事，却一点一点地远去了。一个多世纪的变迁中，兰大人经历了太多太多的失去和遗憾，就连那首让人为之自豪的校歌，也曾被遗落了数十年。

今天，我们在这里，再次做出一点微小的尝试，从记忆的长河中拾起少许弥足珍贵的碎片。虽然不可能留住时间的脚步，但是，我们相信，我们的努力能够让后人在需要的时候，多看到一些早先的求索、曾经的悲喜。

因为这座城市，因为这里的人们，所以才有这样一座学校。

它把家国天下镌刻在骨子里，让中华崛起涌动在血脉中。薪火相传，代代不绝。

我们的兰大，我的兰大。

编　者

二〇二一年春

目录 / CONTENTS

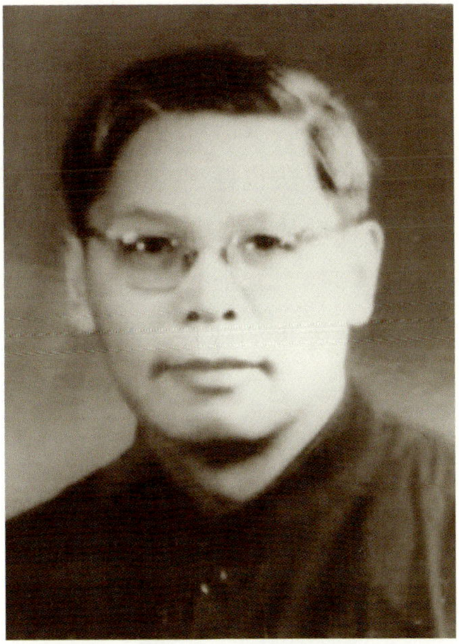

刘忆德

作者简介

刘忆德 （1918.2—2002.3），男，汉族，江苏镇江人，中共党员，毕业于北平中法大学化学系。1933年参加革命，抗日战争时期受党组织安排，到国立东北大学做学生抗日工作。1946—1959年在兰州大学化学系任教，后在甘肃农业大学基础部化学教研室任主任、教授。

缅怀陈时伟和左宗杞二位老师

一提起兰州大学，我就想到陈时伟和左宗杞二位先生，想到他们历经曲折的一生。他们虽已长眠于地下，但他们和蔼可亲的音容笑貌，仍宛然在目。

陈、左二位先生是1940年秋我在四川三台国立东北大学化学系三年级读书时来东大任教的。陈先生字逸山，湖北英山人；左先生是湖南长沙人。他们是当时东大最年轻的教授。陈先生讲授高等无机化学、物理化学和国防化学；左先生讲授分析化学和生物化学。二位老师不但学识渊博，而且教学方法也好，深入浅出，条理分明，重点突出，把本来枯燥的化学课讲得生动易懂。每堂课下来，同学们都感到收获很大。所以，不仅是本年级的同学，其他年级的同学也踊跃来听课，甚至其他专业的学生也争相选修二位先生的课程。陈先生写得一手好板书（中英文），大小均匀、行

1954年，陈时伟、左宗杞二位先生在兰州

列整齐、潇洒漂亮、清晰美观，又不多占黑板板面，深得同学们的好评。二位先生来东大后，短短一个多月时间，就为众人所瞩目。

二位先生生活简朴，平和近人。他们租住了院内可供两家人使用的一间大平房和一间小厨房，大房用铁丝和布幔隔开，左边是卧室兼书房，右边是客厅，室内除一张方桌、两把木椅和两个小竹凳外，再无其他摆设和字画。学生有问题去请教时，他们总是细心讲解，耐心指导，从不摆教授架子。

1942年我毕业留校，曾在陈、左二位先生麾下当了两年助教。每年春节，我们都去二位先生处拜年，陈先生也必到助教们的单人宿舍来回拜，

这让我和地理系助教魏晋贤（兰州大学教授）十分感动。事实上，陈、左二位先生谦虚谨慎、认真负责、毫无教授的架子，早已在同学间传为美谈，大家都说东大有一对朴素可亲的伉俪教授，即陈时伟和左宗杞先生。左先生一年四季都穿蓝色阴丹士林布旗袍（夏季为短袖），黑色布坤鞋，从不搽胭抹脂；陈先生一直穿戴青色哔叽中山装，夏季上身为白色衬衣。当时的东大可谓是人才荟萃，都是进步的学术界名流，陈、左二位先生最被同学们所敬重。

陈、左二位先生虽不热衷于政治，但对进步青年学生却倍加爱护。当时，东大的国民党势力较强，参加游行集会或进步活动（如读书会、歌咏、话剧、乐队等）的同学和教师，常被学校勒令退学和解聘。每当这时，陈、左二位先生就到处奔走相助，呼吁阻止这种行为，甚至到校长办公室去质问。1944年8月，组织上指示我在进步学生中开展工作，校方有所发觉，于是将我解聘。陈、左二位先生听说后，当即去校方交涉，虽然他们的努力未收到效果，却表明了二位先生追求光明、向往进步的思想倾向。

1949年4月，我得知二位先生回国在兰大任教的消息，于是从西宁来兰州找到他们。当时，陈时伟先生是理学院院长，并在兰州大学化学系讲授物理化学。陈先生的学术水平较高，他曾被公派到美国伊利诺伊大学化学系从事光化学研究，在中国《化学学报》上发表相关论文若干篇；在抗战时期，他翻译了《化学战剂》一书，对防护化学战有所帮助。1949年后，陈先生加入九三学社，当选为九三学社中央委员。在任兰州大学理学院院长期间，他工作认真负责，为学院多学科发展和师资队伍建设做出了重要贡献。左宗杞先生任化学系系主任，工作积极热情，认真负责，曾参加1956年中国十二年发展科学技术规划的制定工作。她曾作为高访学者公派美国合作研究低温电池。左先生的专长是分析化学，她的学术水平较高，曾发表过Cr离子的检定，是中国在库伦分析研究领域的第一人，先后发表论文十余篇。左先生是中国《分析化学》首任编委，是我国最早培养分析化学研究生的专家之一。她作为系主任，积极筹备分析化学、无机化学、有机化学、物理化学等专业建设及相关实验室建设和师资队伍建设；她与程溥教授共同翻译了俄文教材《仪器分析》，正式出版后供学生做参考用书。1955—1956年，在化学楼建设中，陈、左二位先生精心参考国外实验室建设的经验，为化学楼的建设建成呕心沥血。他们和设计人员共同讨论建设方案，注重工程进度与质量，建立每月检查制度，从整体建设到各个细节都特别关注。由于学校和化学系的高度重视，建筑部门的全力施工，化学楼于1956年落成并投入使用。左宗杞先生任系主任期间，为化学系的建设和发展做出了重要贡献。

1949年8月20日前后，沈家岭上炮声隆隆，烟火团团，站在昆仑堂（大礼堂）前清晰可见。左先生把我叫到她家，嘱咐我快速悄悄妥善安排辛校长为化学系由美购进的万分之四的自动天平以及易燃易爆的化学药品。我迅速将十几架天平拆卸装箱，隐蔽于水泥台下，并督促管理员周秋舫将钾、钠、硫、磷、氯酸盐、硝酸盐等化学药品包装后埋于地下。果不其然，后来有人来找左先生索要此类物品，都被先生婉言拒绝，最后他们只拿走一架台秤。8月26日，解放军进入兰州市后，我们发现天山堂（化学系的教学楼）三楼后面，被马家军从白塔山打来的炮弹穿了个大洞，但化学系的仪器和药品却安然无恙。

忆及陈、左二位先生于1948年毅然由美回国，到贫苦偏僻的西北工作，这些都一再说明他们热爱祖国、热爱共产党、热爱社会主义的立场。

二位先生还出面协同校领导先后聘请了一些知名的化学家及业务骨干来兰大任教，如朱子清、戈福祥、刘有成、韦镜权、程溥和黄文魁夫妇、陈耀祖、胡晓愚等，这为兰州大学有机化学专业成为国内最强者之一奠定了基础。他们在任期间还选拔了一批优秀毕业生留校工作，并为化学系添置了不少当时较为先进的仪器（如极谱仪、光谱仪、分光光度计、比长计、各种比色计等）。当时，化学系每班的学生也由六七人扩充为四五十人以上，这为化学系的人才培养和学科发展奠定了很好的基础。二位先生为国家培育了大量优秀人才，他们遍布大江南北。兰大原校长胡之德、党委副书记史启祯，化学系主任周耀坤、朱彭龄（左宗杞的研究生），以及杨汝栋、孟益民、尹荣鋆、王怀公、张自义等学者，都是二位先生培育的优秀学生。他们发表的科研成果，逐年增加，使化学系逐步成为拥有一千多名师生，海内外知名的大系。

晚年时的左宗杞先生

我上面所写的关于陈、左二位先生的这许多琐事，就是要以小见大，一个人能力有大小，但只要他为党和国家尽心尽力地做过贡献，我们就不应该忘记。二位先生都是对党和人民有着满腔热忱的知识分子，我们缅怀他们，就是要记住历史，从而珍惜我们现在的安定团结和幸福生活，紧密团结在党中央周围，高举社会主义的伟大旗帜，创造美好的未来。

何裕

作者简介

何裕（1921.12—2015.5），字聚川，晚号竹节馆主，1921年生于甘肃省临洮县，中共党员。1948年毕业于北京师范大学国文系，同年秋任兰州大学中文系助教，并加入中国共产党。新中国成立后，曾任甘肃省学联秘书长，兰州市政府秘书，甘肃省文联、中苏友好协会筹备组成员及甘肃省文联委员。1954年兰州医学院成立，先后在马列主义教研室、中医教研室、美育教研室任讲师、副教授、教授。

何裕先生出身于书香门第，从小受家庭熏陶喜好书法。上大学时深得黎锦熙、王汝弼两位教授奖掖，得观汉魏碑及古今名人墨迹，又师从刘盼遂、陆宗达两位教授学习文字、声韵、训古之学，更增进书法爱好。工作之后得甘肃省著名书家牟月秋、魏振皆等老先生教益，更涉甲骨、金文、汉简、敦煌写经，书艺眼界更宽。“文革”后期，专心中国书法史及古文字研究，曾任全国书协第一、二届理事，甘肃省书协筹备组成员及名誉主席，甘肃省政协委员，甘肃省诗词学会顾问。2001年3月，经全国书协推荐，由文化部、教育部授予“二十世纪有突出贡献的老书法家”称号。

其书法作品曾参加全国一、二、三届书法展，“中日”、“中新”及国际书法联展，作品收入《中国新文艺大系》(书法卷)，并为全日本书道联盟汉简研修会讲授《汉简章书法》。国内许多名胜古迹及有关纪念场馆均有先生的题字、碑刻及作品陈列，先生也曾为诸多单位及个人书法集、册页、长卷题签，其作品远涉东南亚、日本及欧美许多国家，深受国际友人的赞许。

何裕先生文学素养深厚，知识面广，文、史、哲、美、医各科兼习，书艺精湛，篆、隶、楷、行、草诸体皆能，喜作榜书，尤善用笔，功力深厚，结体古拙、朴茂，汉魏相参，浑然一体，形成自己独特的艺术风格。

我在兰大的点滴回忆

我是1948年下半年来兰州大学中文系任助教的。未来兰大之前，先在兰州市政府教育科任督学，同时兼任志果中学高二年级语文教师。

1948年，我在北师大中文系学习的时候，我的一位教诗经课的老师侯堮先生对我很器重，毕业临行时他曾对我说，他在清华研究院读书时，有一位甘肃籍的同学冯国瑞，听说当时就在兰大和西北师院任教，他介绍我去拜访冯先生，并写了一封介绍信。我来兰州后，这封信一直压在我的书箱中没有打开，我对这件事并未放在心上，因为我的同学于衡退当时担任兰州市教育科科长，要求我担任他的督学，感念同学交情，我只好答应他。有一天，我突然想起书箱在路上风吹日晒了好多天，不知书受潮没有，打开书箱才发现这封介绍信。那时，我寄宿在省图书馆一位同学杨仪处，恰巧当时冯国瑞先生担任省图书馆特藏组主任。我带了两篇论文和那封信去拜访冯先生，寒暄几句后就仓促离开了。不想第二天水天同先生探访冯先生，见到了那份介绍信和我的论文，当时就拍板要请我到兰大中文系任助教，这是我十分愿意去的。水天同先生的大名，我早有耳闻，他是清华留美的出色学者。事实上，事先我并不认识水天同先生。水先生原来是昆明英专的校长，因为他父亲水梓老先生年事已高，希望他回兰州工作，正逢当时兰大的校长辛树帜同意聘请他为兰大文学院院长，因此，水先生来到兰大。我就是这样进入兰大任教的。

下面谈谈兰大当时的机构设置及人员分布情况。

水天同先生在兰大担任文学院院长，并兼任英文系系主任。文学院当时有五个系：中文系、历史系、英文系、俄文系，还有少语系。少语系包括三个组：藏文组、蒙文组、维文组。实际上等于七个系。中文系系主任原来是张舜徽教授，著名的文字学专家，可惜张先生1947年就离开兰大了，我没有见到。我来兰大时冯国瑞先生代理中文系系主任。历史系系主任是顾颉刚先生，是辛树帜校长专门从南京中央大学请来的。顾先生是全国知名学者，可惜新中国成立前夕顾先生就离开兰大了。英文系阵营很强大，因为水先生提倡基本英文，他是东方基本英文学会会长，并请了两位外籍女教师任教；俄文系阵营亦很强大，系主任我不甚了解，其中有徐褐夫先生、李毓珍先生，还有刘阿丽、刘珊珊、刘维周兄妹；少语系中藏文组主任是杨质甫先生，他是蒙藏委员会的重要成员，精通藏文，还有一位姓段的先生，听说是教拉萨语的，还有藏族学者丹巴、汉族学者叶维熙；其他蒙文、维文组，除有少数资深教授外，大多是新培养的青年学者。

就我所知，中文系有一对夫妇，男方的名字我记不清了，仅记得他是黄季刚先生的学生，大家戏称他为“黄门侍郎”。因为我的老师陆宗达先生也是黄先生的得意门生，所以我对这位先生非常敬重。他的夫人冯润琴，据说是教宋词的。另外还有一位天水籍的老先生张曦，字榕石，和著名学者杨树达先生是好朋友，教《颜氏家训》的。

理学院院长是陈时伟。理学院分五个系：数学系主任姓刘；化学系主任左宗杞（陈时伟的夫人），教授有王定柏；物理系主任聂崇礼，教授有方孝传等；地理系主任王德基，教授有冯绳武等；生物系主任常麟定。

法学院院长姓陈，除法律系外尚有经济系、银会系等。

医学院院长乔树民，附属医院院长杨英福，教授有马馥庭、张培炎、覃见效、张爱诚等。

再说说兰大的校领导。当时的校长是辛树帜，他原是武功农学院（西北农林科技大学）院长，是全国大学丛书的编委。他和当时教育部部长朱家骅是莫逆之交，其他校长要见朱家骅是较困难的，往往见不到，而辛树帜可以不通报就随便进入，可见其关系非同一般。他要经费也比较容易，兰大的前身是国立甘肃学院，原来的基础设施较差，大部分是多年的平房，自他任校长后连续盖了几幢大楼，有祁连堂、衡山堂、皋兰堂、积石堂，还有半落成的昆仑堂。同时，他也非常重视图书资料和教学设备，学生要求邀请的名教授，他都可以请到。这些都是一个大学最重要的事。

教务长是董爽秋先生，训导长是段子美先生，图书馆馆长是贺日章先生，总务长姓陈，也是物理系的名教授。

张治中先生任八战区司令长官时，情况比较好，建有三爱堂。但自郭寄峤担任甘肃省主席后，提出发行三百万建设公债，要省参议会通过，这就引发了反对三百万建设公债的学生运动，参加运动的有兰大、师大以及各中学的学生。这次运动规模很大，是甘肃学生运动中最有名的一次，对国民党的统治震撼也最大。

马步芳任八战区司令长官时，兰州的形势起了极大变化，因为解放战争即将胜利，国民党反动派的垂死挣扎也特别疯狂。当时，中共地下党组织已经提出做好迎接解放的准备，提出联系进步教授及知名学者护校的口号，并在工厂提出组织工人护厂的口号。

由于有过反对三百万建设公债的学生运动，所以反动派也特别注意兰大学生的动向，因此兰州解放前夕兰大地下党组织遭到破坏，好几位同志被捕，并有数位同志在沙井驿遇害。

在这一过程中，学校也做了许多应变的准备，挖了许多防空洞。1949年8月26日早晨五点多，就听到有人喊“兰州解放了”，我当时仓促从防空洞跑出来去找徐褐夫先生，还有李秀峰、刘让言、谷苞等教授，商量如何组织学生欢迎解放军等事宜。这时天已大亮，我们召集学生开会，写标语，欢迎解放军。由于著名学者的参加与号召，许多学生和员工都参加了大会，会场气氛热烈，群情激昂，没有发生什么事故，非常平稳。

新中国成立初期学校实行军管，兰大的首席军事代表是辛安亭同志，还有陆润林和孙达可两位同志。辛安亭毕业于北大，陆润林毕业于北师大，孙达可负责做学生的思想工作。不久许多学生都返校了。我记得随军进城的学生中有俄文系的徐肇新，他是中共地下党员。他曾对我说：罗扬实同志也随军进城了，现住励志社。不久后我也见到罗扬实了，他是皋榆工委的负责人，也是新中国成立前兰大地下党组织的领导人。大约八月底九月初的一天，罗扬实同志在兰州市人委召开的兰大党委会议上，任命龙家瑞为兰大党支部书记、徐肇新为组织委员、何裕为宣传委员……党组织由地下转为公开，因此我的中共党员的身份也就公开了。

紧接着我被派到庆祝兰州解放筹备处工作。当时工作热情非常高，好不容易等到解放，一定要加倍努力工作。先是配合公安部门寻找殉难烈士的遗骸，筹备中苏友好协会，筹备成立文联，接收原兰园文艺茶座，筹备庆祝中华人民共和国成立大会等工作，后来被调到省青委担任省学联秘书长，直到学联正式成立为止。

在兰大教师中，除地理系有一名党员外，在文学院只有我一个党员，开展工作很不方便，同时在军管委员中只有孙达可一人是正式工作人员，大部分委员是俄文系的学生。当时要建立共青团组织的任务虽然很重，但在学生中很快建立了团组织，后来一部分先入团的同志是首先考虑的入党对象。

在稳定教学秩序、团结进步教师任务中，学生中的许多党员和团员都发挥了极大的作用。

军管工作延续了多久，我已经记不清了。只记得派来兰大的第一任校长是曲正同志，他原是西北局卫生部副部长，山东人，留德学生，研究细菌学的。曲校长既是专家学者，又是老干部，大家都非常尊重他。当时曲正同志又兼任医学院院长，所以工作非常繁忙。他就把西北医学院的张延华教授调来，准备让他任医学院院长。但是张延华教授是陕西人，不习惯兰州的生活，所以只在医学院工作了半年就离开了。当时的医学院除前期课程有几位教授任课外，后期课程全部由陆军总院的大夫兼任，因此培养教师的任务非常重。曲正校长除了从外地聘任教师外，还有计划地在学生中培养新生力量，他一方面派人到苏联学习，一方面派学生到北京、上海等地的医学院校学习，所以后来各科骨干都是那时派出去的，可见曲校长是很有远见的。

另外，在建校问题上曲校长也一样眼光远大。兰大校址原来在萃英门内，是左宗棠任陕甘总督时的举院地址，改为兰大后，经过辛树帜校长的规划，建了好几幢楼房，当时也觉得很宏伟，因那时招收的学生不多，所以也没有感到狭小。新中国成立后，各方面建设都需要更多人才，因此招生数额逐年增加，校舍扩建工作也就摆上了日程。当时负责城建工作的是兰州市人委的任震英同志，曲正校长向他提出兰大的校址规模是拟从东稍门到东岗镇这一大片面积，任震英同志吃惊地说：这么一大片，几乎是兰州市的一大半，我做不了这个决定。曲校长说：我们设计的是未来的共产主义大学，将来系之间要用交通车联系，这样规模的大学，难道不需要这样大的面积吗？从这一点上可以看出曲校长的深谋远虑。从培养干部和建校这两件事情上足以说明曲校长的领导水平了。

其次，我要谈谈兰大文学院。前面我也谈到文学院的概况，水天同院长在1948年到任后，在原有基础上准备成立哲学系，哲学系主任的人选是省图书馆馆长刘国钧先生，刘先生既是有名的图书馆专家，又是有名的道藏研究专家。与此同时，水天同先生还想把甘肃学术界有名的人都请到兰大任教，有章太炎先生的弟子李恭先生，有学有专长的李鼎文先生（武威李叔坚先生的儿子），还有国外留学回来的学者等。但由于种种原因，这个系没有建成，以上设想也因此没有实施，结果文学院只剩下中文系和历史系，英文系并入西大，俄文系并入西安俄专，少语系并入西北民院，而水天同院长也就去了西大，法学院取消，仅剩下经济系，医学院1954年独立建院，兰大实际上就只剩下物理系了。

最后谈到我自己。1951年3月，我又回到兰大。那时陆润林教务长告诉我，组织上让我担任注册组主任，我本来想回到中文系好好研究我的专业，但党组织已经决定，我也只好服从。1952年，党组织又决定让我改行到北京人民大学学习联共党史。说实话，我不忍心放弃我的专业，但作为党员，我没有理由强调自己的专业，也只好服从。回来后在兰大教联共党史。直到1954年9月医学院单独建院，我和薛保善两人以暂借的名义被借调到医学院，我任马列主义教研室主任，曲折经过不详说，直到2004年医学院又并入兰大，整整五十年，人也老了，学业也荒废了。我自问，没有辜负党的培养，但却牺牲了自己的专业。

侯家骥

作者简介

侯家骥（1930.5—2012.4），男，汉族，河北容城人，生于1930年5月。1952年毕业于山东医学院，1953年卫生部第一届高师班组织学与胚胎学专业结业，由卫生部统一分配到兰州大学医学院工作。历任兰州大学及兰州医学院组胚专业助教、讲师、副教授、教授和教研室主任，其间曾兼任兰州医学院基础部主任（第一届）、教学行政组组长、教务处处长、教学督导组副组长等职，曾担任中国解剖学会理事、甘肃省解剖学会理事。1983年以来，先后获甘肃省卫生系统、省教委以及省政府教学科研成果奖八项（次），1988年9月获省委和省政府“园丁奖”。1992年享受国务院政府特殊津贴。2001年，被聘为甘肃省医学会名誉会长。

难忘萃英门　难忘静观园

——记1953年春至1954年秋的兰大医学院

1953年4月，我由卫生部分配到兰州大学医学院工作。当时正是新中国成立初期，百废待兴，高等院校学习苏联进行院系调整。卫生部根据院校调整之需，于1952年将全国各高等医学院校高年级学生统一抽调，按专业分配到师资与设备条件较好的医学院校（如上海、北京、广州、山东、湖南等地），进行为期一年的基础医学专业的培训学习，作为医学专业的师资力量。这种卫生部高级师资进修班共办了两届，有数百名医学生参加培训后成为全国统一分配的青年教师骨干。就是在这样的背景下，我在母校山东医学院进修一年组织胚胎学专业后，满怀建设大西北的豪情，踏上了西行之路，奔向中学时代就憧憬的祖国地理中心——兰州。

回忆当年的兰州，人口不过二十万，天水到兰州的铁路刚修通。从兰州车站的几间平房望去，整个东郊一片荒野，远处可见的唯一楼房就是东教场的兰州军区。我从济南上火车，途经徐州、西安换乘，即使到达西安，也不能直接来兰，还必须在宝鸡重新购票，重新托运行李，因为宝兰段还未与全国联运。这样一来，不到两千公里的路程足足走了五天，尤其是从宝鸡再次上车后，车厢破旧，灯光暗淡，乘客拥挤，这段不足五百公里的路程走了四十八个小时。所有桥涵隧道还未完全竣工，洞内灯光闪烁，工人们还在施工，列车行驶缓慢，而且边走边停。越向西行，绿色愈少，黄土陡坡上寸草不生，我心中不由惴惴不安起来。好不容易到了终点，竟然没有像样的车站！取出行李雇了一辆三轮车，竟然因车斗被行李占了而不能上车乘坐，跟着车夫走过满是黄土的旷野到了小沟头，才进入市内狭窄的马路。还未到学校，我穿的皮鞋内已被浮土灌满。走到萃英门，原来是土墙的一个豁口。进入一瓮城似的城垣内，“兰州大学”四个字赫然在目，经过门口荷枪的校警查问，到了校长办公室，受到当时医学院院长王文义教授的亲自接待。王院长安排总务处的续永图同志和工友将我的行李送到静观园一间不足十平方米的土坯平房内，在这里开始了我半个多世纪的兰州生涯。

我之所以写了上述这段来兰的经历，不仅因为这是一件令我终生难忘的往事，也是我亲自见证了这座城市与兰大所经历的巨大发展后所感受的兴奋与感慨。当年的萃英门和静观园虽然简陋，但回忆起曾热情接纳了我这个远方学子的那些领导、老师和团支部的同事，我心里至今仍是热乎乎的。

1953年的兰大虽有文理医法等院系，但在萃英门内占地面积很小，校门外就是只有数排平房的兰大（附属）医院，还有一所规模很小的工业学校。当时的医学院教职工只有四五十人，我所在的解剖学教学小组位于贺兰堂内，而其中的组织学与胚胎学教学小组则位于相邻的祁连堂底层东部。小组成员除张爱诚副教授外，只有段培圣（西安医学院1952年毕业）和我这个“新兵”，还有一位技术员刘志勋和一位工友牛振玺，五个人共有五间房子和一间约四十平方米的学生实验室。张爱诚先生于新中国成立前从沈阳小河沿医学院毕业后来兰从教。刘志勋同志是1946年从上西园的西北医学院（西安）兰州分院合并到新建的兰州大学来的。至于教学设备更是少得可怜，除了有数十台Spencer牌的显微镜外，只有美国产的轮动切片机和滑动切片机各一台，以及陈旧的德国产切片机一台，组织切片也只有张爱诚教授从沈阳带来的几盒。由于城市没有水厂，学校只能靠马拉的水车每天从黄河拉水供饮用。各学科实验室都没有自来水设备，教学楼内也没有卫生间。在这样的条件下，技术室的刘志勋同志用自己澄清的黄河水和墨水瓶做的酒精灯以及简陋的木质烤箱做组织切片。当时其他学科的设备也好不了多少。所以，当时大家戏称兰大医学院是“世界上最小的医学院”！

在这样艰苦的工作与生活环境下，当时已有一些学者、专家从海外满怀热忱地来到兰大任教。在医学院，这些当年的“海归派”成了学院主要学科的顶梁柱。其中有病理学的马馥庭教授、生理学的杨浪明教授、细菌学的王文义教授、内科学的杨英福教授和精神病学的唐家琛教授，还有来自国内各地的几位教授与副教授如张培焱、覃见效、张爱诚等。再就是50年代初留校的少数毕业生和从外地分配来的几位青年教师，有曾俊三、王扬宗、王荫棠、姚侃、张经济等。这一人数少而专业不匹配的师资队伍的确难以满足新中国成立初期院系调整和即将扩大招生的客观需求。因此，我们这一批由卫生部直接分配来的在“高师班”培训过的医学毕业生，就成了补足专业缺口的新生力量。

1953年暑假前后，我们这些来自五湖四海的青年学子陆续到学校报到，给当时的萃英门校园带来了一股清新的青春活力。记得我们这批人到校后不久，就组织起活跃的文体活动，如在昆仑堂礼堂演出了影子戏（就是在后台借一支强灯光将我们这些人的夸张动作投映到白色幕布上）、组织各项球类友谊赛、演出京剧等等，在萃英门校园内掀起了阵阵跳跃的脉动。每当回想起这段往事仍无限感慨，当时各院系的师生们纷纷议论：“医学院来了一批活力充沛的小伙子和大姑娘!”

就回忆所及，当时新来的青年教师共有十五人，包括解剖学的裴正礼（同济医学院）、组织学与胚胎学的侯家骥（山东医学院）、生理学的刘华（湘雅医学院）和顾子风（北京医学院）、病理学的吴纬（上海医学院）和陈光华（同济医学院）、细菌学的王良明和刘文（毕业院校已无法查实）、药理学的朱寿彭（浙江医学院）和梁重栋（广西医学院）、生物化学的王云发（辅仁大学）、公共卫生学的劳伟宁（中山医学院）和王宗泉（四川华西医学院）、寄生虫学的曹和洵（山东医学院）和赛书元（山东医学院）。由于经过了较好的专业培训，我们这批人很快就承担起各自学科的教学任务，而且在当时学习苏联的热潮中发挥了作用。如举办巴甫洛夫学说讲习班，在全校学俄文中当辅导员，也积极参与其他社会活动，当时组织工会活动的至公堂内也活跃着我们的身影。每天在静观园的教工食堂就餐时，我们这些尚无家室之累的年轻人总聚在一桌，整个餐厅充满欢声笑语。在实验室与办公室，我们兢兢业业，全身心地投入工作和学习中。虽然比起条件较好的地区，我们生活要清苦得多，气候干燥也不适应，但我们很快就融入了整个学校大家庭中，和老一代先生以及先来的同事之间关系十分和谐，度过了一段初为教师的难忘人生经历。

当时校内的职工宿舍主要有三处：一处在至公堂南边的东院内，另两处分别在静观园和老甘院（清末民初的甘肃学院简称）。静观园内虽无华堂豪舍，但也院落幽静，林木葱茏。静观园南面的假山上有一个小亭，亭内有一座纪念解放兰州时牺牲的兰大地下党同志的纪念碑。我们这些刚分配来的青年教师，大部分住在静观园，和其他院系的老师们朝夕相见，并常在园内餐厅同桌用餐，很快就熟悉并亲近起来。他们对我们这些“新兵”十分关照，热情帮助。

1953年暑假前后，学校改建了原来低矮的土坯房，新盖了数排大瓦房，原来纸糊的老式小格木窗改成大玻璃窗，房内铺砖地面，按每两人一间分给我们。我们的住宿条件得到了改善，也感受到了学校的关怀。当时，兰大的行政机构集中在一个四合院中，十分简陋。校领导多数是党的老干部，校长林迪生同志亲切朴素而随和，经常置身于教工和学生中，和大家拉家常、听意见、嘘寒问暖，很快就能叫出我们这些新来的年轻人的名字。在我们的心目中，林校长是一位和蔼可亲的长者，丝毫没有领导者的架子。他那诚挚的语言和长者的风范对我们这些异乡客起到安抚与稳定的作用，至今令人感念！教务长陆润林同志也十分可亲可敬。党政工团工作效率高，服务周到迅捷，让人有处于大家庭中的感受。

学校的图书馆设于积石堂，虽然面积不大，但藏书也算丰富，其中医学书刊的馆藏不逊于沿海地区的老校。和我的专业相关的国外期刊比较完整，而且20世纪40年代甚至更早的卷本有完整的缩微胶卷。当时学校规定，教师可进入书库查阅。当我看到库内的一些权威期刊（如《比较神经学》*Comparative Neurology*、《解剖记录》*Anatomical Recond*等）的胶卷时，如获至宝，我用放大镜如饥似渴地阅读、翻译与摘记。一些被公认的权威教科书如Maximow、Bailey等人的《组织学》和Arey、Hamiton等的《人类胚胎学》，也都有1949年前后的版本。这些对我有很大吸引力，对我刚从事不久的专业起到了增进兴趣、积累基础知识的作用。记得1954年春，有一天我正在图书馆看书，忽觉房子与电灯摇晃起来，不由得夺路逃出积石堂，后来才知道是河西发生了地震。往事历历在目，今日回忆起这段时光，真是多谢积石堂，多谢1953年的兰大图书馆！

1953年，兰大医学院招收了五十名本科生，主要是甘、陕两省的学生。这批1958年毕业的医学生成为我省医疗卫生战线的骨干力量，在省市各大医院的临床工作中做出很大贡献。当时的组织学课程一部分由我主讲，人体胚胎学课程由新中国成立前毕业于北师大的刘杏影先生主讲，我带实验。教材系自编的油印讲义，实验用具（胚胎模型）几乎一无所有。我根据当时学校图书馆的国外原版教材中的照片与插图，用红黏土与石蜡等赶着教学进度捏了一些简单的模型，虽粗糙但还适用。当时，甘肃省卫生厅接受西北行政委员会委托，为培养西北五省在职与新毕业的助产士，举办了首届妇产专科班，聘请兰大医学院教师上课，我为他们讲授人体胚胎学。1954年，我又为西北师院生物系学生讲授胚胎学，不断充实了挂图、模型与幻灯片。这为独立建院的学科发展开了先河。

1954年秋，医学院由兰大分出独立，医学院与兰大校本部先后搬到东郊的相邻地带，两家仅一墙之隔。当时，兰大不仅为医学院补充与完善了师资力量和队伍，而且在设备、图书以及行政管理各方面都给予了全力支持，并从教务、行政和总务各方面抽调人员到医学院工作，其中有赵明祥（后任医学院党委副书记）、朱允尧（任图书馆馆长）、何裕（任马列主义教研室主任）以及薛保善、周希贤、张从辛、郑志诚等同志。在学科建设与业务交往中，两校的相互交流与协作不断，虽历经多年，仍血脉相通。时光荏苒，欣逢兰大百年华诞，回想起萃英门内的那片热土和静观园内的温馨，那里蕴藏着值得怀念的一段青春年华。俱往矣！看今日的兰大必能除弊兴利，更加发达，欣欣向荣！我们是历史唯物主义者，今天的一切岂能与往昔割断？明天的一切又何尝不植根于今天？心潮起伏，有感而发，聊写此文以志。

李崇高

作者简介

李崇高，男，1930年10月11日出生，山东泰安人，中共党员。曾任兰州医学院医学遗传教研室主任、中华医学会医学遗传学会委员。现任中国优生科学协会专家委员会主任委员兼学术部主任，《中国优生与遗传杂志》主编。1955年兰州大学医学院医疗系毕业，1967年北京医学院组织胚胎学专业研究生毕业。一直在兰州医学院工作，历任附属医院内科血液病组、基础部组织胚胎教研室和医学遗传学教研室住院医师、助教、讲师、副教授、教授等。1963年前曾从事人类细胞核性别和神经分泌组织化学的科研，1972年开始从事人类细胞遗传学染色体方法学和临床应用研究。1973年著有《染色体诊断与染色体疾病》一书，并发表多篇有关染色体论文。此后，除研究染色体并培养此领域七名硕士研究生外，还结合西北少数民族人口素质进行过人类皮纹学群体遗传学和遗传病的调查研究，并探讨优生学有关理论问题。

1986年，参与《医学遗传学基础》（人民卫生出版社出版）部分章节的编写工作；1989年，参与《医学遗传学》大型参考书的部分章节的编写工作。1989年，任《中国人口·甘肃分册》副主编，主要编写了“甘肃人口素质”章节。1991年，主编的《简明临床遗传病手册》出版。1988—1991年，负责给上海《自然科学年鉴》编写医学遗传学进展的专题论文；在国内《遗传学报》《解剖学报》《中华医学杂志》和其他杂志共发表论文40多篇；在国际学术会议（德国柏林和中国香港）交流论文2篇；主编和合作的著作、教材共7部。

自幼酷爱中国书法与篆刻，曾任中国书法家协会甘肃省分会与书法教育会理事，中国老年书画研究会创作研究部研究员（北京）。曾撰写《殷契甲骨文中有关生育与先天疾病文字记载》，刊于《中国优生与遗传杂志》（1997年第7期）；《中国佛学文化及素斋饮食与营养健康》和《中国优生科学发展30年》，在学术大会报告交流。近年来，从事协会和杂志以及医学科普与书法普及工作。

新中国成立初期的兰州大学医学院（1950—1955）部分回忆

引　言

2005年夏天，我应邀回到母校兰州大学，与阔别五十年的老同学一道，参加兰大医学院1955届毕业五十周年纪念活动。我们是兰州医学院从兰州大学分离出来独立建院后的第一届毕业生。

2004年，兰州医学院经院校调整又回归到兰州大学。大家回到兰州大学的旧址萃英门（今兰大二院），在至公堂前和后门的黄河铁桥边摄影留念。至公堂是清末左宗棠在甘肃设考举之处。黄河对岸是白塔山，过去是光秃秃的土山，河水亦如黄浆，而今山已变得郁郁葱葱，河水也变清了许多。过去的羊皮筏子如今变成了游艇。

一晃五十年，无限感慨，我们心潮澎湃，浮想联翩。1950年夏天，兰州刚解放不到一年，我们全班八十三人从全国各地来到兰大医学院，在校学习五年间，亲历了新中国初建时期翻天覆地的变化和兰州大学的发展。在校领导和老师的创新教育下，同学们在互帮互学的医学教育改革中，既提高了为人民服务的觉悟，也获得了扎实的医学知识与技能。1955年夏天，八十多名同学从各自临床实习的地方回到学校，听候学校的毕业分配，分配去向重点是西北五省，有的分配到全国其他地方，走向各自的工作岗位，从此天各一方。

一

兰州大学是一所历史悠久的西北名校。抗日战争时期，内地一些学校迁至兰州，一些著名学者也纷纷来到兰州。例如北京师范大学全部迁到兰州，东北和上海不少学者也会聚到这里。一些医学专家如外科专家张查理、药理学专家张昌绍、卫生学专家乔树民、病理学专家马馥庭等先后来到兰大医学院。

抗战胜利后，一些学者返回内地，北师大也迁回北京。此时，不少从美国留学回国的专家纷纷来到兰州。兰州成为当时派送赴美留学的中心城市之一。当时从事医学工作出国者，需由三人小组审查批准，有临床张查理、卫生署的杨永年和兽医专家盛同笙。

1947年前后，部分内地的医学学者赶赴兰州，以求得到留美的机会，如微生物学学者王文义从四川华西医学院赶来，组织胚胎学学者张爱诚从沈阳小河沿医学院经上海乘飞机到兰州，为的是赶时间早日派送。这些学者，加上伪中央医院（兰州军区陆军总医院前身）聚集了不少已从美国回国的专家，如外科的张华麟、内科的李西昆、放射科的魏若林、耳鼻喉科王宝华等，成了新中国成立后兰大医学院主要的兼职教授，成为我们1955届学生主要的授课老师。

二

新中国成立前夕的兰州大学，呈现一片黎明前的黑暗。由于兰州是西北最后被解放的大城市（新疆是和平解放），国民党特务有不少是从内地跑来的，特务活动极其猖狂，混入大学师生中的特务更是无恶不作。1949

年前后，曾发生挑起陕甘学生与湖南学生斗殴的开枪事件。

兰州解放前夕，兰大地下党组织几乎全部遭到破坏，在校的地下党员几乎全部被逮捕。其中甘肃学运的领导人刘仙洲、魏郁等七人被抓，先后在兰州、张掖等地遭枪杀或活埋。为了纪念这七位烈士，兰州解放后在兰州大学校内为他们树立了纪念碑。

兰州大学静观园烈士碑前留影

其他的地下党员大多临时撤离。到1950年我们入校时，校内其他党员多是从外地支援来的领导。当时兰大没有校长，原来的校长辛树帜调回西北农学院。医学院没有院长，乔树民院长调往大连。新调来的领导有军代表辛安亭和孙达可，院务会秘书长高诚斋（陕北人）和教务长陆润林（从东北调回，原籍甘肃）。

我们1955届八十三位新生入学，不仅是医学院年级人数最多的，在全校各院系中也是人数最多的。医学院仅有一个系即医疗系，共六个年级，除我们年级外，其他每个年级二十人左右，总共有学生四百余人。

新中国成立前，医学院教授的基础课只有解剖科、组织胚胎科、生理科（包括药理）、生化科、病理科、细菌科（包括病毒和寄生虫）、公共卫生科等（以后学苏联改“科”为“教研室”），其他课程如物理、化学、生物、外语、体育、政治均由文、理学院各系负责上课。

三

新中国成立前后，能考入大学的学生，多数是家庭条件较好的，少数学生的家庭是城市贫民、贫下中农，生活比较困难，也有个别学生的家庭是地主成分。发放助学金的流程是，在学校的领导下，各院系年级召开小组会，然后在系会上，学生自己汇报家庭经济条件、需要申请的助学金的等级。那时的助学金分三等，甲等每月十多元，除交伙食费外还略有剩余；乙等七至八元，刚够吃饭；丙等五元左右，需要自己少补一点伙食费。自费者约占三分之一。总之，助学金解决了很多困难学生的上学问题。我本人就因家在农村，家里无力接济上学，被评定为甲等助学金。

虽然有助学金，但有些同学的生活仍然比较困难，因为除了吃、穿外，还需要购买日常生活用品。

记得1951年冬天，学校对全校困难学生发放灰布棉衣棉裤，真如雪中送炭。兰州的冬天最冷的时候可达零下三十多度，黄河全部冰封，过河的汽车可从冰面通行。那时，学校既无暖气又无火炉，上课时用钢笔记笔记（那时一般没有教科书）笔尖都会冻住不出水。宿舍也很冷，开始时男同学几十个人住在一间大教室，通铺，窗户无玻璃，只用纸糊，直到二年级才搬入正式的学生宿舍“四岳堂”。文、理、法各学院住衡山堂、泰山堂和嵩山堂，我们医学院主要住在华山堂。每室四人，有电灯，但经常停电，饮水也非常困难。学校专门派两辆马车，装上大水桶，到黄河边去拉水，黄河水如黄泥汤，拉来后倒入开水房旁边两个大水池中，待自然沉淀后烧开才能饮用，但还是混的。我们从街上买些白矾块，分成花生豆一样大小，用筷子夹住，在水杯中摇摆几下，不一会儿水便澄清了。

50年代初期，兰州大学学生伙食是自己管理的，共分三个灶，除一、二灶外，还有少数民族灶。每灶都有伙食委员，负责伙食管理。那时，每天早晨都有一位伙食委员协同一名炊事员到握桥附近的菜市购菜。握桥横跨在西关外的一条河沟上，即今日的劳动文化宫门前的排洪沟河。由炊事员决定买什么、花多少钱，买好后由炊事员或菜贩子拉回学校。现在想起来，伙食委员也就是起个监督作用，以免炊事员克扣伙食费。学生的两个灶，互有竞争，看谁做得好、花样多，谁家办得好，下个月同学就可以选择上谁家灶。那时候兰州没有大米，灶上主食主要是馒头，很少吃面条和大米。直到1953年以后，学校从四川招来大批学生，他们喜欢吃大米，经学校申请，才开始调拨部分大米供大家食用。饭厅内使用小方桌，每桌五人，一篮馒头、一盆菜，管吃饱，菜中常有肉，但量比较少。男同学组常搭配几位女生，这样菜可以省一点。

四

1951年初，兰大医学院调来十五位来自新疆的少数民族学员，其中一位是塔塔尔族，其他都是维吾尔族。他们有的是中学毕业，有的是在职干部，刚来时只有两位同学懂汉语。两位汉语好的同学被分配到我们1955届随堂听课，一位年纪稍长者叫阿瓦依提，另一位叫阿不都拉。其他十几位同学先在汉文速成班学习，经过半年多的学习，基本上可以听懂汉语了，便被安排与1956届同学同住同学习。他们大部分是团员，团小组长是塔塔尔族的。他们都能歌善舞，有一位同学舞跳得特别好，经常参加学校的表演活动。由于他们生活习惯不同，学校特别为他们开了一个民族灶。为了便于与他们联系，及时了解和解决他们学习和生活中的问题，团委派我到他们灶上吃饭。因为我是团干部，又是医学院的，所以和他们比较熟悉。学校先后为他们换过三次炊事员，都是从兰州回族群众中请来的，但因为这几位炊事员皆不善做新疆饭，均先后被辞退了，最后还是他们自己找来炊事员，才解决了吃饭问题。这些少数民族同学，在以后数年的学习中都非常努力刻苦。他们毕业后都返回了新疆。

五

1950年冬，朝鲜战争爆发。学校响应党中央号召，积极动员广大同学报名参加抗美援朝的“参干运动”。先是同学自愿报名，经学校审查批准，最后全校选中的有数十人。医学院的好多学生都纷纷报名，但我不记得医学院共有多少人选中，只记得我们1955届选中了三位，他们是文廷祥（青海人）、刘秉荣（兰州人）、谷宪斌（河北人）。后来才知道他们都分配在北京空军部队，经训练后参加了空军的工作。

抗美援朝战争结束后，文廷祥复原回到青海乐都县河滩寨村。1963

年，文廷祥从青海回到兰州医学院，找到老同学的我，还找到当年一块参干的张贵龄同志，她复原后任兰州医学院人事处的干部，还有当年兰大团委副书记赵明祥（赵当时担任兰医党委副书记），我们三人回忆，当年兰大领导在动员参干会上曾表示：将来抗美援朝胜利后，参干的同学愿意复学的话，学校给保留学籍。为了这个承诺，文廷祥在我们三人的支持下，向学校和上级领导提出复学要求，想继续学医。几经周折，总算于1963年批准复学，从二年级插班学习。毕业后，他被分配到原籍乐都县河滩寨村做了一名赤脚医生，一直到“文革”后期，才被安排到镇卫生院工作。

六

1950年我们入学时，正逢医学院的院长及少数师生离开学校，加上后来的各种运动，正常的教学秩序受到一定影响。好在我们是一年级，专业课要等一年后再上，比起二年级还有弥补的机会。第一学年开的课有普通生物学，由兰大生物系刘杏影和耿欣莲老师授课；无机化学和分析化学由化学系张从辛和王慰老师授课；有机化学由化学系陈溥老师讲授；物理学由物理系张典老师讲授。生物学重点介绍了生物进化和比较解剖，解剖蛙、兔等，并强调生物绘图，绘出青蛙的骨骼等，还介绍了苏联米丘林遗传学，强调遗传性的可改变性。化学采用Holms的《普通化学》（英文版）作教材，物理采用Duff的《普通物理学》作教材，讲课用英文板书，名词解释及做习题一律用英文。

我们二年级时还开设了组织学与胚胎学课程，任课老师是张爱诚。1949年底至1950年初，张爱诚老师编译了一本《实用血液学》，对部队医院的实验室建设非常有用。本书经审订后正式出版，扉页写了一句话“谨以此书献给解放军”。这在当时应该是一个很大的进步举动，在知识分子中影响也很大。张爱诚当时是一位很有才气的年轻副教授，独立开设了组织学、胚胎学、实验诊断和临床血液病学等四门课，而且都自编了铅印或油印的教材发给同学，很受学生的欢迎。

50年代初期，医学院生理科和药理科都没有教师，兰州大学从动物系动物生理专业调来杨浪明教授任教。杨浪明教授是湖南长沙人，是当年南京中央大学生理学权威蔡翘教授的门生，1949年从美国明尼苏达大学回国，对新中国充满激情和向往。上生理课时，他说我们遇上了好的时代，应“生柴发猛火”，要为人民多做贡献。该课所用教材是大连医学院吴襄主编的《生理学大纲》。

再说说原生理科教授张培棪。他也是生理学权威蔡翘教授的研究生，解放前来到兰州，先是在兽医学院任动物生理和药理教师，后调到兰大医学院任教，先是教生理，后因药理没有老师代课，便改教药理了。故生理学课由杨浪明老师讲授。学校还聘请了军区卫校的一位营养学教授周老师来给我们讲授生物化学，实际上没有讲系统的生物化学，只是讲了一些营养化学的内容。后来的五十多年，我都没听到过这位周老师的音讯，2007年在北京一个营养学学术会议上，竟然看到了周超教授的同事陈学存教授。陈教授送我一本书，其中有他和周超教授于新中国成立前所作的论文《口腔及生殖系症状群之临床观察与生化研究》，陈教授告诉我周教授曾赴美留学，回国后参军到兰州，遂被聘为我们的生化老师。

病理学的课程由马馥庭教授担任。马馥庭教授曾两次留学德国，资格较老，学问大、讲课好。

我们班的临床各课程多数是由解放军陆军总院几位留美教授开设的。如心血管疾病课程是由李尚举教授开设的，他是原北京协和医院的教授，抗日战争时期迁到贵阳而后来兰州；内分泌与代谢性疾病课程是由李西崑教授开设的，他来自东北；X线诊断课程是由魏若林（张爱诚教授的同班同学）开设的，他毕业于沈阳小河沿医学院，曾留学美国；胸部外科课程由外科主任陈文庆教授开设；耳鼻喉课由美国回来的王保华教授开设；泌尿外科课程由第四陆军医院院长兼兰大医学院外科教授张华麟开设，张教授还首次开设了生殖与性学课程，这在全国也是第一次；普通外科课程由第四陆军医院原中大毕业的庞鲤跃主任开设；腹部外科课程则由本校附院尹良培教授开设，尹教授是在大西北首先开创心脏手术者，曾作为先进工作者到北京受到毛主席的接见。麻醉课由陆军总院尚德延教授开设，尚教授是东北人，兰大医学院毕业，也是在美国留学回来的教授，不久即被调到中国医学科学院阜外医院任麻醉科主任。物理诊断、妇产科、小儿科、皮肤科、眼科、中医等课程分别由我们附院的张令诩、崔志孝、张克信、刘铭锐和刘星元等几位老师开设；公共卫生课和工业卫生课则由解放军第四军医大学胡姓和郭姓两位教授开设。这一系列临床课的见习和实习大部分在本院附院进行。

七

四年的理论课和实验、见习即将结束了，医学院的学生到最后一年应进入医院开始最后的医疗实践，这是非常重要的。

1954年，兰州大学医学院和全国其他地区的医学院一样，由卫生部决定提前分科实习，就是说在进医院当实习大夫之前，要根据国家的需要按

1954年，兰大医学院在兰州市人民医院实习十人留照
（一排右一为王颖，二排右一为作者）

一定比例先报志愿，然后平衡分配。记得当时要求内、外大科比例较大，其他小科比例很低，大约是内、外科占70%，妇、儿科占20%，其他小科只占10%左右。只记得小科如放射科一人，李光武同学耳朵听力较差，专攻放射诊断；皮肤科三人，王士敏、石仁琳、杨西岚；眼科二人，高俊杰等；耳鼻喉二人，李多福等；其他人都选择内科或外科。接着便宣布分科和分配实习的地方。分配去陕西实习的大约有二十人，其他人大部分在甘肃。在甘肃实习的同学，主要分配在学校的附属医院，少数分配在甘肃省人民医院，还有兰州市人民医院。兰州市人民医院在新中国成立前是一家基督教的教会医院，新中国成立后与一家较有实力的私人医院成城医院合并。这家私人医院的院长叫刘毅民，北京大学医学院毕业，抗战时来到兰州。此私人医院设备较好，不仅有X光机，还有红外线、紫外线治疗仪

等，当时还有较好的外科手术设备，有外科主任李炳麟，还有其他一些少有的人才。当时，我们一共十人被分配到市人民医院实习，我和王颖分别任正、副组长（王颖于80年代曾任甘肃省卫生厅厅长），还有郭信义、徐春亨、乔济民、孙孝先、岳寅生等人以及专科两位女同学马芷萍和崔淑霞。王颖、郭信义、乔济民为外科，需外科实习半年、其他科半年，记得外科要求独立操作阑尾炎手术810例，做第一、二助手不计。内科实习的有我和孙孝先等人，只要求做阑尾手术第一助手即可，内科半年、其他科半年，也有许多具体要求。

1955年，同班三人留校附院内科，
李崇高（左）、赵怀玉（中）、李新伟（右）

八

1953年，上级派来医学院院长谭道先。谭道先，湖南醴陵人，是从新疆军区卫生部转到地方的师级干部。来兰大时，他带来一个警卫战士、一个炊事员和一部捷克产的小汽车。不久，小战士成了学校的工友，炊事员因为做得一手好菜，便在兰大成立了“教授灶”。记得当时很多老教授都上此灶，每月约四十元，每天有牛奶喝，算是对知识分子生活的照顾。小汽车开到独立建院后就不能用了。谭院长来后，便积极参与建院机构设置、基本建设、教学设备配置、教职人员安排等工作。兰州大学的新校址和兰州医学院的新址相邻，在今天的天水路以东。兰大校址东邻医学院，在医学院的东南角确定为甘肃省卫生学校。兰州大学也积极配合支持独立建院，调朱允尧负责新图书馆的筹建工作，并划拨一定数量的图书杂志。兰大团委副书记赵明祥也是最早被派来的办公室负责人，除医学院原来的各科（后称教研室）外，从化学系调来张从辛教授成立医用化学教研室，从生物系调来由天老师成立医用生物学教研室，从体育教研室调来郑志诚老师，从马列教研室调来何裕和薛保善，另外还调来一些后勤人员等。虽说是1954年独立建院，而实际上直至1954年基建才完成一栋教学楼的一部分、一栋学生宿舍楼和一座供教授使用的小二层楼、几栋小二层的教职员工宿舍楼等。

1954年，我们1955届实习即将完成时，新学院已经全部搬到新址了，我们1955届遂成为独立建院后的第一届毕业生。这时即将毕业的不止1955届本科（五年制），还有1955年毕业的专科生（三年制）。我们都住在学生楼内。

毕业前的一天上午，学校在大礼堂（大饭厅）宣布毕业分配方案。分配去外省的只宣布到各省（区）卫生厅报到，由卫生厅再进行第二次分配。去新疆的有二十多人，去陕西的有二十多人，去宁夏的有十多人，去青海的有十多人，去沈阳、大连、南京等地的只有几个人，留校的十多人。在留校的十多人中有两人等待录取研究生的结果，即王长安和我，二人中只录取一人，另外一人便留医院工作。我之所以被留校便是这一特殊情况。

毕业分配时，我们年级分到附属医院的共有十多人，学校让我带领分配关系到附属医院报到。当时分到外科的有沙鹏图、刘国栋、邱兆泰，内科的有赵怀玉、李新伟、王长安（后录取研究生离校）、李崇高，妇产科的有刘颀，小儿科的有倪才贤，耳鼻喉科的有王正寅，放射科的有郭景岳等。这十多人中，除赵怀玉是在省人民医院实习的，我是在市人民医院实习的，其他几位全部是在本院实习后留校的。

胡之德

作者简介

胡之德，男，1931年生，四川荣县人，中共党员。1956年兰州大学化学系毕业，留校任教，兰州大学教授、博士研究生导师。历任教研室主任，化学系副主任，兰州大学副校长、校长。曾任甘肃省化学学会理事长、中国化学学会理事、国家教委分析化学教材指导委员会委员、国家自然科学基金委员会分析与环境科学评议组成员、国家发明奖特约评审员、甘肃省科协副主席等职。曾任甘肃省老教授协会会长，中国老教授协会常务理事，甘肃省老教授教育青少年关爱团团长，兰州大学关工委常务副会长、老教授协会会长；曾任《分析化学》《分析科学学报》编委，《分析测试技术与仪器》副主编等职。多年来，从事高等教育的管理、领导及分析化学的研究工作，发表学术论文500余篇，其中SCI 370多篇，并发表教育管理方面的论文40余篇，独著或合著著作8部。

我在共和国培育下成长①

自伟大的中华人民共和国诞生以来，这六十年来经历了波澜起伏、极为曲折的发展过程，特别是党的十一届三中全会以后，由以“阶级斗争为纲”转向以经济建设为中心，实行改革开放，改善生产关系，发展生产力，我国人民的积极性和创造性迅速迸发并形成强大的前所未有的推动力，国家综合实力和国际影响力大大提高，教育事业空前发展，一举进入了高等教育大众化阶段，科技水平和民族素质显著提高，抗风险能力明显加强。经过六十年的风雨历程，共和国在党的领导下，更加成熟，更加坚强，更加有智慧和能力应对各种挑战。

一、中华人民共和国成立后前三十年的感悟

回顾是为了总结经验教训和感恩，让未来更加美好。

1. 1952—1956年学习的良好时期

我是1952年新中国成立后第一次全国统一高考招生，分配到兰州大学化学系上学的。当时，由于新中国成立不久，是建立和巩固人民政权时期，要对从旧社会过来的教师和职工进行思想改造，学习社会发展史、新民主主义理论及共产党的性质、宗旨和简史等，主要解决其立场、观点和思想问题，使其转变到工农大众方面来，为无产阶级服务，为人民服务。1952—1956年，兰州大学校址在解放路萃英门即今兰州大学附属二院所在地，当时无暖气和自来水，冬季室外温度可达到零下30℃，黄河冰冻一米厚，的确非常冷。起初，男生三十人住一个大宿舍，女生四人住一个宿舍；高年级时，男生亦改善为四人一个宿舍。

1952年到兰州时，我们多数南方同学背着草席，有的还穿着草鞋，衣服很薄。学校各级领导和组织都很关心学生，从兰州军区调来一批棉衣、棉鞋和棉帽发给学生。水是用毛驴从黄河拉来的，喝的水用汽油桶烧开，

---

① 此文写于2009年。

一般是半杯子泥半杯子水，喝了上层清水后，将泥倒掉。实验冷淋用水，用明矾澄清后土法循环使用，实验热源多用酒精灯和小电炉；每门课实验多为250～300学时，仅有玻璃器皿，无其他仪器设备，所以将培养学生的实践动手能力放在重要地位；课堂讲基本原理、基础知识，把基本方法的讲授放在突出地位。我所在的化学系，业务课主要是数理化基础课，全是教授授课。那时学生少，全校学生总共约有八百人，化学系约有八十人，另有教师十余名，所以师生们基本上学习生活在一起，关系非常融洽。

那时兰州冬天很冷，黄河完全封冻，人、马车、毛驴等可在黄河冰层上通行。每年到3月份，植树期间，师生们就会从黄河北背冰上白塔山种树。当时新中国刚成立不久，又是第一个五年计划时期，一切百废待兴，需要各方面人才。1956年，中央号召“向科学进军”，虽然当时工作环境艰苦且条件差，但老师们工作热情很高，非常敬业，学生们每周七天都在勤奋学习。林迪生校长关注学生的全面发展，经常在星期六晚督促我们休息，关闭宿舍和图书馆的灯，让我们参加唱歌和交际舞会等活动。课间休息时，师生一律参加体操锻炼，学生一律参加劳卫制，而且必须人人达到劳卫制最低标准。因此，1952—1956年可谓真正学习的美好时期。

2. 1957—1962年“以阶级斗争为纲”的初期

1957年，“反右运动”中我成了右派边缘人物 。1958年，我被下放到酒泉边湾农场劳动一年，并经历了“大跃进”“大炼钢铁”和“人民公社化”等运动。1959年，庐山会议后我又成了反右派的批斗对象。三年经济困难时期，江隆基校长带领家属和职工一起吃榆树叶、苞谷核和人造肉，共渡时艰。

3. 1962—1966年相对安定的时期

1962年3月，周恩来总理代表中央做了知识分子问题的报告，指出知识分子是工人阶级的一部分，是劳动者。这对知识分子是极大的鼓励和鞭策。中央公布“科学十四条”“高教六十条”，兰州大学在江隆基校长的领导下，根据中央十二年科技规划要求，制定了兰州大学十二年发展规划，甚至连我这个助教的课题也列入其中，大大调动了兰大教职工工作的积极性和创造性。

江校长根据“高教六十条”精神，纠正“以阶级斗争为纲”、破坏教学秩序和规律所导致的不良现象，遵循教学规律，制定了整顿和恢复教学秩序及提高教学质量的规划，狠抓教学质量。崔乃夫教务长提出的狠抓“三基”即教学中的基本原理、基本知识、基本技能，同时狠抓“实习基地”。这一时期，我作为助教，每年有四个月带学生去工厂实习，又可以和工人阶级相结合。江校长、崔教务长和各系领导随机听课，对提高教学质量起到推动作用。

4. 1966—1976年“文革”时期

“文化大革命”十年，学校停止招生，几乎一切教学、科研、人才培养和文化工作都停滞了。我在农村劳动四年有余，其中一年是参加农宣队工作。

二、高等教育改革三十年的回顾

我作为高校的一名普通教师和基层干部，是高教改革三十年来的见证者、参与者和实践者，回顾是为了总结经验和体会成长及感恩。

1. 党的十一届三中全会到《中共中央关于教育体制改革的决定》出台，即1978年12月到1985年5月，是高校改革开放的准备和启动阶段，这一时期主要发掘高校潜力，解决经济社会发展所需人才问题，加速高校发展，拓展办学形式，放活高校手脚，扩大办学自主权。因此，1979年12月6日《人民日报》发表苏步青等《给高等学校一点自主权》的文章，对推动高校管理改革起了重要作用。随后上海交大率先进行内部工资改革，实行岗位责任制和人员流动制度。1983年6月9日，教育部同意上海交大扩大管理权限，增强办学活力。

2. 从《中共中央关于教育体制改革的决定》到十四大提出建立社会主义市场经济，即1985年5月到1992年10月，是高教体制全面改革的阶段。因为《决定》中指出：“政府有关部门对高校统得过死，使学校缺乏活力”“要认真改革管理体制，在加强宏观管理的同时，坚决实行简政放权，扩大学校办学自主权”。

开展办学体制改革：一是中心城市兴办高校，1996年市属高校已占全国高校总数的约30%；二是兴办民办高校，1996年民办高校已达四百余所；三是出现一校两制和多制。这些改革大大促进了体制创新，为更多的年轻人提供了上大学的机会。

开展高校管理体制改革：在党和国家路线、方针、政策的指引下，高校有权计划外招收委培和自费生，有权调整专业方向，有权修订大纲和选用教材，有权合作科技开发和建立产学研联盟，有权任免副校长和其他各级干部，有权安排基建经费，有权自筹资金开展国际交流和合作等。

促进高校投资多元化，如自费试点、兴校办产业、接受捐赠等。

促进高校招生、收费和就业改革：招生试行计划性与调节相结合，扩大招生。1996年，我国自费招生达11.34万人，占在校生5.2%，兰大占5%；委培生达20.7万人，占在校生9.5%，兰大占9%。对贫困地区实行“三定”，即定向招生、定向培养、定向就业。毕业生就业试行双向选择。1986年原国家教委等部门提出《高等学校毕业生就业制度改革方案》，1989年国务院转发《国家教委关于改革高校毕业分配制度的报告》，促进了一百多所高校毕业生的双向选择。

促进高校内部管理体制改革：在经济和科教体制改革推动下，在校内逐步形成公平竞争、择优上岗、多劳多得、合理流动的运行机制。

1977—1993年，兰州大学广大教职工学习和落实《中共中央关于教育体制改革的决定》，知识分子成为工人阶级的一部分，知识分子的激情和创造性一下迸发出来，人人爱岗尽职，认真负责，思想解放，心情舒畅，不断创新，把精力全身心地投入教学、科研和高素质创新性人才培养中，人人都在将“文革”中失去的机遇和时间抢回来，教学质量显著提高，科研水平快速发展和进步，公益服务得到提升。表现在：出国留学生5次考试，全国总分或个人成绩名列第一；在SCI期刊发表论文名列全国前十名，其中1992年和1993年两次名列第三；全校师生员工1万人次以上参与1200亩兰山绿化活动，植树约45万株，现已绿树成林；学生进入工作岗位动手能力强、素质高、责任心强，社会声誉优良。

3. 1992年10月到1997年12月，不断深化高教改革。党中央决定加快改革开放和现代化建设步伐，建立社会主义市场经济体制，为推动高教适应新形势的要求，于1993年2月公布了《中国教育改革和发展纲要》，1993年10月颁布了《中华人民共和国教师法》，1995年公布了《中华人民共和国教育法》，1996年5月颁布了《中华人民共和国职业教育法》等法规。与此同时，颁布了《关于进一步加强和改进学校德育工作若干意见》和《爱国主义教育实施纲要》，完成了高校“211工程”预审工作，制定了“九五”计划和2010年发展规划。这一时期，全面深化改革，建立中央和省区两级办学为主及社会参与办学的格局，形成以公办高校为主，民办高校、民办公助与国外合作办学相辅的局面，公费自费并轨，大学生缴费上学，毕业生面向人才市场自主择业。

以管理体制改革为重点，以共建、划转、合并、合作办学为途径，使教育改革得到重点突破。1995年，国务院办公厅转发《关于高等教育体制改革的若干意见》，到1997年已有30个省、区和直辖市及48个中央部委所属的计400多所大学、200多所成人高校进行深化改革。

共建：1997年12月，共建高校100所，其中教委31所、部委54所、地方所属15所。

合并：1997年12月，已有159所高校合并为74所，减少85所，使学科结构优化、教育资源汇集。

合作办学：1997年12月，各种形式合作办高校288所，合作实体162个，促进了开放和交流，优势互补和资源共享。

企业及其集团参与办学和管理：1997年12月，已有5000多家企业和科研单位参与217所高校的办学和管理，其形式有董事会、合办院系和专业、合办二级学院、设奖学金等，促进了产学研一体化和办学活力及技能培训。

划转：中央部委高校，划地方政府管理，打破条块分割，促进高校服务地方经济社会发展有新的进步。

4. 1998年至今是我国高教跨越发展时期。中央根据经济社会发展需求和人民的期望，扩大招生规模，高校的入学率由1998年的9.8%上升到2002年的15%及2008年的23%，进入国际公认的大众化阶段。高职院校已发展到1000余所，约占高校的一半；高校在校大学生约2500万人；在校硕士生约80万人，博士生约20万人，提高了综合国力和国民素质。

先后实施“211工程”和“985工程”及“质量工程”，加强了国内一流、高水平大学及重点学科和国家实验室建设。“211工程”经费和SCI论文均增长约8倍，提高了科研水平和国防竞争力，也缩小了与国际高等教育的差距。

5. 高校对外开放国际化程度明显提高。我国与184个国家和地区及联合国教科文组织等建立了交流和合作关系，签订了190个高层次人才联合培养协议，与32个国家和地区签订了相互承认学位和学历协议；有16.3万国际学生来我国高校学习。兰州大学和海外30余所大学有交流和合作，来校留学生达120余人。

多渠道投资已取得显著成效。2005年，高教总经费为1998年的4.6倍；校园面积增加了2.6倍，行政用房增加了3.7倍，仪器设备费增加了4.7倍；固定资产增加了6.4倍。兰州大学在校园面积、用房、仪器设备和固定资产等方面亦显著增加。

综上所述，高等教育改革开放三十年来，伴随经济和科技体制的日益深化改革，在满足经济社会的进步需求、科技文化发展的需要及广大青年期盼受大学教育方面，取得长足的进步和历史性的发展，对提高中华民族的素质和创新能力起到了良好的作用。

我作为一个科教工作者，在六十年的风雨和进步中，在共和国的培养下，在磨炼中成长，尤其是改革开放三十多年来，在教学、科研和人才培养中真正做了一些有益于国家和人民的事情。从教几十年来，我培养了研究生110人，其中博士研究生60人，多数人已成为工作岗位上的学术骨干，我自己也算是为祖国的教育事业贡献了绵薄之力。

苗高生

作者简介

苗高生，1932年出生，河北省南宫市人，中共党员，教授。1957年毕业于兰州大学历史系，毕业后留校任教，由助教、讲师、副教授到教授。1994年退休，之后任学校教学顾问至2007年。主要学术成就有：发表论文40余篇，主编高校教材《中国社会主义概论》、《中国社会主义建设》（与王敬村合作），出版学术专著《江隆基传》、《江隆基教育思想研究》（与陆润林、刘先春合作）、《救国会始末》（与刘先春合作）等，参与编审《江隆基教育文选》和《纪念江隆基文集》。为《中共党史人物传》《中国现代教育家传》《当代中国高等教育家》《共和国老一辈著名教育家传略》等权威性文集撰写江隆基生平业绩及教育思想，对江隆基的研究做出重要贡献。2008年12月，荣获兰州大学第二届老教授事业老有所为奖。

淡泊做人　宁静处世

——兰大百年忆辛老

纪念兰大百年，自然会说起江隆基、林迪生、辛安亭“三老”，他们是三位德高望重的兰大老校长。在兰州大学，辛老（辛安亭，我们习惯称他为辛老）没有林校长待的时间那样长，也没有江校长影响那样深广，然而辛老的业绩、思想和人品同样是值得我们永远怀念和称颂的。

辛老是山西省离石县人。从小喜爱读书，而且有很好的记忆力，从小学到中学学习成绩一直优异。十九岁那年，他就以优异的成绩考入了享受公费待遇的山西进山中学（校长阎锡山）。1931年，他又以全省唯一考上北京大学的学子身份，受到省、县两级政府的资助。1934年，辛老于北京大学毕业后即投身于教育事业，矢志不渝，为祖国的教育事业奋斗了一生。辛老是一位编著科普读物的著名学者，同时也是一位德高望重的教育家。

辛老是1938年到延安的。1939年2月加入中国共产党。辛老到延安后先是在陕北公学学习，毕业后被分配到陕甘宁边区教育厅，从事教材的编审工作，一直到新中国成立。

辛老在兰州大学工作，先后有两段时间。第一次是1949年8月，那是兰州解放后，他以军代表身份负责接管兰州大学等四所高等院校。他是首席军代表，并且是兰州大学校务委员会主任委员，主持领导全校工作（当时，辛老又是甘肃省文教厅厅长，主管全省文教工作），一直到1951年夏离开兰州大学。

关于兰州大学这段时间的状况，我曾专门采访过陆润林副校长（当时陆润林也是军代表之一，并且是校务委员会副主任委员）。起初，我主要是想了解1950年江隆基来兰州大学视察及解决的一些相关的事情（当时江隆基是西北军政委员会教育部部长，这是江隆基首次来兰州大学）。其后，由于多次和陆润林副校长交谈，也就自然地谈到了辛老及当时的一些情况。

据陆润林说，当时兰州大学的状况“总的来说，是又复杂又混乱”。他回忆说，兰州大学自1946年确立为国立兰州大学以后，经辛树帜校长等人的努力，从校舍建设、教学设备配置到师资配备已初具规模，但是，它的发展则是“举步艰难”。及至1949年，经西北“二马”的野蛮摧残，学校已经呈现出破落景象。直到新中国成立之初，仍然十分混乱，种种谣传不时传到学校师生间，教师不安心，许多教师在设法调往外地。开学许久了，仍有许多学生没有到校注册。

陆校长说，为了尽快恢复正常的教学秩序，妥善解决各种棘手的问题，打开一个新的局面，学校做了多方面的工作。主要体现在以下两个方面：

一是始终坚持“团结与教育”相结合的方针。高等学校大量的主要的工作就是做好知识分子的工作。辛老对教师队伍有个基本的认识，就是“绝大多数是愿意进步的，是愿意发挥他们的知识作用的，是愿意为人民服务的”。所以辛老强调，贯彻执行知识分子政策，一定要将团结放在首位，要“以诚相待”，要“有民主精神”。当时，全校教职员的政治学习和全校学生的政治思想教育是学校工作的重点。辛老非常重视这项工作，先后请了第一野战军政治部主任甘泗淇、甘肃省委宣传部部长赵守攻给全校师生作报告。通过政治学习和政治课，大力宣传马列主义、毛泽东思想，大力宣传党的方针政策，使学生转变认识，提高觉悟。陆润林说：“我们军代表三人，辛老和我由于专业不同，只有孙达可可以讲政治课。”①辛老就委托孙达可具体负责全校的政治学习，讲授中国革命问题（中国革命史）。当时的政治课除中国革命史外，还有政治经济学、社会发展史和辩证唯物主义与历史唯物主义等。在辛老的安排下，学校请有业务专长、学习进步的教师如骆秀峰（教授）、管照微（教授）、李学禧（教授）等给学生讲政治课。以后，西教部派高诚斋任兰州大学秘书长，又由他讲辩证唯物主义与历史唯物主义。这样做的结果，普遍反映良好。

辛老对教师很尊重，教师找他交谈，他都一一接见，并以诚恳的态度

① 孙达可，北京大学学生，后入边区参加革命工作。西安解放后，他和辛老一起参加了几所高等学校的接管工作。兰州解放，他又随辛老来到兰州。

宣传党的政策。辛老没有官架子，他的报告、讲话从不夸夸其谈。他对下属和蔼可亲，从没有疾言厉色，但他的要求是“认真负责”，“不能敷衍了事”。有时他的批评也很严厉，但不求全责备，不苛求于人。

二是始终坚持“逐步改革，稳步前进”的指导思想。如何改造旧的行政管理、课程设置、教学制度等，是当时学校面临的又一项重要工作。辛老的基本思想是“不要过急”，“要分清轻重缓急，逐步改造”。首先，学校公示了“安民告示”五条，“除了取缔反动的以外，主要精神是尽快恢复正常秩序”。紧接着，成立了兰州大学校务委员会。按照辛老的安排，校委会“不搞清一色”，院、系一级除了个别人有所调整外，基本是保持原貌。在课程设置方面，除了停开停办一些必须要取消的课程和专业外，其余一律照常恢复，稍后再逐步进行课程改革。教学制度等同样本着先恢复、再建立健全的原则，全面执行。在教学改革方面，按照辛老的意见，特别强调了教学思想、教学态度和教学方法的更新，要求教师要努力学习马列主义、毛泽东思想，学习党的方针政策，将其融入教学中去，要求学生积极主动地学习，要诚恳地向教师提意见，密切师生关系。在教务管理方面，按照辛老的提示，我们特别注意了课程教学的计划性，注意克服课程内容的陈旧、庞杂和重复的问题，建立了稳定的教学秩序。

陆润林认为，新中国成立后的兰州大学之所以能得到较快的恢复和较平稳的发展，是与辛老的“领导思想和领导作风”分不开的。辛老为兰州大学做出了重要贡献。①

辛老在兰州大学近两年的辛勤工作，为兰州大学新的起步奠定了基础，开了个好头。

辛老第二次进入兰州大学，已是时隔二十二年后的1973年。那时，他是作为“落实政策”的“解放”干部结合到“兰州大学革命委员会”的，所以他虽然是革命领导干部，但却“起不了作用”。

辛老真正地发挥作用，是在粉碎“四人帮”之后。那时的兰州大学在他的主持领导下，旗帜鲜明地纠正“左”的错误，大刀阔斧地拨乱反正，为江隆基等一大批人平反，落实政策。平反冤假错案，恢复教师和干部的职称、职务，积极推动教师职称晋级和评定工作；同时，从整顿教学秩序

① 上述文字为陆润林副校长的谈话内容，笔者做了技术性的归纳整理。

入手，全面建立健全各项规章制度，使兰州大学的工作重心很快地转移到以教学和科研为中心的正确轨道上来。以1977年全面恢复统一高考为契机，在辛老的倡导和推动下，兰州大学重教学、重科研的管理理念，刻苦、纯朴、勤奋、严谨的治学之风，又重新在兰州大学校园里恢复起来。在新的历史时期，辛老为兰州大学打开新的局面奠定了坚实的基础。

我与辛老相识较晚，那是在我接受撰写《江隆基传》以后的事。当时，我听说辛老在陕甘宁边区教育厅工作多年，我专门采访了他。

那是我首次与辛老面对面的谈话，开始我有些拘谨，话语也不甚畅通，在辛老平静和蔼的询问和交谈中，我才逐渐放松开来。他非常赞同为江隆基立传。他说，“隆基同志在德、功、言三方面的成就都是很高的”，为他立传是一件很有意义的事。我表示，限于我的水平，第一次写这样的传记，担心写不好。他鼓励我，下决心完成这项工作，只要认真去做，就会做好的。他还就如何写好《江隆基传》提出了几点看法。他提示我要找一些教育史和教育理论的书多看看。在这次谈话中，辛老较系统地讲述了他前后两次在江隆基领导下工作的事。在与辛老的谈话中，我深切地感受到，辛老不仅是一位十分专业的学者，也是一位令人尊敬的长者。

辛老给我记忆最深的，是他将刘文英（原兰州大学教授，后调入南开大学）和我约去，专门系统地讲述了他个人的身世。他是分两段时间讲完的。他讲的许多内容我在另一篇纪念辛老的文章中已叙述（《长者·学者·教育家——纪念辛安亭诞辰一百周年》，载于《兰州大学报》2004年12月31日）。这里我着重谈两点。

一点是辛老讲的延安作风。什么是延安作风呢？辛老认为，“最主要的是民主和简政”。他说，“延安时期，民主气氛很浓厚。大家畅所欲言，有什么不同意见，看到什么不对的地方，就当面直言。当官的也没有官架子。我们当干部的经常下基层下乡，同吃同住。穿衣吃饭，大家都很随便，谁也不去计较。领导非常关心下级，经常问寒问暖。我们是官，也是朋友”。他还说，“延安的生活很艰苦，但人们的精神世界很充实。大家都在努力工作。党的威信很高，大家都很自觉地听党的话。党中央很关怀青年的学习和成长”，“我们大家好像天天都在进步，都在发愤图强”。

他说，边区政府当时有八个厅，总共就十几个正、副厅长，精兵简政。虽然没有电话和其他现代化的工具，但办事效率很高。也没有公文旅行和那些扯皮的事。有什么事不好解决，就当面谈。有时跑跑腿，就把问题解决了。他认为，“简政也反映着廉政作风”。

辛老说，所有这些都集中说明了我们延安时期艰苦奋斗、自强不息的精神，都说明了我们民主和简政的作风。他饱含深情地说：“富有情趣的延安生活，充满着时代的气息，至今历历在目，令人神往，令人难忘。”

对延安作风的表述，无论是从书本上还是报刊上，都能看到许多，但是像辛老这样亲切的、朴实的表述却不多。辛老在延安工作十一年，我想，这正是他对延安时期怀有特殊的深厚感情，对延安时期的许多方面有深切了解的缘故吧！

辛老一生崇尚勤奋朴实，勤勉敬业。他的人格高尚，心地善良，做人真诚，做事专注，有始有终，为人豁达，处世平和。在临终前一个月，他还这样说：“对人无恩无怨，自处能洁能勤。”辛老谦恭和无私的胸怀可见一斑。

辛老一生好学不倦，笔耕不辍，与书为伍，著述丰硕。辛老已经出版的著作达八十余部，累计有四百余万字。他为祖国的教育事业，为教育的普及与提高，做出了重要贡献。

“淡泊做人，宁静处世”是辛老一生的写照。

缅怀辛老，我要十分内疚地说：我愧对辛老了。当时，辛老将刘文英和我约去，讲述他个人生平的目的是要我们帮助他撰写出一部传记。事后，我和刘文英曾酝酿讨论，也有过初步的分工和安排。然而，由于种种原因，我们却没有完成这项重托。我的挚友刘文英已英年早逝。我想，我也代表他，深表歉意地向辛老三鞠躬：辛老永远活在我们心中。

辛老先后两次在兰州大学主持工作，时间虽短，却起到了重要作用，影响深远。我与辛老相识较晚，接触也少，但他却给我留下了难以忘怀的记忆。那是在80年代，一次，他将刘文英和我约去，系统地讲述了他的生平事迹。讲得很多，我只说其中的一件事。

辛老是1938年到延安的，在延安长达十一年，主要工作就是在陕甘宁边区教育厅领导下编审中小学教材及科普读物。关于编写教材，辛老说，按照党中央的在坚持教材“抗日化”的前提下，加强教材的“科学化和儿童化”的指示精神，对教材不断加以修订补充。即使如此，“农村课本城市化”“娃娃课本成人化”的现象仍很严重。譬如：

“爱干净的孩子，天天都洗澡。”辛老说，山区的孩子连水都喝不上，哪里还谈得上洗澡呢？

“爬、爬、爬，蛇在地上爬，爬得快来爬得好。”辛老说，这是在动物园里观赏。在农村，人们看到蛇，是要把它打死的（害怕蛇伤人）。

“换上夏布衣，果然很凉爽。”辛老说，在夏天，农村的孩子，连衣服都不穿，哪里还知道夏布衣呢？

“太阳出来了，爸爸起床了，妈妈起床了，我也起床了，大家都起床了。”辛老说，在北方农村，农民都有起早下地干活的习惯，陕甘宁边区的农民，在太阳还没有出来时已经在地里干活了，哪里还会等到太阳出来？

为什么会出现这样一些内容呢？辛老说，最基本的原因就是脱离实际，脱离了边区的实际，脱离了学习对象的实际。以后经过1943年整风，大家认识到实事求是的道理，才使我们的教材编写工作有了根本的改变。辛老强调说，要“多讲实际”，这是最重要的。

“多讲实际”，辛老不仅是这样要求的，也是这样做的。虽然层次有高有低，学术价值也有多有少，但统观辛老的丰赡著作，从形式（譬如韵文体）到内容，从科普读物到学术文章，无不闪烁着“实际”的火花，可以说，“多讲实际”贯穿了辛老笔耕不辍、与书为伍的一生。

“多讲实际”，就是要少讲空话、套话、假话。世上的事，很多道理是相通的。“多讲实际”，少讲空话、套话、假话，我想也是落实科学发展观的应有之理。

兰州大学最早的一支乐队

1953年，经历了几次政治运动特别是1952年的高等院校院系调整以后，兰州大学已全面走上正轨。为了活跃和充实全校师生的业余生活，由学校工会和学生会联合主办了每周六晚的交谊舞会。据说，这种交谊舞会在延安时期就有了。学校对举办周末舞会很重视，并号召党团员等积极分子带头参加。学生的体育课，还专门请舞蹈教师给学生讲授交谊舞，所以跳交谊舞也是当时的一种时尚。

交谊舞会的场地就是现在仍保留的至公堂。当时，至公堂内还有比较平整的水泥地，每次举办舞会前都要在场地撒上滑石粉。举办舞会就要有伴奏，于是学校提出要各系推荐有器乐专长的教师和学生组成乐队担任伴奏。在校工会和学生会的积极努力下，推荐工作很顺利，很快就组成了一支近十人的乐队。我记得，这支乐队没有教师参加，全部由学生组成。先后参加乐队的主要成员有经济系的冯济岛，他是位转业军人，擅长小号，也拉的一手好手风琴；中文系的柯杨，他是打架子鼓的；王姓同学，擅长高胡；历史系的刘光华和苗高生，刘擅长三弦，苗擅长二胡；还有物理系的朱选等。乐队组成后，也做过一些合奏练习，后来由于配合得比较娴熟，每到周末，大家一起到场就可以伴奏了。当时伴奏的曲目，多为民歌和广东音乐，也有一些外国名曲，如苏联的歌曲。有时还有现场大家临时点奏的曲目，总之舞会的气氛很和谐也很活跃。每次举办舞会，至公堂内参加舞会的人都是满满的，有的人甚至从开始一直要跳到午夜12点舞会结束。当时的舞会也很重视文明礼貌，舞伴之间都保持一定距离，虽然有时伴奏很热烈，但全场始终是井然有序。多少年过去了，当年有趣的情景仍历历在目。

兰州大学最早的一支乐队

新中国成立前，兰州大学是否有乐队，我不知其详细，但是为担任伴奏并且由学校工会和学生会出面组成的这支乐队，却是新中国成立后兰州大学最早的一支乐队。

朱锦翔

作者简介

朱锦翔，1933年生，浙江人，汉族，民盟盟员。1949年参军，1951年随空军二师参加抗美援朝。1954年考取北京大学新闻专业。1958年北大毕业来甘肃，先后当过记者、编辑、教师。1983年进兰大任教，曾任兰大新闻系教研室主任、副教授。曾发表《评范长江和他的中国西北角》等多篇专业论文，参与高校《中国新闻史》等三本专业书籍的编写工作。退休后坚持笔耕，出版《中国报业史话》等书。喜欢体育，1999年获北京全国老将田径运动会400米第三名；2005年参加上海国际马拉松比赛。

江校长的无声鼓励

认识江隆基校长不是在兰大，而是在北大，那是遥远的20世纪50年代中期。我作为北大学生，又是经历过“雄赳赳，气昂昂，跨过鸭绿江”的空军女兵，身上总有那么点儿军人的矫健劲儿。入学不久的体育课上，被老师推荐到校田径队。打这以后，每年学校运动会，我都少不了获取三枚奖章，而最为之骄傲和荣耀的乃是站在领奖台上接受校领导颁发奖章的短暂时刻。

犹记得为女生200米颁发奖章的党委书记兼副校长的江隆基同志。那次，我在女子200米项目上名列第一，在领奖台上，江校长紧紧握着我的手，两眼殷切地看着我，似乎在说：“你进步了，还要往前赶啊。”是的，在这以前的校运动会上，我也接受过江校长的颁奖，可我的200米、400米，乃至跳高，从未得到过第一名，这次是赶上去了。高兴之余，我暗下决心要更加努力，不负江校长的期盼。

当日历翻到1959年的8、9月间，我以《兰州日报》记者的身份采访兰州大学建校五十周年的学术讨论会盛况。为了获得更多的信息，我先拜访了时任兰大党委书记兼副校长的江隆基。带着初出茅庐的拘谨，见到江校长，我怯怯地伸出手来，只轻轻地说了一句：“江校长，您好。”江校长和我握手时，还是那么谦和，那么平易，而且让我意外地说出：“女记者！原来是你朱锦翔……”我为江校长的记忆力感到吃惊，又为自己当时的政治遭遇忐忑不安，这无言的一刹那，我不敢多思，更无暇伤感，悄悄调整心态，迅速将谈话内容切入主题，开始进行采访。

那天回到报社，北大反右时的种种全涌入脑际。当时，校长马寅初、副校长江隆基忧思忡忡，常独自悄然出入于各种场合，力挽狂澜。江校长凭着他的真诚、赤诚，赢得了师生的信任。后来，学校党政领导权由工作组取而代之，原党委书记兼副校长江隆基被调到兰州大学，原校长马寅初因反右不力外加被歪曲的“人口论”遭免职。

是日下午，坐在办公桌前想起上午见到江校长的情景，百感交集。江校长不论在任何岗位上，总是兢兢业业于党的教育事业。当年领奖台前的一幕，江校长那慈祥、期待的眼神又浮现在我眼前，我深感无言以对。在我的意识里，只要想到江隆基校长，就像看到一双期望的眼睛在鼓励我。每一个生命都是历史的一部分，“文革”这段历史只能留给历史作结。

20世纪70年代初期的一天，我在挚友的陪同下，来到兰州东岗一片空旷、荒芜又杂乱的山头上看望我的丈夫孙正富，他是一位宁折不屈的设计工程师，去世时年仅三十七岁。在寻找我丈夫坟墓过程中，视线所及突然跳出“江隆基”三个字，同样是一堆荒土垒成的坟墓，坟前插有一根粗糙细长的用来当柴烧的木片，上面赫然写着这仅有的三个字。我的心在剧跳，我更是泪眼模糊：“江校长啊，竟在这种场合见到您。您始终以无声寄我以厚望，可今日……江校长，愿您在天有灵，护佑这多难的苍生。”

就在百废待兴的1983年，兰州大学像全国各地其他综合性大学一样，筹办新闻专业。我被调入兰大任教。来到兰大，江校长那无声的鼓励似又在耳边回响，一种责任感、使命感在召唤。当遇到困难时，“朱锦翔，要努力追赶”在鞭策自己，我努力地一门、两门、三门课地为学生开课，我埋头于一篇又一篇的学术论文，欲借此夺回些许被荒废了的漫长岁月，也想借此为国为民做些有益的实事。

1987年，兰大首次评选“教书育人”先进个人，我有幸名列其中（《兰州大学报》九十七期二版），而且是新闻系唯一的一人。我惭愧、激动的同时，更感激校、系两级的信任和鼓励。它激励我要更加努力，它让我有可能悄悄告慰老校长江隆基前辈。

但当20世纪90年代来临之际，我同校内其他一些年届五十五周岁具有副教授职称的女教师一样，被“一刀切”切掉。我为失去工作痛苦过、抱怨过，甚至怨自己的命和运，当年我若借口留北京，今日也可和首都高校的女副高一样，享受工作到六十周岁的待遇，既可为祖国多服务几年，也可赢得五年时间向正高攀登，如经过努力依然达不到高度，则无遗憾可言。毕竟这正、副本身常常是意味着一个人的业绩，这也颇有愧对校长期望之意。

改革开放的伟大时代，开阔了我的眼界，也渐渐提升了我的境界，让狭隘的见解得到升华，国富才能民强，要多作贡献，少计较得失。想想我尊敬的江校长，想想我那优秀的早逝的丈夫，我应该不遗余力地多做实事。我这样想也尽可能这样做。退休后的十多年里，我先是应母校北大“中国传统文化研究中心”之邀，又邀请同窗共同编写了《中国报业史话》；后参与编写完成了长达七百万字的《中华竹枝词全编》（我给兰大图书馆送了一部）。与此同时，和同窗合作《黑水黄土云和月》的纪实文字，眼下尚在努力完成个人的一本书。这些微小的成绩，比起那些永不倦于事业的人，我交给江校长的答卷还是不理想、不够格的。

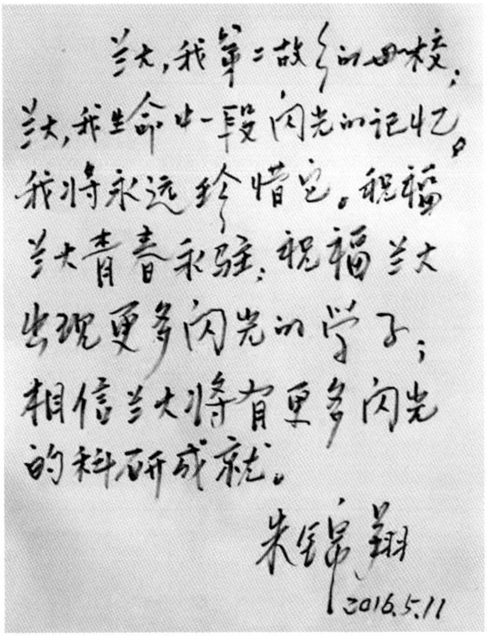

兰大，我第二故乡的母校；兰大，我生命中一段闪光的记忆。我将永远珍惜它。祝福兰大青春永驻；祝福兰大出现更多闪光的学子；相信兰大将有更多闪光的科研成就。

朱锦翔

2016.5.11

朱锦翔手书

在兰州大学百年华诞之今日，缅怀江校长，更寄希望于兰大美好的未来。我相信，兰州大学一定会借着改革开放的东风，传承江校长的高风亮节，培养出更多更出色的祖国建设者。

程平山

作者简介

程平山，男，1934年生于山西省柳林县。1949年12月在宁夏参军；1950年加入中国共产主义青年团；1953年加入中国共产党。1959年9月，兰州大学原子核物理专业本科毕业，留校任助教。历任兰州大学现物系党总支宣传委员、组织委员，兰州大学俄语班革命领导小组副组长，兰州大学现物系副系主任，兰州大学直属党总支书记等职。退休后仍一直热心于社会工作和民办教育工作，曾荣获先进工作者、优秀共产党员、优秀政治工作者等称号。在公开或内部刊物上发表论文10余篇，其中4篇分别获省级、校级研讨会优秀论文奖。

回忆兰大现物系建立的最初年代

1958年9月14日下午，西北师范大学物理系党总支通知我和同班六位同学到兰州大学学习尖端科学，是绝密专业。晚饭后就由一辆小面包车将我们送到了兰大物理系党总支报到，物理系党总支当夜派人把我们送到了位于现在兰大二分部的教学楼实验室。因当时宿舍楼还未启用，就先住在实验室，睡在实验桌上。第二天早上到院子里一看，周围还是一片坟地，过了几天我们才搬到宿舍楼里，就这样开始了我们在新环境里新专业的学习生活。

经物理系的领导介绍我们才知道，为了适应国家社会主义建设的需要，加速发展原子能事业，根据中央和教育部的部署，兰大拟将学校原子核物理研究室、物理系理论原子核专门化和化学系放射化学专门化合并成立兰州大学物质结构研究室（代号：505）。改变它们分属校内三个不同单位领导的分散状况，集中现有人力和物力，统筹原子能方面的教学与科研力量，更好地保障该项事业的保密和安全（放射性防护）进行。为迅速发展原子能科学，为国家培养大量和平利用原子能的人才，经学校请示甘肃省委同意（当时兰大还属省管），分别从兰大和师大物理、化学两系高年级中选调四十八名学生组成首届学生。

根据学校有关档案记载，1958年8月20日成立505党支部，袁植任书记，组织委员李丁芳，宣传委员艾凤兰，干事赵秀珍。1959年3月18日，兰大党委给甘肃省委宣传部、教育厅党组报送《兰州大学关于设置原子能系的报告》。1959年6月11日，党委（扩大）会议讨论决定成立505总支，袁植为书记，委员有李丁芳（组织）、艾凤兰（宣传）、郑志豪（教师）、程平山（学生）。1962年改为现代物理系。

原子能系的原子核物理和放射化学两个专业，当时国家规定均为“绝密”专业。学校为了保密起见，将该系设在兰大东边（现在的兰大二分部），并把这个地方起名（对外挂牌）为“兰州市505单位”（通讯地址

“兰州市505信箱”）。我们到校时，在一片荒地上只有两栋教学楼（已拆的1号、2号楼）、一排平房（库房和金工车间）和一栋住宅楼（原1号家属楼，西边一个单元住学生）以及一个小食堂（平房）。在专业解密前这里很神秘，外边的人只知道“505”是个保密单位，但不知道是兰大的一个系。我们一到这里组织上就让我们学习保密条例，宣布保密规定，我们对外只能说在“505”学习，不能说是兰大的学生。

后来我们才知道，教育部对兰大设立的这两个专业很重视，早就有安排。据现物系第一任系主任徐躬耦教授说：1955年，教育部急电叫他去北京，谈北大、兰大建立核物理方面专业的事，并考虑到兰大基础差，北大先建，积累一定经验后再分开，让他先到兰大做筹备工作。第一届学生开课前，相继从北大调了八位教师带着一些专业课实验设备到兰大，又从兰大物理、化学两系抽调了一些教师组成基本的教师队伍，并聘请近物所的杨澄中所长等为兼职教师。甘肃省又从高三和初中毕业生中分配了一批人做教辅人员和后勤工作人员，还选拔了多名优秀技工组建了金工厂。1965年，教育部还将南开大学的有关专业师生合并到兰大。至此，兰大的现代物理系达到了相当规模和最佳时期。

现物系建立初期，国家正处在困难时期。刚刚起步的教学、科研工作相当困难，但是现物系的师生为了国家的原子能事业，发扬“一不怕苦、二不怕累”的艰苦奋斗精神，没有教材自己编，实验设备不够自己做，教师和实验员为了准备实验课，经常工作到深夜。加速器组的同志为了将一台高压倍加器早点投入运转，连续工作几天几夜，领导把开水送到工作现场，炊事员把饭送到现场。近百人的食堂，只有一个炊事员和一个管理员（采购员），平时忙不过来，师生轮流帮灶。同学们为了尽快学好所学课程（都是专业课），上课专心听老师讲，课后分成小组自习，每天都有一定的时间进行小组讨论。不懂的问题随时请辅导老师一起来讨论，直到弄懂为止。同学们都知道，越是学习紧张，越要注意锻炼身体，课间坚持做广播体操，晚饭后打篮球散步，当时运动场地只有一个我们自己平整的篮球场。课余时间（包括节假日）安排参加系上的义务劳动，总之现物系首届学生就像一个独立的教导队，过着不穿军衣的军人生活。团结、紧张、严肃、活泼，一年的学习生活，给大家留下了终生难忘的记忆。首届毕业生于1959年10月分配，十二人留校，三十六人分配到全国各地有关原子能事业的科研、教学单位或部队。后来多数人都成为本部门的业务骨干和领导。

在兰大百年校庆，兰大现物系即现在的核科学与技术学院五十年华诞之际，我写了这篇短文，以回忆过去，激励未来。

一个不能忘怀的“研究会”

1987年，我校成立了兰州大学高等教育发展战略研究会（以下简称“研究会”）。会长是时任兰州大学校长的胡之德教授，秘书长是时任兰州大学高等教育研究室主任、中国高等教育发展战略研究会理事的尚进研究员，参加成员以兰州大学中层以上干部为主，会员最多时达到149人。

研究会成立以后，以立足甘肃，放眼全国，开展高等教育发展战略研究，促进高等教育事业发展，为中国特色社会主义现代化建设服务为宗旨，开展了各种活动。每年举办一次年会暨学术研讨会，学校领导到场并讲话，研讨会成果发表在研究会主办的内部刊物《高等教育发展战略研究》上。这个刊物于1989年甘肃省高等教育发展战略研究会成立后，以《甘肃省高教发展战略研究》刊名出版，并被评为甘肃省优秀内部刊物。兰大研究会研究成果，除选部分论文在省刊上发表外，另出《高等教育发展战略研究文集》。有些论文被《兰州大学学报》（社会科学版）或其他杂志转载和引用。总之，研究会的成立及其活动，对兰州大学的发展特别是管理干部的成长，起到了积极的作用，在全校乃至甘肃高校中颇有影响。

研究会为适应社会的需要，扩大研究领域和视野，在成立后的第二年开始举办成人文化补习班，“以班养会”，后改为兰州大学成人高考辅导中心，由秘书长尚进同志负责。办学十几年，积累了较为丰富的管理经验，形成了较为完备的办学制度，聘请了一批优秀教师。管理严格、教学质量过硬、考取率高，曾多次被兰州市教育局评为兰州市社会力量办学先进单位。据不完全统计，经兰大成人高考辅导中心辅导考到各类成人高等教育学校的人数达15000多人。这些学生毕业后大多成为各部门、各单位的骨干，为培养建设人才、提高全民素质、维护社会稳定和家庭和谐起到了积极作用。

林家英

作者简介

林家英，女，1935年出生，福建惠安人。1956年毕业于复旦大学中文系，兰州大学教授，甘肃省老教授协会会员。曾任甘肃省政协第六、七、八届委员、常委兼科教文卫体委员会副主任，中华诗词学会常务理事（现任名誉理事），甘肃省唐代文学学会会长（现任顾问）；现任甘肃诗词学会副会长，甘肃省文史馆馆员。有《中国古典诗歌选注》四卷、《诗海拾贝集》及续集、《唐诗精华》、《诗词鉴赏举要》、《诗词散论》、诗词创作《雪泥鸿迹小集》及续集等著作，亲自参与、指导兰大电教中心拍摄《杜甫在秦州》《杜甫在陇南》两部电视教学专题片。先后荣获兰州大学“教学质量优秀奖”、甘肃省教育厅“优秀文科教材奖”、甘肃省“社会科学最高奖”、甘肃省“敦煌文艺奖”等奖项。1993年起享受国务院特殊津贴。曾被评为首届兰州大学“十佳老人”，荣获第一、二届老教授事业贡献奖，甘肃省“银龄行动”先进个人。

江隆基校长的“谢谢你”！

长忆江公听课日，一声“谢谢”暖心怀。
教师人格凭尊重，励我留情三尺台。

庄重风仪蕴睿思，一痕笑意布春熙。
文明素养传真善，垂范萃英崇仰之。

在我几十年从教生涯中，足堪珍惜的往事不止一件，其中让我感铭不已者，是江隆基校长听我讲课。

记得1963—1964学年第二学期的一天，上午第三节上课铃声一响，当我跨进（旧）文科楼三楼靠北的一间教室，准备给中文系同学讲授《中国古代文学作品》，按平日习惯首先环视课堂秩序时，突然发现江隆基校长正安静地坐在教室最后一排。真没想到，作为一校之长能在百忙中深入教学第一线，来听一位青年教师的讲课。紧张、感动的情绪一时交织于心。幸而那时我已有几年的教学实践，能够及时控制住紧张的情绪，按计划从容地讲完两个课时的内容。更让我想不到的是，当第四节下课铃声响起后，我收拾好讲稿准备回家时，江校长已从教室最后一排向我走来，含着微微笑意对我说：“谢谢你的讲课！”这始料不及的一声“谢谢”，不但让我再次感到紧张、感动，同时也增加了一份惊喜和温馨！在回家的路上（那时我家住兰州医学院），我的心情慢慢平静下来，回味着“谢谢”二字所蕴含的善意——这是我从教以来第一次听到一位党的领导的善言！它是对教师人格的尊重，对教师劳动的肯定。

今天重温江校长当日的一声“谢谢你”，我心中依旧洋溢着一股温馨的暖流，思绪飞回四十六年前的教学环境，不禁感慨万千。自1957年“反右”开始，学术界掀起了大批判狂潮，对古今中外许多优秀文学遗产往往不作具体分析，一概加以否定。高等学校文科也不例外。例如，有些学校中文系让没有学完中国古代文学史的学生编写文学史教材，其教材中以阶级斗争为主线，许多优秀作家、作品的价值，或被贬低，或遭否定。我在课堂教学中对古代优秀的文学作品坚持思想性与艺术性的全面分析、评判，在当时严峻的学术气氛中，曾一度被冠以“宣扬封、资、修货色毒害学生”的大帽，内心深处忍受着困惑、苦闷的煎熬以至于视三尺讲台为畏途。因此，江校长的一声“谢谢”，在我听来可谓春风化雨，春阳暖心！我自知教学水平并非完美无缺，有了江校长这表达人文关怀的“谢谢”，我愿终身坚守三尺讲台，不断提高教学水平，精湛教学艺术。我也由此感悟到：教育是一种感动，文明是一种善的传播。

《陇上学人文存·林家英卷》书影

春秋代序，斗转星移。江校长辞世已整整四十三个年头。如今，当我将珍藏心底的这一难忘往事诉诸笔端时，江隆基校长的教育家风采依旧那么鲜明、感人！我默默地向天堂里的江校长遥致一声：“谢谢你！”

伊虎英

作者简介

伊虎英，男，1935年生，研究员，陕西武功人。1962年毕业于兰州大学生物系生物物理专业（五年制）。1962—1973年在中科院生物物理所工作，为国家研制“两弹”的需要，曾主持并组建了我国重大科研项目“我国核试验对动物远后期效应”，该项目获得中国科学院1988年科技进步一等奖。震前动物反应的研究项目获得1983年全国科学大会奖。

1973年7月，调入中科院水土保持研究所，主持“农作物辐射适宜引变剂量和提高农作物辐射诱变效率的研究”及国家“七五”“八五”“九五”和“十五”“谷子高产、优质和抗病的新品种选育”等攻关项目。选育出“辐谷1号”至“辐谷7号”七个谷子新品种，其中“辐谷3号”“辐谷4号”均获中国科学院科技进步三等奖。这些谷子新品种的选育成功对提高黄土高原的谷子产量和该区农民脱贫致富有重大意义。主持国家自然科学基金“牧草辐射诱变规律和低毒小冠花的选育”项目。首次提出黄土高原约100个牧草品种的适宜引变剂量，为黄土高原牧草辐射育种的适宜剂量提供了科学依据。并选育出两个牧草新品种“西辐低毒小冠花”和“彭阳早熟沙打旺”，分别获得中国科学院科技进步三等奖和宁夏回族自治区科技进步奖。这两个牧草新品种的选育成功对黄土高原的畜牧业发展、植被更新和改良生态环境具有重大意义。

发表论文50多篇，出版专著1部。曾任中国原子能农学会理事、《核农学通报》编委、陕西省核农学会理事长、陕西省核能学会常务理事等职。享受国务院政府特殊津贴。

永远难忘的艰苦岁月

——为纪念兰大百年华诞而作

光阴如箭，日月如梭，我从兰大毕业至今已四十七年。在兰大读书期间，兰大给我留下的记忆甚多，但任何一种记忆莫大于饥饿。饥饿使人刻骨铭心，永远难以忘怀。

1957年入学到1962年毕业（当时学制五年），三年困难时期恰在其中，所以说，我们在读大学的五年期间，有三年半生活十分困难，处于饥饿和半饥饿状态。甘肃省情况比较特殊，困难也更加严重。1959年7—8月，我们到麦积山地区实习，在两当县的城镇饭馆吃饭，不但要付钱，而且还要付粮票，否则就不能吃饭。但与两当县毗邻的陕西凤县，隔河相望，鸡犬之声相闻，在饭馆吃饭，则不要付粮票。为了节省粮票，我们经常去陕西省管辖的一些乡镇的饭店里吃饭。在实习过程中，目睹农村的缺粮现象十分严重。1959年下半年，大学生的口粮由月定35斤降到30斤。由于省上的粮食危机，学校学生的月定量标准也是一降再降，最低时人均定量为25斤，男生每月可吃到26～27斤，女生只能吃到23～24斤，油每月定量3两，肉和蔬菜的供应也十分匮乏。长期饥饿，使人难以忍受，尤其在晚自习后，睡觉时肚里咕咕乱叫，胃里空得发慌。特别是冬天，暖气也烧得不好，宿舍的温度很低，在被窝里冷得全身发抖，真是饥寒交迫难以入睡。白天饿得四肢无力，头晕耳鸣，还要坚持上课，时间长了，有的同学开始浮肿，有的同学患上肝炎。在这样严峻的困难面前，从校党委、各系的党总支到支部，团组织和学生会都在做师生员工的政治思想工作，要求党团员带头遵守纪律，不说怪话，勒紧裤带，共渡难关。

1961年春季一天，林迪生副校长为了了解学生的吃饭情况，亲自到食堂和学生共进午餐。我有幸和林副校长在一个饭桌上吃饭，他碗里的饭和大家的是一样的，都是稀面条汤。他吃得很快，吃得很香，看样子他也处于饥饿状态。在吃饭过程中，他很乐观地说：我们现在遇到的困难比长征和延安时期要好得多，长征时几天吃不上饭，还要行军打仗；在延安时，定量也很低，很长时期吃不饱饭。目前的困难是暂时的，只要大家树立战胜困难的信心和克服困难的勇气，团结一心，困难是一定能够克服的。林副校长身先士卒，和大家同吃苦共患难的作风使同学们永远难忘。他的谈话，使同学们对克服当前的困难充满了信心。

光阴荏苒，学校吃饭问题愈来愈多。早中晚食堂都是用大木桶盛饭，木桶的直径大约1.5米，高有1米左右，尤其是稀面条，炊事员舀起来很不均匀，后来打饭的人吃到的面条也就很少了，每勺的差异很大，所以同学们意见很大。后来就改用脸盆盛饭，每十人为一组，由一个人收齐饭票交给炊事员，炊事员把这十个人的饭打入盆中，然后这十个人再分这一盆子饭。等饭分完后，有的同学端起盆子就把粘在盆子上的饭舔光，有时为舔盆子同学之间也会发生争吵。开始是根据每人的定量把饭票发给个人，有的人到每月的二十五六号就把全月的饭票吃光了，导致最后几天的生活相当困难。后来为了避免类似问题发生，学校食堂又想出新办法，印发的饭票分为早、中、晚，并印上日期，买饭时只能用当天的或前几天的饭票，决不能用明天或以后日期的饭票，这样就阻止了超前吃饭的现象。当时为了共渡难关，也为了节省粮食，炊事班想尽办法。一个星期六的下午，我去帮厨劳动，炊事员叫我择菜，我就把大青菜外的黄叶子扔掉了。炊事员看见了，他叫我把扔掉的黄叶子捡起来并对我说："这些菜叶子洗净还可以吃，他专门问了生物系植物生理专业的老师，说这些黄叶子还有营养，没有腐烂的菜叶子绝对不能丢，这完全可以充饥。"他们把蒸过馍的笼布泡在水里，等粘在布上的馍片软了后，揭下来掺在面中再做馒头吃。为了让大家吃饱肚子，炊事员们还把洋槐树叶采下来熬成稀饭，直到今天，洋槐叶子的苦味仍留在我的记忆中。另外，把盛稀饭的木桶用清水洗完后澄清，把上面的清水倒掉，下面的饭渣与下次做的稀饭混在一起供大家食用。炊事班长告诉我：这两项操作一天可节约数十斤粮食，供数十个人吃一天。炊事员的这种节约粮食的行为实在是难能可贵的，使人难以忘怀。

有一位让我难忘的食堂管理员冯思孝同志。他中等身材，脸圆胖带红，身穿中山装。他的身影经常出现在学生食堂里。学生在打饭时总希望打多一点，买馒头时希望拿到大一点的馒头，打稀饭时想打到桶底稠饭，因而学生和炊事员经常吵架。哪里发生吵架现象，他就到哪里解决矛盾。他总是指责炊事员多，批评学生少，给学生作解释并进行安慰。1961年元旦即将来临，食堂决定在早晨（假期吃两顿饭）这一顿饭让每个人吃到足量的半斤红烧肉。因过去大家总感觉食堂分给每人定量的肉不够分量，给食堂提了很多这样的意见。所以，学生灶的领导决定元旦要让每个人吃足半斤红烧肉，长期处于饥饿状态的同学们听到这个消息别提有多高兴了。为了庆祝元旦，食堂里张灯结彩，灯火通明。开饭前，同学们有的高声呐喊，有的唱歌，有的用筷子敲打自己的饭碗，整个饭厅成了欢乐的海洋。每个打饭窗口的队伍都排得很长，学生们从卖饭窗口接到那份热腾腾的红烧肉时，激动的心情难以用言语表达。有的人把打出来的肉放在饭桌子上，在另一个窗口买馍，大家都在欢快的氛围下穿行着、欢腾着。突然，我们生物系1963级一个男同学大声喊道：“谁把我的红烧肉端跑了？”随后他就号啕大哭起来，我们大家都停止了欢笑，同情地围绕在到这个同学的周围，大家都在谴责拿走红烧肉的那个同学的不道德行为，同时也感到束手无策。正在这个紧要关头，冯思孝管理员出现在大家的面前，他问清事情的原委后，安慰了一下那个同学，然后把他带进食堂又给他打了一份红烧肉，才稳定住了这个同学的情绪。

1961年秋天的一个下午，天气十分晴朗，但已带些寒意。罗永辉同志跟我说：今天下午没有课，学校印刷厂从东岗造纸厂买了一批纸，把它拉回来，每人可挣八角钱（当时的八角钱相当于一个学生两天的伙食费），问我去不去？我当然愿意去。我家在农村，家中经济比较困难，依靠勤工俭学挣点零花钱。当时去的还有翟成才、杨建国、雷在中等同学，每个人拉个架子车，每个车装两百多公斤的纸。东岗造纸厂距学校有两千多米，路不远，开始拉时，还觉得很轻松，但越拉越沉，他们几个体力比较好，越走越远，就剩我一个人在后面。中午就没有吃饱饭，已经到下午五点多钟，肚子饿得咕咕叫，我的两条腿好像灌铅似的一样重，迈着沉重的步子一步一步地向前走。我越拉越感到车子沉重，越沉重越走不动，最后筋疲力尽，几乎走不动了。就在这时，忽然车轮非常轻松地向前滚动起来，我转过身一看，原来是一位四十多岁的工人师傅正在帮我推车子。我上气不接下气地说："谢谢您。"那位工人师傅满腔热情地说："不用谢，我看你模样，是大学生勤工俭学。在这饥饿的时期，你们读书人也太辛苦了。"在这位工人师傅的帮助下，我轻松地走了一段路。后来罗永辉等同学跑来接我，我才顺利回到了学校。至今这位工人师傅的高大形象、乐于助人的精神还留在我的记忆中，使我永远不能忘怀。因此，从那时起直到今天，虽然我已进入古稀之年，当我遇到上坡拉不动车的人，总要过去帮忙推一把。

1960年的秋天，有一天，我和吴纪、申滨洲等同学凑了些粮票，到平凉路一家饭馆吃饭。我坐在饭桌一面背靠着墙，吴纪坐在我对面，他的背后是人行道。一位三十多岁的妇女，个子中等，满面污垢，头发蓬乱，上身穿着一件带襟的花布衫子，衣服上布满补丁，虽然她饿得没有精神，但她的眼睛却在到处寻视，看样子是在寻找可攫取的食物。当服务员把一碗热腾腾的面条放在吴纪面前时，那个女人像饿狼捕食一样用她那沾满污垢的手，把面条抓起就往嘴里塞，另一只手还护着将要掉下来的面条。吴纪这时带着既生气又同情的口吻说："你把这剩下的面条全部拿去吧。"旁边桌子有人喊："抢饭了！"服务员马上跑过来，把那个抢饭的女人赶走了，并指责吴纪说："你怎么不打她几下？还叫她把剩的面条拿走。"我是第一次看见在公共饭馆里抢饭吃，虽然我们几个同学也吃不饱饭，但都很同情这个抢饭的女人。我们也是定量吃饭，对她的饥饿也是无能为力。

1960年11月，是一个寒冷的冬季，同学们处于饥寒交迫的时期。我们班有个同学平时对人态度和蔼，乐于助人，学习也很刻苦认真，但他就是因为忍受不了饥饿，偷了饭馆的饼子而被学校开除了。一天晚上十点多钟，学生科科长龚夫同志叫我和罗永辉（班团支部书记）到学生科去，我俩推门进去，见我班一名同学站在龚科长的办公桌旁，脸色苍白，低着头。龚科长很生气地对他说："你把你做的事情给他们讲一下。"他一言不发，龚科长对我们说："他偷了盘旋路饭馆里的饼子被送来的，你们先带他回去，要他好好地作检查。"我和罗永辉同学和他促膝相谈，叫他认识错误，不能再犯这样的错误。他痛哭流涕地进行了深刻的检查并写了保证书，保证今后再不犯类似的错误。后来，我们把他的检查反映给学生科，希望给他免予处分。这次学校仅仅给予他批评教育，没有给他处分。时隔一月有余，又是一天晚上，学生科又通知我们过去，我们去后又看见他站在那里，全身发抖，看样子他后悔莫及。龚科长说："他的老毛病又犯了，你们把他带回去，听候组织处理。"过了三天，学校出了布告，他因不遵纪守法，盗窃食物，对社会造成极坏影响，给予开除学籍处分。后来了解到，这位同学从矮墙上跳进饭馆的院子里，准备偷拿烤炉上的饼子，还没拿到手，就被服务员抓住了，虽然并没有把饼子吃到饥饿的肚子里，却仍然是一种盗窃行为。

1999年9月兰大九十周年校庆时，我见到了这位同学，他给我说了他被学校开除回家后的情况。他回到县上，把自己的情况向市人事局作了如实的说明。人事局的领导很好，原谅他因饥饿犯的错误，把他分配到华池县中学教课。他吸取了这次错误和教训，因自己没有忍住饥饿而失去了读完大学的机会，后来他以勤勤恳恳、任劳任怨和学而不厌、诲人不倦的精神和态度对待教学工作，曾被选评为庆阳地区的先进教师。他也严格地教育子女。他的一个儿子大学毕业后，分配到兰州炼油厂工作，后来出国去了新加坡；一个女儿在庆阳市一个小学教书。他本人已退休，在家颐养天年，全家人都很幸福。我听了他的经历后，感到很欣慰。从分别后，我一直惦念着他。

记得1960年时，甘肃省的粮食特别紧张奇缺。农民吃粮更加困难，吃商品粮的定量标准一降再降，各地饭馆的供应也成问题。在饭馆吃饭，光用粮票还不行，还要有出差的证明信。在火车站吃饭时，饭馆服务员要检查火车票。我们陕西籍的同学申滨洲、雷在中和我家里的亲朋好友都知道兰州的粮食定量标准很低，我们吃不饱肚子，他们千方百计地弄些全国粮票寄给我们，希望我们能吃一两顿饱饭。我们三人只要谁家里寄来粮票，就毫无保留地拿出来共同饱餐一顿。我们三人有时到兰州火车站去买饭吃，但各餐馆不但要粮票而且还要检验火车票，没有火车票怎么办？有一次，我看到一个排队买饭的人是干部模样，身穿中山装，皮肤白皙，戴着一副金丝边眼镜，看上去是一个知识分子。他和别人谈话时满口关中腔，我就冒昧地对他说："同志，能否用你的火车票帮我们买上三斤锅盔馍，然后我再给你三斤粮票。"这里要说明的是，别人一般不轻易地帮人代买，如果要代买一斤锅盔馍，要给代买人一斤粮票。那个同志听我的口音是陕西的，就爽快地同意了，并说："你们那三斤粮票我不要了，我是西安人，听你们的口音咱们还是乡党。"当听到他不要代买馍的粮票时，我们三人内心十分激动：天呀！哪里还有这样的好人。我们三人拿到锅盔馍时，真是垂涎欲滴，狼吞虎咽地就吃完了，真是享受到了饱餐的幸福滋味。

这段艰辛的历程，让我们这代人养成了坚韧不拔和艰苦奋斗的精神，拥有了战胜困难的勇气和信心，这种精神财富在我们的工作和生活中曾产生了无穷无尽的力量。虽然这种艰苦的生活今后可能不会再出现，但人们那种不怕困难、勇于探索、求实创新的精神不但不会消失，而且将会永远存在。

1999年9月，我参加九十周年校庆，特意到学生食堂"故地重游"。

我写这篇回忆录时，真正体会到改革开放的重要性。我们今天过着小康生活，能吃饱饭，来之多么不易。我们要珍惜改革开放所取得的成果，沿着改革开放的道路走下去，这样国家才能繁荣富强，人民才能过上富裕幸福的生活。

刘家声

作者简介

刘家声，1936年11月生，湖南浏阳人，经济学教授，博士生导师。1958年毕业于兰州大学经济系，留校任教，后又进修于中国人民大学经济系。先后在兰大经济系、马克思主义科学系工作，曾任系主任，兼任兰州大学文科学术委员会副主任，《中国经济科学年鉴》编委，中国政治经济学（社会主义部分）研究会理事，中国《资本论》研究会理事，中国价格学会（协会）理事，中国农产品成本与价格研究会常务干事，中共甘肃省委哲学社会科学规划领导小组成员，甘肃省价格学会副会长、顾问，甘肃省政治经济学（社会主义部分）研究会会长，兰州经济社会发展论坛副理事长等，并享受国务院特殊津贴。

从事政治经济学和价格学的教学和研究工作，出版《政治经济学》《社会主义市场价格新体制》《市场经济与价格改革》等专著教材8部，发表论文70余篇。获省部级及以上奖励8项，其中一等奖2项。1979年改革伊始，发表《“计划第一，价格第二”提法的商榷》一文，被评价为：“是在我国经济学界最早从理论与实践结合上系统地进行分析与评论并否定‘计划第一，价格第二’提法的优秀论文。”1981年初，发表论文《制定农产品价格必须考虑级差地租因素》，被评价为“是我国开始改革后最早提出农产品价格形成应以劣等地合理经营的成本为主要依据的优秀论文”，为国家制定《关于改革价格体系和价格管理办法的初步设想》等文件提供了依据。

在改革中创立和建设马克思主义科学系

斗转星移，兰州大学走过了百年征程；百年沧桑，折射的是兰大人不懈的追求。值此兰州大学百年华诞之际，抚今追思，回忆在改革大潮中设置马克思主义基础理论专业，创立和建设马克思主义科学系的过程，一切仿佛就在眼前，历历在目，心潮澎湃。

一、设置马克思主义基础理论专业的背景

1.改革的实践需要创新的理论指导

19世纪，马克思在其理论中预见社会主义将在资本主义工业化先进国家“同时发生”才会取得胜利。然而，20世纪社会主义革命的实践却是率先在经济文化落后的国家成为现实。走上社会主义道路的国家在建设社会主义进程中遇到了十分复杂的新情况和新问题。现实的状况是社会主义各国在取得重大历史成就的同时，也出现了这样那样的问题，遭遇到了这样那样的挫折，社会主义的优越性没有能够充分发挥出来。事实促使社会主义国家先后进行改革，改革成为社会主义各国不可逆转的潮流，成为时代的最强音。特别是我国在经历“文革”的苦难之后，实现了党和国家工作的重心向经济建设的转移，改革开放成为现代中国发展的主旋律，并在更广泛的范围和更深刻的程度上逐步展开。改革的实践，需要改革的理论指导，而改革的理论又决不是在人们的头脑中凭空自发产生的。这就要求我们在理论上进行反思，对过去正反两面的实践经验进行总结，立足新的实

践总结新的理论。这就给我们提出了重新认识社会主义的问题，到底什么是社会主义，在我们中国如何建设社会主义？还有如社会主义的本质特征问题，社会主义发展阶段问题，社会主义体制模式和特色问题，社会主义国家改革的任务、动力、条件问题，社会主义商品经济即市场经济运行机制、市场体系问题，社会主义物质文明、精神文明和民主政治全面发展的问题等等，这些都需要我们去探讨研究。在这个过程中，必然要抛弃前人囿于历史条件仍然带有空想色彩的个别论断，必然要破除对马克思主义的教条式理解和附加到马克思主义名义下的错误观点，必然要根据新的实践使科学社会主义理论和马克思主义得到新的发展。历史转折中党的十三大召开，鉴于国际国内形势的深刻变化，作出了“马克思主义需要有新的大发展，这是现时代的大趋势”的重要判断，明确提出要建设一支包括大批新生力量的富有创造精神的马克思主义理论队伍。

2. 设置马克思主义基础理论专业是理论课改革和培养马克思主义理论人才队伍的需要

1985年，中共中央正式发出《关于改革高等学校思想品德和政治理论课程教学的通知》。根据通知精神，大学原开设的“老四门”课程即中共党史、哲学、政治经济学、国际共产主义运动史要改为“新四门”课程。随着理论课改革的深入，原来提供理论课教师来源的哲学专业、政治经济学专业、科学社会主义专业的毕业生难以完全适应中国革命史、中国社会主义建设、马克思主义原理和世界经济政治与国际关系等课程教学工作的需要。1987年，国家教委下发了《关于加强和改进高等学校马克思主义理论教育的若干意见》。《意见》明确指出，建设一支政治上坚定、具有马克思主义理论素养、坚持理论联系实际、热心学生思想政治教育的理论课教师队伍，是改革马克思主义理论课教学的根本保证，而目前高等学校马克思主义理论课教师队伍老化、理论水平有待提高、知识结构不适应、后继乏人的状况十分严重。近三五年内将有一大批教师陆续离退休，加强理论课教师队伍建设已是刻不容缓的任务。创办马克思主义基础理论专业，正是适应这种形势的需要。

3. 西北地区设置马克思主义基础理论专业更有必要

当时，据有关部门不完全统计，在甘肃省高校就缺编一百多人，新疆、青海、宁夏等省区莫不如此。而西北地区由于地处劣势，缺乏吸引人才的有力措施，加上其他方面的原因，从东部地区吸引调入师资困难较大，相反还“一江春水向东流”。“文革”结束后，除1981、1982年调入个别老师外（后又调出），从1983年到1987年，兰州大学年年向国家教委申请调入人大、北大、复旦、山东大学等校马列理论专业的毕业学生，但均无人愿意前来。其他各校情况也大体如此。我们向教委报告提出：“为适应改革形势对于马克思主义理论课教师的需要，很有必要就地培养面向西北地区的马列主义理论课教师。”兰大是西北地区国家教委直属的唯一一所综合性大学，马列主义理论课师资有一定的基础和力量。我们可以承担西北地区马列主义理论课师资队伍的培养任务。因此，请国家教委考虑在兰大布点开办马克思主义基础理论专业本科的问题。

二、创办马克思主义基础理论专业和建系的过程

兰大马列主义教研室成立于1950年，始称兰州大学学习委员会，面向全校学生开设公共必修课中国革命问题、政治经济学、社会发展史，后来称为马克思列宁主义教研室，担负着全校马克思主义公共理论课的教学任务。开设马克思主义理论课，是新中国社会主义大学与旧大学区别的主要标志之一。历时几十年，没有自己办的专业，设系办专业是教职工十分关心的问题。根据当时高校缺乏马克思主义理论教学人才的状况，我们酝酿拟筹办马克思主义基础专业。1986年，我们向学校党政领导和教务处反映了我们的设想。同年，我们也向国家教委政教司、高教一司有关负责人反映过创办马克思主义基础专业的问题，征询了意见。经过反复研究，学校党政领导支持和同意我们创办马克思主义基础专业。我校于1987年6月5日正式向国家教委呈送了《关于设置马克思主义基础专业的报告》，1987年8月18日收到国家教委政教司大学理论处的回函，提出了几个我们需要考虑的问题。9月9日，我就函中所提的问题详细书面汇报了我们的意见，说明了在兰大创办马列理论专业的必要性。后经校党政班子研究，认为在国家教委未决定前，有必要专门派人进京。于是，我于9月17日又赴京向政教司、高教一司作进一步详细汇报，并研究了一些问题。回校后，于9月29日，再次呈送了《关于设置马克思主义基础专业的补充报告》（校教

字［1987］82号文）。从当时的情况来看，截至1986年底，经国家教委批准设置的马克思主义基础本科已有八个。教委政教司研究，当时除已规划的人大、北大、复旦、东北师大四个马克思主义理论师资培养基地外，原则上不再增设马克思主义基础理论本科专业。但由于我们多次陈述理由，积极争取，反复磋商申报，终于获得教委批准增设。1987年10月12日，国家教委发文《关于对兰州大学设置马克思主义基础专业报告的批复》（［1987］教政字011号），同意我校增设马克思主义基础本科专业，学制四年，并希望我们“精心组织教学力量，切实加强专业建设，及时总结办学经验，努力保证教学质量”。根据教委的批复，学校于12月26日召开党政联席会议研究决定并正式发文校人字［1988］68号，成立马克思主义科学系。

鉴于马列教研室要开办马克思主义基础专业，机构应作相应变动，设想采取“两块牌子，一套人马”的方式。一块牌子为系，因为马列主义教研室不好办专业，但系名应立何为好？当时可供选择的有“马克思主义理论教育系”“马克思主义基础系”“马克思主义科学系”等，经研究决定为“马克思主义科学系”。因为马克思主义是指导我们思想的理论基础，是科学的世界观，作为科学是要发展的，这个系名也符合马克思主义基础专业之实。在当时全国创办马克思主义基础专业的高校中，直接以“马克思主义科学系”命名的仅为我校。另一块牌子仍保留马列主义教研室（部）的名称，以明确其仍然担任全校马克思主义理论教育课的教学任务，也便于对外发生有关马列主义教学的业务联系，从而做到办好专业和搞好公共课教学两不误。

遵照国家教委和兰州大学的有关指示精神，我们对如何办好马克思主义基础专业进行了研究，制订了教学计划，落实了课程的任课教师，并在一定范围内作了招生宣传。在全校的统一部署下，我们于1988年7—8月胜利完成了招生计划，于8月底终于迎来了马克思主义基础专业的首届三十名新生。他们来自九个省区，东起胶东半岛，西到天山南北，南至西南边陲，北至内蒙古海拉尔。这批学生政治和业务素质都很好，绝大部分是团员，有的还是三好学生，绝大多数都是第一志愿报了马克思主义基础专业，有志于马克思主义理论的学习和研究，这是难能可贵的。我们于1988年8月29日正式举行了马克思主义科学系成立暨迎新大会。时任校党委书记刘众语同志和主管教学的副校长李希同志亲临大会，热烈致辞祝贺。马克思主义科学系的成立，为我校马克思主义理论学科建设开启了新的篇章。

三、围绕教学科研中心，搞好教师队伍、教材、资料三项建设

教学和科研是学校的中心。大学肩负着培养德、智、体、美、劳全面发展的中国特色社会主义事业建设者和接班人的重任。而马克思主义理论教育担负着引导和帮助学生树立正确的世界观、人生观、价值观，树立为建设中国特色社会主义而奋斗的远大理想。我们始终把落实党中央关于"把德育放在学校工作的首位"的指示、搞好全校马克思主义理论课的教学和改革、提高教学质量作为神圣使命，同时又积极办好马克思主义基础专业学生的培养和教育，做到公共课教学与专业课教学两不误。

我们在申报开办新专业时，对国家教委和学校担心的问题——如何保证公共理论课的质量，进行了反复讨论。应该承认，由马列教研室开办新专业，与开设全校政治理论课是有一定矛盾的，但是二者也有相互促进、相互统一的一面。在处理这个矛盾的过程中，我们采取了系内教师编制不做公共课教师、专业课教师的区别，要求担任专业课教学的教师也必须担任公共课教学的任务。事实证明这样做效果是很好的。

首先，在搞好公共理论课教学方面下功夫。在公共理论课的教学方面，根据中共中央《关于改革学校思想品德和政治理论课教学的通知》（［1985］18号文件和国家教委［1987］58号文件）的精神，我们从1987年开始，就着重抓了由"老四门"即中共党史、政治经济学、哲学、共产主义运动史，改革为"新四门"即中国革命史、马克思主义原理、中国社会主义建设、世界经济政治与国际关系的学科课程的建设。这对我们是个很大的挑战。因为这是马克思主义公共理论课体系、课程设置和课程内容的一次重大改革，任务繁重。根据国家教委"既要坚定、积极，又要稳妥，要有计划、有步骤地进行政治课理论教学改革"的指示，我们用了大约三年的时间逐门进行，逐步推进，通过试点，最后到普遍开设，顺利完成了这个过渡。

我们在公共课教学中，认真贯彻教委颁布的教学大纲和教学要点的要求，在政治上保持跟党中央高度一致，防止随意性。认真贯彻理论联系实

际的方针，正确处理坚持理论性、系统性、科学性和加强思想性、针对性和现实性的关系，既要克服脱离实际的空洞教条说教，又要克服忽视科学性、理论性而就事论事的不良倾向。特别强调要加强针对性和现实性，把公共课理论教育同国内外实际包括我国改革开放和现代化建设的实际，以及学生的思想实际紧密结合起来。增强学生识别、抵制和批判资产阶级思想的能力。

1990年，国家教委提出对四门马克思主义理论课的教学内容进行调整。在中国革命史课程中，贯彻只有社会主义才能救中国，社会主义是历史的必然选择，没有共产党就没有新中国的内容；在马克思主义原理课程中，贯彻社会主义是一个历史过程，社会主义的最终胜利是一个历史发展趋势，批驳马克思主义过时论；在中国社会主义建设课程中，贯彻改革是社会主义制度的自我完善和自我发展，党的十一届三中全会以来中国走上了有中国特色的社会主义发展道路；在世界经济政治与国际关系课程中，讲清苏联解体、东欧剧变的历史教训，批判社会主义失败论。教学内容的调整使马克思主义理论课较好地回答了大学生在学习过程中所提出的许多热点问题，发挥了理论课的独特作用。

突出邓小平有中国特色的社会主义理论的教学。1995年，根据国家教委［1995］10号文件，关于马克思主义理论课课程体系改革在少数院校试点，其他院校主要进行教学内容和方法的改革。“两课”教学，要以建设有中国特色社会主义理论为中心内容。我们反复强调各门理论课程都要毫无例外地加强和突出建设有中国特色社会主义理论的内容，并贯彻在各门课程之中。我们还组织教师面向全校开设了“邓小平理论与当代中国”，面向理科开设“当代世界经济政治与国际关系”等课程，受到学生的欢迎和好评。

努力改进和改革教学方法，积极探索在新形势下有效进行思想理论教育的新形式和新途径。课堂讲授是对学生进行系统马克思主义理论教育的主要环节，想方设法提高讲课质量，同时实行多样化的教学方法，如开展课堂讨论和组织课堂辩论，变“一言堂”为“群言堂”，利用电影、电视进行教学，开展“四段教学法”（启发、阅读、讨论、总结）等。为了调动学生学习的积极性和主动性，我们在全校范围内组织了征文比赛，在

1994—1996年间，分别由马克思主义原理教研室、中国社会主义建设教研室、中国革命史教研室组织了“哲学与我们的专业”“关于转变我国经济增长方式的思考”“长征精神的启迪”等三次征文比赛活动。每次征文活动都有上千人次参加，全体教师认真评阅参赛文章，共评出优秀论文140篇。这项活动的开展，调动了学生的积极性，对提高学习效率起到了良好的作用。

辛勤的付出得到回报，公共课教学质量得到明显改善和提高。据1997年全校范围公共课教学质量调查报告数据显示，面对本科生的公共政治理论课教学，大家普遍反映教师大多可以理论联系实际，教学课堂气氛活跃，教师在传承知识的同时，都能不同程度地解答当时社会的一些热点问题，并能解决学生思想中存在的一些困惑和疑虑，学生有了从过去的不愿意听逐步到愿意听和主动思考问题的转变。研究生政治理论课教学满意率达81.5%，学生普遍反映看似枯燥乏味的课被老师们讲活了，既获得了知识，又得到了启发，成为研究生阶段印象很深的课程之一。经过努力，本科四门政治理论课和研究生两门政治理论课都成为学校重点建设的精品课程。有的教师获得了“甘肃省园丁奖”的称号，有的获得了校优秀教师的称号。

其次，搞好马克思主义基础理论专业的建设。专业开办初期，根据马克思主义基础专业教学计划和培养目标的要求，我们抓了专业课“成龙配套”的工作，加强了马列原著课，以增强理论基础，适当开设了思想史方面的课程。经过几年的实践，同学们反映理论知识学得不少，但真正实用的较少，培养目标和分配去向过窄。特别是80年代末特殊的环境下和东欧巨变的冲击下，马克思主义基础专业面临还要不要继续办下去的严峻挑战。面对挑战，我们进行冷静的分析，坚持认为我国是社会主义国家，马克思主义是我们的指导思想，只要中国红旗不倒，就必然需要从事马克思主义理论教学研究、宣传及有关工作的人才，因此，必须坚持办好马克思主义基础专业。随着党的十四大建立社会主义市场经济体制目标的确立，根据市场情况及同学们的需要，我们经过反复的论证和广大教师的商议讨论，报学校批准，将原马克思主义基础专业的方向调整为社会主义市场经济，这样既保留了原来的马克思主义基础专业，又突出了当代马克思主义的新内容，因为社会主义市场经济是当代马克思主义的新发展，是有中国特色社会主义理论的极为重要的组成部分。随着专业方向的调整，专业培养目标也作了相应调整，就是要培养能够从事马克思主义基本理论和社会主义市场经济理论的教育、宣传、研究和从事党政机关工作以及市场经济管理方面的人才。这样就拓宽了专业方向和分配去向，并且两次调整专业教学计划，使教学计划朝着理论和实践相结合、历史和现实相结合、原理和技能相结合的方向发展。适当压缩了历史和思想史方面的课程，加强了现实课程，坚持了原来的基础理论，充实了方向课。努力使学生既有坚实的理论基础，又有实际工作技能，既能从事理论教学、宣传和研究工作，又能从事实际的经济、社会事业管理工作。

认真组织学生参加社会实践活动，努力使学生在实践中得到锻炼。每个年级都要进行5～6周时间的社会调查和实践活动。先后安排1988级在兰州地区的四个工厂实习，1989级在兰州市郊区农村参加社教和嘉峪关实习，1990级在白银公司所属的十几个企业和部门实习，1991级学生参加甘肃长风证券的发行工作等。实习结束时，要求学生提供两份报告，一份是业务方面的调查报告，一份是思想方面的实习收获。通过社会调查和实习，不仅使书本上的理论得到了印证，加深了学生对理论的理解，使学生的调研能力、分析和解决问题的能力、表达能力、写作能力、交往能力等得到锻炼，而且也使学生了解了国情，增强了社会责任感，学习了工农群众的先进思想和作风，认识了自我，找到了差距，促进了自身思想觉悟的提高，可以说绝大部分学生都做到了思想和业务双丰收。

我们还组织开展了全学程评估调查。从1988级开始，每年毕业生全部课程结束之际，我们都组织一次全学程的教学评估，内容包括培养目标、课程设置、教学效果、实践环节等，积累了第一手资料，从中得到了来自教育对象对于教学情况的反馈，为改进教学起到了积极的作用。

国家教委社科司理论处于1991年夏季在嘉峪关召开了全国马克思主义基础专业系主任联席会（由我校承办），清华大学、天津大学、上海交大、浙江大学、华南理工大学、山东海洋大学、成都电子科技大学等相关系主任均来参会，共同研讨办好马克思主义基础专业的有关问题，对马克思主义基础理论建设起到了积极的推动作用，同时对扩大我校的影响也起到了良好的作用。

马克思主义基础专业的兴办，充分调动了教师的积极性，挖掘了教师的潜力，为教师才能的充分发挥创造了条件。仅据1989年到1994年的统计，我系教师在开好公共课的基础上，有二十人开出了新课，同时新专业的创办也为我系的建设和发展开发出一个平台。

政治理论公共课和专业课保持一致，齐头并进，两者相辅相成，相互促进，专业教学启发科研，科研充实教学，教师的教学和科研能力都得到提高，学生不断获得更多更广的知识。

经过十年努力，马克思主义基础理论专业形成了较为科学合理的课程体系，既突出和强化了专业基础和主干课程，又体现了马克思主义基础理论课多学科内涵的特点。通过不断改革课程体系，逐步达到培养的人才面宽、专业知识厚实的目的。

在总结创办理论专业经验和加强理论人才培养的基础上，逐步认识到还需要培养应用型人才，使理论人才培养和应用型人才培养相辅相成。经慎重研究，决定在办好马克思主义基础专业的同时，申请新的市场营销本科专业。经过两年多的准备，1995年终获教育部批准，使我校专业建设又有了新的学科增长点。该专业在1998年学校组建经管学院时，被并入经管学院。

再次，结合教学和现实的需要，开展科学研究。我系教师原来人数少，公共课教学任务重，教师长期忙于教学工作，科研成果较为薄弱。为了提高科研水平，我们提出围绕教学搞科研，把研究马克思主义各学科的基本理论，改革开放和现代化建设中的重大和实际问题，马克思主义理论课课程建设以及教学中的重点、难点和疑点问题，以及西部包括甘肃的经济、社会和文化在改革和发展中遇到的问题，作为我们研究的方向和内容。专业的设置使教师们都有了事业依托，有了事业之根的强烈愿望，这极大地调动了教师们从事科学研究的热情，进而形成了人人争报项目、写文章、搞科研的良好气氛。

在科研工作中，我们强调发挥个人和集体两个积极性，克服过于分散的状况。把个人力量和集体力量有机地结合起来，把国家和社会需要与个人专长、兴趣结合起来。有关科研工作的重大事项和活动有：（1）组织集体编写教材，包括公共理论课教材和专业课程教材，通过教材编写带动对马克思主义基本理论和马克思主义中国化的研究以及教学难点疑点问题的研究。（2）纪念毛泽东同志诞辰100周年，组织教师撰写了30多篇论文，出版了学报增刊。（3）1991年9月，与中国社科院经济研究所等单位共同发起在兰州召开全国性的中国经济改革和发展理论研讨会。这是党的十四大之前，经济学界的一次重大盛会，全国征文256篇。时任中国社会科学院副院长、著名经济学家刘国光先生在开幕式上作了重要讲话。讨论涉及我国改革的取向，在研讨会上“计划取向改革论”“计划—市场双向改革论”“市场取向改革论”等三种观点展开了热烈的争鸣，我们坚持了社会主义市场经济的正确方向。次年10月，党的十四大正式确立我国经济体制改革的目标是建立社会主义市场经济体制。这些活动都为扩大我校在全国的影响起到了良好的作用。（4）研究社会主义市场经济理论和实践。1993年，根据省委培训干部的需要，组织教师参加《社会主义市场经济概论》的编写，并在中共甘肃省委的领导和部署下，编写了供全省处级干部学习参考的《社会主义市场经济理论学习纲要》。在编写纲要的过程中，时任省委书记孙英同志亲临兰大听取我们汇报写作提纲，并讨论了相关问题。《纲要》初稿完成后，又在省委宣传部召开专门会议进行研讨。我在汇报中提出党的十四大报告中“劳务市场”的概念不够准确，应该是“劳动力市场”，孙英同志说，正文可仍用“劳务市场”以保持一致，可加注说明。这表明了孙英同志对学术的尊重，以及他的领导艺术，给我留下了深刻的印象。一年以后，党的十四届三中全会通过的《中共中央关于建立社会主义市场经济体制若干问题的决定》，明确将“劳务市场”变成了“劳动力市场”。

由于大家的共同努力，在科研方面取得了明显的成绩。公开出版了一批质量较高的专著和教材，发表了一批学术论文，科研成果的数量和质量都有了提高。仅据1990—1993年的统计，出版学术专著和高校教材17项，获得国家教委、省社科基金和学校社科基金11项，发表学术论文共计147篇。在省社会科学第二次、第三次评奖中共获奖11项，其中一等奖1项、二等奖2项。1994—1997年，共出版专著和教材18部，发表论文145篇，获得国家社科基金、教委社科基金、省社科基金等10项，在省社科评奖中获得一等奖2项、二等奖2项，有的还获全国优秀论文奖。

这些成果有的引起国家有关部门的高度重视和理论界的关注；有的为传播党的中国特色社会主义理论发挥了积极作用；有的直接为教学提供了基本保障，充实和丰富了教学内容，促进了教学质量的提高；有的为各级政府和企事业单位提供了咨询和决策依据，为地方经济社会文化发展做出了贡献。

第四，搞好教师队伍、教材、资料建设。教师是教学和科研的主导力量，是学科建设和教学改革的主要依靠和基本保障，教师队伍建设是搞好教学和科研的关键。首先，我们重点加强教师的思想建设。通过反复学习中共中央和国家教委关于加强和改革马克思主义理论课教育的历次文件，增强教师搞好马克思主义理论课和专业建设的使命感和责任感，提高“学”“信”“用”马克思主义的自觉性。其次，大力补充和培养青年教师。由于教师长期缺编，学校“三定”时，我系教师定编为63.05人，专职科研人员为5.9人，但当时实际只有38人，缺编20多人。为解决教师缺编问题，我们采取一些措施，如从经济、哲学、历史系选留教师，后又从本系选留优秀毕业生（定向培养上研究生后留校任教），确立以老带新，定人指导，组织助教及提中职三年以下的讲师对教授授课进行教学观摩，鼓励青年教师攻读博士学位，鼓励青年教师参加全国和地方的学术会议，使他们开阔视野、加速成长。青年教师不仅精力充沛，朝气蓬勃，而且思想敏锐，接受新事物快，好学肯钻，成长很快，他们逐渐在教学科研中发挥了骨干作用。青年教师比例上升到占54.2%。这样就逐步形成了老、中、青结合的较为合理的教师队伍结构。再次，保障教师的职称和生活待遇。凡是传达到县团级干部的中央文件，均向全体教师传达以使其了解中央精神并贯彻于教学之中。马克思主义科学系原老教师较多，由于种种原因，职称上遗留的问题较多，高职比例偏低，我们多次向学校反映要求增设高职岗位，并写了两次专题报告。在学校的支持下，大多数教师得到了晋升，高职比例得到了提高，由原来的24%提高到48.4%。1995年，我系正教授已达6人，为文科之最。在收入分配方面，通过积极办班创收和学校缺编费的发放，根据按劳分配为主、兼顾公平的原则，保证了教师收入在校内处于中上水平，也保证了教师队伍的基本稳定。

“教材教材，教人成才”。教材是进行教学的基本依据、主要载体，也是学科建设的结晶。1984年之前，马列教研室未曾出版过教材，一般使用的都是外校教材，并用过很多版本，但老教师从自己多年的教学实践中，感到这些不同版本的教材多少都有不尽如人意之处，如在教学中经常遇到一些教材与教学大纲相互矛盾的问题。于是，我们根据国家教委颁布的《政治经济学教学大纲》编写了校内发行的《政治经济学》（上、下册），1985年根据《中共中央关于经济体制改革的决定》的精神，又对其进行了修改，后交由甘肃人民出版社正式出版发行，并被甘肃省委宣传部选定为干部正规化理论学习的教材。《政治经济学》（资本主义部分）和《政治经济学》（社会主义部分）共发行40多万册，并在甘肃省及其他地方电视台播放，出版录像磁带4000多盘，供全省数万名干部学习，并被定为晋升经济、会计系列专业职称的考试教材。编写教材不仅满足了学校教学的需要，促进了教学水平的提高和科研工作的进步，还满足了社会的需要，取得了广泛的社会效益。借鉴这次编写教材的经验，我们在以后的公共课改革和专业建设上，就狠抓了教材建设。1986—1988年，我校牵头联合在甘其他院校编写出版了《中国社会主义建设》《马克思主义原理》《中国革命史》等教材；由我校牵头，联合吉林大学、东北师大、郑州大学、河北大学、安徽大学、上海师大、华南师大等院校编写了《世界经济政治与国际关系》。这样就顺利实现了“老四门”向“新四门”的过渡。还专门编写了供全校研究生使用的《百年沧桑——科学社会主义理论与实践》。在高校马克思主义理论课改革方面，走在甘肃前列。《政治经济学》获得省教委优秀教材一等奖，《中国革命史》《中国社会主义建设》《马克思主义原理》获得省教委优秀教材奖。

信息资料是教学科研的重要保障，没有充分的信息资料，教学科研将是“无米之炊”。因马克思主义学科的现实性、时效性、广泛性的特点，其资料信息就更显重要。我们加大了资料图书建设的投入，专门从发展基金中拨出一部分购置图书资料。一方面扩大订阅公开发行的国内哲学社会科学期刊，另一方面我们专门建设了内部资料室，请党委专门给我系订阅了《内部参考》《国际研究参考》等刊物；同时，也想方设法订阅了中国社会科学院各院所及中央有关部委的研究参考资料，如国务院发展研究中心的《经济工作者学习资料》《经济研究参考》、商业部的《调研资料》、中国社科院国际经济政治研究所的《世界经济与政治》、中央党校的《理论动态》、求是杂志的《内部文稿》等，共计二百多种。同时也订阅了《哲学动态》《经济学动态》《高校理论参考》等，以便教师及时了解国内外政治经济发展形势，掌握学科最新动态，联系实际进行教学和科研。

马克思主义基础专业的创办，为国家培养和输送了一批理论人才。1988—1998年，马克思主义基础理论专业共毕业了十届学生，约三百多人。从毕业学生的大致去向来看，据几个年级统计，大约有三分之一去了高等学校或党校从事马克思主义理论教学和管理工作；一部分进入科研院所、新闻出版单位以及国家和地方党政机关；一部分考取了研究生，仅1989级就有九人考取了研究生，占学生总数的三分之一，名列文科系考研率的前茅；还有一部分从事其他方面的工作。据曾经开展的毕业生跟踪调查的反馈意见表明，用人单位普遍反映兰州大学马克思主义基础理论专业培养的学生专业面宽、适应能力强、业务提高快，对兰大马克思主义科学系培养的人才持肯定意见。

马克思主义基础专业的设置和马克思主义科学系的建设，为学校马克思主义学科和政治学科的发展奠定了基础。1998年，随着教育部对专业进行调整，马克思基础理论专业只在研究生层次培养人才，学校决定成立国际政治系。学科和系的建设进入一个新的发展阶段，迈上了新的台阶。

申滨洲

作者简历

申滨洲，男，1936年8月生，中共党员，高级农艺师。1957年9月—1962年10月，在兰州大学生物系生物物理专业学习。1962年10月—1963年3月，在北京同仁医院放射科从事放射性同位素在医疗上的应用工作。1963年3月—1973年7月，在中国农科院原子能利用研究所第一研究室从事放射性同位素在农业科研方面应用工作。1973年7月—1977年6月，任农科院原子能研究所第二研究室负责人和党组织负责人，从事核爆炸对农作物、种子、土壤的损毁损伤及防护和恢复生产过程的研究。该研究项目获得农业部科技进步二等奖、国家科技进步三等奖。1977年6月—1983年10月，任胜利油田农科所副所长，先后主持的塑料小拱棚高产栽培实验获得胜利油田科技进步四等奖，塑料大棚辣椒高产栽培实验获得胜利油田科技进步四等奖。1983年10月—1987年7月，任东营市委农村工作委员会副书记，党组成员。1987年7月—1993年5月，任东营市农业委员会副主任。1988年1月—1993年5月，任东营市农业开发办公室（同农委合署办公）主任，负责国家对东营农业开发资金的项目编制、申报、实施和管理工作。1991年、1992年获得东营市人民政府先进工作者，1993年5月—1996年5月，任东营市农业畜牧局局长、党组书记。1996年5月—1997年1月，任东营市农业畜牧局调研员。1997年1月退休。曾任东营市政协委员、东营市科协常委、山东省科协委员。

种 菜

我是1957年9月入学，1962年10月从生物系生物物理专业毕业的。

我们这届学生从入学开始，就经历了反右派斗争等历次运动。除了正常的上课学习，头两年都是在各种运动中度过的。而后三年，正逢我国三年困难时期。由于连年自然灾害，我国农业、畜牧业、养殖业都遭受了严重损失，粮食和农副产品产量大幅减少，给全国人民都带来了不同程度的影响。作为省会城市的兰州，城市居民的生活也同样十分困难。当时，全市所有大小商店、副食店凡供摆食用商品的货架均空空荡荡，即使有少量食品，也是凭票证供给。所有饭店、食堂，即使有粮票、钱票也不供餐，吃饭需凭出差证明或其他有效证件才能定时、定量供餐。

我们在校学生的情况，应当说还是相对较好。虽然说肉、蛋、油等基本停止供应，但三十斤口粮还是有所保证，也就是能够维持最低的生活标准。对三十斤的粮食定量，学校也作了严格的规定，当时学生食堂管理科给各班发了一个小本，名叫“兰州大学同学上灶证”（该证我一直保留至今），小本上注明该班男女生人数及应发的饭票总数。我作为我们班的生活委员，每月底去学生食堂管理科，领回我们全班七男一女八位同学下个月的饭票并分发给每位同学。饭票上明确规定：“三十斤粮，每天一斤。”每天的饭票上都印有年月日、早餐、中餐、晚餐字样，早餐二两，中餐四两，晚餐三两，饭票当日有效，不能提前使用，但可推后。另外，每人有三十两的机动饭票，机动饭票可在当月任何时间使用，其目的就是防止同学“寅吃卯粮”而造成断粮，如果出现这种情况，在当时粮食极度困难的情况下是难以解决的。仅靠三十斤粮食而无其他副食品供应的条件下，学生普遍营养不良，而且身体发生浮肿，给学习带来一定影响。

1959年初，江隆基调任兰大党委书记兼校长。江校长来兰大后，对教学工作十分重视，同时很重视师生的实际困难，千方百计地为师生分忧解难。我记得当时学校采取了三条措施：一是学校组织了捕猎队，去甘南深山老林捕杀野猪、野兔之类的可食用动物，为师生提供肉食。二是由学校后勤部门组织人员去甘南租借农村土地发展农业，种植粮食等作物，为食堂提供粮源。三是种植蔬菜，为食堂提供蔬菜。

当时，学校把生物系植物园的部分土地分配给部分班级供其种植蔬菜使用。当时，我们班有幸分到了三十平方米左右的一块地。学校规定，生产工具可向学校借用，蔬菜种苗由学校提供，种植蔬菜品种自己选择，其余自己解决，全年向学校食堂上交一千斤蔬菜，超产的部分可以自己食用。

听到消息后，我们全班八位同学都十分高兴，我们有信心、有能力完成任务。我们八个人都来自农村，从小就在家里参加农业生产劳动，有农业种植的基础和一定的技术，所以接受任务后我们就开始着手准备了。经商量，大家一致认为种菜应从增肥地力入手，俗话说“庄稼一枝花，全靠肥当家”“人哄地皮，地哄肚皮”，肥料是夺取丰产增收的关键。肥料从哪里来？其实学校内就有丰富的肥源，只要不怕脏和臭，校内所有宿舍楼下的化粪池就有丰富的经过腐熟的优质粪肥，所以我们就开始为打捞和运送粪肥做准备。我们找来了铁桶和扁担，制作了打捞粪肥的工具，利用课余时间去学生宿舍拐角楼化粪池打捞粪肥。八人分工，打捞的打捞，抬运的抬运，给地里施了一层厚厚的肥料，为种好蔬菜打下了基础。当肥料快干时，我们用铁锨深翻土地后晒透，然后平整、起埂、做畦、待播。大约在4月中旬，我们给畦中浇足水，撒上菠菜种子，敷上一层细土，为防止土表水分过快蒸发，还在上面盖上了干草。

大约过了十多天，菠菜种子全部出苗，苗情十分好。我们取掉上面的干草，进行田间管理，前期主要是进行疏苗、间苗，使蔬菜在中后期保持一定密度，同时清除杂草和适时浇水。随着气温的升高，菠菜长势十分旺盛，真是叶肥枝壮。大约在5月下旬，菠菜株高近五十厘米，收割时产量达四百五十多斤，全部送交学生食堂。

在菠菜收割后，我们又商量下茬蔬菜的种植计划。当时，学校提供的蔬菜种子有白菜、萝卜、油菜、甜菜、苤蓝等十多个品种。我们选了以甜菜为主，适当种植苤蓝。在蔬菜品种确定后，我们对土地进行重新整理。首先仍是施足肥料，然后是起埂。因为甜菜、苤蓝是种在田埂背上，所以在播种前必须做好起埂，埂距为三十厘米。7月上旬，我们开始播种，播种前在埂背上挖个小坑，每个坑距二十厘米，给小坑里浇足水，每穴播3～5粒甜菜或苤蓝种，甜菜种植占90%以上，然后给种植穴敷上细土。7月中旬，甜菜、苤蓝全部出苗，苗情十分好，根肥叶茂，一派丰收景象。收获时，甜菜单株平均毛重可达四斤，苤蓝单株毛重也近四斤。我们受到了学生食堂管理科的表扬，同时，根据学校超产的规定，我们还留下了三百斤左右的甜菜和二十斤左右的苤蓝自食。在当时十分困难的条件下，这对我们全班八位同学来说也是口福。

王森

作者简介

王森，男，河南荥阳人，1936年10月生。1964年，毕业于兰州大学中文系。曾在甘肃永登水泥厂、兰州大学中文系工作。1997年退休。曾教授现代汉语、汉语构词法和造词法、当代词语概论等课程，以及留学生的多种专业课和文化课。曾参与完成“九五”国家社科基金重点项目“现代汉语方言音库”（光盘）兰州方言的撰稿工作，参与论文集《〈老乞大〉〈朴通事〉语言研究》（撰写9篇）以及专著《临夏方言》（词汇部分）的编写工作。在《中国语文》、《方言》、《语言研究》、《古汉语研究》、《中国语研究》（东京）、《兰州大学学报》、《光明日报》等报纸杂志发表论文30多篇。

著名语言学家黄伯荣先生

黄伯荣教授，1922年生，广东阳江人。1983年，在北京由著名语言学家张志公先生介绍加入中国民主促进会。

黄先生先后师从王力先生和岑麒祥先生，在中山大学语言学系攻读语言学。1951年，从中山大学文科研究所语言学系毕业，留校任教；1954年，高校院系调整，调入北京大学任教；1958年，支援大西北，调入兰州大学任教；1987年，青岛大学创建，调入青岛大学任教。1991年退休，是年六十九岁。至此，先生已在全国南北西东四所大学耕耘整整四十年，而其中近三十年时间是在兰州大学。

2009年是兰州大学建校百年，也恰是黄先生主编的高校教材《现代汉语》出版畅销三十年。黄先生对兰州大学卓有贡献，这是兰州大学的荣耀，也是兰州大学民主促进会的荣耀，更是黄先生的荣耀。

我曾是黄先生的学生和助手，对先生的教学和著述多有接触，下面将作出几点介绍。

一、支援兰州大学，开创语言学科新局面

兰州大学始建于1909年，1953年被确定为教育部直属全国重点综合性大学。但是，由于历史上战乱频繁及其地理位置偏远、办学条件相对艰苦等原因，学校师资流失较为严重。当时，兰州大学中文系的语言课还比较陈旧，缺乏系统性、科学性。比如内容上不分古今，讲语法也只涉及词法，不讲句法，讲修辞也是只讲辞格。而1957年反右斗争之后，一批教师被打成“右派”，师资力量更显不足，许多专业课也难以开出了。

兰州大学派教务长陆润林到教育部求援。当时，兰州大学中文系青年教师田明正在北京大学进修现代汉语，并由黄伯荣先生指导。田明向陆教务长介绍了黄先生的情况，于是，陆教务长向教育部提出申请，并亲自到黄先生家里介绍兰州大学情况，希望黄先生能到兰州大学做学术带头人。

教育部指定北京大学要支援西北，北京大学中文系系主任杨晦也亲自到黄先生家说明教育部的意向。

黄先生欣然同意，决心到兰州大学开创新局面。1958年2月，黄先生离开北大，举家西迁。这一年，他三十六岁。

二、致力学科建设，打造精品教材

黄先生到兰州大学后长期担任教研室主任，又发起组织了“中文系语言研究小组”，后来又被任命为中文系语言研究室主任、校系两级学术委员和学位委员会委员，积极领导大家开展工作。

学科建设，教材是根本。在这方面，黄先生先后抓了以下三件事。

第一件事是组织领导中文系部分师生在几个月内编成了《现代汉语》和《语言学概论》两部教材，解决了50年代兰州地区高校长期缺乏自编教材的问题。

第二件事是主编《现代汉语》，打造精品教材。这项工作始自1978年，并持续至今，涉及全国，影响深远，是黄先生学术生涯中的大事。主要情况如下。

1. 主编《现代汉语》，纳入教育部统编教材

“文革”结束后，百废待兴。“文革”前只有一部胡裕树主编出版的《现代汉语》（1962年）统编教材，时隔多年，不少内容有待修订。重新编纂《现代汉语》势在必行。1978年3月，由郑州大学张静发起并联络二十三所高校教师参加的《现代汉语》协作编写教材研讨会在郑州召开，黄先生也应邀到会。会上由于观点不能统一，形成两套方案和两个编写组。黄先生和张静分别被推选为第一、第二方案的召集人。同年6月，教育部全国高校文科教材编选会在武汉召开，郑州会议确定的由二十三所高校协作编写教材的决定，获审定通过，纳入国家编写计划。同年8月，协作教材扩大会在昆明召开，六十多所高校参加，会议试图把两套方案合二为一，但意见分歧仍然很大，最后决定维持两套方案，分头编写，交由教育部最后审定选择。黄先生当时还是讲师，但他以自己的学术水平赢得广大同行的尊重，被一致推选为第一方案主编，徐州师院廖序东教授为副主编。

1979年3月，两套教材的定稿会分别在兰州和郑州同时召开。兰州本

《现代汉语》顺利定稿，并交甘肃人民出版社出版试用本。经教育部批准，兰州本《现代汉语》专家审稿会于1980年7月在青岛举行。由教育部函请吕叔湘、周祖谟、张志公、胡裕树、张斌、吕冀平、李临定、张拱贵、严学窘等十多位专家和郑州本主编张静以及编者近五十人出席会议并就教材发表意见。会议认为，这部教材总结了前人的经验，吸取了新的科研成果，贯彻了理论联系实际的原则，编写体例和内容符合教学的要求，推荐作为全国高校文科统编教材，于1981年出版正式本，学术界称之为“兰州本”或“黄（伯荣）廖（序东）本”。至此，全国有了三部《现代汉语》统编教材可供选用。

2. 八次修订，日臻完备

黄廖本《现代汉语》自1978年6月纳入教育部文科教材编选计划开始编写以来，共出版了八版。1979年由甘肃人民出版社出版试用本，1981年出版正式本，1983年出版修订本，1986年出版修订二版。至此，甘肃人民出版社共出版发行四版20次，累计印数255万册。1989年8月，在总结十一年来本教材使用的基础上，对全书内容作了大幅度的修订；同时，新编的增订版也改由高等教育出版社出版。1990年出版增订版，1997年出版增订二版，2002年出版增订三版，2007年出版的增订四版又对全书进行了一次全面的增订。

八次修订，宗旨都是一个：吸收新的科研成果，写进读者的好意见，适应教学的实际需要。“二十多年来，在各类刊物中专门评论本教材的文章达数十篇，给本教材提意见或评论的老师、专家达数百人次，在历次修改中都吸收了他们好的意见和建议，还引用了时贤论著的观点和例句。”增订四版又增设一张“普通话与国际音标”录音光盘和一个教材网站“现代汉语资源库”，成为现代化多媒体教材。

3. 黄先生的学术代表作

黄廖本《现代汉语》是黄先生学术研究的代表作，也是我国现代汉语研究有代表性的重要成果。该书虽属集体撰写，但集中体现了黄先生几十年来的学术观点和思想，特别是修订本以后的语法体系都是黄先生亲自编写确定。书中增补了宾语的对应成分“动语”，使语法术语体系更为科学完整。析句法把层次分析法与中心词分析法结合起来，既讲层次又讲格局，贯彻了形式与意义相结合的原则；而析句过程则简括为十六个字：从大到小，基本二分；寻枝求干，确定句型。该书在体例上与中学教学语法衔接紧密。阐述语言规律时，常常是既给出规范例句的分析，又给出不规范例句的剖析，既讲语法理论，又重实际运用，一正一反，相互比较。各章后多附有很有实用价值的附录。体系完备，简明适用，教师好教，学生好学。

4. 多次获奖，深受欢迎

三十年来，全国各地不断有同类教材出版，但该教材一直享有崇高的地位。1986年，获甘肃省委省政府颁发的优秀图书奖；1987年，获甘肃省教育厅颁发的省高校优秀图书奖。1986年，曾被教育部刊物《高教战线》第6期誉为"一部受欢迎的《现代汉语》教材"。1988年，获国家教委颁发的全国高校优秀教材二等奖。1999年，教育部公布其为首批重点推荐使用的中国语言文学专业七门主要课程三十种教材之一。2006年9月，增订四版被教育部列为"普通高等教育'十一五'国家级规划教材"。2007年1月，《中国语文》编辑部评价说：黄伯荣、廖序东"共同主编的高校教材《现代汉语》，印行500多万册，产生了广泛的学术影响"。黄廖本已成为一部"常销书"和"畅销书"，曾被学界名为"兰州本"，这也为兰州大学争得了荣誉。

黄先生为语言学科所做的第三件事，是组织人力、物力主编《现代汉语知识丛书》。《丛书》是现代汉语的辅助读物，是课堂教学的延伸和深化。统编高校教材《现代汉语》刚一付印，黄先生立即着手此事。黄先生任主编，辛安亭先生为顾问，下设语音、词汇、语法修辞三个编辑组，黄先生负责向全国有关专家组稿编辑。从1981年到1986年由湖北教育出版社、甘肃人民出版社、中国社会科学出版社、商务印书馆四个出版社陆续编辑出版二十三本。内容涉及绪论、语音、文字、词汇、语法、修辞六个部分，深入浅出，普及了汉语知识，受到了读者的欢迎。如邢福义的《词类辨难》多次重印，詹伯慧的《现代汉语方言》在日本有译本。

此外，稍早些时候，黄先生还参编了《现代汉语资料选编》（甘肃人民出版社出版）。

三、撰写兰州方言，主编填补空白的方言巨著

黄先生对方言论著的编撰有过两件大事。第一件事是来到兰州大学后，即接手甘肃方言普查工作小组未完成的任务，并撰写兰州方言等系列论文。甘肃方言普查工作结束后，1960年以“甘肃方言普查工作小组”的名义出了铅印本《甘肃方言概况》。《甘肃方言概况》至今仍是了解甘肃方言概况的唯一参考文献。

黄先生到兰州大学的第二年，由于甘肃高校院系调整，兰州大学只办理科，文科并入其他高校，黄先生也在1959年调到甘肃师大（今西北师大）。直到1962年兰州大学恢复文科，黄先生才又重回兰州大学。

黄先生在甘肃师大期间，发表了署名为黄伯荣、赵浚等的《兰州方言概说》（《甘肃师大学报》1960年1期），全文约5万字，开创性地分别从语音、词汇、语法三个方面全面描写了兰州方言的概况。1962年返回兰州大学后，黄先生又继续指导原中文系语言研究小组对兰州方言作进一步更为详尽的调查与研究，并于一年后以小组的名义发表了长篇论文《兰州方言》（《兰州大学学报》1963年2期、1964年1期）。可以说，这是历史上第一次用现代语言学的理论和方法对兰州话所作的全面系统的论述，受到国内外语言学界如王士元和桥本万太郎等学者的广泛关注和引用。

此外，这一时期黄先生还潜心于自己家乡的粤方言研究，发表了在方言语法方面具有开拓性的系列论文，如《广东阳江话物量词的语法特点》（《中国语文》1959年3期）、《广州话补语宾语的词序》（《中国语文》1959年6期）、《阳江话的几种句式》（《中国语文》1966年3期）等。

第二件事是主编方言巨著。1987年，黄先生调入刚刚创建的青岛大学后，立即提出编写方言语法类编和调查手册的设想，并组成老中青编写梯队，付诸行动。七易寒暑，1996年《汉语方言语法类编》终于由青岛出版社出版。接着，又利用《类编》的资料，爬梳剔抉，精心设计，从方言语法调查的实际需要出发，于2001年编就了《汉语方言语法调查手册》，由广东人民出版社出版。

《类编》花了很大气力，收集了新中国成立以来发表的方言语法论文400多篇，涉及300多个方言点，细分为2000多个语法条目，按语法意义、

语法形式分别排列，编成180万字的辞典式巨著，为当今学术界广泛引用，填补了方言语法研究的空白。

国家语委副主任王均教授在为该书所作的序中写道："这是一件开创性的工作，非有像伯荣先生这样理论修养有素，并有通览全局、辨析入里的能力的专家，是很难办到的。"方言学家詹伯慧教授曾说："这对于方言语法的研究，堪称是大恩大德的好事"，而《手册》"对方言语法调查工作，无疑又是做了一件雪中送炭的好事"，"从事汉语方言工作的同仁，无不盼望能有一本比较系统、比较全面的汉语方言语法调查手册问世"，但是，"你看着我，我看着你，一拖再拖，几十年来始终未见方言语法调查手册问世"，因此，"我十分钦佩伯荣教授为推动汉语方言语法研究所做的努力。我愿意向读者推荐这部理应人手一册的《手册》"。

《类编》集几十年方言语法研究成果于一书，为大家提供了诸多方便，它对汉语方言语法研究、汉语语法研究以及汉语史的探索都将起到不可忽视的推动作用。

四、高瞻远瞩，自强不息

黄先生视野开阔，思想活跃，对学术发展、学科建设，总能审时度势，深思熟虑，恰当把握。以下几件事给人留下深刻印象。

1. 出版语法专著，开设汉语语法研究课

黄先生于1963年出版了语法专著《句子的分析与辨认》（上海教育出版社）。那时，笔者还是兰州大学学生，当时的热烈场景，至今历历在目。一时间，中文系的学生个个兴奋、自豪，奔走相告，几乎人手一册。

该书把句法中一些易混现象作出一系列细致的比较，并给出了相应的辨析方法。书中把黎锦熙等人适合成分分析法的"原句加符号法"的析句符号加以修改，并逐步改造成为同时也适合层次分析的"线条括号表示法"，为后来的大学教材和《中学教学语法系统提要（试用）》所采用。该书对读者掌握有关分析和辨认句子结构的知识和方法帮助很大，解决了当时高校一些青年教师在汉语教学中的许多实际问题，受到大学师生和中学读者的普遍欢迎，因而多次重印。该书以及此前黄先生有影响的著述的出版，为后来他被选为全国《现代汉语》教材主编创造了必备的条件。

也就在该语法专著出版的同时，黄先生第一次开出了汉语语法研究课，把学生引进了语法学殿堂。这门课是选修课，但学生却基本上是全部选学。讲义不厚，却提纲挈领，清晰系统，概括了语法领域的全部内容。黄先生讲课语调温和、清晰、平实，讲授每个语法点时，依纲作出缜密的阐述：先依次梳理各家异同，然后加以评述，给出自己的看法。黄先生论断的火花，常常会照亮我们思维的夜空。笔者当时是学生，认为通过学习大体了解了语法领域的概貌，诸家论争的症结所在，尤其是受到了方法论和系统论的濡染。多年后，有的学生走上语言教学与研究的道路，与此选修课的开设有直接关系。

黄先生构思写作专著《句子的分析与辨认》一书时，正值国家三年经济困难时期，很多人患了浮肿、肝炎。黄先生一家七口，全靠他一人的工资收入维持，当时的困难可以想见。但黄先生全家居然平安挺了过来。靠的是什么？开荒种地，生产自救。黄先生带领孩子们在住房周围的空地上种玉米、种洋芋、种甜菜，每当夜晚，孩子们吃饱肚子安然入睡的时候，也就是黄先生开始写作的时候。几年后，国家经济好转，“高等教育六十条”贯彻实施，高校教学、科研又掀起热潮。这时，黄先生又一心扑在教学上，并成功地开出了汉语语法研究课，我们有幸成为唯一一届听众。直到现在，我们那届同学还念念不忘汉语语法研究课对我们的启迪和引领。而《句子的分析与辨认》一书，作为汉语语法研究课的辅助教材，对语法专题研究部分则起到了很好的深化、细化的延伸作用。

2. 开展学术交流，多方培养现代汉语人才

“文革”结束后，中文系首批建立了语言学硕士点。这是培养现代汉语专门人才的主渠道。黄先生心情舒畅，精神振奋，旋即投入硕士生的培养工作，连年招生，先后培养出二十多人，又指导进修教师十多人，直到1987年调入青岛大学。

同时，黄先生还利用假期举办汉语讲习班和现代汉语教学研讨会。事实证明，这也不失为一种必要可行的好办法。黄先生以他的名望和魄力率领大家于20世纪80年代初先后在庐山、开封、敦煌、承德、青岛成功举办了五期讲习班和研讨会。每期约近百名学员，授课人都是语言学界有名望的前辈学者及参加现代汉语研讨会的专家，如朱德熙、张斌、吴宗济、

石安石、王均、胡明扬、王维贤、张志公、张拱贵、邢福义、詹伯慧和现代汉语教材编者等共四十人。办法是以讲习班养研讨会。其间既穿插有高层次的学术交流，又能大范围培训年轻一代的汉语工作者，还为教研室同仁著作如《〈老乞大〉〈朴通事〉索引》等的出版筹措了出版资金。那时，每年的4、5月间，黄先生便忙碌起来，给有关专家写信商约，给每人的信都必是黄先生亲笔手写，反反复复，最后敲定。其他老师也在忙：发函、安排食宿、考察交通、接来送往等等，大家都受到了实际锻炼。

现在，一些高校和科研机构，每年暑期会开办一些讲习班或培训班，应该说，这也是黄先生当年倡导的那种办法的延续。

3. 创建语言研究室，构建新的析句法

黄先生一直是语言教研室主任。80年代初，他乘着改革开放的春风，积极奔走、呼吁，创建语言研究室。在世界著名语言学家王士元的指导帮助下，他的呼吁得到了学校的重视，使人员、办公用房和仪器（语图仪、计算机等）问题得以解决。下设的语音实验室和计算机室顺利建成，并投入工作，使语言教学和研究迈入科学的轨道。这在80年代初在全国高校中也是为数不多的，这是很有前瞻性的。后来，运用计算机完成了《〈老乞大〉〈朴通事〉索引》（语文出版社1991年出版）、《〈老乞大〉与〈朴通事〉语言研究》（兰州大学出版社1991年出版）和《动词分类和研究文献目录总览》（高等教育出版社1998年出版）等著作。

值得关注的是，到了20世纪90年代中后期，黄先生再次把注意力投向计算机。他在考虑如何把语法分析与计算机对自然语言的处理结合起来。这就是《框架核心分析及图解法（提纲）》（《海南教育学院学报》1999年2期）、《框架核心分析法》（《汉语学习》1999年6期）、《框架核心分析法答客问》几篇论文的写作背景。

黄先生认为句子都是由语法框架构成的。所谓框架，就是句法结构的格式。框架有各式各样，有零框架（独词句），简单框架（动宾、状中、中补、主谓），复合框架（二合：我吃糖=主谓+动宾=主动宾框架；三合：我不吃糖=状中+动宾+主谓=主状动宾框架）；有一般的，有带凝固性、整体性的（如“不男不女，男不男女不女”，其中“不×”，“×不×”必须并列对举）。框架中的每个成分或词语都有所处的语法位置，这就是框架的位次，如主位就是居于主语的位置，余类推。所谓核心，主要指动词性单句（动句）的谓语中心动词，它是决定全局性质，联系的语义角色最多的一种结构中心，动句中的向核成分（向着核心动词的成分）都跟它挂钩，被它吸住；它能代表多种带核心的成分，与向核成分发生多种结构关系。文章认为，人们从小学话，就是在往大脑里储存由简到繁的语法框架，也就是语感；人脑中有语法框架，也应让电脑储存这些框架。

国家社科院研究生院冯志伟教授高度评价了黄先生的成果："把层次分析法和中心词分析法巧妙地结合起来，发挥了短语结构语法的优点，弥补了短语结构语法的不足，在语言学的理论上是很有深度的。"同时也指出应"进一步研究确定核心成分的可计算、可操作的规则""构建立足于多标记的语法语义标记系统"。诚然，这种探索有待于众多学者的共同努力，不是个人短时所能解决的。

笔者认为，"框架核心析句法"，把句法分析与自然语言的计算机处理相结合，扩大了视野，加强了应用，应是黄先生几十年来析句体系的审视和总结，又为一种真正切合汉语实际的析句体系的探索提出了新任务、新思路。

4. 精雕细刻，修订增订五版教材

黄先生曾函告我，《现代汉语》计划2010年出增订五版，正忙于修订工作。为什么2007年才出了"增订四版"，2010年又要"增订"？他说，一是要降价，减轻学生负担，因改为国际流行本后，一下加价一倍多；二是趁改版之机再次提高教材质量。黄先生以八十六岁高龄连续两次修订，工作是相当繁重的。他说"生命不息，奉献不止"，令人感佩。

5. 学而不厌，诲人不倦，谦和自律

黄先生今年八十六岁，近六十年来，其研究足迹踏遍语音、词汇、语法、修辞、文字、方言等语言学的各个领域，而尤以语法为专攻。黄先生共撰写论文49篇，出版专著8本，主编或合写著作42本。退休后，他还撰写了颇有创见的《框架核心分析法》等著作。英国剑桥《世界名人传记》授予他1995年世界名人称号。1993年起，黄先生享受国务院颁发的政府特殊津贴。2004年暑期，"中亚汉语教师培训班"在兰州大学召开，兰州大学国际文化交流学院为吉尔吉斯斯坦、哈萨克斯坦、乌兹别克斯坦三国三十名汉语教师每人赠送了一套黄先生主编的《现代汉语》。黄先生曾任中国语言学会理事、中国修辞学会顾问、甘肃省和山东省语言学会副会长、青岛市语言学会会长、中国语文现代化学会顾问，还曾任山东省政协委员。

这些成绩是怎么取得的呢？勤奋。我还残存如下记忆。之一，60年代初，系里开师生大会时，每次黄先生都提前一二十分钟到会，从黑提包里掏出书和笔，静静地看着、写着。之二，大约是1962年春，系里邀请北京大学袁家骅教授讲学，是针对学生的，共十四个专题，在文科楼1009大教室。黄先生仍旧每次早早到会，而且坐在紧靠讲台的第一排，掏出书和笔，静静地看着、写着。有一次，他问我们听没听懂，我们说听不懂，他说他们认为讲的都是一般问题。现在，我翻开当时的笔记看了看，应该说，所讲内容就现在来看，仍然还是很专业的。但对黄先生来说，的确是一般问题，但他还是认真地听完全部专题，并未中途离开。之三，大约是1986年夏天一个傍晚，在校园散步时，我们又不期而遇，闲谈中我得知黄先生把一天分为四个写作时间段：黎明前、早饭后、午饭后、晚饭后。之四，大约是2004年夏天，黄先生来兰州女儿家度夏，约我们相聚时，他把一位他主编的《现代汉语》教材的使用者约在身边，侧耳倾听她对教材的意见和建议，是那样地愉悦、专注，如饥似渴。“不积跬步无以至千里，不积小流无以成江海”“锲而舍之，朽木不折；锲而不舍，金石可镂”，我推测，这应是黄先生成功的秘诀。

对自己学而不厌，对别人诲人不倦，这是黄先生高尚品格的另一侧面。我也还残存着如下记忆。之一，大约是1963年初冬，有些同学申报了黄先生辅导的语言学方面的毕业论文，黄先生约定了辅导的时间、地点和进度，按约定准时到场检查。我们原来不知道这些约定，是一个同宿舍的同学突然说到的。那是个星期天下午，他因为没有如期完成进度，很想逃脱那一次检查，但黄先生却是非常守约，准时到来，这让这位同学很无奈。他反复地强调说：准时得很，准时得很，一定来，一定来，怎么办呢？话音刚落，黄先生果然走了进来。这个细节我至今难忘。之二，1964年1月，汉语语法研究课期末考试前夜，当时学校很重视教学，开放了几个大教室，专供学生彻夜学习迎考，又请来和平饭店一帮厨师在旧饭厅北侧临时开办了一间餐馆，专供开夜车的学生的餐饮。有一天，夜已很深了，我们仍精神抖擞，夜战正酣，原因之一是黄先生当时也陪着我们夜战，希望我们都能取得好成绩。我在兰州大学求学的五年中，所见的像这样深夜陪着学生复习迎考的老师，只有黄先生一人。之三，1984年春，甘肃省决定开办高等教育自学考试，选用的教材之一便是黄先生的《现代汉语》。当时兰州市尽管设了几个辅导点，但报名自学的人数很多，远远不能满足需要。面对这种情况，黄先生协同省语言学会等有关同志想了一个好办法：在报上登出广告，星期日义务咨询。这对无数无法走进大学校门的自学者来说，无疑是个福音。黄先生等人面对门庭若市的自学群众忙了一天，事后向借给场地的某小学再三道了谢。这次活动取得了良好的社会效果。之四，1985年暑假，黄先生在敦煌主持开办了汉语讲习班和现代汉语教学研讨会。在这之前，黄先生唯一的儿子身染不治之症，病情危重。黄先生已把病情告知我，但却嘱我不要向师母说。会期迫近时，噩耗传来了，但讲习班和研讨会还是如期召开了。两个会仍由黄先生全盘主持，同时他又给自己安排了两次演讲。一次是在研讨会开全体大会时，他讲得很投入，著名语言学家杭州大学王维贤先生坐在第一排，侧身凝神静静地听，许久许久，恐怕漏了什么。另一次是在会议结束前夜给讲习班学员讲课。那时，有些学员已在考虑回家的事，没去听课，去听的有些也心神不定，想早些下课。但黄先生还是顾全大局，认真负责，一直讲到下课。这件事是一位老教师第二天在火车站告诉我的。当时，我提前一天离开会议现场到火车站为大家买返程票去了。这位老师反复地说，黄先生太过于认真了，那一次课不去上，大家也决不会说什么。是的，老年丧子，痛何以堪！但黄先生还是把会议的工作圆满地承担了下来。大家都叹惋，都很敬重他。

黄先生胸怀坦荡，为人谦和，具有良好的团队协作精神。这典型地体现在他主编《现代汉语》的漫长工作中。黄先生率领先后参编者四十四人，历时三十年，和谐一致，实属不易。遥想当初，廖序东先生被选为副主编，但他年长黄先生七岁，又是参编人中唯一一位教授，却人淡如菊，乐于奉献，于是，在1979年春交稿给出版社时，也是黄先生悄悄去掉了廖先生副主编的“副”字。

还有一件事值得一提。那是1981年6月初，我的处女作《试谈“台上坐着主席团”的句首方位词或处所词》写出初稿的时候。该类句句首的“台上”之类是主语还是状语，历来分歧很大。该文赞同黄先生的“主语”说，并得到了黄先生的指导。文章把论述范围扩大到了复句，增强了“主语”说的解释力。当时，哈尔滨有个全国汉语语法学术会议，黄先生想把该文带到会上，于是致函和我商议，由他修改并再添加内容，算作合写。我当即复函表示同意。但马上再次接到黄先生的信，又强调让我自己写，如果同意，就自行修改并刻写油印几十份交给他带到会上。我照办了。后来黄先生转告我，该文获得了与会者的好评。该文发表后黄先生又曾复印一百份带到他主编的《现代汉语》修订会上，获得编者们的同意后，把“主语”说写进了后来的教材。这件事的上述过程黄先生都在当时转告了我。如果不转告，至今我也不会知道。从中我看出了黄先生做事为人的原则性和严肃性。

安真光

作者简介

安真光，男，1936年12月生，甘肃甘谷人。1960年9月，毕业于原兰州医学院（现兰州大学医学部）医疗系本科，毕业后到兰大二院内科工作；2000年10月退休。从医四十年，从住院医生（助教）、主治医师（讲师）、副主任医师（副教授）至主任医师（教授）。内科分专业科室后，从事呼吸内科工作三十余年。恢复高考后，参与硕士研究生导师组工作。主办“全省主治医师提高班/高研班”十余期，除临床工作外，一直担任带教工作，带实习，讲大课。在科研工作中，承担“慢阻肺”“哮喘”“肺间质疗”“肺癌”等省上下达的课题，先后获省级科技奖二等奖1项、三等奖3项，出版专著5部（合著）。曾担任兰大二院内科教研室主任、呼吸内科主任，省卫生厅等级医院评委、高级职称评委、学术委员会委员、医疗事故鉴定委员会评委等。曾担任中国防癌协会副理事长，甘肃呼吸病学会副主任，甘肃中西医结合学会呼吸病学会主委，第七、八届中华医学会内科学会委员，第八届《中华内科杂志》编委，《内科理论与实践杂志》编委。退休后，仍发挥余热，参与省、市（地）各医院疑难杂症的会诊和抢救工作，受到表扬。“非典”期间，虽年势已高，但仍积极投入抢救工作，获得院内“优秀共产党员”称号。曾获“优秀教师”称号，获中华医学会、中国中西医结合学会之贡献奖。

至公堂

说起来，我和至公堂是非常有缘的。

1955年，当我还是一个青春少年时，第一次见到了至公堂。那一年，我和几个同龄伙伴一起从家乡甘谷奔赴省城兰州参加高考。当时，我参加的是农医科类考试，而考场就设在至公堂。

至公堂是甘肃举院内纠察关防总摄闱场事务的大员（也称为临监）和在考场提调监试的官员（也称为外帘官）办公的地方。一座古老的建筑掩映在几棵参天古木之下，时值盛夏，浓烈的阳光透过浓密的树叶硬生生地挤进来，斑驳明亮的日光随意地投射在屋顶、瓦墙和悬挂于房屋前的牌匾上，处处显得耀眼而明亮……

左宗棠与至公堂

至公堂是甘肃教育事业发展的一个见证。

左宗棠于1866年任陕甘总督。在明代至左宗棠任陕甘总督前，甘肃一直没有设置举行科举考试的场所。陕西和甘肃的科举考试考场设在陕西，甘肃学子想参加科举考试，必须前往一千多公里外的陕西。

一些品学兼优、取得乡试资格的甘肃士子常常因为赶考路途遥远、家境贫寒，难以筹措到数额不菲的路费而不得不放弃自己的赶考之路，致使许多甘肃人才被淹没，也使得甘肃文化教育事业的发展受到了制约。

同治十二年（1873年），时任陕甘总督左宗棠上书朝廷，请求朝廷在陕甘两地分设学政，在兰州设立贡院，这样甘肃士子就可以在省城兰州参加乡试。自此以后，甘肃才有了自己的科举考试场所——甘肃贡院。

左宗棠所呈的奏章经朝廷批准后，甘肃全省各界情绪高涨，踊跃捐助白银用于建立贡院，前后一共捐了五十一万两白银。左宗棠亲自组织人马在兰州勘察场地，准备筹建事宜。光绪元年（1875年），在兰州城西北郊的海家滩（今兰大二院院址）建成了甘肃贡院。因为贡院系科举取士之所，所以也称举院。

甘肃贡院的建成，结束了甘肃自己没有科举考试场所的历史。甘肃贡院占地纵140丈、横90丈，外筑城垣，内建棘闱（试院），中为至公堂，堂前建有明远楼，楼左右为南北考试号房，举院的大门在院西，门楣上书“为国求贤”四个大字。

甘肃贡院落成后于当年的八月举行了甘肃首次乡试，参加乡试的士子超过了三千人，比以往前去陕西参加乡试者多出几倍。左宗棠不但奏请遣派考官，他自己更是以陕甘总督的身份亲临贡院并落座督考。

至公堂遭劫难

与至公堂再续“前缘”已是几年后了。

大学毕业后，我被分配到兰大二院（时称兰医二院），至此，可以说是天天能见到至公堂了。连我自己也没想到的是，我和至公堂之间的缘分可谓是越结越深。有一天，我居然用一块不值钱的三合板用“狸猫换太子”的招数保护了至公堂的那块珍贵的匾额。至公堂那块匾额是由陕甘总督左宗棠在1875年于甘肃举院建成时亲笔题写的。其门楣两侧悬挂的楹联也是左宗棠亲笔撰写。

直到现在，我还都清楚地记得，那是1966年6月7日。那天上午，我在门诊上班，就在给一个患者诊病的过程中，这个患者的陪员告诉我说：当天下午兰州十六中（现在兰州民族中学位置）的一些学生要到二院来“除四旧”，听说主要针对的目标就是医院里的至公堂。

“文革”期间，我除了承担医疗工作外，还担任当时医院“文革”大批判专栏的宣传工作。在我听到这个消息后不久，院长又派人来找我，而且很紧急，让我立刻到院长家里去。我急忙赶到了院长家，一进院长家门，就见院长手中拿着一把推子，一见到我，院长就立刻嘱咐我赶快帮他把头发剃光了。当时，我心里虽然还有点纳闷，不过看到院长严肃的神情，也就没问什么，随手接过院长递过来的推子，三下五除二地帮他剃了个光头。也就在给院长理发的过程中，我又一次从院长口中证实了下午有人要到二院来“除四旧”的消息确凿无疑。

至公堂

从院长家里出来，已近中午十二点，我急忙赶往统管组叫上了几位同事，让大家迅速吃饭，吃完饭后和我一起去“办点事”。

半个小时左右，我和几位同事赶到至公堂，先取下了至公堂门楣两侧的四块楹联（其中两块是左宗棠亲笔题写的，另外两块是监临使者谭钟麟撰写的）。随即，我们将这四块木制楹联迅速地藏到至公堂前临时搭建的主席台下面。这里要说明一下，这个主席台是“文革”中为了开批斗会而临时搭建的，我们把楹联藏于这个主席台下面后，又在台前堵了许多砖瓦。那么至公堂匾额怎么办？情急之中，我们想到了一个应急方法——找一个东西把它盖在下面，随后我们找来了一块三合板，按照匾额的大小把三合板尺寸裁合适后，又找来红色的油漆快速地刷在三合板上，由于当时正是盛夏之际，天气十分炎热，刷在三合板上的油漆没过多久就干了，随后我又在刷了红油漆的三合板上用毛刷蘸上黄油漆写了“革命堂”三个大字，然后将它挂到原来“至公堂”的位置。等这一切都忙完时，时间已经是下午二点半左右了。

那天下午三点不到的时候，那些“除四旧”的就来了。在批斗会进行的时候，一个带头的指着“革命堂”的匾额问：这里什么时候变成“革命堂”的？当时在场的没有一个人敢吭声，当时我心里也特别紧张，就担心这些人会有进一步的动作。万幸的是，在无人搭理的尴尬境地之下，那个人也只得作罢，继续上主席台进行批斗演说。折腾了三个小时左右，那帮人才收场离开了。第二天，我又偷偷到至公堂，从主席台下找出楹联，在它们上面涂上石膏，刷上红油漆，然后用仿宋体分别写了“领导我们事业的核心力量是中国共产党”和“指导我们思想的理论基础是马克思列宁主义”，之后又把它们挂到原处。匾额和楹联平安度过了“文革”岁月。

但谁也想不到的是，在“文革”中没有丢失的四块珍贵的楹联却在20世纪80年代左右“不见了”。20世纪80年代，至公堂和楹联一切都回复原貌，但是不久之后，有一次我出差回来竟然发现至公堂的楹联不见了。在多方询问打听之后，才知道原来兰州通用机器厂搞厂史建设工作，所以将楹联借走了，随后经过多次协商，总算是物归原主了；不过，遗憾的是，其中左宗棠题写的两块楹联中的一块被锯去了近二尺，原本珍贵的文物遭到了意外的破坏，实在令人惋惜。

今天，我已是古稀之年，至公堂在距离我家几步之遥的地方。前年一次大风将至公堂屋顶之脊损坏，令人唏嘘不已。至公堂是文物，是该给予维修和保护的，若视其如无物，那它自然也就逃脱不了毁灭之灾。

王珊珊

作者简介

王珊珊，1936年生。1950—1956年，先后在中国人民解放军军大五分校学习和贵州军区政治部工作。1956年考入兰州大学中文系，1960年毕业留本校中文系任助教。1962年，到贵州省织金一中教高中。1978年，在贵州省毕节师专（今贵州工程应用技术学院）中文系任教。1993年退休，现居唐山。

再别黄河

阔别四十八年，就将回到兰州再见黄河了！这是我们近几年时时浮上心头的愿望。得以成为现实，要感谢发起此次1956级同班同学返校聚会的老魏，以及热情承担组织接待工作的老刘、老廖、老段、老任、老颜、老路等同学。为了追寻往昔的足迹，我们有意选择火车，不坐飞机。去时乘Z43次列车一路前行，沿途所见，张家口、大同等城市高楼林立，水道纵横，绿树成荫，街市繁华，全不见旧时萧条冷落的景象。而山西境内道旁一行行挺拔的白杨树、一个个由富于雁北特色的民居组成的市镇村落，却风采依旧，使人油然而生亲切感。

进入夜间行车，窗外的景物渐渐被黑暗吞没。次日清晨醒来，举眼一看，贺兰山，大片水网一样的田畴出现在铁路两旁，远处银川市的高楼大厦也隐约可见，朝阳映照下的“塞外江南”分外美丽。

银川一过，到了中卫一带，进入宁夏与甘肃交界处，荒漠、沙丘、骆驼刺逐渐多了起来。再往前，四处一片茫然，没有树，没有草，没有任何植被，没有一丝生命的绿色，连干枯灰颓的骆驼刺也看不见了。亘古以来的极度干旱，使这一带那些高低不平的荒野、大大小小的山丘，失去了黄土高原的正常黄色，土色变得很浅、很淡，几乎成为白色，甚至白得有些刺眼。这提醒我们：小红山到了。小红山，这个地名之所以使我们触动，不仅因为那些不知见过多少次的白色荒原和荒山，还像过去每一次见到时那么刺眼，还因为我们和它曾经有过一段因缘——1959年，班上部分男女同学被派到这里开采石膏，大家在茫茫荒原上支起帐篷，帐篷外架起锅灶，安营扎寨，开山放炮打石，在这里过了一个多月不无艰险的野外生活。现在，小红山既已横在眼前，那就是说，兰州，黄河，母校，离得不远了。前面就是白银市，到了那里， 此行的目的地就已在望。

火车在皋兰站停下来，这里是兰州市所辖的一个郊县。黄土山上过去寸草不生，植树造林年复一年，却始终不见成效，如今已长出一道道矮矮的树丛；山下小块小块的土地收拾得十分平整，有的地面盖上一层小石子，以防水分流失，有的垫上一层厚厚的红色地毯似的东西，应该是用来改良土壤的肥土或肥料吧？这一切说明人们引黄河水灌溉土地战胜自然的坚忍执着和所付出的艰辛。山间偶尔还可以见到小小的土窑洞，有的洞口挂着布帘，还保留着旧日贫苦生活的痕迹。这样的地方该不会还有人居住吧？也许是山上树木和地里作物守护者的临时住所？

手机响了，老廖、老刘先后从北京和兰州打来电话，告知住处已落实，在宁卧庄宾馆，老任已早早去那里等候。

宁卧庄，多么温馨祥和的名字！斗转星移，历经半个世纪，看来今天的兰州和留在我们记忆中的兰州已经发生了翻天覆地的变化。

我们于1956—1960年在兰州大学中文系上了四年学，毕业留校工作两年，大部分时间是在政治运动中度过的，后来又赶上三年困难时期。那时成天惊恐不安，日夜饥肠辘辘，坐卧不宁，到哪里去找可以“宁卧”的“庄”？也不会有任何宾馆敢用“宁卧庄”这样的名字来给自己命名，然而现在，不是浪漫主义的想象，而是实实在在的“宁卧庄”就在前面等着我们入住，还有四十八年不见的同班同学等候在那里迎接，这是多么令人激动的事！

前面就是黄河，过了黄河铁桥就是兰州火车站，皋兰山就在旁边，出站走不远就是天水路，母校兰州大学就在这条路上。“宁卧庄”在哪里呢？当年那个山西口音很重的小伙子任裕现在成了什么模样？我们急切地渴望马上见到这一切，只盼火车快快行驶。但事与愿违，火车竟在开出皋兰站不久又一次停了下来，而且一停就是四十分钟。虽然黄河模模糊糊的身影已经横在前面，架在上面的铁桥也已隐约可见，但就是无法与她亲近。我们心急自不必说，兰州的刘淑华、任裕，北京的廖世伦也不断轮番打电话来询问情况。等到火车终于再次开行，我们的心已被这长达四十分钟的临时停车折磨得几近麻木，直到过完大桥，黄河已被甩在后面，这才醒过神来，赶快伸头向车窗外观看，但为时已晚，火车已进兰州站，大桥、黄河都看不见了。下车后，回头看近旁的皋兰山，满山是浓绿的树林，唯独找不到当年山顶上那棵年深日久、独一无二的大树，心中不免有些失落。后来得知，现在的皋兰山已经被建成兰山公园，山顶那棵大树已被台阁似的宏大建筑所取代。

出租车载着我们在天水路缓慢前行，道路两旁高楼林立，街上车水马龙，过去仅凭两只脚走不了多久就可以到达的母校，今天乘坐现代化交通工具居然用了很长的时间才与她见面。过了十字路口继续往北，呈现出一条与之前迥然不同的开阔大道。出租车开进一个大门，绕过十分幽静的庭院，在一幢大楼前停下。谢天谢地，宁卧庄宾馆总算到了！

拉上行李走进大厅，一位男士蹭的一下从沙发上站起身，快步向严大启走来，随即四只大手紧紧握在一起。1989年，严因事来过一次兰州，和在兰州工作的几位同班同学见过面，所以一见面任裕就把他认出来了。我就不同了。四十八个沧桑岁月的弄凿，使彼此的面貌发生了太多的改变，以致四目相对，不知道该说什么好。他一个劲地慨叹：变化太大，变化太大！如果不是事先有约，又和严大启站在一起，他无论如何不敢叫出我的名字。我也一样，如果换一个场合，除了那一口浓重的山西口音，实在无法把眼前这个头发稀疏花白、皮肤松弛、眼睛有些浮肿、腰背有些佝偻的高高瘦瘦老人和当年那个容易冲动的精壮小伙子联系在一起。

办好手续，安排好住房，我们到楼下餐厅草草吃了两碗西北风味浓郁、价廉物美的羊肉面片和西红柿酸汤面片，不多停留，便迫不及待地走出院门，沿林荫道朝北走去。这一带的环境我们虽不熟悉，但凭感觉，离雁滩应该不远，估计走不了几步就能看见黄河，过小桥上岸就是宽广开阔的雁滩。那些在河边的我们常常并肩坐在下面看书的树荫，经常漫步的林间小路，经常光顾的林荫茶座还在吗？趁着时间还早，还可以上去走一走坐一坐。不料林荫大道已走到尽头，眼前出现的既不是黄河，也没有小桥，而是一个十字路口，放眼向路口对面看过去，只见新修的高楼林立，不见雁滩的踪影。再看横在眼前的那条陌生的大路，路牌上醒目地写着“读者大道”四个大字，我们的心顿觉有一股暖流缓缓流过。我们这一生也算到过国内外不少城市，见过许多以人名、地名、山名、水名、名胜古迹、建筑等命名的街道，唯独还没有见过哪一个城市用一个自己创办、历史算不上悠久的当代期刊的名称给它的街道命名。今天在这里第一次见到，不禁感受到一种巨大的冲击：这就是兰州，我们曾经学习、生活、工作过六年，给我们一生以决定性影响，让我们遭过难、挨过饿却永生难忘并为之感到自豪的城市。

《读者》，一个创刊于西北欠发达地区的期刊，因为孕育、诞生在这块独具魅力的土地上，受到悠久深厚历史文化的滋养，迅速成长壮大，早已走出偏远的西北一隅，影响遍及全国，甚至蜚声海内外。在国内，无论城乡，只要有书报亭就有《读者》；在新加坡和我国香港地区，我们也碰到过很多同胞到处打听购买《读者》；甚至远在北美的加拿大和美国，也有《读者》发行出售。《读者》的发行量早已居全国期刊发行量之首，成为“中国期刊第一品牌”；它的版本也越来越多样，继推出维文版、盲文版之后，还将以繁体字版在我国台湾地区发行。就我们的经验所及，《读者》

的读者，包括青少年、中年人甚至老年人，是一个十分庞大的群体。最值得称道的是，她不像有的出版物，或者靠耸人听闻的秘闻奇事来招徕读者，或者用低级庸俗的趣味来吸引读者，或者滥发广告不择手段地占领读者市场，以赚取最大的利润。在出版物市场受金钱利益驱使争夺读者的恶性竞争中，《读者》始终不为所动，就像一株出淤泥而不染的芙蓉，始终坚守着固有的品格，本着“博采中外，荟萃精华，启迪思想，开阔眼界”的办刊宗旨，以反映人性美为原则，从国内外读物中摘选那些体现真善美的优秀篇章，用来滋养读者的心灵，从而深受越来越多读者的珍爱，拥有了越来越庞大的读者群体。她以“出类拔萃，卓尔不群，不落俗套”的姿态屹立在甘肃兰州这个西北城市，既是这个城市创造的奇迹，又是这个城市的骄傲。她那超群脱俗的文化品格也把催生她的这个城市的文化品格提升到一个新的高度。“读者大道”的出现，很好地说明了这一点。

带着找不到雁滩的遗憾和发现“读者大道”的意外欣喜，我们回到了宾馆。淑华来了电话，说她已来到大堂，马上乘电梯到我们的房间看望。我们既感动又不安，这时天已经全黑，她以重病之躯一个人专程远道来看望我们，实在是太难了。她行动十分艰难，现在竟然不听劝告不顾阻拦迫不及待地径自前来与老同学见面，那一份同窗情谊何等可贵！一见面，她就双手扳过我的肩头，用大姐姐般亲切温柔的目光左看右看，发出一连声的赞叹：“太好了，太好了！精神饱满，气色不错，就是有些消瘦。你要好好锻炼身体啊！”又特意在我面前走了几步，说：“看看我怎么样？要不是这些年一直坚持锻炼，不向命运低头，哪里会有今天！其实我的双腿无时无刻不是疼痛难忍，但越疼痛我越要坚持独立行走，坚决不用拐杖。”我定睛看着她，眼角不禁有些湿润。只见她除了满头白发，仍然目光炯然，面颊饱满，身板挺直，而且步履沉稳，思维清晰，一点看不出是一个久病的患者；欣喜之余不由得生出敬意，佩服眼前这位比我稍大的老同学哪怕经受再多的人生磨难却始终乐观坚强、豪气不减的强者性格。坐下之后，她从提包里取出一叠打印好的表格，是她亲自制作的此次聚会的日程安排和与会同学的通讯录，让我们在同学们陆续到达后分发给每一个人。这让我们又一次看到她从学生时代担任党支部书记到毕业后历任系、校级领导长期养成的办事干练、尽职尽责、一丝不苟的作风。

从淑华那里得知，我们要寻找的雁滩已不复存在了。为了发展经济，扩建城市，原先黄河分岔形成的那个河湾连同其中的雁滩、段家滩都已填平，修建了许多高楼大厦，我们刚才走过的那一带街道以及现在所住的宁卧庄宾馆都在原来雁滩的地面上。

第二天清早，我们就沿着宾馆庭院绕了一圈。原来宾馆规模很大，规格很高，我们住的一号楼是最早建成因而也是最低档最经济的一幢，尽管在我们的感觉里已经够豪华的了。

9月14日，是预定返校聚会同学报到的日子。兰州的几位同学早早就走出各自的家门，满腔热情地投入到辛苦忙碌的接待工作中。当我们回到一号楼门前，见一个身材微胖、体态健朗的人站在那里，他是路国明。一看见我们，他就大步流星地走过来紧紧拉住我们的手，十分热情爽朗地向我们问好。听说毕业后他从未参加过同学聚会，今天他可是第一个赶到宾馆，站在与会同学下榻的一号楼门前，以便一个不漏地和大家见面。

老班长段明德来了。老同学颜廷亮也从远在十里店的家中赶来。任裕则时而在宾馆，时而在车站，几头忙碌，接送那些飞机晚点或因故滞留车站的同学。

从全国各地甚至从海外归来的同学陆陆续续到达。在大厅里，见到来自新疆乌鲁木齐的张运隆、李果夫妇。张运隆瘦了很多，说话不多声音也小，曾经雄赳赳气昂昂的那个转业军人变成了一个面目清癯、气质文静的文人雅士，令人不安的是他的双手颤抖得厉害。李果，当年与我同宿舍的那个可爱少女，胖了，但满头的白发更增加了她的安详，微弯的双眼依然像年轻时那样储满笑意，这使我一下子回忆起她大一时在团小组日记里写的关于在宿舍里上晚自习的两句诗："灯光白了四壁，慈母般的贤良亲密"。我把这告诉她，她竟感动得流出眼泪。我问她：那颗令她平添许多魅力的小虎牙哪里去了？她笑了，笑得像当年一样甜蜜。从这一刻起，我和她便有说不完的话。

当晚，兰州的几位同学尽地主之谊，在餐厅为大家接风洗尘。与会的同学和几位家属共二十来人，与几位当年教过我们的老师正式见面。在座者最大的年逾八十，最小的寇立光、颜廷亮也已七十有三，昔日同学少年，今日耄耋老者，不禁让人感慨万端。

15日是返校日。刘淑华、廖世伦毕业留校后都曾担任过兰大校级领导，虽然后来分别调离并早已退休，但始终和兰大保持着联系。经她们的努力，此次我们班级同学毕业半世纪后的返校聚会，得到母校现任领导的大力支持和热情接待。一早，兰大的校车就到宾馆把大家接到校本部，先进入门口悬挂着“热烈欢迎1956级中文系校友返校”大横幅的大会议厅，听校领导和接待组负责人介绍母校的百年历史和未来的发展规划，然后在接待组负责人的带领下依次参观校史展览馆、重点实验室、图书馆、文物陈列馆以及文学院；中午，学校领导为我们这些半个世纪前毕业的老校友破例设宴款待；餐后，又用校车把我们拉到夏官营参观新校区。

部分校友聚会时在黄河铁桥旁合影

一天下来，我们深感今日的母校无论是基础建设还是学科设置以及办学规模，都远非昔日可比。当年，我们所在的盘旋路校本部，范围已大大扩展，先前简陋的建筑物已被许多新的教学楼、实验室、科研场馆所取代；除盘旋路本部之外，又开辟了几个新校区，我们参观的夏官营，即是新校区中的一个。不用说，这些都十分令人鼓舞。但是，让我感受最深、铭记于心的却不是这些，而是作为母校校训的“自强不息，独树一帜”这八个铿锵有力的大字！它不仅多次被学校领导在讲话中强调，而且鲜明地镌刻在一进校门就能看见的那块巨石上。

毋庸讳言，受地理位置和经济发展的限制，上面提到的那些都不是我们亲爱的母校优势之所在，无论是经费还是人才，西部欠发达地区的重点大学无法与发达地区的名校相比。但是，“自强不息，独树一帜”却是母校拥有的无与伦比的精神财富。它代代传承，形成坚不可摧的精神力量，犹如擎天之柱，支撑母校在各个历史时期战胜艰难险阻，走过百年风雨历程，创造出在偏远不发达地区办成独具特色的高水平大学的辉煌。

部分校友聚会时在黄河铁桥旁合影

（前排左一刘淑华，右二廖世伦，左三为作者）

16日上午，游览“四十里黄河风情线”。校车一早就到宾馆接上大家出发，经读者大道开到黄河南岸，参观中山桥等几座黄河大桥以及黄河母亲塑像等著名景点。只见游人如织，锻炼身体的、照相的、兜售商品的，挤得水泄不通。限于时间，每一个景点都不能多作停留，照了几张相就又上车继续向西行，从七里河过桥到达北岸。本来“四十里黄河风情线”向西还有很长的路程，可惜前方修路施工，司机不得不在此掉头沿北岸向东开行。当年我们往返于甘肃师专——兰州艺术学院时常经过的十里店、刘家堡一带无缘晤面，心中不由得万分失落。

黄河北岸以前十分荒凉，基本上没有成形的街道和像样的建筑，白塔山上寺庙古迹残破，鲜有草木，一派苍凉景象；只有紧靠黄河一线是庄稼地，其余地面全是黄土，瓜农们从地里摘下“打瓜”就地堆放在黄土里贱卖。如今面貌大变，白塔山上不仅树木苍翠，寺庙古迹修葺一新，而且建成了规模宏大的白塔山公园，被誉为兰州一大胜景。山麓一带修建了许多宾馆、饭店等现代建筑，蔚为壮观。山下的黄土地面和黄河边的庄稼地没有了，建成一条平整的滨河大路，车辆络绎不绝。靠河是一条长长的带状公园，散布着一些由雕塑、花草、树木组成的景点，供游人观赏。贴着石头砌的河岸，接近水面的地方装饰着一条长龙，站在南岸可以清楚地看见。据说夜晚龙身里的灯光亮起，宛如巨龙凌波腾跃，气象万千。我们来的时候是白天，所以看不到了。

尽管行车观景与古代的走马看花不相上下，但毕竟从东到西再从西到东沿黄河两岸走了一遍，能够这样近距离全方位地与黄河亲近，是我们多年来梦寐以求的心愿。这又要感谢淑华，感谢母校。淑华不仅向母校联系到了校车，她还不顾连日的劳累与身体的极度不适，一路为我们介绍、解说，当起了义务导游员。

至此，我的脑海里有两条黄河并行流淌：一条花团锦簇，光鲜靓丽，是现代人按照时尚的美学理念精心装扮修饰打造而成的现代城市景观，它代表着时代与社会的进步和人民生活水平的提高。另一条带着野趣，浑然天成，没有规则的河岸，水面显得开阔，人与水更容易亲近；岸上的水车吱吱呀呀不断抽水灌进两岸的田间，黄河里随着波浪起伏向前划行的羊皮筏子，自有一番不可取代的天籁之美。我无意于比较二者的长短优劣，只可惜当年矗立岸边的水车，如今被博物馆收藏起来，羊皮筏子也不大看见了。

下午，学校多位领导腾出自己上班用的小车载着我们一行二十多人浩浩荡荡开进兰山公园，沿途参观当年除了山顶有棵独一无二的大树其余地方全都光秃秃的寸草不生的黄土荒山——皋兰山。当年，我们上山植树基本上无路可寻，今天汽车却能一直把我们送达山顶；下车从兰山公园步行进去，是一条平坦光洁的水泥大道，一直通往最高处。道路两边鲜花、绿树、大片大片的草坪错落有致，更有一个个小水池穿插其间，水池边安放着形状各异的石头凳供游人休憩。站在山上朝山下望去，只见一行行葱茏的绿树从山麓盘山而上，刚才我们的车队便是傍着树行沿盘山道一路上行。浇灌花草树木以及蓄养水池的水不用说引自黄河，而蛛网一样的引水管道则是埋在漫山树行的土下。如果不是亲历亲见，眼前的一切确实难以想象。

不由得想起半个世纪前我们上学时每年春天到皋兰山植树的情景。那时既无机器从黄河里抽水，也不可能从山脚到山顶安放那么多水管，只能全靠人力千方百计把黄河水弄上山。满山是厚厚的浮土，没有可以落脚的地方，挑水抬水上山都办不到，就只好让一个个班级从山脚到山顶排成一列列长队，把从黄河里起出来的大冰块依次由下而上一个人一个人地传递上去；传到山上后，把这些冰块放进挖好的树坑里，放上树苗，培好土，山上的人再踩着浮土连跑带出溜着下来。如此这般年复一年，除了山顶上那棵孤零零的大树，整座皋兰山几乎依旧是光秃秃一片。如今山上公园花草繁盛，山间树木葱茏，站在山上眺望黄河两岸，整个兰州市区高楼林立，充分见证了经济发展给城市带来的巨大变化，同时也见证了兰州人为了改善生存环境，绿化美化自己的家园，不怕失败、不畏艰辛、永不放弃、持之以恒的精神。

山顶最高处有一座宏大的建筑——三台阁矗立其上，原来那棵大树确实被它取代。但是，当年孤零零一棵大树兀立山巅，冷清寂寞，年深日久，俯视山河，带着几分悲凉阅尽时代沧桑的那种肃穆感、历史感却也荡然无存。这不能不让人感到遗憾。

中午用餐就在山上，是一家农家餐馆。饮食不错，气氛更好。小小的餐厅一共只有两张餐桌，全归我们这二十多人使用。没有干扰，可以开怀畅饮，开心畅谈，随心所欲，自由自在。谈笑间说起各自的年龄，严大启戏称自己是“80后”，随即有人提议：“在座的同班同学数他年长，已年届八十，让我们大家借这次聚会在皋兰山上为他庆祝八十大寿！”话音一落，掌声四起，欢呼声、祝酒声、祝福语，交织成一片。我被老同学们的盛情所感动，情不自禁站起身来，举杯向大家致谢。我说，我们家不做生日，老严这是平生第一次。而这第一次竟是由这么多老同学分别半世纪后聚在一起替他操办，实在太不寻常、太令人感动了；地点偏偏又在皋兰山，这又增加了一层特殊的意义。这是当年我们大家每年都要上来植树，一起挥洒汗水的地方，而我和老严就是在第一次上山植树时走到一起的。上学前我虽然不缺少上山植树的经验，但贵州的山满山是石头，石头缝里还长着野草。像皋兰山这样寸草不生，覆盖着厚厚的浮土，没有一块石头可供脚踏，没有一株野草可供手攀的黄土山，我还是第一次爬上来。植完树无路可走，只能踩着浮土往下出溜，我更是见所未见。看着同学们一个个飞奔而下的矫健身影，落在最后的我简直不知如何是好。正在我手足无措时，老严返身来到我面前，向我伸出援手，牵着我一步一步走到山下。这一牵手就是一生一世，到今天走过了漫漫五十三年。一席话，仿佛使大家又回到充满浪漫激情的青春岁月，气氛更加活跃。张运隆喝了酒，一改前几日说话的轻声细语，满面红光地站起来，亮开当年转业军人的洪大嗓门，冲着我们开起了年轻人之间才开的那种玩笑。哄笑过后，大家互致勉励：一定要加强锻炼，好好保重，争取活到一百岁！这回站起来的是李萱增，他拍着胸脯豪迈地许诺："大家都要活到一百岁，到时候我做东邀请各位到北京饭店聚餐！"话音一落，全场哗然。首先发难的是老班长段明德，他提醒："大家听清楚没有？李教授在这儿忽悠人呢。大家都活到一百岁，那时候他在哪里？分明是空头支票，大家说该怎么办？"于是七嘴八舌，纷纷代替李萱增修改承诺。最后落实：在座的只要有一个人活到一百岁，他就必须兑现诺言，即使本人离去，也要事先指定他人代办。嘻嘻哈哈，热闹非常，真的是"老夫聊发少年狂"啊！

水玩了，山游了，原定的三天活动本已完成。但大家意犹未尽，有人提出还应该安排一次简短的座谈，每人五分钟发言，谈谈各自在分别后的半个世纪的主要经历。于是，17日上午，从原定的自由活动时间挤出两小时，聚在一起座谈。

漫漫五十年人生路，有的人处境相对顺利，有的人历尽坎坷，但是，不管是担负何种工作，身处何种环境，每一个人都在命运派给自己的那一方天地里默默经营，不自卑、不气馁、不满足，不慕虚荣、不断学习、刻苦钻研，努力突破时代强加于自身的局限，做出的成绩较之其他各届兰大学友并不逊色。不少人有著作问世，不少人或受到有关部门的表彰，或得到学生、社会的交口称赞。"兰州大学培养出来的毕业生，思想素质好，功底扎实，眼光开阔"，是我们在不同的地方、不同的单位得到过的共同评价。更引以为自豪的是，到了今天，大家都年逾古稀，却没有一个人停下学习、思考乃至追求的脚步，或者仍在担任社会工作，或者退居书房笔耕不辍，因此，都能保持身心健康，以清醒的头脑、开朗的心境、宽阔的胸怀、豁达的姿态对待过去和现在的一切。没有人计较过往的恩怨得失，没有人纠缠历史的旧账，互相包容、互相理解、互相支持、互相鼓励，平安健康、愉快幸福地度过余下的时光是我们共同的愿望。

天底下没有不散的筵席，活动进入尾声，从天南地北聚集而来的老同学又要分别了。作为饯行，也作为告别，最后一次聚餐设在黄河风情园，这是老班长段明德和老同学任裕的精心安排。连日来，他们不顾腰腿病痛，当起了后勤主管和义务服务员：寻找出游的交通工具，订购返程的车票，四处奔走联系用餐的餐馆，力求用最优惠的价格让大家品尝到最有特色的美食。

黄河风情园坐落在黄河边，浩浩荡荡的黄河水就奔涌在眼前。把大家带到这里来话别，既能欣赏这家高级餐馆精致的美食，又能让黄河与人更加贴近，真是用心良苦。窗外是滚滚东流的黄河水，窗内是依依难舍的惜别情；情景交融，声息相应，给人留下难以磨灭的记忆。

席间，廖世伦起身拉着我和她一起以茶代酒，向兰州的各位同学致谢、致敬，我欣然从命。我和世伦1956年入学途中在成都就走到一起，同乘不断塌方的宝成铁路上的闷罐子车和险象环生的川陕公路上的大卡车，涉过嘉陵江，经过对岸就是古栈道的悬崖，翻过秦岭，历尽艰险来到学校；之后同住一室，又住上下铺，自然很亲近。以后分别多年，党的十一届三中全会后恢复联系。我的儿子考到母校物理系上学，又得到她很多关怀和帮助。虽然后来她调离兰州去了社科院，定居北京，但也是此次同学聚会的组织者，打电话联系散居在全国各地的老同学、托兰州的熟人寻找住宿的宾馆，做了很多工作。我就是经她联系来参加聚会的，所以我要感谢的也包括她本人。

兰州的几位同学，由于过度辛苦劳累，明显的消瘦了。任裕的腰显得更弯了，面部有些浮肿。毕竟都年逾古稀，少不了这样那样的疾病，经不起连日的折腾。年纪最小的颜廷亮，单位还有工作，家中还有病人，每天往返几十里，常常是深夜还回不到家。路国明每天第一个来到宾馆，辛苦也不亚于别人。至于淑华，聚会前一次一次与母校联系，往返奔波，已经非常劳累，聚会期间更是四处张罗，不得消停。今天看来面庞比初见面时小了一圈，神情疲惫憔悴，说话声音很小，想要从座椅上站起身来都很费劲，与初见面时的精神矍铄、步履稳健相比，已判若两人。看着这种情形，我们很是感动又很是担心，生怕他们的身体被拖垮。他们太需要回到家中好好休息了！我和世伦一一致谢，反复叮咛：活动已圆满结束，他们已经付出得太多太多，当务之急是赶快回家休息，以身体为重，不要再为大家费心了。大家也都不愿再过多地消耗他们的精力，纷纷起身握手道别，相继离去。

走出餐馆之前我禁不住站到窗前又看了看黄河。只见黄色的波浪翻滚，对面岸边停靠着一艘装饰华丽的游艇，在正午阳光的映照下，粼粼的波光与游艇的华丽互相映衬，真称得上美轮美奂。想起四十八年前离开兰州时，我和大启从刘家堡沿黄河徒步进城所见到的那一副衰败景象，更强烈地感受到时代的沧桑巨变。

别了，黄河！不知道这再一次离别后是否还能与你见面，但是我知道，你那夹泥沙的黄河水已深深融进我的血里梦里，它会一刻不停地流淌在我心上！

写到这里本已可以搁笔。但曲终人散情未尽，接下来的一幕叫人无法平静，不能不把它记下来。淑华到宾馆来了，17日夜晚和18日清晨，一连两次。依然单独一人，拖着疲惫不堪的身体，摸黑起早，大老远地赶来，为的是把手里拎着的一大包相片赶在大家启程之前分发给每一个人。原来，她每天聚会回家后都顾不上片刻休息，一个人坐在电脑前整理照片；告别聚会之后，更是自己出钱把它们送进照相馆洗印出来，分送给大家留作纪念。18日清晨，她来得特别早，连早餐都没有吃，一直在大堂里看守着我们的行李，让我和大启、李果和张运隆，以及宫忠诚去办手续并吃早餐；直到向叙典替我们找的车开进宾馆拉我们去火车站，她还迟迟不肯离去。我们上车的时候，她来到车门边，张开双臂，一边一个，把我和李果紧紧抱住，三人都禁不住失声痛哭！

坐在车厢里，我们和同车到石家庄的李果、张运隆夫妇一路都在回忆与淑华分别的情景。默默祝愿她安心静养，尽快从过度疲劳中恢复过来，以她战胜疾病的乐观坚强、不屈不挠，以她对生命，对生活，对同学、朋友、家人广博的热爱，更好地活下去，活得比以前更健康、更充实、更丰富多彩，活得越来越年轻！

徐日椿

作者简介

徐日椿，男，1936年12月生，浙江温州人，民盟盟员，高级工程师。1960年毕业于浙江大学。中国制冷学会第六专业委员会委员，升华干燥学组副组长。先后在兰州大学、河北工业大学、宁夏大学执教15年，编写教材4种，培养了一批人才。参与开发天津第一台升华干燥装置，并得到有关方面认可；在石油化工建设中，先后参与聚醚装置等工程建设工作，并一次投产成功。在全国性学术会议和专业刊物上发表论文14篇，其中1篇编入中国科学院、中国工程院《中国科学技术文库》，4篇获天津科协优秀论文奖。参译并统编第16届《国际制冷大会升华干燥论文集》(中国制冷学会，1987)。

纪念彭周人先生

我在雅虎中国网站，通过搜索引擎访问彭周人先生时，发现他已于几年前作古。平静之后，黯然泪下。

我于1960年从浙江大学化工系毕业，由国家统一分配到兰州大学。当年9月27日去兰州大学人事处报到，被安排到化学系物理化学教研室化学工艺学教研组。当时彭周人先生是物理化学教研室主任。

1962年10月，我调离兰州大学到天津工学院（现河北工业大学）工作。我在兰州大学只工作了两年，虽然时间短暂，有四十四年的时空阻隔，但彭周人先生给我留下的印象，依然挥之不去。

彭周人先生中等身材，文弱清秀，戴一副深色边框的眼镜，初次见面给人一种平和可亲的感觉。

物理化学教研室除了彭周人先生，还有龚桦、方国光、施彼得、缪方明、孟益民、郑国康、陈文涵、何家骏、李佛华、张汉良、钟远君、韦镜权、张毓瑞、陈贤明、李毓厚、陈武锋、车冠全诸位先生，人才济济。

1960年，正值我国处于经济困难时期，粮食歉收，我们虽然每月有二十七斤定量粮，但也天天饥肠辘辘。学校把每人的定量粮转换为就餐券，每天早、中、晚各一张，中、晚餐的每张就餐券也只够领一个豆面馍和一勺玉米面糊糊。盘旋路食品店的议价饼干，用料中混有杂粮，形状大小不一，质量极差，但价格不菲，我一个月的工资也只能买四斤。我们大家都严重营养不良，身体每况愈下，彭周人、李佛华先生生病了，方国光、车冠全先生浮肿了……

彭周人先生带病工作，教研室的工作井然有序，始终保持一种向上的态势。有两件事我至今记忆犹新。其一，有一次晚餐后我去郑国康先生家，谈及时间的安排，得知郑国康先生和他的夫人易瑞士先生在晚餐后只休息半小时，这半小时也是他们和孩子亲情交流的时间。之后，把孩子交给老人照顾，他们就关上门读书、备课去了。其二，江隆基校长把提高教学质量和人才培养作为学校的中心任务，高度重视高水平教师队伍的建设。当时化学系决定培养四名在职研究生，有机教研室是王序昆先生，物理化学教研室是我，其他两名是无机化学教研室和分析化学教研室50年代初大学本科毕业的先生。化学系形成一种百舸竞发的氛围，我们常常晚读到深夜。我和车冠全先生住在一字楼教师单身宿舍二楼，时任党支部书记的龚桦先生住在我们隔壁，龚桦先生看到我们窗户透出的灯光就来敲门，温馨提示我们早点休息。这两件事，显示了一种精神：勤奋、进取。物理化学教研室的这种精神是彭周人先生以身作则带动的。

彭周人先生把提高教学质量作为工作的重心，为我们树立了榜样。他不仅负责教研室的行政工作，而且坚守在教学第一线。我在化学楼阶梯教室聆听过他给化学系四年级学生讲授的物理化学课，至今我还珍藏着当年的教材和听课时所作的课堂笔记。他讲课条理分明、概念清楚、语言精练、板书工整，课堂上鸦雀无声，只有他抑扬顿挫略带河南腔的声音。我在浙江大学上学时，刘懋涛先生给我们讲物理化学，他的课也能引人入胜，但彭周人先生讲课另开蹊径，使我深悟讲课不只是传道、授业、解惑，还是一门艺术。

彭周人先生爱护后学。1961年10月，我给化学系四年级讲授化学工艺学课。彭周人先生为我组织了试讲，试讲内容是化学工艺学绪论，到场的除彭先生外，还有化学工艺学教研组全体先生和两个学生。彭周人先生对我的试讲表示肯定，并给予了很多鼓励，同时也中肯地指出了我的问题。彭周人先生坚定了我的信心。后来几次上课，我都跑到化学楼二楼教师休息室，一个人对着空无一人的房间试讲数次，直到自我感觉良好为止。彭周人先生是带领我走上高等学府讲台的第一人。

彭周人先生忘我工作，对自身的健康疏于管理，他的病情恶化，向肝硬化转移。我班学生张变雪的夫君是兰州军区总医院的院长，我亲自去了一趟她家，为彭周人先生争取了一个兰州军区总医院住院部内科的床位。这是我为彭周人先生做的唯一一件好事。我的离去，虽有诸多理由，但我百口莫辩，客观上对曾经寄予我厚望、参与我人生设计的彭周人先生是一次沉重的打击。我真的无颜以对！

彭周人先生曾派我参加化学系教学改革调研组工作。调研结论中提出，要密切关注交叉学科和学科的新生长点，这对我以后的工作有重大的指导意义。后来，我对真空、制冷和干燥产生的交叉点冷冻干燥进行研究，参加了我国第一台冷冻干燥设备研制工作，发表了多篇论文，并担任中国制冷学会第六专业委员会委员、冷冻干燥学组副组长。对模糊数学在工程质量评定上的新生长点、工程质量的模糊综合评判进行研究，发表了具有创新意识的论文，并被收录在中国科学院、中国工程院论文集中。这就算是我对彭周人先生在天之灵的一种安慰吧。

我已六十九岁，物是人非。当年物理化学教研室的成员韦镜权、陈贤明、张汉良、李毓厚、郑国康等先生都已先后逝世。陈文涵先生在1961年调到复旦大学工作。缪方明先生在1962年和我同时调到天津，他在天津师范大学工作。李佛华先生调到常州江苏化工学院工作。车冠全先生调到广州中山大学工作。方国光先生于1975年离开兰州大学，现在在上海安度晚年。龚桦先生也离开了兰州，其他的人都不太知道了。自然界和人类社会的运动是绝对的，静止是相对的。不是这样吗？

彭周人先生安息吧！

温作斌

作者简介

温作斌，男，汉族，1937年2月12日生，陕西省周至县人。1982年3月入党。因家境贫寒，小学辍学，参加农业劳动，经自学于1956年9月考入本县高中。1959年9月考入兰州大学生物学系，1964年7月毕业，分配到甘肃省二〇一所从事业务工作。1973年调到甘肃省卫生厅；1980年调入中共甘肃省委宣传部，1983年任科教处副处长。1985年10月调至兰州医学院，任院长办公室主任；1991年2月任院党委委员、纪委书记兼工会主席。1998年5月退休。

殷殷母校情　悠悠学子心

母校兰州大学从1909年甘肃法政学堂始立，历经世纪风雨沧桑，挺立在西北高原，铸就了今日辉煌，享誉海内外，成为我国特别是西部地区具有特色的知名高等学府。在盛世中华的新潮中，她迎接来了百年华诞。作为她的学子，欣喜之情溢于言表，由衷地回忆起在母校度过的人生难忘岁月。

我是1959年考入兰州大学，1964年毕业后服从祖国分配，留在甘肃工作的。入学初，“大跃进”刚过，经济困难已初露端倪。开会学政治和劳动的时间比较多，和中学时期相比，政治氛围格外紧张。我们一年级学生被抽去参加“教育大革命”，和专业老师日夜加班编写教材、制作教学仪器和模型。食堂伙食的质量和数量每况愈下，师生饥肠辘辘，出现了浮肿现象，困难生活无情地压在了大家身上。令人庆幸难忘的是，面对如此困难，学校领导江隆基校长、林迪生副校长这些老革命家、教育家怀着对党的教育事业的高度忠诚和对师生的真切关爱，坚持真理，实事求是，不计较个人得失，以坚定的政治勇气，义无反顾地在逆境中全面整顿学校秩序，建立各项制度，落实知识分子政策和干部政策，团结和依靠广大知识分子，充分调动教师和学生教与学的积极性，着力提高教学质量。短短几年时间，学校就发生了根本变化，教风、学风优良，学术氛围浓厚，教学质量和科研成果令人瞩目，很快便跻身于全国重点高校行列，闪耀出“兰大现象”，成就了兰大前所未有的“黄金时代”。引以为自豪的是，我也亲历了母校那段艰苦卓绝的光辉历程。

面对经济生活的困难，全校师生在校党委的领导下，紧密团结，风雨同舟，表现出高昂的精神状态，很少有颓丧沉沦的情绪。学校非常重视思想政治教育，采用报告会、座谈会等多种形式，由江校长、林校长和一些老同志，还有外请的一些革命老人，讲述他们以苦为乐、战胜各种困难的动人事迹，向师生进行革命传统教育和艰苦奋斗教育，提高大家战胜暂时困难的信心和勇气。学校领导全身心地抓师生的生活，经常深入食堂，尽力改善伙食。记得1960年下半年，在原饭厅二楼储备了不少可食用的树叶和菜叶，但当发现师生食用之后出现了浮肿现象，立即废弃不再食用。为了保障师生的基本营养，学校还派人远赴青藏高原运回了野生动物肉品和青海湟鱼等。学校领导以身作则，不搞特殊化，与师生同甘共苦，和同学们一起排队买饭，同桌就餐谈心，征求意见。江校长主动要求降低工资，多交党费，拒收礼物，多次把国家照顾的食油、黄豆等物资送给幼儿园，多次和同学们一起参加副食品基地挖鱼池劳动。老校长的许多感人事迹，在师生间传为佳话，使我们受到了深刻的教育与鼓舞。记得有一天，同学们“劳逸结合”（时人戏谑“精神会餐”），有的说“你看咱们的江老校长，人是瘦多了，昂首挺胸的步伐鼓点还是老样，他的神态一点没有变，给大家鼓了精神”，有的说“目前这点暂时困难算个啥，简直和红军长征不能比”，有的深情地说“等到我们老了时，子孙们问起这段历史，我们可以理直气壮地告诉他们：‘我们是跟着党，挺着胸膛，跨步走过来的’”。寒假回家后，亲朋邻居都来看我，我的叔父也远道而来，见我消瘦了许多，动情地老泪夺眶，怆然劝道：“那里黄土不埋人，咱不去了，咱不受那个罪！”我笑着安慰他说：“年轻人受点苦没啥，别人能受了，我也能受了。”同学们都以生活强者之态，把当时的困难视为人生难得的锻炼良机，把与困难做斗争的经历视为终身宝贵的精神财富。

在面对时艰、共渡难关的日子里，随着学校秩序的恢复和情况的好转，人际关系得到改善，师生感情更加融洽，校园充满了团结友爱、生动活泼的氛围。高年级与低年级互结友好班级，互相学习，彼此促进，共同提高。同学们经常登师门拜访，聆听老师解惑释疑，和老师谈人生、谈理想、谈专业；老师也常去学生宿舍，和同学们谈心，了解学生的思想、学习和生活情况。我们班是个有不足二十名同学的小集体，大家来自五湖四海，大多数是农家出身，朴实敦厚，诚恳热情。有些同学的家乡和家境情况稍好，假期回校，会带来一些米类、豆类、炒面和土特产等，都大方地拿出来与大家共享，有时还举办小餐会，对有病有困难的同学给予粮票、食品帮助，互相周济。女同学主动帮男同学拆洗被褥、缝补衣服。班集体真如一个小家庭，充满了温馨、友爱的手足之情，班级各项工作也都很出色，多次被系里和学校评为先进班集体。

“吃鱼子”逸事，更令人难以忘怀。1962年仲秋的一个周末，学生食堂运回一批青海湟鱼，准备为同学们改善生活。此前，我们班已与炊事班结成了友好集体，多次去食堂帮灶，这天则全班出动，帮着剖洗湟鱼。谁都知道，鱼子是最有营养的，吃炒鱼子可谓贵族享受。同学们在剖洗时，高兴地收集到一大盆新鲜橙黄的湟鱼子。大师傅也很热情，用清油和韭菜为我们做了烹调。同学们盛回后即聚餐享用美味，还特意为未到的同学和下顿留了部分。但食后约一个多小时，我因胃弱，首先反胃呕吐，其他同学也随之相继发作，上吐下泻，有的几乎休克晕倒，情况非常吓人。后经互相关照，饮水冲胃，卧床休息，次日症状始有缓解。事后得知，唯青海湟鱼的生殖腺和卵有剧毒，不能食。此事既反映了同学之间、同学与大师傅之间亲密友好的关系，也反映了我们仅凭经验和好心险而酿成大祸的无知，既是教训，又是笑料。几十年过去了，老同学每每聚会，皆以此为往事经典，引出许多美好回忆。

当时，校园文体活动也较为活跃，充满了青春的活力。下午课余时间，“咚嚓嚓，咚嚓嚓”的鼓点声响彻旧饭厅北面小操场的上空，这是校学生会在扫“舞盲”，学练者虽舞姿多端，令人不禁捧腹，但都热情专心。多年冷清的舞场又响起了校乐队奏出的《花儿与少年》《彩茶扑蝶》和《十送红军》等经典名曲，美丽优雅的舞者随着乐曲在舞池翩翩起舞，有时还有音乐爱好者引吭高歌，热情助兴，真令人陶醉。校学生会还组织举办歌舞讲座，请来老师讲交际舞的知识和规则，这不仅让大家兴致大增，更让人明白了其高雅内涵。女同学再不怕被斥为“小资”“老修”，张扬起爱美的天性，虽无粉黛，但普遍穿起了各式裙装，为校园平添了绚丽色彩。周末，学校会免费为师生放映电影，校广播站会组织经典音乐唱片欣赏会、文艺佳作赏析会。最令人难以忘怀的是，每年元旦前夜，学校主要场所和学生楼张灯结彩，师生互访联欢，学校滑冰场、游艺室等全部开放，食堂安排了简单夜点，校领导和师生们在大礼堂跳舞言欢，新年钟声零点敲响，江校长以洪钟般的声音，代表学校发表新年祝词，师生们如沐春风，校园充满了温馨、祥和、催人奋进的气氛。体育活动也日渐活跃，课间操、早练和课外活动，师生踊跃参加，各类比赛、运动会相继举办，我班还蝉联过系篮球赛冠军，我曾夺得过系运动会手榴弹比赛第一名。

引得社会瞩目和学子们骄傲的是，母校兰大虽处大西北艰苦之地，却荟萃了朱子清、刘有成、陈耀祖、郑国锠、李吉均、仝允栩等著名的专家教授和一批专业造诣强、成果丰硕、教学经验丰富的教师，可谓名师济济。他们在艰苦的条件下，不顾个人的政治创伤，以对国家和民族的责任感、使命感以及对教师职业的忠诚，一心倾注到教书育人的神圣工作中。

记得学校为提高教育质量，从低年级开始加强基础课教学，不少知名的老教授走上教学第一线。朱子清先生为我们讲授有机化学，不仅课讲得认真细致，而且非常重视课外辅导答疑，朱先生不顾年高，不分白天黑夜，风雨无阻，按时来到教室耐心讲解。郑国锠先生讲授细胞学，几乎两个学期都和同学们在一起，特别是顶着压力向我们传授摩尔根遗传学的基础理论和新发展，引得校外学术单位也来人听课，同时他以自己的学术威望，邀来世界著名学者、复旦大学副校长谈家桢教授作短期讲学，丰富教学内容。黄文魁先生讲授生物化学，当时为新学科，无教材，他耐着苦和累，边讲课边编印讲义，内容丰富新颖，同样引起社会关注，听课者挤满了教室。仝允栩先生负责专业教研组的全面工作，为组织教学科研、培养年轻教师，她还担负着专业基础课和专门化课程的繁重教学任务。我们班人数少，常在小教室或实验室上课。仝先生虽然身体羸弱，但她每次走进教室即脱去外套，精神焕发地登上讲台，以洪亮铿锵的声音讲课，时间长了，同学们心里十分不安，多次跟她说："仝先生，您再不要这样高声为我们讲课了，我们人少，都听得见，您高声讲太累了，身体受不了。" 仝先生却亲切地说："我习惯了，当年在复旦只有几个学生，我也是这么讲的，为的是让你们听得深刻、学得好。"多么高尚的师德！同学们听后肃然不语，心灵受到震撼。她对学生的严格要求可谓到了无情地步，从课堂笔记、实验操作、实验报告到学年论文、毕业论文等各个环节都一丝不苟。同学们从内心对她十分敬畏。王香亭先生是新中国培养出来的知识分子。他敬业勤奋，专业知识博深，足迹遍布西北，科研成果和著述颇丰，教学经验丰富，已逾花甲还带病背着干粮、跋山涉水做调查研究，最终积劳成疾，卧床不起。尽管如此，他还在筹划着出书，用自己的成果为地方经济服务，拿出平时节俭积攒的积蓄设立奖学基金，奖掖后学。兰大教师崇高的品德和严正清明的教风声誉远播，引得外地不少学府青睐，不惜重金前来"淘金"，但老师们绝大多数不为所动，守土如故。

母校老师们甘于清贫、乐于奉献、严谨治学、为人师表的师德风范，深刻地教育和影响着我们每个人，我们将其视为人生楷模，并受益匪浅。有时校友们相聚，谈起母校，都发自肺腑地感叹："母校的老师真不容易，太可爱，太伟大了！"我们虽然离开母校四十多年了，当年的学子已鬓染秋霜，但我们和母校的情感，和老师们的情感，岁月难磨，与日俱增。1999年金秋，正逢母校九十华诞，我们在兰同学欢聚一堂，向母校表示诚挚的祝贺，并登门向辛勤教育我们的专业恩师送去虔诚的祝福。此后，我们还几次带上“寿”字幅和礼物，向恩师祝福。健在的恩师都寿至耄耋，每次拜会，格外亲切，回忆往事，感慨良多，学子们多是感激之情。

母校的学子们多数来自祖国经济欠发达地区，在学校优良校风的熏陶下和老师高尚师德的感召下，都有明确的学习目的和追求，刻苦努力，认真钻研，竞学成风，形成了“勤奋、求实、进取”的优良学风。大家除了课堂认真听讲、认真完成作业外，课余时间也抓得很紧，图书馆、资料室和教室座无虚席，争占座位已是常事，甚至走廊过道也有专心学习者。晚上，教学楼、实验楼灯火通明，灿若星汉，学子们如饥似渴地吸吮着知识，经常忘记就寝时间，被管理者赶出来。甚至深夜在路灯下，在走廊、盥洗间的灯下，还可见到苦学者的身影。林校长多次在大会上劝告同学：“现在生活条件差，营养有限，你们的学习任务足够了，要爱护身体，减轻学习负担。”有段时间，学校不得不对学习场所实行时间管制。同学们还很重视专业实践，认真做好实验，搞好野外实习，有的同学还挤时间参与老师的课题研究，用心写出实验、实习报告或论文，进行基本能力锻炼，获得了比较扎实的基本理论知识和实验动手能力。母校优良的校风和学风，促成了浓厚的学习、学术氛围。莘莘学子受母校影响，艰苦朴素、踏实肯干、团结协作、乐于奉献，走向社会后，以专业基础扎实、知识面广、勤奋实干、后劲足，综合素质不逊于其他名校学生而受到社会的赞许和欢迎。兰大校友不辱使命，许多人在自己所从事的领域出类拔萃，成绩斐然：有的成为著名的专家学者，蜚声海内外，荣晋两院院士；有的成为有突出贡献的专家，获得国家荣誉和奖励，享受国务院政府特殊津贴；有的成为优秀的党政领导干部和各类管理人才，佼佼者甚至走上高层领导岗位。他们为母校兰大赢得了荣誉争了光，母校兰大以他们为荣。

我的伴侣几乎和我同期就读母校。不寻常的五年大学生活，使我们和母校结下了至深的感情。我们为母校兰大感到骄傲，也为是她的学子感到荣幸。有幸的是，我们毕业离校后，仍在母校身边工作，一直关注着母校的发展变化。当母校有了新进展、新成就，校友们取得卓著成绩时，我们由衷地为母校自豪。我们还常回母校看望老师，会聚同学，游览校园。20世纪80年代我在省上工作，和母校的来往更为密切。母校有大型活动时，我们也积极争取参加。

天公作美，2004年11月，随着兰州医学院并入兰州大学，我也再次回到母校，又成了兰大人。退休后，我们回母校的时间更多了，晨练、下午休憩，都会徜徉在优美宜人的校园。每次踏入校门，深有进入净土圣坛的感觉，欣然、亲切、崇敬，睹物怀旧，好像又回到了学生时代。对在母校时有纪念意义的物品，深感愈久愈弥足珍贵，佩带了五年已脱漆斑驳变了色的校徽、毕业纪念章、与校领导和老师合影的毕业照、奖品等，一直珍存至今，连纸稿讲义、笔记本等，最后作处理时，也要留下片纸只字，珍作纪念。我们和母校的这种情结，缘于母校的恩泽，母校对我们人生道路的影响至深，难以忘怀。我们热爱母校、感恩母校，母校永远在我们心中。

我们兰大学子满怀信心地坚信，母校兰大的明天更美好、新的百年更辉煌！

观成堂老照片

2009年3月25日于稼穑庐寓

窦学宏

作者简介

窦学宏，男，1938年8月22日生，祖籍天津静海区西双塘村，中共党员，教授级高级工程师。1962年毕业于兰州大学化学系，当年分配到包钢冶金研究所（包头稀土研究院前身），先后从事白云鄂博矿稀土与铌资源的综合利用工艺研究、稀土信息研究与管理工作，曾担任包头稀土研究院信息中心主任、全国稀土信息网办公室主任、国务院稀土领导小组办公室机关刊物《稀土信息》编委会副主任和主编、中国稀土学会《稀土》杂志编辑部主任、《中国稀土学会年鉴》编辑部副主任和全国稀土信息网专家组组长等职，曾是中国稀土学会和中国稀土行业协会的专家组成员，被聘为包头市稀土专家组成员和包头稀土研究院特聘专家。

难忘的兰大岁月

1957年，我从北京市21中学考入兰州大学化学系；1962年，毕业于兰大化学系无机化学专业稀有元素专门化。按1938年出生算，我今年已步入八旬门槛。尽管此生在兰州只生活了五年，但因正值青春年少，留给我终生难忘的兰大印记。虽然已自觉有“阿尔兹海默症”的前兆，但兰大那段生活至今仍历历在目，深深铭刻在我的脑海之中。

一、我与兰大的缘分

我常想，我的青春岁月能在兰大度过，真的是一种缘分。我的家乡是天津静海区运河边上的西双塘村（今为西双塘镇）。1949年新中国成立时，我刚刚读完初小，因为当地小学没有高小，我父亲当时在华北革命大学学习，顺便把我送到居住在北京的外祖父家里，我入读当时北京张自忠路（铁狮子胡同）的全民小学，直到高小毕业。1951年，我考入北京21中，1957年高中毕业，考进兰州大学。

为什么我会报考兰州大学呢？那是因为我父亲从华北革命大学结业后，被分配到兰州省政府工作，担任时任省长邓宝珊的秘书。随后，我母亲也带着弟妹们到兰州工作。兰州当时未通火车，直到1954年天兰铁路通车后，我才利用暑假到兰州去探望父母。由于家住广武门外邓家花园，父亲曾带我专门去盘旋路新建的兰大校园参观了一次，有意让我高中毕业后能报考兰大。兰州当时给我的留下印象不错，既是物产丰富的瓜果之乡，又是很有历史文化底蕴的西域金城。高中毕业前，我在《人民日报》上读到一篇介绍皋兰山下著名化学家朱子清教授为支援西北建设从上海到兰大任教的文章，印象颇深，产生了一种追星效仿的冲动，当时恰值我对化学也感兴趣，于是就报考了兰大化学系，尽管那年入学录取率很低，我却偏偏被兰大化学系录取了。

转眼六十年过去，同学们尽管天南海北，但大家作为兰大人都一直很关注母校的发展变化，每有兰大新闻，同学和校友间便纷纷转告，无形中形成了一种与兰大荣辱与共的感情维系。

二、初入兰大校园

从过惯走读生活的北京中学生变成入住兰大校园的大学生，颇有一番质变的新鲜感。当年的兰大校园或许没有如今漂亮，但记忆中的兰大校园校门、操场，上课的化学楼阶梯教室和实验室，吃饭的大食堂，入住的拐角楼和一字楼，始终珍藏在记忆之中。

1957年8月，我到兰大入学报到。入住食堂西侧的一字楼，每个房间都是上下铺，窗下有个小木桌。兰大面向全国招生，同学们来自天南海北，既有来自北京、河北、山西等北方地区的，也有来自上海、广东、江西、江苏和四川等南方地区的。不少南方同学衣着单薄，有的脚上还套着趿拉板儿（木拖鞋）。虽然口音南腔北调，但很快便能用普通话进行交流。

新生刚入住，林迪生校长晚上便过来看望我们，问大家吃住是否习惯，有什么意见和要求。林校长身材精干，面容和蔼慈祥，给我们新生留下深刻印象。

吃饭在学校大食堂，除了炒菜偏辣，还算可口。四川来的同学很多，他们还嫌不够辣，更不够麻。还有就是白米饭少、小米饭多，让南方同学难以适应。来自农村贫困家庭的同学都享有助学金，每月十元左右，生活费基本够用。

9月初，我们开始在化学楼阶梯大教室上课，有无机化学、高等数学、外语（俄语）等课程。陈佩芳老师给我们讲无机化学，主要参考书是苏联涅克拉索夫主编的《无机化学》。大家共同的感觉是陈老师口才很好，对同学也很亲切。给我们带化学实验的有史启祯、马泰儒等老师，他们时时提醒大家注意化学实验安全，对大家耐心辅导，让人倍感亲切。

三、难忘的锤炼

在兰大，我们经受了各种政治运动的洗礼和锤炼，这也成为我们每次校友聚会总要提起的话题。

入学的第二年即1958年秋，我们到甘肃与陕西、四川交界的徽县参加了“大炼钢铁”运动。我们乘坐解放牌货车早上从兰州出发，经天水后晚上到达徽县，住在一座由破庙改造成的大通铺宿舍。先搭建小土高炉，在搭建木架时发生垮塌，我有幸逃出，身边的董学贤同学却被砸成重伤，在送往宝鸡抢救的途中去世，后被安葬在嘉陵江畔。看电影《党的女儿》时我曾想起他，因为他告诉过我他来自江西一个革命老区，好像就是兴国县，他还告诉我他是他们村的第一个大学生，全村都为他考上大学感到光荣。

我们大炼钢铁的地方地处深山老林，很偏僻，要翻几座大山才能到达宝成铁路线，是有熊猫和“野人”出没的地方。当时劳动十分辛苦，要把砍下的大树背到烧炭点烧成木炭再来炼铁。因为要自己烧饭，炊事班的陈佩芳老师和丁万庸同学都因烧了漆树而被“漆咬”，皮肤起泡溃烂。

作为当时还年轻力壮的大学生，我们经受了多种劳动锻炼，勤工俭学去建筑工地挖过土方，搞“超声波、管道化”去过兰州炼油厂，参加过校办农场的农业劳动，还去白塔山支援过白兰瓜地的抗旱浇灌。记得当时以高光斗同学为主还创作了一首歌曲，至今仍记得其曲调和部分歌词：“白呀那个白兰瓜，甜又香那个甜又香，赛过那个蜂蜜胜冰糖，要问那白兰瓜它出产在什么地方，就在那兰州的白塔山上……”2002年同学聚会时大家还合唱过。

体力劳动虽然辛苦，但大家觉得那是响应党的号召，既从劳动实践中学到不少知识，也使身体得到锻炼，同时培养了吃苦精神。至今想来，五年大学生活总体还是充实而愉快的，每当忆起甚至有些留恋。

大学期间，我们还经受了三年困难时期的严峻考验，给我们留下终生难忘的“饥饿记忆”。当时，我们正处于长身体阶段，运动和劳动又多，粮食定量固然不低，但因为油水少，很容易饿。那时，大家吃饭都用小盆儿，喝稀粥灌个水饱，很快就饿得抓心挠肝。不少同学患上浮肿，有医务室证明就可以给补给点煮黄豆，这让人甚至有点羡慕浮肿的同学。有的同学下课后外出拾捡烂菜叶，拿回来用开水烫烫就吃。谭民裕老师当时刚从德国回来，带领我们乘坐闷罐火车去山东淄博502厂毕业实习。那时山东以红薯面儿为限量主食，每周仅供一次馒头。红薯面窝头刚吃起来觉得甜甜的，但很容易胃反酸，吃得大家烧心的难受。

1958年大搞人民公社时，学校也一度实行吃饭不要钱，小米饭敞开吃。但我高中时就患有胃溃疡，吃小米干饭反酸烧心，胃溃疡经常发作，疼痛难忍。没想到经过三年饥饿，胃溃疡居然彻底好了，从此有了一个吃嘛嘛香的好胃口，这正应了那句“祸兮福之所倚，福兮祸之所伏”的古训。

我的社会工作能力在兰大也得到了锻炼。因为普通话讲得标准，嗓音也较好，我做了校广播室的播音员，受过校宣传部部长崔乃夫先生的领导和指导，还参加了校话剧团参演的话剧《东进序曲》，导演是水均益的父亲水天明老师，水先生教我学习和掌握了不少话剧舞台知识；还担任过年级合唱团的领唱，参加过学校文艺会演，但参加演出最多的节目还是和北京来的唐耀华同学说相声，我逗他捧，配合密切，我们表演过侯宝林先生的《戏剧与方言》等传统段子，也有紧跟形势的现编现演。

四、兰大师长与学友

很多兰大领导给我留下深刻印象。江隆基校长的朴实，林迪生校长的亲切，崔乃夫先生的博学多才，聂大江先生的干练，都令我难忘。不少化学系老师的音容笑貌也铭刻于我脑海。刘有成先生曾担任我们的系主任，后当选为中科院院士。有机分析专家陈耀祖先生，面部因实验严重烧伤，工作勤勤恳恳，也当选为中科院院士。得知左宗杞教授有个孩子在国内失踪，同学们无不唏嘘同情。陈佩芳先生后来调入包头五二研究所，我们兰大毕业的同学便每年春节都去给她拜年。我们曾在她家的墙上看到他父亲的烈士证，后来大家才知道她的父亲是打入国民党内部的中共地下工作者，被蒋介石发现后处死，其骨灰经香港运回，葬于北京八宝山，并被追认为革命烈士。

许多老师对我们都有授业之恩，除朱子清、陈佩芳、王慰等先生外，还有给我们讲过《物质结构》的缪方明老师，当时上课使用的教材是徐光宪先生的《物质结构》一书。后来我从事稀土研究工作，听徐光宪先生说缪方明老师是他的第一个研究生。那时还开了不少新课，如物理化学分析等。为了配合勤工俭学，我们制作过土壤速测箱，学习过如何烧制玻璃器皿和磨口瓶。给我们带化学实验的有马泰儒、史启祯和鲍老师等，给我印象最深的是他们教会我们如何进行溶液滴定和甩三角瓶，传授给我们不少很实用的化学实验操作技能，这让我们走上工作岗位后能很快上岗。他们都特别强调实验安全，指导我们如何安全做化学实验，如何避免酸碱烧伤，一旦被烧伤如何急救，浓硫酸如何稀释，被不同酸液烧伤采取何种急救办法。正因如此，大学期间，由于老师们的爱护，我们几乎没有发生过实验伤人事故，得以健康毕业步入社会。

在兰大，我也结交了不少关系密切的学友。首先是来自北京的李英杰、唐耀华、裘健民等，因为每年寒暑假我们都结伴回北京，乘火车有时走天兰线，有时走包兰线，那时穷学生也从来不坐卧铺，车又慢，要两天两夜，一路海阔天空地聊天，困了就在座位下垫上报纸席地而卧，渐渐关系就特别亲密。李英杰是校足球队主力前锋，其父李凤楼是我国足球元勋，曾担任中国国家队第一位主教练。假期我们还常串门和相约外游。唐耀华是我合说相声的搭档，更有共同语言。那时家里都没有电话，裘健民家同在东城区，往返相约更为方便。也有其他好友，如高光斗、左亚宁、高国超、胡昌格、陈德力等，尽管性格各异，只要说的来就行。毕业后，大家各奔东西，但有时还不期而遇，如高光斗、左亚宁、裘健民、余德峻、黄国良、张天恩、宋玉琴等。1992年在兰州、2012年在西安，我们年级同学曾经举行过两次聚会，见面畅谈往事，都格外兴奋激动。但令人感伤的是，总有同学提前离去，如李英杰踢足球身体那么棒，却在西安聚会后患急症在北京去世，我的相声伙伴唐耀华也于今年在兰州过世，冥冥中自知，我们这代人该渐渐离去了。

五、兰大与中国稀土

1962年毕业分配时，因为我是共青团干部，自然要响应国家号召，到祖国最需要的地方去，到艰苦的边疆去。为此，我和丁万庸、魏志民、苏应芝四个同班同学毕业分配来到包头工作，同来的还有物理系的谢宏祖和原子能系（现代物理系）的王鸿儒、李广文等人，我们一起分配到包头冶金研究所。正是兰大化学系的稀有元素专门化，使我与白云鄂博资源综合利用结缘，为我奠定了终生事业的基础。

稀土是稀有元素中的一大类，包括化学元素周期表中15个镧系元素，即镧（La）、铈（Ce）、镨（Pr）、钕（Nd）、钷（Pm）、钐（Sm）、铕（Eu）、钆（Gd）、铽（Tb）、镝（Dy）、钬（Ho）、铒（Er）、铥（Tm）、镱（Yb）、镥（Lu），以及与它们性质相近的钪（Sc）和钇（Y），共17种元素，统称为稀土元素或稀土金属，简称稀土。由于它们具备独特的原子结构和理化性能，如今已广泛应用于国民经济、国防工程和尖端技术等领域，被称为“现代工业维生素”和“新材料宝库”。内蒙古包头的白云鄂博矿富含稀土、钍、铌等稀有元素，是世界最大的稀土矿和钍、铌资源地区。

国务院原副总理、国家科委主任聂荣臻同志于1961年提出在包头建立专门研究白云鄂博资源综合利用的科研机构，于1963年正式成立了包头冶金研究所（现在包头稀土研究院）。1962年，我们分配来包钢即参加了筹建，成为建院元老，并把终生献给了白云鄂博资源开发和我国稀土事业。

“文革”后，我们同来的四个同班同学落实政策后都得到重用安排。我于1983年初被任命为稀土院信息中心主任，1983年加入了中国共产党。丁万庸同学成为包钢稀土三厂厂长，陈隆淮学友后来担任该厂厂长时成功将其运作上市，使该厂成为我国第一家稀土上市公司。张天瑞学友成为稀土院新材料研究室主任。魏志民同学担任了稀土院科研处副处长。庄永泉、成永顺、贾文武等作为技术骨干均在各自岗位做出了突出贡献。

兰大对我国稀土事业的特别贡献，是于1972年开设了全国独一无二的稀土化学专业，这是以稀土单一冠名专业名称的唯一范例，也是当时中国乃至世界高等学校的一项创举，即使在“文革”这一特殊时期也为我国稀土事业培养了大量人才。

稀土也使我和母校兰大常有联系，如20世纪70年代，我参加全国稀土巡回展览时曾回到母校，见到很多老师。杨汝栋等老师还让我专程去兰大给工农兵学员讲了一堂稀土课。后来，杨汝栋和高忆慈老师还带稀土专业的学生来包头稀土研究院实习，我也自然当仁不让地负责接待。接待的许多校友后来都成为我们稀土战线的同志。

兰大化学系也为我国培养出一批优秀的稀土人才，全国各地都活跃着来自兰大的稀土专业的工作者。如王彩凤曾在国务院稀土办和工信部稀土办工作，现任中国稀土行业协会副会长；王能训曾任中国最早稀土厂——上海跃龙稀土公司的总经理；刘石政、邓积林、王晓铁、胡晓凯、肖莉、王琳等都曾在包头稀土研究院工作，并为我国稀土事业作出显著成绩。刘石政曾担任包钢稀土公司经理和包头稀土研究院党委书记；王晓铁曾任包钢上市稀土公司总工程师，现担任中国稀土行业协会副秘书长；邓积林曾任世界最大稀土合金厂包钢三峰稀土厂党委书记等。兰大化学系一直以稀土元素化学作为科研主攻方向，并建立稀土化学研究室，主要从事稀土提取分离、稀土材料研制应用以及新型稀土络合物合成、性质等研究。多年来，为全国稀土企事业单位培养输送了大批稀土专业技术人才，对我国稀土科技和产业发展做出了巨大贡献。兰大物理系和现代物理系也为中国稀土输送了不少稀土人才。如物理系的陈隆淮在包钢稀土一、二、三厂都曾担任过厂长，并在担任包钢稀土公司经理期间完成我国首家稀土上市公司——“包钢稀土高科”的上市；王鸿儒、贾文武、成永顺等都在包头稀土研究院工作并作出显著贡献。

兰大培养我学习认识了稀土元素，并把我送到稀土之都包头，使研究稀土成为我终生职业，至今已五十六个年头。作为我国稀土人，我以从事稀土研究为荣，即使退休后，也仍尽力为我国稀土事业发挥余热。我曾从事白云鄂博稀土提取研究，也曾从事稀土信息和应用宣传推广工作。我为中国稀土事业奋斗而感到幸福，而这一切都要感谢母校兰州大学的恩赐。值得庆幸的是，我国著名稀土专家严纯华院士调任兰大校长，将使兰大为我国乃至世界培养出更多的稀土英才。

曾记得，1962年毕业前夕，我们一帮同学曾携手攀登皋兰山，在山上我曾兴起写下一首小诗作为纪念。只记得前两句写景为“皋兰巍巍入九重，苍榆摩天傲干横”，后两句抒情为“莫道人有离别苦，无愧之时再相逢”。当时我们青春年少，如今已成为年届八旬的兰大老校友。但我们永远记得，兰大不但给我种植了“稀土基因”，江隆基等师长更是教育培养了我们做人要讲究善良、正直、诚信的准则。

值此母校即将迎来建校一百一十周年庆典之际，衷心祝愿兰大的好传统能代代相传，尽快成为中国乃至世界的名校。

郝庆年

作者简介

郝庆年，陕西省华县人，生于1940年。中学物理特级教师。1962年毕业于兰州大学现代物理系，留校任教，后长期从事中学教学研究，曾任陕西省中学物理教学研究会副理事长，渭南市教育研究所所长。有多篇论文发表于国家级和省级刊物，曾担任光明日报出版社与北京师范大学出版社组编的《名师设计与导学·高中物理》等书的主编。教研成果曾多次获陕西省教委、国家教委和中国联合国教科文组织全国委员会奖。《泛参考系力学》于2007年由兰州大学出版社出版。

高岸的脚手架

多半年来，常常怀念恩师徐躬耦先生，想写点东西寄给他。昨天终于动笔了。我先在网上查了先生的简介。该条目中载有他生于1921年，1956年调入兰大和其简要事迹，别无他。我由此想先生还健在，很高兴，催自己赶快写。今天觉有些事未记确，又去上网，竟在后面一个条目中见到了讣告，我很惊诧，看后得知先生已于2014年3月8日去世，享年九十三岁。我一下子悲凉了。我责怨自己，多年前就应当写。

我是1957年考入兰州大学物理系的，后进入新建的现代物理系学习。当时兰州是国家的战略大后方，兰州大学即被定为西北地区的重点综合大学，人力、物力、财力都向兰大倾斜，拟大力发展的原子核物理专业更是重中之重。据调入兰大的一些北大的教师讲，当时许多教学仪器、设备和图书资料都是以北大的名义从国外订购两套，其中一套就是给兰大的。许多青年才俊、归国学子以及苏联专家都被安排到兰大物理系任教、工作。由于兰大有原子核物理专业，吸引了京津沪等地大量的优秀学生，后来又建成了一座现代化的物理系大楼，兰大物理系其时真是风生水起，欣欣向荣。而带领这支精良队伍奋斗的领军人，正是徐躬耦先生。徐先生于1950年在伦敦大学获得博士学位，回国后在南京大学物理系任教，1955年调入兰大，时年三十四岁，正是风华正茂的年华。但他始料未及的是，1957年反右以后各种政治运动接踵而来，正常的教学秩序遭到破坏。在这种情况下，他要为国家负责，为自己肩负的重任负责，为学生的学业前途负责。徐先生坚持按教学计划上课，按教学要求布置作业，因为下午、晚上规定的学习时间被占了，我们只好开夜车，每天深夜十一二点钟一群一群人提着热水瓶上物理楼四楼自修室自习，那里彻夜灯火通明。

1959年至1962年，历经三年困难时期。兰大在江隆基校长的领导下教学秩序基本恢复正常。现物系核物理专业的课程大概是兰大各系和专业中最重的，而同学们的精神状态却非常好，尽管系上调整教学要求，减轻学生负担，控制学习时间，但大家晚上基本要学习到11点到11点半，有的早上5点钟就围着被子在外面路灯下开始苦读了。师生们将在黄河边的雁滩捡到的菜叶，放在徐先生住的6号楼（原准备安排苏联专家的）上面的一个大房子里，以备充饥。当时，徐先生与系里的师生们一起经受着饥饿的考验。冬天，他穿着厚厚的旧棉衣，戴着大大的围巾为系务工作和教学操劳着。有一次，在系食堂外做报告，他讲述自己在英国刻苦求学的经历，满怀激情地鼓励大家树起信心，战胜困难。在这次报告中，他讲到我国原子能事业既需要尖端技术，又需要优秀人才，说自己“甘愿做脚手架让学生们踩着往上攀登”。徐先生说到做到，而且从不考虑个人的得失。先生有着很坚实的核物理业务功底（这有他后来为国际同行所瞩目的研究成果和高水平的著述为证），但十多年他没有写过一篇自己的论文。他勇挑重担，带了几位研究生，给他们补群论和量子场论，开系里任务最重的原子核理论课。当时，这门课国内还没有现成教材，他边编教材边教学。

徐躬耦教授

我们是1960年大四时学这门课的，这大约是他教的第二轮，他有时就拿着*Physic Review*（《物理评论》），把上面的最新成果直接引进课堂。一大节课（90分钟），他几乎不看教案，边讲边写，两大黑板密密麻麻地写满演绎推导，格正行直，一丝不苟，令人叫绝。

我留校后跟着1964级重新听了一遍徐先生的课，当时被分在兰州近代物理研究所的来自北大、清华的好多老师也陆续来听，大家都赞不绝口。我没有见过徐先生备课，但知道这样高难度的课讲得如此精彩是需要消耗大量时间和体力的，忍着饥肠辘辘这样做是需要对祖国对事业的无比忠贞和高度热忱的。兰大物理系和现代物理系就是在这种教风和学风下培养了许多优秀学生和人才。

20世纪80年代，在我国首次为美国58所大学物理系推荐研究生考试中，来自全国103所高校和研究单位的参会人员共有548人，兰大学生和教师均各占鳌头。一批批兰大物理系的毕业生在我国原子能事业中做出了贡献，许多人成为享受国务院特殊津贴的专家，许多人成为博士生导师，有些人还成为中科院院士。

徐先生不仅对自己的专业教学要求严格，精益求精，学习哲学也非常认真。60年代，教师每周六上午安排政治学习。我们大多都选学恩格斯的《自然辩证法》，讨论时争论得很热烈。徐先生所在的教研组的一些年轻教师说："数九寒天，我们也常被徐主任缜密的思辨弄得汗流浃背。"

徐先生不苟言笑，但对人却很尊重。一次，我有问题去他家请教，他的两个孩子在隔壁大声说笑，他厉声制止："叔叔在这儿问问题，你们吵什么?"其实就年龄而言，徐先生长我一辈，他却让孩子这样称呼我，让我很感动。他们教研组的好几位老师都是他的学生，但徐先生和他们探讨学问和工作时也很客气尊重。

1979到1985年，徐先生先后担任学校副校长、校长，承担起"文革"后重整学校秩序的重任，为整个兰大绘制蓝图，并做出了重要贡献。在兰大期间，先生的两个儿子先后不幸夭折，给他留下了极大的心理创伤。1986年，他辞去了校长职务，回到了南京大学。

2000年初，我将自己撰著的《泛参考系力学》书稿呈给他，他来信写道："人对于客观世界的认识是不断前进的，当深入到微观领域、高速运动领域、广阔空间领域时，牛顿力学的局限性不断地暴露出来了。我敢说这样一句话，没有相当精密的牛顿力学，这些矛盾不会被揭出来的。"对物理教学改革，他还指出两点："防止把物理学看为只是'推演'的科学，二要适当地引导学生从发展的角度看待物理学。"这些语重心长的嘱咐，对我后来修改定稿有很大的启示和指导。

2001年8月，我去杭州参加一个会议，路过南京拜访了他，与他细谈了一些问题并回顾了当年现物系的情况，他非常高兴。当时，师母潘朝艳也在场，她是一位极有修养的知识女性，温和慈祥，脸上总挂着微笑，60年代曾在甘肃工业大学任教。她说："整个社会发生了大变化，人们的精神状态和追求都不同了，你们当时那种激情澎湃的状况现已不再了。”说到此处我们都不胜唏嘘。此后，我还给他寄过一些家乡的土特产和陕北小米，有一次还寄了“505神功元气袋”，心里总在祝福他健康长寿。看到讣告，我感到惊诧，在电脑前呆坐良久。先生的音容笑貌和往事立即在我脑海中翻腾起来，渐渐地这些具体的记忆翳化、隐去……而一座清晰的、高岸的脚手架在我眼前耸立起来了。

陈进波

作者简介

陈进波，1959年8月—1964年7月，就读于兰州大学中文系汉语言文学专业，毕业后留校任教，历任助教、讲师、副教授，硕士生导师，2001年2月退休。致力于写作学、报告文学、文艺心理学等方面的教学与研究。1984年7月，创办《秘书之友》杂志，任副主编。曾担任写作教研室主任，中文系副主任，中国写作学会常务理事、副秘书长。先后讲授写作概论、应用写作、司法文书写作、报告文学研究、文学创作心理学、文艺心理学、写作理论专题研究、文书学、文学欣赏等课程，发表论文20余篇。专著《报告文学探论》获得学术界较高评价，产生了广泛影响。所主编或参编的6本写作学系列教材，被全国许多高校采用，均多次再版重印。曾获得3次省级社会科学优秀科研成果三等奖，2次中国写作学会优秀科研成果二等奖，1次校级优秀教材一等奖、优秀教学成果二等奖。曾被评为优秀共产党员，受到校党委和离退休处党总支的表彰。

天长地久母校情

母校兰州大学，已走过一百年的光荣历程。百年风雨，百年奋进，百年创造，百年升华，成就了今日的辉煌。

我在母校学习、工作、生活了半个世纪，五十年的陶冶，五十年的洗礼，五十年的收获，五十年的人生，铸就了难分难解的兰大情缘。

同窗学友，亲如手足；师生深情，地久天长。

在迎接母校百年华诞的日子里，回忆过去，往事历历，心潮难平。那些学有专长、学富五车，为我们传道、授业、解惑的老师们，那些朝夕相处、相互切磋、携手并进的学友们，都一个个地在我的脑海中浮现。尤其是那些已经离开了我们的先生，他们当年那特有的风采，他们为兰大做出的突出贡献，更是令人怀念不已。

我们在校学习时，刘让言先生是中文系系主任。他是一位学贯中西、博古通今的学者。他有时穿一身蓝色的中山服，有时穿一套浅色西装，冬天常常披一件黑色的呢子大衣，走路不紧不慢，步履从容轻松，举止儒雅，风度翩翩。他戴着一副浅色框架的眼镜，看书时又常把眼镜推到前额上方。刘先生慈祥和蔼，待人平易亲切。20世纪50年代初期，他曾担任甘肃省作家协会主席，发表过短篇小说，翻译过英国著名诗人拜伦的诗剧《曼弗雷德》。他长期致力于文学理论的教学与研究，为我们讲授文学概论，深受同学欢迎。上课时，他只拿几张卡片，便广征博引，侃侃而谈，讲述娴熟老到，发挥纵横自如，对问题的解释详明透彻，多有精深独到的见解。他经常引用马克思、恩格斯、别林斯基、车尔尼雪夫斯基、杜勃罗留波夫、普列汉诺夫等人的著名论断作为依据，最爱用莎士比亚、巴尔扎克、列夫·托尔斯泰、莱蒙托夫、曹雪芹、鲁迅等作家的作品为范例进行分析论证。正是他的谆谆教诲，让我们这些青年学子渐渐理解了经典作品的博大精深，并对中外名著的价值、意义及其典型形象有了一定认识，把我们带进了文学理论这门学科的高地上，使我们了解了当时的学术前沿。

由于我特别重视文学理论课的学习，在听刘先生讲课时很用心地做了课堂笔记，这本笔记我保存至今。

20世纪60年代初期，学术界曾对作家世界观与创作方法的关系进行过讨论，发表了各种不同的观点。记得当时系里也印发了相关文章，并组织学生学习讨论。我们特别关注了刘先生对这一问题的论述。他运用辩证唯物主义和历史唯物主义的观点和方法，对巴尔扎克、托尔斯泰等伟大作家的世界观和代表作品进行具体而又深刻的分析，指出他们的进步性和局限性，说明了世界观对创作的决定作用以及创作方法对作家创作的重要影响，让我们深受教益。

70年代末，刘先生针对学术界出现的文学不属于上层建筑的观点，写了一篇长篇论文，充分论证了文学艺术的意识形态问题，正本清源，澄清了在这个问题上的混乱认识。刘先生先在中文系的学术报告会上做了报告，随后又将论文在《兰州大学学报》上发表，在全国学术界产生了重要影响。

刘先生退休以后，虽然年事已高，但却壮心不已，同林家英先生和陈志明先生合作，于1981年出版了《中国古典诗歌选注》（第一册）。1984年，刘先生又出版了《屈原楚辞注》。刘先生这两部研究我国古代诗歌的著作，显示了他渊博的学识和深厚的功力。他对古诗的注释通俗详尽，对古诗思想意义和艺术特色的评点简明精当，既广泛吸取了有关学者的研究成果，也提出了自己的独到见解。

刘先生在主持中文系工作期间，特别重视师资队伍的建设，关心青年教师的成长。早在50年代，他曾亲自到北大中文系挑选人才，引进了一批优秀毕业生到兰大任教，大大充实了中文系各学科的教学和科研力量，为中文系的发展奠定了坚实的基础。以文艺理论学科为例，在他的领导下，兰大的文艺理论一度发展成为国内实力较强的学科之一。他要求文艺理论教研室的教师一定要有扎实的基本功，不仅能讲好文学概论这门基础课，还必须要做到各有专长，确定自己的发展方向。经过几年的努力，文艺理论教研室已是人才济济、生气勃勃，队伍结构也很合理。其他教研室也按照这种模式，全面加强了队伍建设，整个中文系呈现出蓬勃发展的大好局面。

我要说的另一位老师是陈赓平先生。他是一位令人钦佩的长者，用著名历史学家赵俪生教授的话说，陈先生是一位“纯而又纯的学者”。他平生不骛名利，为人本分朴实，宽厚谦和，学问渊博，功力深厚。如果要用一句话来概括他勤奋努力的一生，“读书、教书、写文章”便是最好的写照。

读书是他一生中最为重要的精神需求，也是一种莫大的享受。他向来笃信“买书不如借书，借书不如抄书”的说法。1928年他从中山大学毕业后，没有急于谋取一份职业，而是专门到上海图书馆读了两年多的书。他精于目录学，熟读清代学者章学诚的《校雠通义》，为“辨章学术，考镜源流”，又通读了相关书籍。他不仅研读名家诗文，而且对小说、戏曲也很熟悉。他通读二十四史，同时也浏览方志、野史、私家笔记等，并将其互相参照，考辨真伪。他从研究思想史的角度出发阅读儒家著作和佛学的重要典籍，直到晚年还想研究《周易》的哲学思想和朴素辩证法。他边读书边动笔，做了大量卡片，其中有许多真知灼见。正是这样不知疲倦地博览群书和文献积累，使他成为一个学富五车的饱学之士。

他一生以教书为业，1930年就走上了三尺讲台，先后做过中学文史教员、师范和高专的国文教师。1954年来兰大任教，直至1970年退休还乡，在兰大及西北师大工作了十六年。他深谙典籍，博闻强记，在中国古代诗歌、戏曲、文论、语言文字、历史及思想文化等方面均有较为深入的研究。陈先生在中文系讲授的课程主要是古代文学和古代文论。他讲课十分严谨认真，不以夸夸其谈引人，而以扎扎实实、准确深邃见长，在从容不迫地讲述中，引经据典，沿波讨源，让学生领略古典诗文的意蕴和文论著作中的真谛。陈先生正是以其真才实学赢得了学生的景仰。

他的学术造诣更表现在他的文章中。写文章，对于陈先生这样学养深厚的学者而言，是其内在经纶发之于外的精神创造，是他人生的重要组成部分，那是“吐学士之心肝”“通我曹之性命”的大事。陈先生的文章在其学术领域多属开山之作，每每引起人们的关注。例如，他在兰大所写的第一篇文章《我对词人李煜的看法》，发表于1956年1月1日《光明日报》的《文学遗产》专刊上。这篇万余字的论文，以全新的观点、翔实的史料，全面而深刻地剖析了李煜为君为词的双重人格，论证了前人没有论及的问题，认为李煜的主导思想是由逸乐、苟安，到消极而逃禅，他一贯的思想、生活和行为，促使他成为一个亡国之君是在所难免的。而作词的成功却是李煜对后世的唯一贡献，客观地评价了李煜词作的成就。此论令人耳目一新，其学术水平在当时直达全国一流。

1957年，《兰州大学学报》（社会科学版）创刊。陈先生在创刊号上发表了两篇文章，为开创兰大文科学术研究的新局面作出了突出贡献。其中一篇是为南宋韩侂胄翻案的长篇论文，纠正了七百多年来史家对韩的错误批判，揭穿了南宋光宗、宁宗朝廷中权奸、后妃和假道学派分子相互勾结的种种黑幕，推翻了官修《宋史》强加给韩侂胄的莫须有罪名。本文引起了学术界的高度重视，特别受到了郭沫若的赏识，时任中国科学院院长的郭老因而提出，要调陈先生到科学院哲学社会科学部去做研究工作，由于兰大不放而未能成行。

陈先生自1959年至1962年，连续在《光明日报》的《文学遗产》《史学》学术专刊及《文学遗产增刊》和《西北师大学报》等报刊上发表了6篇论文。接着，又在1963、1964年的《兰州大学学报》上发表了《阮籍〈咏怀诗〉探解》及其长篇序言《论〈咏怀诗〉是魏晋易代的史诗》这一重头研究成果。这样突出的科研成绩，不能不令人刮目相看。

有一次，我去拜访刘让言先生，谈起陈赓平先生，刘先生笑容满面地说："陈先生学问做得好，文章写得好。"接着，刘先生向我讲了这样一件事，有一年，光明日报社来了一个人，找到刘先生说：你们系的陈赓平在《光明日报》发表的文章被我们主编看上了，主编说这个"小伙子"文笔很好，也很有思想，有意调他去报社工作，问刘先生可不可以。刘先生笑答：陈赓平哪里是个"小伙子"呀，是个老头子了。你们想调他，不成，我们是不会放他走的。刘先生说过这些话以后，又情不自禁地笑起来。

我要说的第三位老师是徐清辉先生，她与上述两位老先生相比，是年轻一代的老师。她是北大中文系的高才生，其父是上海某高校的英语教授。她自幼受家庭熏陶，英语水平很高。她北大毕业后来兰大任教，主要讲授西方文学。她给我们上课时还很年轻，风华正茂，才志满怀，是其人生最有生气、最为美好的时期。她性情高洁，气质高雅，讲课也很有个性。徐老师讲课资料丰富，运用自如，而且讲起话来如行云流水，滔滔不绝，妙语连珠，常给人以广阔的想象空间。她特别善于讲故事，由于所讲的西方名著如荷马史诗、古希腊的悲剧和喜剧以及欧洲文艺复兴时期的重要作品，多数同学还没读过，需要对原著的内容梗概做一介绍，徐老师的高明之处就在于她能用极简洁的语言将复杂的故事情节表达出来，几句话就能把原著的精彩片断活生生地展现在学生面前，而且讲得娓娓动听，十足有趣又吸引人，从而给大家留下深刻印象，然后再对作品的思想意义、艺术成就、在文学史上的地位，以及对后世的影响等进行深入分析。听她的课，不仅能增长知识，开阔视野，提高素养，同时也是一种艺术享受。

她曾极认真地读过黑格尔，对黑格尔美学思想有深入的理解。她认为："唯心与辩证共存之体系诚然不为今日所取，但其中宏伟深沉的设想，仍应计及。"也许正是由于她对哲学的喜爱及拥有较高的哲学素养，使得她思维灵活，爱好广泛，才智卓越。

记得在庆祝兰大九十华诞的座谈会上，前任校领导崔乃夫说：在"文革"前，中文系有三大才女（指吴小美、林家英、徐清辉三位女老师），课讲得很好，全校闻名。可见，徐先生在那时已作为中文系的三个才女之一活跃在兰大教坛。

徐老师对汉藏文化的研究获得了中国社会科学院民族所的支持，被列为国家社会科学基金资助项目。经过几年的艰辛努力，她做出了具有深远意义的重要成果，写出了《认知与会心——汉藏文化象征对照释读》一书，并于1993年出版。这一课题难度很大，而她的研究角度新颖，富有创新性。她在本书的前言中写道：在中华文明的总体内部，汉系藏系，各具传统。那么，这古老文明之共存和平行之间，究竟存在着何种因缘？这似乎是一种久远的神秘。她通过查阅大量资料、找专家访谈和深入研究，对这种"神秘"做出了独到的解释。她将汉藏的文化现象和文献资料进行对照释读，发现了二者往往有互相注释的妙合和互相印证的机缘。汉传若不完整或有失落，可从藏传中找到印证，反过来，藏传存疑的问题，可引汉传来解释。二者的关系是双向的，其中既有共享的部分，又有各自的独创。徐先生追根求源，发现汉藏文化双方创造性的较高层次都含有"从那深广博大的文化母体中引出的重要意念"，而且这些意念的价值、意义，又是随着时间的推移而不断升华和丰富的。同时，这又是一种文化取向上的对应。徐先生在研究中，引用了大量古今中外的研究成果，也把自己的生命心血输入其中了。

不了解徐先生的人说她性格孤僻，不好接近。其实不然。她是一位待人热情、注重友谊的人。她退休以后，我在节假日时曾探望过她几次，每次她都谈兴极浓，甚至忘了吃饭的时间。我们说时事热点，谈文学艺术，讲健身，聊家常，开怀畅叙，不拘一格，话题相当广泛。有一次，她很感慨地说，我们不但要保护自然环境，也应当建构良好的人文环境，人与自然、人与社会、人与人之间，都有个环境问题，人文环境好了，对人的心灵净化和提升十分重要。她对许多事情都有自己的思考和见解，同她交谈总能得到有益的启示。

以上三位先生同许许多多的兰大人一样，作为园丁在这里度过了辛勤耕耘的岁月，用心血浇灌了这里的土地，才使得这片园地这样肥沃。他们在这里播下了深情与厚爱，寄予了希望和期待，培育出园中的万紫千红，装点了祖国的美好春天。他们的论道文章、教学成果，作为珍贵的遗产载入了兰大史册，丰富了百年老校的学术积累，才使得今日之兰大如此厚重而兴旺。他们的风范已化作兰大的光荣传统，他们的灵魂凝聚成兰大精神，将永远被后人传承、发扬。

让我们接过前人的薪火，再创新的辉煌吧！

兰大精神赞

兰大精神放射着灿烂光辉，
百年老校焕发出青春之美。
桃李烂漫遍天涯，
英才辈出代代紧相追。
群情振奋图自强，争创一流攀崔巍，
崇尚学术求真理，师表风范众望归。
勤奋求实勇进取，
学风优良人赞美。
海纳百川，托巨轮远航；

兼容并蓄，教众星生辉。
乐奉献，淡名利，严谨治学；
育新人，甘清苦，扎根西北；
善创新，敢为先，独树一帜；
知与行，相结合，服务社会。
呕心沥血写春秋，深情大爱惠人类。
科学发展前途广，祖国在胸志不摧。
兰大精神兰大人，道德文章铸丰碑，
三尺教坛连四海，笑看朝朝红霞飞。
名校精神天下扬，花开陇原寰宇皆芳菲。

李云龙

作者简介

李云龙，1941年12月生，西安市临潼区人。1962年毕业于陕西省华清中学，同年考入兰州大学历史系，1967年毕业后长期在东北工作，1983年调回陕西直到退休。高级政工师、作家，著有杂文散文集《生命的音乐》（新疆人民出版社出版），主编《师魂》和《师道》（两书皆由新疆人民出版社出版），与学友主编《我们兰大——看历史系六七届这群老学生》（兰州大学出版社出版）。另有其他文学作品数百篇，部分发表在《人民日报》、中央人民广播电台及国内多地报纸刊物上，部分待出版。

俪生师的授课艺术

每当想起已故著名史学家赵俪生教授的时候，我就不免为自己今生也能忝列这位大师门下，并且得以长达几年之久地享受他那为世人所公认的授课艺术而实感我的人生太幸运了。

俪生师，标准的山东大汉，一米八几的高大身材，翩翩风度，浑身都释放闪烁着学问之光的气质，一下子就把上课的所有学生磁石般地吸引住了。大冬天，先生一进教室，即快速地脱下呢子大衣挂在衣架上，只穿一件中式黑色薄棉袄，便开始讲课了。先生讲课，出口成章，妙语连珠，史论结合，环环相扣，逻辑严密，步步引导。俪生师讲课的一个特点是从来不看学生，他两眼微闭，旁若无人，身子时而稍稍前倾，时而又微微后

赵俪生教授伏案工作

仰，俯仰间侧身斜对着黑板的形体姿态，看上去既高雅又庄重。先生讲授中国古代史“溥天之下，莫非王土，率土之滨，莫非王臣”的时候，那抑扬顿挫、富于节奏、婉转回环、铿锵有力的声音，恰似独特的朗诵，动听得一下子就能把听者带入历史中去；先生那一手洋洋洒洒、流畅秀美、苍劲豪放的堪称书法典范的板书，美得叫人觉得擦去了实在是一种巨大的损失；还有先生随时都可以信手拈来、脱口而出的对古文献和马列著作的征引，简直就是其授课的“绝技”；还有俪生师精准流利的伦敦腔英语，那才叫精彩绝伦呢！总之，聆听俪生师讲课，不仅是在贪婪地吮吸知识的乳汁，还是在观看一位大艺术家的一场场炉火纯青、臻入化境、精彩到极致的艺术表演，真的就是一种超级的艺术享受。所以我常想，一个人一生中能享受到这样的授课艺术，又怎能不感到太幸运了呢！

也许就是因为这种强烈的幸运感，使我更加明白了我们的老校长江隆基为什么置自己的安危于不顾，毅然点名让赵俪生讲授历史系最重要的基础课——中国通史，而且更是亲自连续听了俪生师两年的中国通史课，并高兴地赞赏："听赵先生讲课是莫大的享受。"也使我更加明白了为什么华东师范大学著名历史学家王家范教授说："解放前，中国高等学府历史课讲得最好的是钱穆，解放后则首推赵俪生。"还使我更加明白了在山东大学听过赵先生授课的赵准青说："先生讲课的气势和激情以及他的雍容大度的风姿，确实是一门艺术，是难以企及的，应该总结出一本大书。"

那么，俪生师何以能把看似平常的讲课变成一门了不起的艺术呢？毫无疑问，首先当然是因为他自身广博深厚的知识、超群的天赋才能。然而，这又似乎并非最重要的因素所在。那么，最重要的因素又在哪里呢？那就先听听俪生师的夫人——历史学者高昭一先生以及俪生师的弟子们的权威揭示吧。高先生在她的《回首话当年》中说："1947年，一到河南大学，为了把工作做好，记得盛暑天，俪生穿一条短裤，光着脊梁，汗流浃背，几乎整天坐在书桌上，临时备课，写讲稿，就这样在大学讲台上初次赢得了赞誉""1950年春夏之际，再到长春东北师范大学教书，又是大热天，依旧是光着脊梁备课""之后，又到山东大学任教，俪生教课是有经验的，不管上什么课，在上课前，总是一再重温重备，对上课如临大敌，一定要稳操胜券，课一开出，就轰动全校。教课是俪生的第二生命，他给山东大学赢得了声誉""又到了兰州大学，1963年，正是国家经济困难时期，当时我家生活极为困难，俪生常常饿着肚子上课""十年动乱结束了，他又开始了不要命的工作""每逢俪生上完三节课回家，即使隆冬季节，他的衬衣衬裤也都被汗水浸透了，每次下课回家，都得重新换内衣"。而俪生师的弟子们则说："赵先生上课是全身心投入的，我们在底下眼看着先生后背的衣服点点滴滴渗出汗来，到下课时全湿透了。"……先生就是这样把讲台看作最神圣的地方，从不允许自己有丝毫的懈怠。

至此，应当说先生的夫人和弟子们已经把俪生师之所以能将授课变成艺术的真正秘密揭示出来了，那就是先生一生授课的授法都是"埋头苦干”“拼命硬干”“认真实干”。原来先生的授课艺术是用汗水浇灌出来的，是用“不要命”的“一不怕苦，二不怕死”的精神浇灌出来的呀！然而，不知为什么就这么写着，我忽然又觉得大家所揭示出来的这个极为重要的秘密似乎还不是最根本意义上的秘密，因为我又想起了俪生师的夫人和他的弟子们的几段话。俪生师的夫人说：“所谓全心全意为人民服务，俪生当之，庶几无愧”“俪生不辞劳苦，昼夜忙碌，总想更多地为国家为人民多出一份力，能教育出更多的有用人才来”。也正如先生的弟子们所言，为了给人民给国家培养人才，俪生师对他的学生真是“掏心掏肺恨不能立马把自己所有的知识都传授给他们”。哎呀，原来最根本的秘密在这儿！原来是因为俪生师的心里始终闪亮着一盏烛照天地的全心全意为人民服务的明灯！原来俪生师的变授课为非凡的艺术，是他矢志不渝地全心全意为人民服务的精神和境界之火炼成的呀！可见全心全意为人民服务，什么时候都是发动机，是动力的总源泉，有了它，就什么人间奇迹都能创造出来。

教育是人类的伟大事业，历尽坎坷的俪生师就是这样一生都怀着一颗全心全意为人民服务的赤胆忠心。“云山苍苍，江水泱泱，先生之风，山高水长”，我们的先师之风，如云山，如江水，永远都会铭记和屹立在我们的心中，永远都会激励和启迪着后来人。

老师的背影

天外飞来横祸。

五十四年前的一天，还是兰州大学低年级学生的我，因突患暴病，晚上重度休克在了校医院里，情势万分危急。听同学们说，我们的系主任李天祜教授知道了，一路小跑来到医院，一看就急了，便旋即向江隆基校长汇报，江校长听了一惊：“快！送兰州医学院抢救！坐我的车去！快！”于是，李老师很快安排好一切，深夜里亲自目送着车子风驰电掣般朝着与兰大一墙之隔的兰医飞驶。

作者

听那天晚上一直守护我的同学说，兰医的医护人员对我整整抢救了一夜。第二天，当第一缕阳光洒进病房的时候，已经重度休克了十几个小时的我睁开眼睛后，先是朦胧地看见病床周围站满了医护人员，随之又清晰地看见了白发苍苍的系主任和站在他身旁的同学们。从系主任那双慈祥却布满血丝的眼睛里，我知道在抢救我的这个晚上，老师肯定是操劳担心得彻夜未眠，一时间，我不由得眼泪就哗哗地往外流。这时，系主任轻轻而又爱抚地摸摸我的额头说："不哭！不哭！"然后便继续仔细地听着可敬的医护人员介绍抢救我的过程："这个学生的病是暴病，属虎烈拉一类的中毒性痢疾，要是在医疗条件差的地方或抢救不及时，后果就不堪设想了！他是死里逃生，捡回了一条命呀！"系主任听了，便一次次向医护人员恭恭敬敬地鞠躬致谢。深受感动的医护人员又连连对老师说："您真是和学生的亲人一样呀！"于是，老师又给他们鞠躬致谢。看到和听到这一切，我又一次激动得忍不住泪流满面。系主任见状，又一次俯下身对我说："这下好了！好好继续接受治疗，很快就会痊愈的！"听了系主任的话，一屋人都高兴不已地朝着我笑，那真的就是一个永远都会激动人心的幸福时刻！

很快二十多天过去了，我本来就要出院了，却似乎觉得胸脯有点儿不适，于是不得不去接受检查。胸透的时间很长，而且医生们还不时低语着什么，我开始怀疑了，莫非又有啥事了？果然，医生最后填下了自发性气胸的报告单。随后医生便告知我，说我的左肺已被因肺泡破裂而泄露出来的气体压缩得只剩下拳头大小了，并断定这种情况是由于我发病的那天晚上在校医院里挣扎时出现的狂躁撕抓和打滚、几个人都压不住的情况下造成的，必须抓紧施行封闭式引流手术。术前医生们还估计，如果病得时间短，肺叶很快即可张开；如果是另一种情况，病得时间长了，属陈旧性的，肺叶张不开，那就要做复杂的切除手术了，即需要把肺脏表面的“硬壳儿”切掉，这样肺叶才有望张开。当时，我真的害怕了，心里发熬煎：“我的妈呀，这可咋办呀？”那真就是：“疾痛惨怛，未尝不呼父母也。”就在这时，我们的系主任又匆匆地赶来了。他坐在我的病床前，抓住我的手安慰说：“医生说了，是个不大的手术，手术后就好了，就没事儿了，不要怕，我已在手术单上签过字了。”我知道这是老师在给我壮胆呢，我就给老师保证：“我不怕！”过了一会儿，医护人员来了，老师就站在走廊里一直看着我被推进了手术室。

手术时，我牢牢地记着系主任的话：“手术了，就好了，就没事儿了，不要怕。”医生对我采取的是局麻，所以我能清楚地听见为我做手术的医生们低语着：“很好，看来病得时间的确不长，肺的外部无硬痂，只需闭式引流就解决问题了！”我真是高兴得不得了，躺在手术台上继续听着医生们低语。后来，我终于被从手术室推出来了，在手术室门外，我忽然看见系主任笑盈盈地和我的同学快步走了过来。原来，系主任一直在手术室外焦急地等待。我知道系主任的工作有多忙，可他为了我这个普通的学生，一次又一次往来于兰大校园和兰医之间，这使我的心里实在不安，不由得眼泪就又止不住地往外流。童颜鹤发的老师看着我，那种表情简直就是自己的孩子得救了似的，一直笑盈盈地跟在推车后面，亲自看着护士们把我缓缓地推进病房，又亲自看着护士们把我轻轻地从推车上扶到床上躺好，还亲自看着护士们把闭式引流的大玻璃瓶子稳稳地放在床下，又把从我左胸的刀口处连接瓶子的管子整理好，整个过程中老师那如释重负、满心喜悦的面容，给我留下了永远的感动。最后，老师又对医护人员说了不少真心实意感谢的话，然后语重心长地对我说：“这下不长时间就可出院了，出院后，好好学习，把落下的功课补上！”这才由同学陪着高高兴兴地离去了。我望着老师那高大魁梧的背影，不由得自言自语：“我一定不辜负老师的教诲，好好读书，将来还要用心写一篇《老师的背影》呢。”

今天，我写了，我一生一世都忘不了老师的背影。

李蔚教授的大米粥

李蔚教授，一代史学大师赵俪生先生的高足。他的学术成就，史学界早有定评，无须我说。我要说的则是他的大米粥，并且这个大米粥，我已由二十岁说到了七十多岁，依然还是常说常新，常说常亲，常说常深。

1962年，刚踏进兰州大学校门的我，就听说李蔚老师是赵俪生先生从山东大学带来的弟子，赵先生曾设想将他这位学生45000多字的毕业论文和到兰大后新发表的《吴玠吴璘》等论文结集成书。因此，这位给我们新生讲授中国古代史的助教老师，在我的心目中真是充满了神秘感。我太想零距离地接近他了，并且终于有一天晚上因为问功课，我大胆地叩响了李蔚老师的房门，走进了他的单身宿舍。李老师是我不曾想到的平易和蔼、质朴可亲，问完功课，时间不早了，我起身告辞，可没想到李老师说：“我知道你饿了，别走，咱熬大米粥喝。”我听了，心里一惊，在这饥馑空前的年月，谁肚子不饿。我清楚地记得当时身材高大的李老师，就因为饥饿而营养不良面色灰黄。所以，这大米粥我无论如何是喝不下去的，我怎能夺老师的口中食呢？就说：“李老师，我真的不饿。”李老师笑着说：“哄谁哩？你刚才肚子响，我都听见了。饿着肚子，晚上咋睡得着觉呢？”我从小就听老师的话，可那天晚上对老师的话我真的不敢听，就还是要走。李老师又说了：“李云龙，你的字写得好，给我抄一本元史的目录吧！”我心想，粥我可以不喝，但不管我的字写得好不好，老师的这个目录我不能不抄，就立刻坐下抄起来。也不知道抄了多长时间，老师笑咪咪地端来了一大碗大米粥：“歇会儿，快喝！”可我还是不喝，老师就说：“哎呀，我给你喝大米粥，你给我抄目录，这叫互相帮助，公平合理不过了！”这时，我才知道这是老师想出的一个办法，不喝实在不行了。就这样，我第一次喝了李老师的大米粥。按老师的说法，喝了粥，肚子不饿了，晚上就能睡着了，可这天晚上回到宿舍，我却偏偏睡不着了，我把头捂在被子里抽泣着在心里说："李老师天天饿着肚子备课讲课，还舍得把大米粥给我喝，老师咋就这么亲！"就这样，老师在我心中一下子就不仅仅是一位老师了，简直就是我的一位大哥哥了。此后一段时间，我天天晚上去老师宿舍给老师抄目录问功课，老师天天晚上都要我和他面对面地一起喝完香喷喷热乎乎油汪汪的大米粥，才让我回宿舍休息。现在一看见那本被李老师珍藏了五十多年一万多字的目录的复印件，我就又听见了李老师给我讲解功课的声音，就又闻着了那比山珍海味还要美味百倍的大米粥的香味。可是那时候，我口齿木讷，喝了老师的大米粥，不会说感谢的话，因而常常在老师面前流露出一种难以掩饰的窘态，老师看出来了，就笑着说："你不要想得多了，现在像你这个年龄还在长身体呢，吃不饱咋行？我叫你喝你就喝，我还有工资呢，怕个啥？记住，以后不要感谢我了！"这是我第一次听老师说："不要感谢我了！"

后来，我毕业了，也挣钱了，可我无论走到哪里，无论生活条件有多大的改善，也无论淡忘了多少事情，李老师的大米粥我却是刻骨铭心地记着的！我把喝他的大米粥写成文章，发表在报刊上，收进书籍里，以不断地"反刍"这大米粥，不断地诉说我内心的感激之情。也不知什么时候，老师看见了我的文章，对我说："李云龙，我还是说，你不要感谢我，你要感谢就感谢三个人吧！"说着就把一张精致的硬纸卡片递到了我的手中。我一看，原来是老师在上面手书的一首题为《真情遗爱颂》的诗并序，曰："1960年—1962年三年困难时期，我因饥饿，面色苍黄，上课有气无力，老教授金宝祥、王硕儒先生，为了让我能上好课，决定从自己只有二十六斤的粮食定量中，各拨一斤给我。一天，我进城吃中饭，因无粮票买主食，只好买一盘咸菜充饥。一位老太太见此，掏出三斤粮票，硬要我收下，问其姓名和地址，不答，要给她钱，不要，转身就走。此情此景，使我热泪盈眶，终生难忘，故赋诗以记其事——三年灾饿遍神州，依旧教研壮志酬。教授拨粮怜瘦影，老妪赠粮解吾愁。荒年久旱逢甘雨，挚友他乡遇泪流。莫道人间遗爱寡，真情无价暖悠悠。"多么圣洁的救命粮和救命的粮票，多么富于悲悯情怀的三位贤者，多么可敬可佩可感谢的三位老人！但我心里更明白，效法贤者的人当然也是贤者，所以同样是可敬可佩可感谢的人。三位老人把“甘雨”“真情”“遗爱”“温暖”撒到了人间，给了老师，老师又把它们传递给了我，不仅营养了我的身体，更营养了我的精神和灵魂，这是何等高贵高尚高洁的情感传递！这又是何等难得的人间真善美的展现！也正是因为这一点，反倒更强化了我感谢老师的自觉，老师越是叫我感谢那三位老人就行，我反就越是更加地感谢老师了。我禁不住把看了《真情遗爱颂》一诗并序的读后感对老师说了，老师仍是笑笑：“还是去感谢那三位慈祥善良的好人吧，不要感谢我了！”这是我又一次听老师说的：“不要感谢我了！”

又是多年以后，还是因我提起老师的大米粥，使我有幸从师母那里听到了一个足以使我的心灵为之震撼终生的故事！三年困难时期，李老师从兰州回老家安徽宿松县凉亭镇探望老母亲，返回兰州时，他是背着一袋子安徽最好的大米上路的。人所共知，当年安徽和甘肃一样，都是全国饥馑的重灾区，大量的饥民潮水般涌向陕西等地。就是在这样的情况下，李老师的母亲首先想到的是几千里外的二十六七岁的大个子儿子吃不饱，自己饿得都走不动路了，还硬是用一口一口攒下来的粗粮为儿子换了八十斤大米。可怜天下父母心，背着大米的儿子含着泪一次次回头看看在肃杀的秋风中站立的母亲，他知道自己背上背着的大米是人世间最伟大的母子深情。他背着这样的大米上了火车，用手擦了擦额头上的汗水，直了直腰身，刚找了个位子坐下来，一位满脸严肃的列车巡警站在了他的面前：“你这件行李交过托运费吗？”老师从来都是说真话的，他怯怯地回答：“没有。”“没有，补交，”列车员手一摆，“跟我走！”然而，跟在巡警后面的李老师却是高兴万分的，因为在那个年月，在火车上如果被发现带的是粮食，是要被视为长途贩运统购统销物资的，轻则没收，重则问罪，是件了不得的事，现在只补交点托运费，老师咋能不高兴呢？他二话没说，立刻跟着巡警过去交了六块钱（在当时六块钱也不是个小数字），方才回来安心地坐下。走了几天几夜，火车终于到达兰州，饥肠辘辘的老师背着救命的大米下了火车，一路上都感觉有人在后面追赶自己要没收大米的紧张心情一下子没了。他飞快地走进校园，奔向自己的单身宿舍，放下袋子的那一瞬间他长叹一声：“哎呀，我的妈呀！”至此，我完全知道了李老师给我熬大米粥的大米的来历，也就知道了即使调动所有的形容词也无法道出老师那碗大米粥美味的原因，甚至即使是用尽词汇也难道出其可贵之万分之一。我满怀感激把它深深地珍藏在我心灵最重要的地方，每每再见到老师，都不由得流露出不尽的真心的感谢，而老师每次都朗笑着说：“搞历史的人都知道，一部中国史写尽了自古以来国人都是崇尚有难同当有福同享的，先人先哲先贤们都是这样做的，而我给你就喝了点儿大米粥，实在算不得什么，却叫你说了一辈子，师生之间不言谢的呀，不要感谢我了!”最后恩师还是这句话：“不要感谢我了!”

总之，五十多年来，老师从来都是一句“不要感谢我了”，却让我更觉得我永远都是要感谢他的。“不要感谢我了”六个字，写尽了人间的大情大爱大德。如今，老师已将届耄耋之年，他的“不要感谢我了”永远都是一首最动听的歌。又是一年一度的教师节，我的这篇小文权当是唱给他老人家的一首歌，这歌的名字就是《不要感谢我了》。远在金城兰州的恩师，您听见了吗？您若是听见了，还是说“不要感谢我了”吗？

平岳

作者简介

平岳，男，回族，1942年9月生，河北保定市人，中共党员。1961年7月在甘肃平凉二中高中毕业，同年9月考入兰州大学中文系汉语言文学专业。1968年7月，在四川德阳九号信箱（第一机械工业部第二重型机器厂）职工子弟中学任教。1970年9月调甘肃灵台县工作，先后任县委宣传部副部长兼新闻报道组负责工作、县委办公室主任。1980年5月调中共甘肃省委组织部工作，先后任干部培训处副处长、青年干部工作处副处长（主持工作）、组织部副部长。1985年4月调任中国银行兰州分行（后改甘肃省分行）党组副书记、代理行长，1986年6月任党组书记、行长，1995年10月任中国银行总行党委委员、纪委书记、常务董事，中银香港非执行董事。2003年11月从总行岗位退休后，先后任中银国际证券有限责任公司董事长、中银国际基金有限责任公司董事长，2008年辞任。曾任兰州大学校友会副会长。

回忆　感知　追思

1961年9月，我们这一届学生荣幸地考进了兰州大学。生活是困难的，但校风是清正的。每天清晨，很多同学吃完一碗稀粥后就在校园各处背诵外语单词，然后按时上课。

同年9月，中共中央批准的《教育部直属高等学校暂行工作条例》（又称“高教六十条”）颁发施行。“高教六十条”总结了高等教育工作的经验和教训，针对当时学校教学质量降低、忽视知识分子作用以及劳动过多等主要问题，规定了高等学校必须以教学为主，努力提高教学质量，积极参加科学研究，正确执行党的知识分子政策和“百花齐放，百家争鸣”的方针，实行党委领导下的以校长为首的校务委员会负责制，做好总务工作，保证教学和生活的物质条件，以及改进党的领导方法和领导作风，加强思想政治工作等。这是一个重大的拨乱反正，高教工作的春天来临。可以想见，江隆基校长是何等欣喜和激奋！

江校长结合实际，全面坚定地贯彻执行“高教六十条”。他和他的同事们创造了交口称誉的兰州大学“黄金时代”。

江校长青年时期受过良好的教育，参加革命后先后在延安大学、中央西北局教育部、北京大学、兰州大学受命担任过主要领导职务，曾两度出国留学，又有率团到国外进行教育工作考察调研的经历。在他的工作经历中，他有过排忧解难、频出成果的喜悦，也有遭受诸多坎坷、挫折的沉静思考。他疾恶如仇，但对待教师、学生又甘为孺子牛；他性情刚直，但内心又充满理性的谦虚和温柔。特别是他熟知极“左”的危害，凡事力避片面性、绝对化，坚持具体情况具体分析，科学求实，笃行不渝。所有这一切集于一身，熔炼出他尊重教育规律、育人为本的教育思想和令人敬服的做事风格。

江校长在教学管理上，讲制度，讲规矩，讲秩序，讲效果，按教育规律办事，有自己的独立思考。他不搞花架子，不乱提口号，不搞“大跃进”。面对上面下达的政治任务（包括“文革”），他敢冒风险，总是强调不能停课闹革命，不能停课去劳动。

他对师生有一颗既严又慈的仁爱之心，尊师爱才，关爱学生。他特别重视解决一些老教授、老教师在复杂境遇中长期郁结的思想、心理和情绪问题，耐心地与他们谈心，帮他们疏解情绪、化解疑虑，以便使他们集中精力舒心地搞好教学和科研工作。他对学生的学习、生活和健康状况也很关心，责成各有关部门认真了解学生的困难，帮助学生解决实际问题。

江校长深知，办好教育，提高教学质量，培养党和国家所需要的合格人才，政治思想教育至关重要。在他的主持带动下，校党委及各级党组织除做好日常的工作外，遇到重大情况和问题还会及时举办专题教育讲座。20世纪60年代初，针对当时蒋介石集团妄图反攻大陆的计划，江校长曾在学校大礼堂亲自给全校师生员工作专题报告，纵论国际国内大势，从历史与现实两方面说明，在党中央和毛主席的坚强领导下，全国人民团结一致，强大的中国人民解放军可以击退任何敌人。中苏论战之际，中共中央相继发表“九评苏共中央公开信”，每当中央人民广播电台广播时，全校师生都会停下手中的工作，全神贯注地聆听，接受教育。这不是学校的布置，而是广大师生在学校政治思想教育中生成的一种自觉。

江校长在“文革”初即遭厄运，过早地离开了他为之奋斗、魂牵梦萦的高教事业。临终前一个星期，他对心爱的女儿江亦曼这样说：“爸爸是入党四十年的老党员了，扪心自问，我没有做对不起党和人民的事，以前的不说了，来兰大七年，所作所为，问心无愧，不管他们用什么办法，硬的也好，软的也罢，要我出卖自己的灵魂，给他们低头认罪，”他摇摇头，决然说，“办不到！”（引自王戈、王作人著《江隆基的最后十四年》，第315页）

江校长生前没有写过完整的回忆录方面的文字，而这段文字可以说是他对自己一生所为的高度凝练、非常精准的概括和总结。这令人无限感慨和震撼。其中道出了人们常说的灵魂问题。给灵魂下一个全面、精准、通俗的定义似乎不太容易，但上引江校长的那段话对灵魂作了一种概括而又具体的诠释。那就是，这位老共产党员坚守理想和信念，不论在任何时候、任何情况下，不做对不起党和人民的事，威武不屈，贫贱不移，所作所为问心无愧。这体现在大是大非问题上，也体现在他对日常工作、生活中碰到的具体问题的处理上。在这方面，有关江校长的一些专著和影视、戏剧作品已有许多详细描述。其感人事例不胜枚举。

江校长对校内各级干部要求严格是出名的，而他对自己要求的严格则近于苛刻。在20世纪60年代初生活困难时期，学校干部灶上做好饭给他送到家里，他发现馒头要比定量大一些，当即掰下一块让送饭人拿走。他在外地的一位以前的老部下托人给他送来一只熟鸡，他对事务员说，谁送来的你原封退给谁。学生上课的教学楼里厕所卫生比较差，他亲自参加打扫厕所卫生，下手疏通管道。

他在北大、兰大爱护、体恤教师有口皆碑。北大学者乐黛云在一篇回忆文章中曾写道：1958年2月，她被划为右派，被要求立即下乡劳动改造，当时她的第二个孩子刚满月。无奈之下，她的公公汤用彤老先生找到了当时的副校长江隆基，正是江校长同意让她留下来给孩子喂奶到八个月。这是一段令人难忘的悲切记述，汤用彤老先生家的一段遭遇，有的人躲避唯恐不及，江隆基校长却俱在其中。

江校长是“一个高尚的人，一个纯粹的人，一个有道德的人”，是一个真正的人！国防大学战略研究所所长、著名学者金一南有句名言：“本色最无敌!”（《心胜》第54页）这在他光辉一生的所作所为中起着统帅作用。可以说，这就是江隆基校长的灵魂。这种灵魂是不死的，也是不朽的。

1978年，中共甘肃省委报经党中央批准，江隆基校长的冤案得以彻底平反昭雪。在宋平同志主持下，中共甘肃省委为江校长召开了隆重的追悼大会。江隆基校长的夫人宋超同志和家人把我班李永智同学列为江校长的生前友好，并排在祭奠来人的前列位置。这又使我们体悟到江校长一家人高洁的品德和家风。

江校长的光辉人品和功绩是矗立在世人心目中的一座丰碑。

他的一生给后人留下了两部意蕴深长、历久弥新的无字大著：“教育诗”和“品格论”。（苏联著名教育家、作家马卡连柯著有《教育诗》，17世纪法兰西学院院士拉布吕耶尔著有《品格论》，均为传世之作，我国有译本）

当年和后来的数以万计的学子们，每每走进兰大校园，都会缓步庄重地走到江隆基校长的塑像前瞻仰，向这位慈父般的老校长表示深切的悼念、崇高的敬意、由衷的缅怀和景仰。

这是一种精神的鼓舞和力量的传承。他们一批接一批陆陆续续、意气风发地走向祖国建设的各地，走向繁荣开放的世界，走向美好的未来，走向辽阔的远方……

2019年1月21日于北京

王家纯

作者简介

王家纯，女，湖南省慈利县人，1942年10月出生于重庆。1964年7月毕业于西北师大生物系，退休前为兰州一中的高级教师。

萃英门往事

1949年，兰州解放前夕，我七岁，随父母来到兰州。那时，兰州不通火车，又逢战乱，我们一家先从长沙乘火车到广州，再乘飞机来到兰州。当时兰州红山根机场设施非常简陋，既无草坪也无水泥跑道，飞机着陆滑行扬起的尘土弥漫在机场上空。我好奇地向周围张望，看到光秃秃的皋兰山，只有山顶上孤零零地长着三棵树，心里很是纳闷：什么地方，如此荒凉？

当时的国立兰州大学位于西关什字萃英门内，萃英门相当于兰州城的子城，位于兰州城的西北角，北邻黄河，有自己的城墙和城门，城内还有医学院附属医院、兰州工校（兰州理工大学的前身）等机构。

萃英门曾是甘肃贡院（举院）所在地，清朝光绪元年（1875年）由陕甘总督左宗棠创建，光绪十一年（1886年）又进行了扩建。科举制度废除后，萃英门先后被许多机构占用过。

我们一家人被安排在兰大办公厅院子东侧的第16员工宿舍内居住。这是一个长方形的院子，全是平房，共有三家人（后为四家）。我家是坐北朝南的三间，中间为客厅，两边为卧室，厨房单独设在东面一排较矮小

作者（前右）和父亲王德基先生、母亲曾丽勋先生及两个妹妹在自家门前合影　摄于1950年夏

的房间内，公用厕所在我家厨房和居室之间的窄道内。由于是清代留下来的老房子，旧式的木门木窗，窗户和顶棚都是用纸糊的，到处透风，仅靠一个旧式煤炉取暖，所以冬天比较冷。

我家对面住的是兰大中文系主任冯国瑞教授（天水人）一家六口。印象中冯先生是一位慈祥的长者，头戴瓜皮帽，身穿对襟中式夹袄，话语不多，常在自家门前踱步，他的老伴是家庭妇女，有两女两儿。大女儿冯寰，常着男装，喜欢唱歌，女中音很好听；二女儿冯宛，人很漂亮，我们

习惯尊称她为“冯二姐”；两个弟弟只有十几岁，大的小名叫“鸽子”，小的小名叫“老鼠”。由于年龄差距大，我很少与他们一起玩耍，也没去过他们家。1950年，冯先生调离兰大。前两年，我从朋友处看到天水出了一本《冯国瑞纪念集》，才知道冯先生是陇上著名学者，在考古、文物、文献、古典文学等领域颇有造诣，对麦积山、炳灵寺石窟艺术的发掘整理研究做出了开拓性的贡献。

冯先生一家搬走后，又搬来了管照微先生一家人。管先生夫妇都是浙江人，管先生是兰大经济系教授，身材魁梧，相貌英俊，和蔼可亲，很有

萃英门院子六位小朋友们在一起（后排中为作者）
摄于1955年4月

绅士风度。管先生的夫人徐修梅先生也是兰大经济系的老师，身材苗条，喜欢穿旗袍，穿着打扮比较时髦，是我心中的偶像。他们的大儿子叫管宁，小儿子叫管京，常和我们一起玩耍。后来，他们夫妇均被划为右派分子，管先生被调到天水师院，后因口腔癌去世；徐先生被开除公职后带着两个儿子回到上海自谋生路，于2014年去世，享年九十八岁。

在院子西边较矮的平房里住的是外语教研室教授俄语的两位女教师：刘阿丽先生和崔志筠先生，我们称呼她们为“刘伯伯”和“崔伯伯”（因

为她们是女性，而我们当时称她们为“伯伯”，我至今也不明白为什么？或许是我忘记了这样称呼的原因)。刘伯伯祖籍广东，个子不高，人较胖，留分头，穿男装，性格豪爽大方，俄语说得比中文流利。她的哥哥刘泽荣是我国外交界和翻译界的著名人物，是第二、三、四届全国政协委员。崔伯伯是东北人，美丽端庄，说话轻言细语，是标准的大家闺秀。因为她们自己没有小孩，所以特别喜欢院子里我们几个小孩子，常邀请我们去她们家里玩耍，请我们吃各种好吃的零食。50年代，由于兰炼、兰化等大企业在西固建设，兰州地区聚集了许多苏联和东欧的专家，她们常带我们去参加“中苏友协”举办的文艺晚会。刘伯伯在“文革”中身患癌症，于1971年不幸去世，年仅六十六岁。崔伯伯在刘伯伯去世后，领养了自己妹妹的女儿，将其抚养成人，安享天伦之乐，于2008年去世，享年九十三岁。

作者全家在刘阿丽先生家门前合影　摄于1955年4月

后来，我们院子又搬来了兰大附属医院的妇产科大夫谢家骅。他是陕西人，爱人是位家庭妇女，有一个女儿叫谢聪明，只有五六岁。我们家搬到盘旋路校区后就和他们失去了联系。

在我的记忆里，新中国成立前的兰州城很小，街道全是土路，晴天尘土飞扬，雨天泥泞难行，没有公共汽车，市内交通主要靠“轿车子”(一种车厢内有座位的马车）和人力车。1952年，天兰铁路通车时，整个兰州城都轰动了，市民们扶老携幼全家出动，到火车站去看火车，可谓盛况空前。

萃英门的北城墙后门外即是黄河及黄河铁桥，每到冬天，黄河水结冰，冰层厚的地方不但可以走人，还可以走马车、汽车，我们常在大人们的陪伴下在冰面上玩耍。到20世纪六七十年代以后，兰州境内的黄河就逐渐地不再结冰了。

新中国成立初期，兰州市还没有自来水供应，每家厨房里都备有几口大缸，把水客子（挑卖黄河水为生的人）送来的河水倒进缸里，再加入少许明矾，用一根长擀面杖在水里搅一搅，等泥沙沉淀下来后方可食用。

我们几家人相处得十分融洽，每逢闲暇时光，大人们就坐在院子里看报、喝茶、聊天，女人们手中还忙着织毛衣、做针线活。我在院子里六个孩子中年龄最大，被尊称为“大姐姐”，就带着他们一起疯玩。我们院子里长着一棵臭椿树和一棵沙果树，每到秋天树上果实累累，我们就打果子吃。刘伯伯家门口还种了两棵紫丁香，每年花开时，散发出淡淡的香气。

印象最深的是解放兰州的那段日子。我们到兰州后不久，就听说要打仗了，于是各家就在院子里挖起了防空洞。我们院子的几家人也在校方派来的工程师和工人的指导帮助下，修筑了一个简易的防空洞，就是在院子里挖了一个长条形一人多深的土坑，上面铺上树干、木板，然后再盖上土。在那段紧张的日子里，白天黑夜都可以听到从远处传来的隆隆炮声。白天大家手提小板凳和装满水果、馒头的篮子，夹着毛毯，躲到防空洞里去，晚上才敢回房睡觉。小孩子在防空洞里待久了，就闹着要上厕所，大人们只好让我们爬行到厕所里去。战斗最激烈时，夜晚在院子里还可以看到枪炮子弹在夜空中穿梭时发出的火光。后来有人在院子里还捡到一块炮弹的碎片，刘伯伯就把它作为纪念品收藏起来。突然有一天听大人们说仗打完了，兰州解放了。

解放军举行入城仪式的那天，父亲带着我和大妹妹一起到街上欢迎解放军的到来。我们三人手中都举着小彩旗，站在萃英门外的马路边（现今的临夏路），街上聚集了很多人，手中也都挥舞着五颜六色的小旗子。入城仪式开始了，解放军战士都身着灰布军装，头上还用树枝做了伪装，虽然风尘仆仆，却精神抖擞，迈着整齐的步伐扛着枪从我们面前走过，队伍中还有用骡子拉着的大炮。忽然，从天空中传来一阵飞机马达的轰鸣声，人群中有人大喊："是国民党的飞机！"刹那间，街上欢迎的人群立即乱成一团，各自向四面八方逃去，解放军的队伍也立即停止前进，准备投入战斗。混乱之中，父亲连忙拉着我和妹妹向萃英门方向飞跑，由于我们个子小赶不上父亲的步伐，几乎是脚不沾地被父亲提回家。沿途我看到城墙下的一些防空洞里都挤满了人，还不时有人伸出头来朝天上张望，这时我看到一架飞机从空中飞过，机身后面还冒着黑烟，后来我才听说国民党的残余势力仅仅是想骚扰一下入城仪式，害得我们虚惊一场。

直到上中学后，老师带领我们到华林山烈士陵园扫墓，我才知道解放兰州的战役是由彭德怀元帅亲自指挥的，第一野战军用两个军的兵力集结在兰州城外攻城，马步芳及其子马继援在兰州东、南、西三面布置了五个师的兵力负隅顽抗，战斗主要集中在沈家岭、狗娃山、营盘岭一带，激战了七天七夜，于8月26日兰州获得解放，这也为解放西北奠定了基础。此战后，"马家军"残部向西逃窜。解放军也为此付出了巨大的代价，许多战士长眠于兰州的土地上。

新中国成立后的兰大校园气象一新，到处都在扭秧歌、打霸王鞭，最常听到的歌声是："解放区的天是晴朗的天……"

同年10月份，兰大附小正式开学了。学校面积不大，占了一座旧平房小院，设施简陋，两个年级共用一个教室，教师多由兰大教职工的家属和在校大学生担任。我现在只记得地理系的陈钧老师在我上大学期间曾教过我们算术课，生物系的陈玉柱老师担任过兰大附小的校长。由于在家里母亲教过我一些语文和算术，我便从二年级开始上学。

在萃英门度过的前八年，是我一生中最无忧无虑的时光，放学后和节假日我们最爱玩的游戏是踢罐头盒、捉迷藏、踢沙包、跳房子、滚铁环、踢毽子、抽冰猴、扇洋画片、弹玻璃蛋儿、上房爬树，和男孩子打架也是常有的事情，打不过就往女厕所里跑，是我们女生惯用的法宝。

每逢大礼堂（昆仑堂）放电影，我们就早早吃完饭去占位子，有时也在操场放露天电影，我们就提个小板凳抢占位置。那时多半放映的是国产影片和苏联影片。大礼堂里也经常举办文艺晚会，表演者多是在校师生。

至今我还记得，卢博玲老师在京剧《铁弓缘》中饰演女主角陈秀英的飒爽英姿，她的扮相俊美，唱念做打都不比专业演员差。兰大教职工子弟最富冒险性的活动就是在夏天的夜晚，三五人结伙翻墙爬进静观园（兰大的花园，种有花草树木、水果蔬菜等，有专人管理）里，偷果子，挖萝卜和苤蓝吃。

平时我们最常去的地方是至公堂。它是贡院的中心建筑，曾是清朝监考官办公的地方，大门上方屋檐下悬挂着“至公堂”三个大字的匾额，两旁还有两幅木质楹联，均为左宗棠题写。新中国成立后，兰大把至公堂改为工会俱乐部，周末经常举办交谊舞会，往往是通宵达旦，我们小孩子就在跳舞的人群中窜来窜去捉迷藏。

大约是从1956年秋天开始，兰大逐渐搬迁至盘旋路的新校址，我家也在1959年秋天搬到新校区的家属院内。萃英门旧址分别划拨给兰医二院和十六中（现为兰州民族中学）。此后，我也曾多次借去兰医二院看病的机会，旧地重游。

随着兰州城市建设的发展，萃英门的城墙和城门先后被拆除，我们住过的院子及周围的旧房子也已荡然无存，取而代之的是一栋栋高楼大厦。萃英门遗址上的建筑物只有至公堂和观成堂保存下来。前几年，我见到这两座古建筑由于年久失修房屋破旧不堪，门窗紧闭，大门上锁，无法看到里面的情景。至公堂屋檐下悬挂的宫灯、匾额和楹联都还在，只是颜色脱落，许多字已无法辨认。现在，至公堂和观成堂已被修葺一新，定为省级文物保护单位。至公堂改建成甘肃科举博物馆，观成堂成为兰大二院院史馆，接待单位团体参观。最近，我专程去参观了甘肃科举博物馆，并拍照留念。从展室出来，我独自一人漫步在萃英门兰大旧址的空地上，远望至公堂，它就像一位饱经风霜的世纪老人，孤零零地伫立在高楼大厦之间，见证着百年学府——兰州大学的创建、起步和发展，诉说着人世间的沧桑！

（此文发表于2013年9月10日《西安晚报》第19版）

王民新

作者简介

王民新，男，汉族，1943年生，河南开封人，中共党员，编审。1966年毕业于兰州大学地质专业。曾参与筹建兰大水文地质与工程地质专业和出版社，历任水文地质与工程地质专业筹建领导小组成员、专业秘书、政治辅导员、助教、讲师，出版社办公室负责人、理科负责人、编辑兼工会主席，校工会委员、直属分会主席，甘肃省版协编辑工作委员会理事。曾担任工程地质勘查、地质学基础等八门课程主讲；编辑加工出版图书近200部。参加龙羊峡水电站建设、东乡洒勒山滑坡后重建家园、李家峡水电站开发、三西建设等多项西部开发和研究工作。发表论文近百篇，多次获省部级奖励，获甘肃省科协农村科普工作先进个人。个人传略被编入《中国专家大辞典》、《世界人物辞海》、《当代杰出共产党人》、《中华脊梁》（《瞭望》海外专刊特辑）、《共和国骄子》、《一代名家》等近40部书中。

记兰州大学教育改革实践点滴

“文革”以后，社会主义建设急需大量各类专业技术人才。我校当时八大系除招收原办专业工农兵学员外，开始着手在专业设置上下功夫。

地质地理系结合西北干旱缺水的状况，成立了“兰州大学找水组”，为甘肃干旱地区服务，特别是在甘肃中部地区找水布井，解决了不少学校、机关、部队和农村群众吃水、用水的困难（当时，我系王景尊老教授找水的名气很大，被甘肃地区一带群众称为“水龙王”），并在此基础上着手成立水文地质与工程地质专业。首先成立了筹建领导小组，组长韩魁哲、张咸恭和我，组员有王景尊、张林源、杨锡金、孙志文、郭新举老师，共计八人。

新专业的建设和完善不是一件容易的事。任务艰巨，工作繁忙。要根据国家的需要以及西北地区的实际，考虑培养目标，制定教学计划，安排好基础课和专业课课程，建立起本专业课程体系；同时要做好教师队伍的建设，补充专业教师，调入专业人员，并使一些教师归队，加强师资力量。实验室建设更是从无到有，我们通过对相关院校相关专业的考察和学习，逐步建立了岩土分析、水质分析等实验室，保证了教学和科研工作的顺利开展。

筹建专业的初期，我们又与宁夏回族自治区地质局合作，开办了一期工农兵学员班（60人），教学工作由我们专业教师负责，除了张林源、杨锡金同志抽调与李吉均院士一同参加青藏高原考察外，其余教师均投入到这期工农兵学员班的教学和实习中去。在普通地层野外实习中，七十多岁的王景尊老先生，还带领学生翻山越岭进行阿干镇煤田构造、地质的勘察和教学工作，令师生们非常敬佩，干劲和信心更大更足了。

当时生产实习地点是宁夏回族自治区海原县。西海固是我国干旱缺雨扶贫的“三西”之一。我们带领这批学员，承担了宁夏回族自治区地质局水文地质大队的科研项目，完成了园河流域（1400km^2）农田灌溉普查填图任务，培养了一批水文地质与工程地质专业技术人才。值得一提的是，张咸恭先生原是北京地质学院的老教授，时年六十多岁，也参加了这次生产实习活动。他冒着酷暑，早出晚归，与师生们奔波在干旱贫困的黄土山区。这项任务不仅锻炼了教师野外教学和科研能力，而且还为西海固回族地区农村经济的发展做出了贡献。作为地学工作者，更有幸的是，还深入考察了1920年海原大地震（8.5级以上）西安洲遗址，收集了许多珍贵的科学资料（如地震前兆现象、破坏程度等）。这也是一次我校成功发展联合办学和校地协作办学的典范。

1977年，全国恢复了高考制度。我们专业开始招收1977级水文地质与工程地质专业本科生和研究生，我们也随同全校师生一起投入到高校教育改革的伟大洪流中去。在党中央的正确决策下，在校系各级领导的带领和关怀下，教育改革涉及的内容有很多方面，现仅做如下几方面的回顾与总结。

一、招收老三届地质回炉班

“文革”后期，我系除开始招收工农兵学员外，考虑到地学老三届毕业生中有许多专业基础课与专业课没有学习或者没有学完，有必要招收一期老三届地质回炉班。这批学生的培养，一方面为今后的研究生招收做了准备，如韩文峰原是长春地质学院1968届毕业生，在生产单位得到了锻炼，上了这期回炉班，学习了专业理论，毕业后考上了张咸恭教授的研究生；另一方面为系里培养了教师，如李含叶、张丽芳等都成为我系地质专业的副教授。另外，还有秦大河学弟毕业后，又考取了李吉均院士的研究生，之后成为南极考察的英雄、国家的栋梁。

二、在1977级本科生中举办考研辅导班

利用假期举办考研辅导班是我校在“文革”结束后举行的一次成功的实践活动。我系当时有气象、自然地理、地质和水文地质、工程地质四个专业，1977届本科生有一百多人，系里为他们举办考研辅导班是十分必要和重要的。因为在当时，考生们对考研课程的复习不知从何入手。系里委派我担任考研辅导班的班主任，负责聘请校内知名教授（如林立教授）做

辅导教师，给准备考研的学生讲解考试的重点和难点，提高他们综合能力、应试能力和解决问题的能力。本次考研辅导班的举办，提高了考研通过率，也选拔出了一些优秀人才继续深造。以我系为例，1977级的孟子芳、杨军同学考上了王景尊教授的研究生，杨军后来成为我系副教授，孟子芳后来成为地质所研究员，还担任了地质研究所所长。

三、教学内容的改革是高校教学改革的核心

教材是科学知识的重要载体，是国家科学文化成果的重要组成部分。

我校的教材建设过程是从讲稿、讲义的编写到自编教材乃至统编教材的出版使用。60年代，我们引用的是苏联教材，这类教材与我国国情结合不够，部分内容杂乱陈旧，对生产实践、社会实践结合也不够。改革开放的头几年，学生是没有教科书的。全校各系教师编写讲稿、讲义的任务十分艰巨。讲稿必须根据教师自身的教学经验、科研工作和国内外最新的科学成果和进展来编写，要适合于我国国情。教师授课内容都是经过反复推敲、千锤百炼的，少而精，保证教学质量，还要保证课前有讲义。当时，任课教师特别辛苦，他们编出讲义还要反复校核、修订，几乎天天跑印刷厂，保证课前把讲义发到学生手里。而我校印刷厂交送讲稿的人也往来不断，铅排、校对、印制工作十分忙碌，因为要保证教师上课前印好讲义，印刷厂的同志们也很辛苦。我们专业先后编写了《工程地质学》《水文地质学》等十多种基础和专业课讲义，满足了当时教学的需要。教师课前备课同样很辛苦，要边讲边修改边补充，为教学工作呕心沥血。为了扩大学生的知识面，各专业结合自己的培养目标和本专业的方向与特点，又编写了一些具有新内容和较高水平的选修课教材，开设了一些介绍本专业新学科、新方向的课程。

我作为一名青年教师，更加繁忙，养成了不过晚上十二点不休息的“坏习惯”。我在翻阅众多文献资料和总结多年野外工作经验的基础上，编写了《地质学基础》（30万字）讲义，主讲了两次，学生十分满意；还编写了《地质力学在水文地质与工程地质上的应用》一书。后来，我们专业又接受了编写高校统编教材——《工程地质学》的任务，并成立了张咸恭、张林源、王民新三人编写小组，由张咸恭教授任主编，曾召开过两次

专家审定会（分别在兰州、成都）。韩魁哲同志在组织和领导此项工作中付出了大量心血，《工程地质学》统编教材分别在1979年、1983年由地质出版社正式出版，供全国高校使用。1977年，系里还派我参加了在成都地院召开的《动力地质学原理》全国统编教材审查会议，我代表系里提出了一些改进建议。张林源教授拍摄的地貌特征照片，被选入《动力地质学原理》教科书中。1988年，我校有17部教材获得了“甘肃省高等学校优秀教材奖”，其中有我系《工程地质学》（上、下册）统编教材，后来该教材又获得原国家教委优秀教材奖。全校多本高质量自编教材和统编教材的出版使用，进一步反映出我校教学的优势、特色和风格，从而促进了我校在西北乃至全国的影响。

四、高校既要成为教学中心，又要成为科研中心

1.兰州大学科研工作从1978年以后得到了迅速发展

1978年召开的全省和全国科学大会上，我校分别有31个科研项目和25个科研项目受到表彰和奖励。在我校和甘肃省科学大会上，“兰州大学找水组”也获得奖励。此后，为了充分调动教师的积极性，推动科研工作的大发展，1979年，我校各系均开展科学讨论活动。我被任命为系第一、二届科学讨论会秘书，负责协调全系教师科学讨论会各场内容等具体事务。讨论会激发了教师的热情，从而掀起了全校教师既搞教学又搞科研的浪潮，大大推动了我校科研工作的发展。之后，学校建立了多个有特色的研究机构，增加了科研人员，由老专家学者领路，并重视中青年骨干的培养，与实际工作单位结合，联合攻关，激发了大家的探索精神和创造能力，取得了丰硕的成果。1978—1984年，我校共有100多项科研成果获奖，其中国家奖24项（包括3项自然科学奖、1项发明奖）、甘肃省各类科技成果奖84项。

在工作中，我一边教学一边进行科学研究。1978年，列席甘肃省委常委扩大会议，参与讨论《定西地区八年建设规划》；与王景尊教授合写《怎样开发利用甘肃中部干旱地区水资源问题》的文章，送时任省委书记宋平同志审阅，为大会提供科学依据。1980年，参加了在山东牟平召开的全国水电工作会议。1980年，带领青年教师王建秦和张咸恭先生的研究生

韩文峰去三峡等地考察，撰写了《壮丽的三峡和三峡工程》。同年，参加龙羊峡水电站专家论证会，为龙羊峡水电站建设献计献策。1982年12月，应甘肃省水利厅邀请，参加了民乐县瓦房城水库左岸滑坡勘察审查会议。1982年，参加全国电力部门暨四川省水力发电地质勘查专业委员会召开的边坡稳定学术讨论会，参与审查了大渡河水电站建设和边坡稳定问题讨论方案。1981年，带领水文地质与工程地质专业1977级毕业生开展了李家峡水电站库区（松巴峡一带）1/5万工程地质填图工作，为国家"七五"重点项目《黄河上游李家峡水电站开发建设》可行性研究提供科学数据和研究报告，撰写了《黄河上游李家峡水电站新构造发育特征及其区域稳定性分析》论文。1983年6—7月，带领进修教师进行龙羊峡水电站大坝坝址区地基和洞室的"断裂裂隙"编录、取样等研究工作，提交"断裂裂隙"编录实际资料，为施工期工程地质提供科学依据，并为"水利水电工程中的断裂构造研究"科研项目收集资料，该项目为国家"六五"期间科技攻关项目"15-3-1"课题，该成果于1988年5月荣获国家教委科技进步二等奖。1983年，还应兰州市七里河区人民政府邀请，参加"阿干西沟老爷山裂隙"考察和防治讨论会，提出了确保矿区人民生命财产安全的建议。1985年，参加"干旱区自然资源开发和利用"国际学术讨论会（中国·乌鲁木齐），提交论文2篇，其中与王景尊教授合写的《甘肃中部黄土高原区构造环境特征与地下水的分布规律》一文被选入大会文集。荣获1981—1984年度甘肃省高校科技成果奖2项，共计发表论文80多篇。

2.参加1983年"洒勒山滑坡"灾害考察和重建家园的研究工作

1983年3月7日，甘肃省东乡县洒勒山发生了巨型灾害性滑坡，造成了数百人伤亡和三个村庄被摧毁，引起了国内外的关注。我校地质地理系先后派出有关专业的教师50余人次、学生79人次，到现场进行考察，并利用航片、电测、孢粉、水质分析和C^{14}测年等多种手段对滑坡的成因、类型和演变历史进行研究，制作了《初探洒勒山滑坡》的科普录像片，发表了20多篇研究论文。1983年5月，我校地质地理系主办了东乡洒勒山滑坡科学研讨会，省内外有关科研、教学和勘测设计的单位代表65人参加，提交论文19篇。当年，我被委派参加了省科委组织的专家调查组，并与余文蔚工程师共同撰写了《滑坡考察简介和重建家园》等建议报告上报省人民政府。随后，我们专业的张咸恭、余文蔚、韩魁哲、杨锡金、林淑兰、艾南山，地质地理等专业的张林源（后调入地理专业）、张志安、吕宏图、马鸿良等十余位教师又参加了省人民政府组织的重建家园工作组，协助州、县实施具体方案，帮助灾区人民恢复生产、重建家园，并开展一系列灾害地质的科学研究工作，之后同省科委拍摄了《洒勒山滑坡》科教片。我们撰写了《洒勒山滑坡综合考察报告》《区域断裂构造对东乡洒勒山滑坡的控制作用》《洒勒山滑坡与地下水的活动》《洒勒山滑坡速度估算》《洒勒山滑坡类型的地质特征》等论文，刊登在《水土保持通报》上。《甘肃日报》《北京晚报》《光明日报》等报纸也对此项研究进行了报导。1985年9月20—26日，在兰州召开了“兰州滑坡学术讨论会”，来自全国各地的167名代表出席了会议，日本建设省土木研究所滑坡研究室主任中村浩之先生也参加了会议，会议共收到论文121篇，经编审委员会评审，选出79篇全文和13篇摘要纳入《滑坡文集》一书，1988年由中国铁道出版社正式出版发行。

3.参加我校西北开发综合研究所开展的西部大开发工作

为了适应国家建设战略重点向大西北转移，在科研上形成新的特色，我校于1984年成立了西北开发综合研究所，下设国土整治、矿产资源开发、冰川冻土、生态学、西北经济等十个研究室，时任校长胡之德教授兼任所长，我们也参与了研究室的科学研究工作。

参加了张林源教授主持的中科院基金项目“西北干旱区自然环境及其合理利用”的研究；参加了杨锡金教授主持的原国家教委重点科研基金项目“定西地区建立新的生态平衡与提高生产力途径”的研究；参加了赵松岭教授主持申报“黄土高原综合治理”国家重点项目的讨论；参加了兰州市城市建设的研究工作；参加了兰州市自然环境综合研究和工程地质环境研究、找水布井、地下水污染调查和五泉山水量调查等工作。

1986年3月，参加了兰州市人民政府和省地矿局召开的兰州市地质工作座谈会，撰写了《关于河西系在兰州地区展布特征的探讨》《兰州地区主要构造形迹与新构造应力场特征的探讨》《兰州地区新构造运动及其对城市环境的影响》《兰州西固金沟滑坡成因分析》等论文。

参加开发西北、改变黄土高原面貌的讨论和研究工作，为西部大开发战略转移做准备工作。如1983年在《甘肃日报》上发表《水草木》文章（1983年11月29日）；为我国经济学家费孝通教授开发西北考察提供科研论文2篇；撰写了《综合治理是改变生态环境的必由之路》《讨论改变甘肃中部面貌的途径》《黄土高原建设方略小议》《黄土高原种草种树的生态价值》等论文。1985年，带领学生到甘肃省天祝藏族自治县进行“引金入松”水利工程可行性考察调研，为民族地区开发建设提供依据。

4.开展对定西地区（我国干旱扶贫“三西”之一）的科学研究工作

1984年，由校党委指派参加甘肃重大决策“三年停止破坏，五年解决温饱”的省工作组。我系杨锡金、陈安庆和我，分到甘肃省定西地区通渭县进行调研。我和杨锡金撰写了《温泉水流域调查报告》《陈家沟人畜饮水问题》和通渭县《人畜饮水源地的开发》等调查报告，为省委制定具体规划提供依据。

同年，与唐少卿、聂华林、韩魁哲、杨锡金等教授一起被聘请为漳县、秦祁河流域综合治理（世界农业银行投资项目）、定西经济建设技术顾问，在定西地区开展了实地调研活动，并把科研成果转化成为生产力，为漳县殪虎桥一带兴办建材厂两个、水砂石厂一个，投入建材市场，产生数千万元的经济效益，并撰写了《甘肃漳县的资源优势及其经济发展的战略选择》等报告。参加了“定西建设经济理论讨论会”，撰写了《甘肃中部华家岭的自然地理环境与种草种树》等论文。在漳县、渭源、通渭、定西等地县三干会议上做科学致富的科学报告。1985年，被甘肃科学技术协会评为“农村科普工作先进个人”。

五、大学出版社的组建是我国改革开放大潮中的新生事物

我校出版社于1985年元月成立，第一任社长是王鹏同志，陈文嵘教授兼任总编。筹建初期，我担任两办（行政办公室、总编室）负责人，为了参加1986年首届北京国际图书博览会，赶制录像片，我编导了《前进中的兰州大学出版社》。通过召开全校各系、专业和教师座谈会，了解当时全校准备出书的情况（有498名教师），又根据原国家教委的文件精神，从我校实际出发，经过反复讨论制定了我校出版社“七五”规划后三年的出书计划和人员增加计划，与王森之、车满宝一起外出考察学习，建立了

社内规章制度，逐步使出版社走向了正轨。由于多年从事地学编辑工作，编辑了数十种地球科学方面的专著和教材，如《华北地区西缘硫化镍矿特点及前景分析》（工程院院士专著）、《铀系年代学方法及实验技术》等。担任责任编辑出版的二百多部图书中，多次获国家级、省部级奖励。如《冻土路基工程》获第五届全国科技优秀图书二等奖；《瀚海探秘》获第三届新星杯优秀图书等。在出版社工作期间，发表了《论大学出版社编辑的地位与作用》《建立一支新型的高水平的编辑队伍》等二十多篇关于编辑出版等方面的论文，其中《大学出版红红火火20年》（《新闻出版报》1994年4月20日第1版）和《抓住机遇做西部文章，为振兴西部做出贡献》两篇文章，在中国新时期人文科学成果评选中获得一等奖，并获中国改革发展理论突出贡献奖（《中国改革发展战略研究文汇》，2002年10月）。2001年，作为大学出版界代表，曾应邀出席在北京人民大会堂举行的中华社会各界知名人士新年座谈会；2002年国庆节前，又受邀参加“中华百业杰出人物国庆座谈会暨国庆庆典”；2003年，再次应邀参加并被授予“创业人才杰出贡献奖”。

兰大出版社成立后，据统计，当时兰大有38个本科专业，每个专业需要24～26种教材，共需912～988种，其中除使用或借用正式出版的教材外，自编讲稿、讲义占有相当的比例。除本科生外，还有大量的博士研究生、硕士研究生、干部专修生、夜大生等，当时他们尚未有适用教材，大多借用和参考某种书籍，这给学生学习和老师教学都带来诸多不便。因此，兰大出版社建立后，仅教材的编辑工作就是相当繁重的。大学出版社为学校教师出版高水平的学术专著，可以促进学科和专业的发展，促进教师学术水平和教学质量的提高，又可以用学术成果指导经济建设的实践，因此，兰大出版社又将出版科学著作作为自己的重要任务。截至我退休，兰大出版社出书达2000多种，教材和专著占70%～80%，其中有200多种图书分别荣获国家和省部级奖励。魏春玲同志还获得青年编辑奖，取得了明显的社会效益。

张文轩

作者简介

张文轩，1944年生，甘肃永登人，民盟盟员。1968年兰大中文系本科毕业。1981年兰大中文系研究生毕业，获硕士学位，留校任教。长期从事汉语言文字学教学与研究工作，专长古诗文写作，好书法。在《中国语文》《语言研究》《中国语言学报》等刊物发表学术论文50余篇，出版《兰州方言词典》《皇甫谧帝王世纪今译》《语言研究导论》等著作多部。先后任兰大中文系主任、甘肃省人民政府督学、国家教育部教学指导委员会委员、民盟甘肃省委副主委、甘肃省人大常委等职务。2008年6月退休。现任四川大学古籍所兼职教授、甘肃省文联副主席、甘肃省语委专家咨询委员会副主任、甘肃省古籍保护专家委员会委员、甘肃省老教授协会理事等职务。

我所知道的江隆基校长

本人与兰州大学有着深厚的缘分。我的五年大学本科阶段、三年研究生阶段都是在兰大中文系度过的，研究生毕业后留校执教，一直到去年6月退休。虽然退休了，还带着两届研究生，依然在兰大生活、教书、写作，一点儿也没“退”出兰大的感觉。屈指算来，已虚度六十五岁，而其中的大部分时间做的是兰大人。在兰大获取专业知识，在兰大安身立命，感念兰大、挚爱兰大的心情根深蒂固，难可少懈。值此百年校庆之际，往事涌溢，想忆叙的事情不少，欲称颂的师长很多。由于版面有限，先谈谈对江隆基校长的一些真实印象和感受。

我是1963年秋季进入兰大中文系读书的。当时兰大的学生充满着自豪情绪，原因主要有两点：一是兰大是教育部直属的十三所重点综合大学之一，是大西北高校中的“老大”；二是我们有德高望重、学贯中西的江隆基校长。开学后没有哪位领导或老师有意介绍过江校长的经历，但通过新老同学的交流等渠道，大家很快都知道江校长原本是北大经济系的高才生。1927年大革命失败后，白色恐怖弥漫，许多人叛党投敌，而江校长毅然冒死参加了中国共产党，后来东渡日本，西游欧洲，一边留学，一边闹革命。回国后在延安工作，新中国成立后先当西北军政委员会教育部部长，后任北京大学党委书记兼任副校长，主持北大工作。1959年，江校长来兰大任党委书记兼校长。他本来是五级高干，来甘后知道当时的省委书记是六级，便主动要求降一级，以便于工作。他把每月工资的一大部分交了党费。江校长的夫人宋超同志也是一位资深革命家，时任兰州女中校长。我们上大学的时代是年轻人崇拜英雄、讴歌伟人、追求奉献的时代，兰大学生以江校长为荣，打从心眼里崇敬他爱戴他，这是很自然的事情。因此，大家都称他“江校长”，不愿直呼其名。本文题目仍称“江校长”是习惯，这种习惯未能因为人去楼空而改变。

江校长每天上下班从我们宿舍“拐角楼”（今已拆除）下经过，我们争相从窗户中伸头观看。他身躯伟岸，方面大耳，经常穿一身深蓝色毛哔叽中山装，着棕红色皮鞋，仪态庄重严肃，不苟言笑。同学们若在路上遇到他，都会以敬畏的眼光行注目礼。

江校长是一校之长，不可能给我们上课，但我多次聆听过他的报告。当时学校有三千多名学生，经常在大礼堂（一座钢架拱顶、无柱、红砖、高窗、有舞台的大型建筑，今已拆除）集会。江校长每学期总要在大礼堂做一次报告。凡有江校长的报告，同学们都不开小差，争先恐后去参加。江校长讲话声音洪亮，条理清晰，既有理论概括，又有生动事例，既有表扬，又有批评，善抓典型，言不虚发。数千人的礼堂里传出记笔记、翻页的声音，时而引发哄堂大笑或雷鸣般的掌声。一次报告中，他点名表扬了我系年轻老师吴小美，认为她教学效果好，而且研究鲁迅《野草》用力甚勤，在《兰州大学学报》上发表了有分量的论文。中文系的师生备受鼓舞。吴老师后来成了蜚声全国的鲁迅研究专家，显然与江校长的勉励有关。一次报告中，他批评了某系学生不懂礼节的行为，说崔乃夫教务长到某宿舍视察，其中有学生坐着说话，不知起立，古人说“长者立，幼勿坐”，礼貌是一个个具体行为构成的，但可以举一隅而以三隅反。这一批评后来一直是我对学生进行礼貌教育的一个话题。

回想起来，有三件事直接与中文系有关，对我印象很深。

一是关于郑重先生到中文系任教的事情。“写作”是中文系开的一门专业基础课，但以往讲者多非作家，往往从理论到理论，不能现身说法，正如给人讲如何游泳，自己却不会下水，这样的课学生兴趣不大，教学效果可想而知。郑重先生是山东大学生物系毕业生，分配到兰大生物系任助教。但他有形象思维天赋，酷爱文学创作，已有数篇短篇小说发表，想到中文系工作。一个生物系的助教要到中文系执教，这在三十年后的今天看来也很离谱，当时的中文系怎么会允准呢？这件事被江校长知道了，他亲自考察了郑先生的特长与成果，毅然决定调他到中文系写作教研室任教，而且直接给上了“教研室主任”的头衔。郑先生到中文系后，打破了写作课站讲堂、念讲义的惯例，经常带学生到工厂、农村采访，结合自己所发表的作品介绍如何从实际生活中提炼主题、构思情节、塑造形象，启发学生勤动笔、多创作，于是，死课变成了活课，逃课变成了抢课。学生习作如甘泉喷涌，报刊发表率大大上升。我系20世纪60年代毕业生中出现了一大批活跃于全国文坛的优秀作家，如王家大、李宝元、李津生、王保成、高戈等，无不受益于郑先生的耳提面命。郑先生到中文系如鱼得水，创作热情与成果与日俱增，很快成为全国著名作家，其《西安事变》《彭大将军》等大型剧本走红舞台和荧屏。后来郑先生成为西安电影制片厂的领军人物，为兰大争了大光。20世纪90年代，郑先生率领他当年兰大的三名学生写出了电视连续剧《江隆基》，由西影摄制发行，有力提升了兰大在国内外的声誉。江校长在天之灵得到了知人善任的一份回报。

事过三十年，我遇到了一桩尴尬事，不由勾起了对江校长的怀念。上个世纪末，鄙人忝任中文系系主任。系上的写作教研室又面临着无作家的窘状。通过多种努力，我联系到了一位崭露头角的年轻作家。这位年轻作家已出版长篇小说两部，发表短篇小说和散文数十篇，在一所地方高校中文系任教，具有丰富的写作和教学经验。他同意调到我系任教。我如获至宝，喜不自禁，但报告打上去以后，终因其无“研究生学历”而未能批准。然而众所周知，当今中文专业的博士硕士都在研究古今中外的作家，其中哪能见到作家的影子啊！我当时不胜感慨，只觉得江校长确实离开了我们，而且离得很远很远了。后来我不当系主任了，也不操这心了。这位作家已成了闻名全国的甘肃小说“四骏”之一，被省上调至某文学研究所工作，当然我系依然处在无作家的状态。

二是韩宏恩同学的处理问题。韩宏恩是我的同班同学，学习废寝忘食，为人热情慷慨，很有发展前途，但因一场文墨事件倒了大霉。有关部门做了开除韩宏恩的决定，上报校党委批准。江校长力抗风潮，为他主持公道，才使他平安读完了大学。韩宏恩同学后来读了中国人民大学的研究生，在某省社科院文学研究所任职，是一位高产而有个性的文艺评论家。见面后，我们总在说，当时如不遇上江校长，韩宏恩将难以立身，哪能谈得上成为什么“家”呢？

我班一位同学乘轿车就医的事情。那个年代讲究艰苦奋斗，小轿车是罕见奢侈品。学校有三辆小轿车，是配给江校长与林、甄二位副校长的，但他们除非有重要公务，平时都不乘坐，但是学校师生如有紧急事情，却可以免费享受。一天深夜，我班一位同学突发高烧，进入昏迷状态，生命危急。班长赶快向校办值班人汇报，未过五分钟，楼下开来了一辆小轿车。同学们把患病的同学抬上去，车飞也似的开到兰医二院急诊室，大夫立刻开始抢救。清晨，病人脱离了险情，脸上露出了笑容。后来从司机口中得知，这是江校长的车，当时江校长接到校办电话后立即命令司机来接人的。这位同学后来成了一位研究《资本论》和人口学的大专家，还担任过地级领导。他常说："我那天晚上的命是江校长给的，遗憾的是现在无法去拜谢他老人家了。"

江校长离开我们已经四十三年了，当年的学生都成了花甲老人。我作为一位普通学生，与江校长没有任何私交，但我和我的同学们都一直怀念着他，并为他离开人世、离开兰大而感到深深的遗憾。

2009年6月15日于兰大双槐堂

王桢辅

作者简介

王桢辅，男，1944年生。1968年毕业于西安交通大学自动控制专业，分配到甘肃省电视台工作，曾担任甘肃省电视台制作部制片室主任。1986年调入兰州大学，先后担任兰大新闻系实验室主任，兰大电教中心制片室主任，兰大教育学院电视制作部主任，高级实验师职称。2004年退休。

我和《兰大新闻》

我毕业于一所具有悠久历史、名满华夏的高等学府——西安交大，但是命运和机缘却把我和兰州大学紧紧地连在一起，我在兰大工作了十八年。屈指算来，我从大学毕业到退休，一共工作了三十六年，在兰大的十八年正好是一半，退休前的十八年我都在兰大度过。从四十多岁到花甲之年，这段时间是一个人成熟和敬业的区间。

回顾十八年的兰大历程，我在兰大入党提职，在各个方面成长进步，我身上刻有兰大的烙印，兰大抚育了我，我也为兰大付出过，做出了贡献。我爱兰大，情同第二母校。

回顾我和兰大，最难忘的是我和《兰大新闻》。1993年，学校决定开办一个反映兰大师生工作生活的电视节目。本来这件事应该由校党委宣传部门承担，但由于当时电视拍摄和剪辑的设备比较缺少，我们电教中心的主要工作就是运用电视手段进行教学，除了配合教师给学生放映电视教学片外，我们自己也拍摄制作电视教学片，因而配备了电视拍摄和剪辑等设备，设立一个科室，叫教材制作室，所以决定由校电教中心负责这一工作。

在电教中心王宏年主任的领导下，我们制定了相关的规章制度，包括审片制度。每次制作完成的电视节目必须报请电教中心领导审片，这就保证了节目的内容政治上可靠、艺术质量上合格。由制片室具有编辑制片能力的同志轮流担任责任编辑，每人每次一期，时间一周，包括新闻线索的收集、采访、组稿、拍摄、剪辑完成。每周的新闻制作完成审片后，下一周播放，每天晚间黄金时段播出，每天一次，连续播出。播音员和节目主持人在学生中选聘，适当给以劳务补贴。通讯员在各系选聘，经短期培训后，撰写新闻稿件或提供新闻线索。我们把已经连接兰大教职工各家各户的有线电视网开个接口，把我们自己制作的电视节目传送进去，专门用一个频道播放，这样教职工就可以在自己家中看到每期的《兰大新闻》了。

在学校党政领导的关心下，在电教中心领导的直接指导下，2003年，我们制作的电视新闻就正式通过有线电视播出了。在兰州大学的历史上，用电视这种形象、生动、真实、活泼的媒介方式反映兰大的方方面面还是第一次，纵观当时兰州的各个高校，是兰大开出了这方面的先河。

兰大第一期电视新闻，就是由我担任责任编辑，当时起名叫《校内新闻》，后来几经演变，才正式定名为《兰大新闻》。

第一期新闻播出后，我们听到的是一片叫好的回应，大家都反映效果不错，学校党政领导也给予我们鼓励。

为配合学校党政领导的中心工作，以正面报道为主，以教学、科研为两条主线，反映兰大贯彻党的方针政策的各项举措，反映兰大和各院系的重大学术活动，报道在教学科研以及教书育人等各方面涌现出的新思想、新做法和新事迹。

从1993年第一期新闻算起，到2003年学校决定把《兰大新闻》业务移交校宣传部为止，兰大电教中心（后来合并入兰大教育学院）基本上连续制作了十年《兰大新闻》。我们用手中的摄像机基本完整地记录了这十年中兰州大学的方方面面、点点滴滴，并且都有存档可查。从某种程度而言，我们作为兰大主要影视媒体，为校党政领导联系群众起到了纽带作用，也是对外宣传交流的窗口，为兰州大学的发展做出了贡献。

现在想起来，印象深刻的有几件事。我们报道了时任中央领导同志来兰大视察的情况。1999年9月10日，时任中共中央政治局常委、国家副主席胡锦涛来兰州大学视察，并代表党中央、国务院向全体师生员工祝贺教师节和建校九十周年。2000年6月19日，时任中共中央总书记、国家主席江泽民同志视察兰大，在旧文科楼前接见兰大学生，和全省高校师生代表在兰大逸夫科学馆座谈。李岚清同志及其他多位省部级领导也曾来兰大视察指导。我们对这些活动都进行了翔实的报道，把中央领导对我校的关怀和重视，及时传递给广大师生。

十年中，我们几次邀请时任兰州大学校长李发伸在电视上作新年献辞，和全校师生一道共迎新年。

1995年，在学校迎接“211工程”预审期间，为配合学校向评审组汇报，我们制作了电视专题片《勤奋求实进取》，分上下集，分别由朱伊民同志和我担任编导。该片全面介绍了兰州大学在教学科研、教书育人、推动社会进步等各个方面的做法和取得的成就。宣传片中插入的主题曲是我们自己创作的，由时任校长办公室主任冯煜业同志作词、艺术学院何云皎同志谱曲。主题曲具有典型浓郁的西部风格，旋律优美，歌词意境深远，为整个片子增色不少。评审组同志观看完专题片后给予高度评价，他们说，想不到在西部边远地区的兰州大学能拍出这样好的专题片。兰州大学“211工程”预审顺利通过，我们为曾为此项重要工作做出过贡献而感到高兴。

1999年，是兰州大学九十华诞。为配合校庆，《兰大新闻》全面细致地报道了在学校体育场举行的庆祝大会盛况。我们摄制了专题电视片《九十急韵》，由师向阳同志执导，在校庆期间播出，反响很好。我们还采访了老领导聂大江同志。我们还陆续报道了各个院系组织的校友座谈和各种形式的学术交流活动。我们的新闻报道，使广大师生全面深入地了解了校庆活动。

大约在2001年，我们拍摄了专题片《西部在召唤》，介绍位于祖国西部黄河之滨的一颗璀璨明珠——兰州大学。这部专题片把兰大的历史渊源、发展历程、重要人物、重大活动、学术成果、国内外重大学术活动和学术交流、兰大在国内外的影响等作了系统全面的介绍。我们把这部专题片在校内有线电视上播放，取得了很好的效果。后来，学校招生办公室的同志还把这部专题片用于招生宣传工作中，在考生中引起强烈反响。当年有位山东省的高分学生，想报考兰大但是犹豫不决，招生办的同志就给报考兰大的所有山东省考生播放了专题片《西部在召唤》，看完这部片子，那位高分考生果断地报考了兰大。听到这些反馈意见，我们为自己的工作得到社会的认可而感到高兴和自豪。

我们还为兰大的院士和师德高尚、学术造诣高深、教学水平有口皆碑的老教授摄制了电视专题片，讴歌他们立德树人、为国育英才的可贵精神，弘扬他们孜孜不倦、精益求精、甘为人梯的人格风范，号召青年学子向他们学习，把兰大“勤奋、求实、进取”的优良校风和“自强不息，独树一帜”的兰大精神，以及萃英文化一代代传承下去并发扬光大。

我们为刘有成院士摄制了题名为《路在脚下》的电视专题片，由我担任编导。本片真实记录了刘院士在英国利兹大学取得博士学位后，毅然放弃美国优越的生活和工作条件，冲破美国政府的阻拦，谢绝导师卡拉施教

专题片《路在脚下》剧照

授的挽留，毅然回到刚刚成立的新中国，又来到位于边远艰苦地区的兰州大学，为兰州大学化学专业和化学人才的培养埋头苦干几十年的事迹。

我们摄制了反映郑国锠院士事迹的电视专题片，由师向阳同志编导。摄制了介绍李吉均院士的电视专题片《攀登之歌》，由吴王锁教授撰稿，由我编导。摄制了反映赵俪生教授事迹的电视专题片，由汪受宽教授撰稿，由我编导。这些专题片在我们的有线电视网络上播出后，受到广大师生的热烈欢迎，传播了正能量，弘扬了兰大的优良学风。

十年里，我们坚持做好《兰大新闻》，我和我的同事们也都得到了锻炼和提高。我曾在自己居室大门上张贴过一副对联，上联是“镜头推拉摇移对准真善美”，下联是“笔尖勾画圈点远离假恶丑”，横批是 “乐在其中”。

《兰大新闻》得到原电教中心历届领导的支持和关怀，后来电教中心发展成为兰大教育学院，院领导黎军和王根顺等同志同样支持我们的工作，帮助我们解决了很多困难，在此也向他们表示致谢。

《兰大新闻》的摄制与开播，培养和发现了许多人才。我们曾选拔聘任数十位本科学生作为兼职播音员和节目主持人。这些学生普通话基础好，学业底子雄厚，而且热心于社会活动，通过一段时间的播音实践与锻炼，他们的进步都很明显，也对他们以后的人生选择起到了积极作用。他们中不乏有一些佼佼者，有一位男同学名叫冯栋柱，是兰大新闻学专业的学生，在《兰大新闻》兼职工作了几年，毕业后曾在中央电视台《今日说法》节目中担任过主持人，后来移居新加坡，在新加坡某个华语电视台做主持人。另外一位新闻学专业2003届名叫彭娜的女同学，通过几年播音训练和实践，无论在播音音准的把握上还是主持节目的风度和气质上，都很有特色。她曾在我们摄制的德育教学片《临洮大丽花》中担任主持人，毕业时，她就用这部教学片作为自荐材料报送四川有线电视台和中央电视台，后被中央电视台录用。她在中央电视台主持过很多节目，2005年4月26日—5月3日，时任国民党主席连战首次访问大陆，其中上海接待连战访问的央视主持人就是彭娜。彭娜还主持了党的十八大的部分新闻节目。时至今日，彭娜的名字还常常出现在中央电视台新闻联播的画面上。

彭娜和冯栋柱都是新闻学专业的学生，经过在电教中心播音学习和实践，通过我们提供的锻炼平台，拓宽了就业的路子，毕业后都从事了电视播音和主持工作。回想起来，也算是我们做了一件有意义的事情。

2003年，《兰大新闻》的人员、设备、业务由兰大教育学院移交兰大宣传部，而我仍然留在教育学院工作，我的《兰大新闻》生涯告一段落。

现在十五年过去了，每当回忆起当年的情景，心中总能涌起阵阵涟漪。当我撰写这篇文字时，已经是退休十多年的古稀老人，手头没有可以参考的文字资料，全靠记忆，难免有个别失准之处，欢迎指正。

张自和

作者简介

张自和，男，汉，1944年11月生于甘肃会宁。1969年毕业于甘肃农业大学畜牧系草原专业，1970—1973年在甘肃省民勤县工作，1973—1984年在甘肃农业大学草原系任教。1984—1993年，任甘肃省草原生态研究所助理研究员、所长助理、副所长。1993年4月—2002年3月，任草原生态所研究员、所长，农业部草地农业生态系统学重点实验室主任，兼甘肃农业大学草业学院教授、硕士和博士研究生导师。

2002年，省草原生态研究所与兰州大学合并后，任兰州大学草地农业科技学院教授，博士生研究生导师，草地资源与信息管理研究所所长。2007年12月，被评为二级教授。

多年从事草业科研、教学及业务管理等工作，主要研究领域为草原生态、草地农业和草坪科学。先后参加国家、省部级及国际合作等重大和重要科研项目

20多项，获国家科技进步奖3项、省部级科技进步奖8项。发表论文50余篇，主编和参编著作20多部，培养硕士、博士研究生20名。

2009年12月退休。退休后继续兼任环保部第五、六届国家级自然保护区评审委员会委员，兰大老教授协会副会长，草科院退休党支部书记、工会分会会长等，开展了一些业务咨询与退休人员服务等工作。

1994年10月，获国务院政府特殊津贴。1998年，被评为甘肃省优秀专家。2016年6月，被评为兰州大学优秀党员。2019年12月，被中国草学会授予卓越贡献奖。

感悟兰州大学的离退休生活

2019年，兰州大学迎来了建校一百一十周年华诞，经历甘肃法政学堂、国立兰州大学、兰州大学等不同发展时期，特别是改革开放以来，经历高校“211工程”和“985工程”建设，目前正为创建具有中国特色“双一流”高校继续奋斗，各项事业都得到长足发展。

2002年，我随甘肃省草原生态研究所与兰州大学合并进入兰大，任教八年，到2009年底退休。作为兰州大学草地农业科技学院的一员，在这里已工作生活了十六年，目睹了兰州大学的巨大变化。

一、学校离退休工作概览

我国老龄工作的目标简要概括为“六个老有”，即“老有所养、老有所医、老有所为、老有所学、老有所教、老有所乐”。其中，“老有所养”是核心和基础，就是要满足老年人衣、食、住、行的基本需要以及生活照料和精神慰藉的特殊需要；“老有所医”是重点和保障，就是要满足老年人看病治病的需要，这也是老年人生活中最关心的问题；“老有所为”是很多老年人晚年生活不可缺少的部分，就是要用自己掌握的知识和技能，继续为国家和人民做出新的贡献；“老有所学”就是要活到老、学到老，根据自己的爱好，学习掌握一些新知识和新技能，既陶冶情操，又能丰富生活；“老有所教”是要通过思想政治和社会文明教育，使广大老年人做到政治坚定，思想常新，理想永存；“老有所乐”内容极其丰富，就是要通过开展多样的适合老年人特点的文娱体育等活动，增添欢乐、幸福，安度晚年。

由于领导重视，组织机构健全，职能部门及工作人员认真负责，兰州大学的离退休工作，按“六个老有”的目标和要求，全面开展了各项工作，得到了离退休人员和社会的普遍认可，特别在老年活动平台建设、为老服务、老有所学、老有所乐、老有所为诸方面更具有特色。

组织机构与活动平台健全。校党政领导中有专人分管离退休工作，学校有离退休工作处及党委，负责离退休工作，直接管理和指导各部门离退休党支部和工会分会，以及离退休教职工社团组织（离退休教育工作者协会、老教授协会、长青艺术团、老年人体育协会、老年人书画协会等），为离退休工作提供有力保障与活动平台。

活动内容丰富并常态化。一是文体活动，在已举办第二十九届老年趣味运动会的同时，近几年来为了让离退休人员更好地“展示阳光心态、参与健康运动、体验美好生活”，扩展为每年一届的“金色阳光体育节”，已举办六届。将各项体育活动（如网球、地掷球、门球、羽毛球、乒乓球、武术比赛、象棋、扑克、麻将比赛，重阳节登山活动等）纳入阳光体育节的全年常态活动安排之中有序进行。二是举办离退休教职工书画、摄影、手工作品展以及文艺会演与歌手大赛等，对获奖和积极参加各种活动的老年人发给奖品或纪念品，鼓励他们参与各种有益活动的积极性。三是开设老年大学，常年举办声乐、书法、绘画等学习班，聘请专门老师上课，为老有所学创造条件。四是设有离退休处网站，办有内部交流刊物《常青树》，适时为离退休人员交流信息提供服务。五是关爱高龄及弱势群体，如节假日慰问、党员组织生活送到家、组织看望高龄和有病老人等。六是对社会积极开展支教、支农、义诊，捐赠书籍、仪器，关爱下一代活动等等。

学校层面的这些机构、服务平台与各种活动，大大丰富了离退休人员的生活，也为社会提供了服务，得到了离退休人员和社会的赞许与认可。学校离退休工作曾荣获国家、教育部、省市等多次奖励，也涌现出了一批离退休先进工作者，如曾任兰州大学校长的胡之德教授，退而不休，除关心支持本校离退休工作外，还组织创立并担任甘肃省老教授协会会长等职，一直关心、积极组织和参与服务社会的老年公益活动，先后被评为全国银龄行动“十佳老人”“陇原十大杰出老人”“全国关工委先进个人”。作为全国退休干部先进个人代表，2009年出席中组部召开的表彰大会，时任国家副主席习近平同志在表彰大会讲话中就充分肯定了胡之德教授和兰州大学在银龄行动、支农扶贫中所做的贡献。又如曾任兰州大学离退休处处长的王秋林同志，在任时热心离退休工作，积极为老同志服务，调任学校档案馆馆长后，依然坚持为老年人服务，策划组织了对一百多名兰大人特别是老年人的访谈，编辑出版了《我的兰大——人物访谈录》系列丛书，成为兰大历史的缩影和“兰大精神”的重要载体，类似事例不胜枚举。

二、感受“老有所学”

老有所学，活到老，学到老，向往美好生活，是老年人不可或缺的追求。学校离退休处在积极组织开展全校性活动的同时，对下属支部与分会开展的各种活动给予大力支持。以兰大草地农业科技学院退休人员开展活动为例，在本人担任草科院退休支部和工会分会负责人的六年间，我们按照离退休处的安排，及时组织离退休人员学习党和国家的方针政策、领导人讲话，及时传达学校的各种文件，通报学校的重大活动和工作进展，了解国家大事，配合学校各项工作。同时，利用学校提供交通工具等便利条件，组织离退休人员开展各种校外参观与学习活动，先后组织参观或游览了甘肃省地质博物馆、甘肃省博物馆、甘肃省科技馆、兰州西固金城公园、银滩湿地公园、仁寿山公园、兰州新区及游乐园、兰州植物园、八路军驻兰办事处旧址和纪念馆、刘家峡水库和炳灵寺、景泰黄河石林及国家地质公园、榆中来紫堡乡生态园、和政古动物化石博物馆和民俗收藏馆、甘肃农业大学认知馆及高尔夫球实训基地等等。博物馆丰富的典藏与浓缩的知识，地质公园壮美的自然遗迹，纪念馆的革命精神与人生启迪，生态园林的优美环境与宜人风光等等，都给离退休人员留下了深刻的印象，为“老有所乐、老有所学”提供了良好的机会，大大丰富了离退休人员的生活。

兰州大学为了更好地践行“老有所学”，为老年人提供更多的学习机会，专门开设老年大学，开设声乐、绘画、书法等学习班，先后有数百人参加学习。本人通过参加老年书法学习班，也有一些感受和受益。首先，学习书法有益于老年人的身心健康。在习练书法的过程中，人易于平心静气，聚精会神，能够起到陶冶情操、强身健体的作用。其次，学习书法有益于传承中华优秀文化。中国书法是中华优秀传统文化的重要组成部分，学习书法本身就是对中华优秀传统文化的传承，而且书写的内容多为国学经典、至理名言，通过书写与传递，还可以把其中所蕴含的优秀传统文化传播到社会的各个层面。第三，学习书法有益于人际交流，结交新老朋友，促进社会和谐进步，真可谓外物之味久则可厌，书法之味愈久愈深。对很多离退休老人而言，没有工作压力和案牍之劳形，也不必为生计烦扰，闲暇之余拿来笔墨纸砚，习练书法，享受淡雅清香之美，确实是一种不错的选择。

2019年，参加草原与草业博物馆项目审定会合影（右二为作者）

三、力求“老有所为”

作为退休人员，总是希望能为社会做些力所能及的事情，而兰州大学的学术影响与社会地位，也为离退休人员老有所为、发挥余热、服务社会提供了平台和必要的支持。

本人作为兰州大学和草业学界的一员，退休后仍被国家环保部聘任为国家级自然保护区评审委员会委员，在两届聘期内先后到甘肃、青海、宁夏、新疆、内蒙古、四川等六个省区的十六个自然保护区进行多次实地考察，就省级自然保护区晋升国家级自然保护区或保护区功能区调整、管理及有关项目影响等进行评估，认真完成了交办的任务。在此过程中，尤感欣慰的是，像新疆罗布泊，青海三江源、柴达木盆地，四川若尔盖湿地，甘肃的祁连山、陇南山地、甘南草原，内蒙古罕山、青山，宁夏贺兰山、云雾山等地，多是人迹罕至之地，平常难得一去，本人却因考察工作而有幸前往，实属难得。在完成考察任务的同时，目睹了难得一见的自然景观和壮美河山，陶冶了心灵，增长了见识。还先后参与了农业部草原监理中心、青海省环保厅、甘肃省农牧厅等有关环境保护方面的咨询，以及省住建厅省级园林城市创建考核、兰州市园林局兰州古树名木调查等。

还借助学校和有关方面搭建的平台，参加了十余部草业科技论著或报告的研究与编写工作，如《中国草业史》《新疆人工绿洲建设、盐碱地改良与农林牧业可持续发展》《中国农业系统发展史》《中国草业发展保障体系研究》等，先后由科学出版社、中国农业出版社等出版。本人还被学校教务处和草科院分别聘为教学顾问和督导，听取与督查了数十名教师的上课情况。

通过这些活动，一方面完成了任务，同时也进一步加深了对相关学科或领域的了解，增长了见识，也深感对离退休人员而言，老有所为，发挥余热，既丰富了退休生活，又是义不容辞的责任。

四、祈望学校离退休工作更上一层楼

目前，我国60岁以上人口已超过2.4亿，占比达17.3%，远超10%即进入老龄化社会的标志，预计2030年将达25%左右，21世纪中叶将近5亿人口超过60岁。老龄化进程明显加快，老龄群体迅速扩大，高龄化、独居、空巢现象显著增多，老龄工作任务与日俱增。况且，养老已由过去求生存、求温饱阶段，向追求文明健康、舒适美好阶段推进。在新时代、新形势下如何应对快速发展的老龄化，满足养老新需求，已成为全社会共同关注的大事。作为正在开展“双一流”建设的兰州大学，不但要建设一流的学科、培养一流的人才，也需要一流的管理及一流的离退休工作，祈望学校的离退休工作在保持发扬已有成绩的基础上，能够百尺竿头，更进一步。

第一，适应新形势，强化离退休工作的管理与创新。在解决好对离退休人员一般性管理与服务工作的基础上，结合兰州大学的特点及新时代养老工作的新要求，在对“六个老有”进一步细化、具体化、可操作化落到实处的同时，还应对其内涵与实施途径进一步创新、发展。特别是作为“双一流”高校，还应肩负起社会责任，在老龄工作观念、体制、机制和方法上有所创新，在高校养老管理、养老模式、养老示范诸方面，加以研究与创新，为国家和高校老龄事业发展做出新贡献。

第二，更好地发挥离退休人员余热，为校园文化建设做出新贡献。高校是老龄高智力群体的重要聚集之地，在这里聚集了丰富的科学、技术、智力资源，是十分宝贵的社会财富，需要发掘、继承和发扬。作为高校的离退休人员，这部分人往往离而不散、退而不休，希望能够有更多的机会

参加《中国农业系统发展史》统稿工作会议时的合影
（前排中为任继周院士，前排左一为作者）

发挥余热、奉献社会。如果能够有效加以组织、搭建适当的平台，就会发挥更多的光和热。诸如在校内，组织对学校历史进一步梳理，对校园文化和校风加以发掘与总结，对相关学科领域的发展与成果加以凝练，对教学、科研、管理经验全面总结，对兰州大学知名学者或学科带头人的事迹进行访谈整理，包括对未来发展的建议等等，对提升校园文化、凝心聚力、进一步创新与发展应该是十分必要的。

第三，改进对离退休人员有关活动的组织与指导。一是目前离退休人员外出参观学习之地较单一且重复，可否与在兰高校、科研及相关单位建立离退休人员互学互鉴关系，扩展参观学习渠道与范围。二是为了避免外

出活动的盲目性，提高活动质量，建议离退休处组织每届新任支部书记或工会分会负责人，前往一定区域内考察遴选参观学习地点，以便更有效地组织活动。三是为了解决离退休人员居住分散、对学校大事不甚了解等情况，建议每学年或有重大事件时，请学校领导或有关方面人员为离退休人员作必要的大会报告，以便互通信息、凝心聚力、共谋发展。

张凯丁

作者简介

张凯丁，男，1945年9月出生于兰州。1963年，从西北师大附中考入兰大现代物理系。1969年11月初，分配至甘肃张掖县农村中学任教。1973年，调至西北师大附中任物理教师。2005年退休。

难忘岁月

1963年夏，我从西北师大附中考进兰大现代物理系原子核物理专业，代号505。它的地点设在兰大校区外向东约一公里处，内部设有原子能加速器，外人不得入内，这就给人以神秘感，也给我们带来从事尖端科学的自豪感。

三年困难时期刚过，在学雷锋精神的感召下，大家的着装很朴素，基本为蓝色基调，只有系主任徐躬耦教授“与众不同”。有一次，看见徐教授西装革履系着领带，夫人穿一身中式旗袍，在校园散步，让人眼前一亮，恍惚间让人觉得到了民国时代或者徐先生在读博士的剑桥大学。

有一次，我在传达室见到一个大信封，信封上用毛笔大字写着“徐躬耦教授收”，信封左下角的发信地址是铅印红字“中国科学院”。“科学院”三个字让当时年轻的学子都产生了一种崇敬感。

有一年冬季的一天，我们全系师生夹道欢迎著名的女原子物理学家何泽慧院士。何泽慧院士曾在法国居里实验室学习工作过，并且有重要的科学发现。她的着装带有法国时装的味道，一身呢绒裙装，不同凡俗。我系女生肯定大受鼓舞，女学者就是这样不同凡响吧！也可能在这种环境的影响下，我班的两位女同学在一个夏天的中午去食堂打饭时穿了裙装，姚培珍的裙子花一些，王家洁的裙子素一些。我们宿舍的徐振芳兴奋地提醒大家：你们注意女生的裙子没有？当时男生的感觉是：这样才与现代物理系的“现代”二字相称。

记得有一次，朱介鼎老师上理论力学课，徐躬耦主任带领几个青年教师和研究生听课，当黑板上出现一道关于数学积分的题目时，徐主任让青年教师拿出笔来做这道题目，他自己先做出来并检查青年教师的答案。徐主任说过，不做几百道积分题是过不了数学物理关的。

真正对人生、对人民、对祖国有价值的是学科学，我们大学五年中有两年半的时间在学科学。首先要掌握科学的精密语言——数学，高等数学是很神奇美妙的，用微积分、用牛顿-莱布尼茨公式把很多中学无法解决的难题一下子就解决了。记得高冠群老师用兰州式普通话给我们讲高等数学，当时用的是黄正中教授的高等数学教材，其中有一道难题无解，但是高老师在黑板上分两步积分，就把这道难题解出来了。高老师谦虚而又自豪地说：当然黄正中教授的水平是很高的，但他说这道题无解，其实是有解的。马元鹏老先生讲高等数学也很有趣，我们每天都要从系里赶到校本部大教室占前排听马先生的课，唯恐坐在后边听不清楚。

我常想，如果我们能在兰大平静而扎实地学习五年，把四大力学、原子核物理、加速器物理实验等专业课全部学完，若有机会再读研究生，甚至出国留学，那么我们的科研水平和贡献以及命运就会大为改观。

其实，我班有好些同学既聪明又勤奋，是搞科研的好苗子。例如，和我同宿舍的何兴隆，很怪的光学难题他都能用微积分的方法巧妙地解答，而且他记忆力超强。可惜何兴隆毕业后从政，当了平凉地区的组织部长。“文革”后，有一次聚会，他张口叫我张可夫斯基，他曾记得我在宿舍朗诵普希金的抒情诗和郭小川的《青纱帐甘蔗林》。我说：平凉崆峒山风景不错，我想去看看。他大度地说：你来我接待你。没料到我还没去他就因喉癌住进兰大一院，不久便去世了。实在可惜，如果何兴隆从事稳定的科研工作，可能就不会走得太早。我班从政的同学还有王松龄、姚培珍、苏志希、侯万秋等，他们都没有官架子。

1966年9月16日，在天安门前（*右一为作者*）

我们大学五年中的两年半学习岁月是美好的。校长、老师都尽职尽责投入正常的教学中。我们虽然学习紧张，但业余文体生活还是很丰富的，如登兰山、看电影、排节目、唱歌，记得宿舍楼常响起高望平激情的歌声：年轻的朋友们用生命的火花，点燃了永不熄灭的灯光。

那个时代的老师们都很尽心尽力。教授物理的周尚文老师，面容消瘦，讲课不紧不慢，很从容。周先生每周都要抽一个晚自习时间从校本部家属院赶到我们系来辅导功课，晚自习结束时天就黑了，每次都有同学送周先生回家。物理实验课的毛老师也特别认真负责，由于我光学仪器使用不当，他让我连续两个下午重做光学实验，直到做好为止。教电学的姜培福老师当时正当壮年，精气神很足，讲课干脆利落，推导出的麦克斯韦方程简洁美妙。

兰大在20世纪60年代就闻名全国的关键在于有个好校长江隆基。江校长文化修养、政治水平在全国教育界中均属一流。我曾写过一个双簧节目叫《此路不通》，在全校进行文艺会演，受到某系学生上纲上线的批判。江校长在全校大会上作报告，指出作者只是个十八岁的大学生，写的作品可以讨论，但不能作为“毒草”进行批判。这就保护了我。

母校之歌

我的母校，兰大校园，北临黄河，南望兰山。
生命之河，奔腾向前，登高望远，宇宙浩瀚。
同学少年，学而不厌，校长老师，诲人不倦。
学子远行，海角天边，母校岁月，近在眼前。
师长容颜，挽留心间，同窗情谊，前定有缘。
兰大百年，历经波澜，坚守文明，立地顶天。
自强不息，独树一帜，校训如泉，滋润心田。
我们感恩，敬爱师长，我们赞美，青春校园。

曹合臣

作者简介

曹合臣，男，汉族，1946年8月生，河南省孟津县人，中共党员，副研究员。曾在兰大化学系、保卫处、校纪委、经济系、机关党委、生命科学学院工作，先后任副处长、纪委副书记、党总支书记、机关党委和生命科学学院党委书记等职，长期从事思想政治教育、行政管理和党务工作。在《兰州大学学报》《科学·经济·社会》等多家刊物发表党建、思想政治教育、职业道德修养论文十多篇。1990年，被中共甘肃省纪委授予“优秀纪检干部”荣誉称号，多次被评为兰州大学优秀共产党员、先进工作者。2006年9月退休。曾任离退休教职工党支部书记，现任离退休教职工党委委员。

春华秋实忆当年

——兰州大学化学系1970届三班回忆

2019年9月，兰州大学将迎来她的百年华诞，我作为母校培养的一名普通学生，同时又是参与兰州大学建设和发展近四十年的职工，经历了母校在发展中的艰辛和困难，体会了母校给予学子们的精神和激励，亲身感受到了母校的温暖和母爱，抚今追昔，感慨颇多！

我是1965年8月考入兰州大学化学系的，按照当时的说法是化学系1970届三班学生。这个班和其他班不同的一点是，被学校确定为半工半读试点班。半工半读、半农半读的学校是一种教育同劳动相结合的新型学校，这种新型学校能够培养出既能从事体力劳动又有文化技术的全面发展的新型人才。这种新型学校，是社会主义和共产主义教育的长远发展方向（见《人民日报》1964年12月31日第一版）。当时全国舆论纷纷赞扬半工半读是教育革命的新生事物，不少高校提出试办半工半读的设想。兰州大学也顺应形势，专门召开会议研究，决定从1965年录取的新生中选拔71名学生，分别在化学系、生物系、经济系试办3个半工半读班，同时成立了3个专业的工作组负责筹备事宜。

工作组成立后，首先是学习文件、提高认识，接着参考兄弟院校半工半读的方案，发动本专业教师讨论，制订初步的教育计划，在不改变五年制学制的前提下，对所学专业、工读比例、劳动安排、课程设置、学时分配等细节问题逐一明确。化学系当时只有一个化学本科专业，下设6个专门组，半工半读班确定为石油化学专门组。

1965年8月，我收到了兰州大学的录取通知书，录取专业为化学系化学专业。8月26日报到后，经过入学教育、系领导宣传动员，在全系120名踊跃报名的新生中，共选出30名为半工半读试点班的学生，编为化学系1970届三班。在这30名学生中，男生20人，女生10人，分别来自四川、陕西、河南、河北、山东、甘肃、宁夏、山西等8个省（区）。这些同学高考成绩相对较好，农村籍学生占80%以上，绝大多数为共青团员。按照当时的政治标准衡量，大部分同学出身于工人、贫下中农和干部家庭，系领导说是政治条件最好的一个班。

在入学教育中，总支书记聂大江、副书记赵天玉等领导反复向我们宣讲了试行半工半读的重要性和深远意义，同时也向我们介绍了教学计划、教材编写、实习地点、生活和班级活动的安排，以及任课教师、政治辅导员、班主任配备等情况，这使大家十分满意。我至今记忆犹新的是，时任化学系教学秘书的胡之德老师从教师的角度给我们做了一次生动的入学教育报告，其中提到国家培养一名大学生一年的投入相当于36个农民一年劳动的收入，这让我们心灵受到震撼。这些教育使我们体会到了党和国家以及校系领导对我们的关心、爱护和信任，我们纷纷表示要努力学习，做合格的无产阶级革命事业接班人。

化学系1970届三班毕业合影

入学教育后，我们开始了紧张的学习生活。按照第一学年的教学计划，30个人分为甲、乙两个小班，每个小班15人，分别在校上一周业务课，再到实习基地——兰州炼油厂催化剂分厂劳动实习一周，然后轮换。我们从1965年9月初开课到1966年6月停课，近一学年的时间里，专业课的教学进度和普通班一样，所开无机化学、化工基础、哲学、英语、高等数学、体育等均由教学经验丰富的教师担任。无机化学、英语、哲学是统编教材，高等数学、化工基础是自编教材，每次上课一个小班只有15个人，有一间专用教室，教师讲课非常认真，学生听课也非常专心，教学效果十分显著，师生关系也相当融洽。老校长林迪生还多次到教室听课，和同学们促膝谈心，了解情况，听取意见，确实让我们感受到了学校的关心和重视。其间，我们在系主任刘有成教授的带领下，乘车去聆听了一次时任化工部副部长、我国著名化学家侯德榜教授的学术讲座。

在兰州炼油厂的实习生活也使我们受益匪浅。学校专门在兰炼厂前盖了一栋小平房，配有生活用品，专供我们住宿和学习使用。我们的实习工作也得到了厂方和工人师傅们的热情欢迎和帮助。我们每人跟随一名工人师傅，学习了从硅酸铝小球催化剂的原料熔炉焙烧到小球的合成成型、化验室质量检验等一整套生产工序的过程，对岗位操作到化学反应、化工原理都了然于心。我们得到了工人师傅的言传身教，也和工人师傅结下了深厚的感情。在兰炼实习的一年里，我们参观过兰炼的大部分车间，聆听了兰炼总工程师和技术人员的学术报告、工人劳动模范的事迹报告。1966年春，邓小平同志到兰州炼油厂视察，在催化剂分厂，我们当班的同学有幸见到了敬爱的邓小平同志。

遗憾的是，“文革”打乱了我们平静有序的生活，使我们的半工半读试点停滞下来，但是对这一段不平凡的学习生活，大家还是刻骨铭心、难以忘怀的。由于学校、工厂的紧密配合，我们在德育、智育、体育诸方面都得到了良好的发展，同学间团结友爱、相互关心、相互帮助。记得有一位同学家中母亲生病，大家把自己省吃俭用的钱和在工厂上夜班的补贴都捐给了他。全班同学争先恐后地学雷锋做好事，多次得到系领导的表扬。不少同学星期天到街上、西固城街道帮助做好事，主动打扫宿舍、水房、厕所卫生，为大家提开水，编写黑板报，给校广播台投稿。学习上也成立互助小组，讨论问题，到资料室、图书馆查阅资料，主动向老师请教问题。在思想上，大家也积极要求进步，绝大多数同学写了入党申请书，可惜随着“文革”的到来，直到1970年8月我们毕业离校，全班也没有发展一名党员。

1970年8月，我们毕业分配。30名同学有12名去了解放军农场继续接受再教育，16名同学到农村的生产大队参加农村毛泽东思想宣传队，2名留校的同学则是在校办工厂当工人。离校后，同学们天各一方，虽然环境艰苦，但是大家始终牢记母校和老师们的教诲，努力发扬勤奋、求实、进取的优良学风，无论是在农村昏暗的煤油灯下，还是在农场的地窝子里，都坚定信念、孜孜不倦、努力学习，不断提高自己的专业水平，两三年后大家陆续被二次分配到工作单位，以勤奋、踏实、进取心强等优秀品质取得了单位领导和群众的信任。党的十一届三中全会后，我们又一次焕发了活力，学习和工作的积极性得到了充分的发挥。有的同学继续深造，考取了研究生，有的继续上“回炉班”充实自己，有的边工作边学习逐渐成为本单位教学科研和管理工作的骨干，全班绝大多数同学都入了党，陆续晋升为教授、副教授，地级、处级领导干部，中学高级教师，为母校争了光。

同学聚会（前排左二为詹光耀老师，后排左二为作者）

20世纪80年代以来，同学们之间的联系逐渐增多，对母校的怀念之情油然而生。我作为“联络员”，和绝大多数同学取得了联系，在交流中大家最为关心的就是母校的变化和发展，言谈中充满了对母校的眷恋之情。来兰的同学也一定会去文科楼、化学楼、拐角楼这些学习和生活过的地方看一看、转一转，在校门口和教学楼前留个影，拜访老师和同学们，表达对母校的拳拳深情。

回忆自己大半生所走过的路，深感母校所给予我的不仅仅是专业知识，更是精神、灵魂和整个人生；深感母校仿佛是大海中一座永不熄灭的灯塔，指引着我们满怀信心地越险滩、跨急流，在人生的旅途中顺利地走好每一步。

如今，我们这些已届花甲之年的学子，将继续在母校精神的激励下，紧跟时代的步伐前进。祝愿我们的母校在新的时代，续百年华章自强不息，争创出誉满华夏的一流大学！

赵怀让

作者简介

赵怀让，男，1946年8月出生，研究员。曾任兰州大学科研处处长、“2181工程”办公室主任、化学化工学院党委书记等职务，2006年8月退休。长期从事管理学的研究和教学工作，研究方向主要为科技管理、定量评估、高等学校管理等，讲授现代管理学、行政管理学、管理技术等课程。在全国性学术刊物上发表论文30余篇，研究成果获省部级奖励；编著有《现代管理学基础》一书。曾任全国高等学校科研管理研究会理事、常务理事，甘肃省高等学校科研管理研究会副理事长，《科学·经济·社会》杂志副主编等。

有关兰州大学“211工程”建设的回忆

我是1994年5月兼任、1995年5月专任兰州大学“211工程”办公室主任，直至1998年3月离任，其间经历了兰州大学“211工程”建设从基础材料准备、校内外调研、《兰州大学“211工程”整体规划论证报告》和《兰州大学申请“211工程”部门预审自我评估报告》的草拟论证、申请教育部部门预审、教育部专家组预审，到《兰州大学“211工程”建设项目可行性研究报告》的草拟论证、申请国家立项、国家发展计划委员会正式批准立项的全过程。“211工程”建设的内容包括重点学科、公共服务体系和必要的基础设施建设三大部分，重点学科建设是“211工程”建设的核心。因此，我校“211工程”建设的核心问题就是重点学科建设指导思想的确立和具体学科点的遴选。作为《兰州大学“211工程”整体规划论证报告》的执笔起草人，提出切实可行的方案，供全校师生员工讨论和学校领导班子决策，就成了摆在我面前的艰巨任务。为此，我付出了艰辛的劳作，比较圆满地完成了任务。兰州大学“211工程”申请国家立项成功，是学校党政领导班子的正确领导，各院系、学科点、各职能部门及全校师生员工的积极支持和参与的结果，是兰大人集体智慧的结晶。在此，我将我校“211工程”重点学科建设的指导思想的确立和学科点的遴选过程做一些回忆。

一、关于重点学科建设的指导思想

在国家正式批准立项的《兰州大学“211工程”建设项目可行性研究报告》中，关于重点学科建设的指导思想是这样表述的：

改革开放以来，特别是国家逐步向社会主义市场经济体制转轨以来，由于兰州大学地处西北腹地，远离国家经济文化中心地带，加上所在地甘肃省经济发展滞后，使学校的进一步发展面临一些特殊的困难。因此，我们必须实事求是，不搞简单的攀比，不追求在所有学科上比规模、比水平；坚持“有所不争，有所力争，有限目标、一席之地”的原则，发挥基础研究的优势，“做西部文章，创国内一流”。坚持重点办好一批学科点，集中人力、物力、财力建设一批在国际上有较大影响、在国内领先的学科点。虽然兰州大学比东部重点大学存在地区劣势，但这种劣势是相对的，是可以转化的。1.青藏高原、沙漠戈壁、黄土高原占全国国土面积的近1/2，对它们的基础研究和开发研究势在必行，这些方面的研究，兰州更有地域优势和人才优势；2.根据中共中央十四届五中全会精神，随着改革开放的深入和国家经济实力的增强，国家经济建设的重点将逐步西移。兰州在建设重点西移中具有“桥头堡”和“中转站”的地位，这会给兰州大学带来发展的机会；3.西部地区是我国少数民族聚居区，当前经济文化落后，其发展事关民族团结和国家的长治久安。从历史上看，西部地区是东西方民族、文化的交汇地，古丝绸之路逶迤而过，遗留下丰富的文化遗产。这些历史的、现实的问题为社会科学、人文科学工作者提供了不可多得的研究领地，兰州以其地利首得其便。

基于以上认识，兰州大学将在调整、充实、完善、提高原有基础的同时，充分利用国家逐步加大对西部地区经济建设支持力度的机遇和地处西部的布局优势，与甘肃及西部的经济建设和社会发展紧密结合，经过自身的努力和国家及地方政府的支持，通过“211工程”建设，使规模更加适当，结构更趋合理，效益更为提高，办成独具特色的国内一流综合大学。

兰州大学“211工程”重点学科建设的指导思想，是在充分研究分析我校当时学科建设的基本情况、学校所在地经济社会发展状况、国家发展政策导向，特别是吸取了先期进行“211工程”部门预审高校的经验教训的基础上提出来的，广泛征求了全校各系所、各职能部门负责人和专家教授的意见和建议，经过多次斟酌推敲修改，最后经校领导班子研究决定的。

1.关于“有所不争，有所力争”“做西部文章，创国内一流”

这一口号的提出，是有其背景的。当时对全国最好的高校有一个“2+3”的说法，即北京大学、清华大学，另外再加上复旦大学、西安交通大学、上海交通大学。根据各方面数据，我校当时在全国高校的排名大约在45～50名左右，不要说与上述“2+3”学校相比有很大差距，就是与其他比我校排名靠前的40多所高校相比，也存在不同程度的差距。按照传统的思维方式，我校就应该向比我校办得好的同类高校学习，借鉴他们的先进经验，努力追赶。但是，办学特别是办高水平大学，并非仅靠主观努力就可以办得到，会受到诸多客观因素的制约，其中有的因素是不可逾越的，特别是在竞争的环境下变数更大。这样势必造成跟在别人后边亦步亦趋，一步一步慢慢爬行，差距不但不能逐步缩小甚至还会出现拉大的局面。因此，必须改变思维方式，另辟蹊径，看别人没有干什么，没有干成什么，我们有什么别人不具备的有利条件，我们可以利用它办成什么事，如此去寻找突破口，制定跨越式发展战略。我们将其称为“逆向思维”。按此思维方式，我们在学科建设上，对经努力不可能获得突破者给予一般安排，集中力量建设已经取得领先地位的学科和独具特色、地域优势明显、经努力可能获得突破的学科，从而为学校的发展争得生存和发展空间。这就是“有所不争，有所力争”“做西部文章，创国内一流”。

在此要说明的是，为什么要定“创国内一流”。当时，有的高校在“211工程”部门预审时，脱离自身实际，把建设目标定位为“国际一流”，有的提出建成“中国的剑桥”“中国的麻省理工”等，显得十分盲目。也有一些高校目标不十分明确。为此教育部要求，此后进行“211工程”部门预审的高校，建设目标既要明确又要实事求是。我校当时确定的建设目标是“把兰州大学建成多学科协调发展的国内一流综合大学，其中一些独具特色的学科接近或达到国际先进水平”。1996年5月，李发伸校长在兰州大学“211工程”部门预审会上的汇报就是以《做西部文章，创国内一流》为题的。在后来教育部“211工程”办公室汇编的《有关高校校长在“211工程”部门预审会上的汇报》资料中，只有两所高校校长的汇报标题没有改动，我校就是其中之一，这从一个侧面说明我校对自己的定位是十分准确的。其实，国家在“211工程”建设的目标定位上是实事求是的，在国家立项建设的高校中，2所（北京大学、清华大学）要求整体上接近或达到国际先进水平，4所（南昌大学、新疆大学、内蒙古大学、云南大学）要求对地方经济建设和人才培养发挥重要作用，其余的要求办出特色，在其优势学科方面达到较高水平。

2.关于地区劣势及其转化问题

这一问题的提出，是为“做西部文章”作注脚的。视野非常开阔，没有放在兰州大学这个小圈子里就学科建设论学科建设，而是把兰州大学的学科建设放在兰州、西北、西部这个大舞台上来考虑，既有说服中央和地方政府、社会各界给予兰州大学强有力的支持的寓意，也有给我们自己加油鼓劲的意图，只要我们扎根西部，是可以大有作为的。

其中第一点指的是“西部资源环境”研究。中国科学院兰州分院所属的8个研究所有6个是研究西部资源环境的，所属图书馆也是资源环境资料中心，他们有很强的研究实力，有与我校长期合作研究的基础，我校与其强强联合开展西部资源环境研究，应该说是一个很好的选择。

其中第二点关于“国家经济建设重点西移”。当时，国家经济建设沿海发展战略正如火如荼地进行，但东西部之间的差距在不断拉大，不仅在学术界引起了广泛讨论，也引起了中央有关领导的关注，开始考虑加快国家西部经济建设的问题。但是国家政策的重大调整是有一个过程的，要出台一系列配套政策和措施才能实施，当时这些都还没有。记得当时在我校“211工程”部门预审会上有一位评审专家提出，你们所说的“国家经济建设重点西移”有什么依据，请拿出国家的有关文件。当然，当时我们不可能拿出来。我们学校地处西部，是多么希望“国家经济建设重点西移”的政策措施尽快出台，越快越好。后来不久，国家经济建设梯度发展战略出台，逐步制定了经济建设向中西部倾斜的政策措施，再后来，明确划出西北五省区、西南五省市区和内蒙古、广西两个自治区共十二个省市区为西部地区，并制定了一系列优惠政策，加快西部经济建设。我校自进入“211工程”建设以来发展很快，与国家加快西部经济建设政策的实施不无关系。

其中第三点关于“民族地区经济发展和丝绸之路研究”。由于我校所处的独特的地理位置，民族地区的经济发展和历史文化遗产为我们提供了广阔的舞台，我们希望以此为我校学科建设的突破口，有所作为。后来，我校民族学、敦煌学、区域经济学等学科飞速发展，给当初我们学科建设突破口的选择作了最好的诠释。

二、关于重点学科点的遴选

《国家发展计划委员会关于兰州大学“211工程”建设项目可行性研究报告的批复》中，关于重点学科建设的批复是：以重点学科建设为核心，重点建设生物活性分子有机化学、干旱农业生态、西部资源环境、原子核物理核技术及材料、区域经济与社会发展等5个学科建设项目，使其成为我国高水平博士、硕士人才培养和承担国家重大科研任务的重要基地。

我校“211工程”部门预审时提出的重点学科建设论证报告共论证了15个学科点。因为是多少年不遇的机会，各个学科点出于自身发展的需要，都想挤上这班车，竞争非常激烈。学校经过反复研究权衡，最后调整到15个。部门预审通过后，教育部通知我校重点建设的学科点为5个，对入选的学科点提出了严格的要求。按教育部指示，学校决定申报生物活性分子有机化学等5个学科为重点建设学科点。论证材料上报教育部初审，教育部通过了4个，1个未获通过。与教育部几经请示协商，将未获通过的1个学科调整为原子核物理核技术及材料上报，获得同意。下面将5个学科点的论证及建设过程作一些介绍。

1.生物活性分子有机化学

我校有机化学同时为博士点、国家重点学科、国家重点实验室，其实力仅次于南开大学，名列全国高校第二。在当时，全国平均4个博士点有1个国家重点学科、4个国家重点学科有1个国家重点实验室，可见其实力雄厚。所以，在确定为重点建设学科点时，该学科点是全校最没有争议的。其所以冠以生物活性分子有机化学，是因为其为有机化学发展的重要前沿之一，而我校在这方面也有坚实的基础，希冀取得重要进展。

2.干旱农业生态

我校生态学同时为博士点、国家重点学科、国家重点实验室。生态学学科点的前身是植物学专业的群落学小组，为了适应国家经济建设和社会发展需要，将学科方向调整为生态学。在干旱半干旱区雨养农业研究方面，不论在理论上还是在实际应用上都取得了重大突破，特别是收集雨水实行有限灌溉的方案，在甘肃定西、会宁等县建点示范，在抗旱中发挥了重要作用，经济效益可观，后来发展为甘肃省“121雨水集流工程”，大面积推广。该学科仅经过四年时间，就被批准为博士点，后又被批准为国家重点学科和国家重点实验室。因为该学科的主要研究方向为干旱半干旱区雨养农业，与西部地区经济建设和社会发展紧密相关，受到国家主管部门的高度重视，列为重点建设学科也就顺理成章了。

3.西部资源环境

青藏高原、沙漠戈壁、黄土高原占全国国土面积近二分之一，对它们的基础研究和开发研究势在必行，特别是改革开放以来，科学经济社会飞速发展，资源与环境问题显得尤为突出，这为我校地学类专业快速发展提供了条件。学校及时抓住机遇，以资源环境研究为中心，调整机构设置和研究方向，积极与中科院兰州分院联合，高举西部资源环境研究的大旗，有力地推动了学科建设。首先，根据国家科委要选择若干现有科研院所和高等院校的研究机构，就地改造为国家科学研究中心的方案，我校与中科院兰州分院的领导协商，建议组建“西部资源环境国家科学研究中心”，在承担国家重大项目和人才培养方面全面联合，此举得到了双方科研人员的认同和拥护。本人执笔起草了《兰州大学中科院兰州分院关于成立西部资源环境科学研究中心建议书》，经双方领导研究同意上报国家科委，得到国家科委的积极回应。从1994年2月初开始，经过双方领导和专家的酝酿协商和共同努力，在国家科委、国家教委、中国科学院和甘肃省的领导和支持下，于1994年11月12日正式成立了西部资源环境科学研究中心。中心设立了阵容强大的专家委员会，由中科院院士施雅风、李吉均为首席科学家，甘肃省科委主任、兰大一位副校长、中科院兰州分院一位副院长分别任中心办公室正副主任。同时，在校内以地理系、地质系、大气系及相关研究中心、研究所、实验室组成资源环境学科群，联合干旱农业生态国家重点实验室、西北人口研究所、西部开发综合研究所，于1994年7月正式成立了资源环境学院（非实体，为区别现在的资源环境学院，大家习惯上称为老资源环境学院）。此举凝聚了人气，增强了信心，扩大了影响，为争取承担科研项目打下了坚实基础。由于措施得力，工作扎实，西部资源环境学科点得到了国家相关部门和教育部的充分肯定和支持，在全国高校得到了普遍好评。经过十几年的发展，我校在资源环境的科学研究和人才培养方面日新月异，资源环境学院、大气学院成为我校发展最快的学院，应该说西部资源环境是我校重点学科建设方面的最大亮点之一。

4.原子核物理核技术及材料

该学科包括原子核物理博士点和凝聚态物理博士点的国家教委应用磁学开放实验室。我校原子核物理专业有较强的实力，取得了一批较高水平的研究成果，尤其在中子物理与技术方面的聚变中子源技术及某些应用领域进入世界先进行列。研制成功的3.3×10^{12}中子/秒强流中子发生器主要指标达到国际同类设备的先进水平，获1990年国家科技进步三等奖，为国家教委“七五”期间十大科技成果之一。该发生器的建成，对促进我国核武器及防御、核聚变反应堆、快中子治癌三大领域研究的发展起到了重要作用，在国内具有独特的优势。我校磁学和磁性材料的研究起步较早，在理论和应用研究方面做出了高水平的研究工作，取得了一批科研成果，被批准建立了国家教委应用磁学开放实验室。该学科点是以教育部批准建立的原子核研究所和磁学研究所为基础，是我校的传统优势学科，并具有很好的发展潜力，列入重点建设学科是在情理之中。

5.区域经济与社会发展

该学科是以区域经济学和民族学两个学科点为支撑的。其中民族学是当时我校社会科学类唯一的博士点，因其研究成果和实力，在西北乃至全国都具有较大影响。而区域经济学当时虽为硕士点，但在全国是唯一的。在此讲一段插曲。当时学校和经济系的负责人在研究经济学的学科建设突破口时，认为全国政治经济学博士点已经设得很多，经济学实力较强的高校基本上都有，要在政治经济学上突破几乎不可能，因此，只能在西部做文章，按照学校学科建设指导思想中关于地区劣势转化的第三点，就把经济学学科建设的突破口选在了“区域经济学”。但当时国家学科目录中没有“区域经济学”，实在没有办法，只好打擦边球，准备用“政治经济学（区域经济）”或“区域经济（政治经济学）”申报。说来也巧，在兰州大学“211工程”部门预审期间，预审专家组一位成员在考察经济学学科点时看到了我们的难处，他说，你们不是要有所不争、有所力争吗？那政治经济学就属于有所不争，区域经济学就属于有所力争，你们就按区域经济学申报学位点。后几经周折，在国家学科目录还没有区域经济学的情况下，获得学科评议组批准，成为全国首个区域经济学硕士点。这就是当时全国唯一的区域经济学硕士点的来历。后来，国家调整了学科目录，正式增加了区域经济学。由于区域经济学学科点同志们的努力，很快就取得了一批重要研究成果，在取得硕士学位点两年后申报博士点也取得了成功，成为全国首个区域经济学博士点。可以说，我校区域经济学学科建设的成功，开创了全国区域经济学的先河。该学科点通过“211工程”建设，发展十分迅速，推动了我校一批以研究西部为特色的社会科学学科的发展，使我校区域经济学、民族学、敦煌学等学科在全国同类学科中占据了重要位置。

每当回忆起自己的这一段经历，那些为学校学科建设苦苦思索、四方奔走、笔耕不止的朝朝暮暮历历在目，十分庆幸自己有机会能为学校的学科建设做了一些奠基性工作。虽然后来离开了这一工作岗位，但仍然时时关注着学校的学科建设，为学校的学科建设取得进展而高兴，为学校的学科建设遇到困难而担忧。今天的兰州大学已今非昔比，发展日新月异，实力大为增强。祝愿兰州大学蒸蒸日上，不断发展壮大，一天比一天好！

刘元露

作者简介

刘元露，四川省筠连县人，1946年3月9日生于四川宜宾。1950年冬，随父母来到当时位于兰州萃英门的兰州大学生活。1953—1959年，在兰大附小（后改名萃英门小学）上学；1959—1965年，在兰州女中读书；1965—1969年，在甘肃农业大学学习。1970—1971年，在甘肃省农业学大寨毛泽东思想宣传队清水分队工作；1971—1972年，在漳县城关公社工作；1972—1984年，在漳县一中从事教学工作；1984—1986年，在兰州大学物理系办公室工作；1986—2001年，在兰大中文系资料室工作。2001年9月退休。

童年记忆中的萃英门

1997年8月至1999年2月，我们原兰大附小（后改名为萃英门小学）1953级部分同学举行了四次聚会。

经过了四十多年的沧桑，同学们都是年过半百的人了，但只要聚在一起，大家都仿佛回到了童年时代，你一言、我一语，当年在萃英门度过的无比幸福的童年生活片段，便又浮现在眼前。那里的一房一屋、一草一木都成了大家谈论的永恒话题。

作者与父母及家人在至公堂和观成堂之间的石桥上合影

萃英门原位于兰州西关什字西北侧，北临黄河，是兰州大学旧校址的正门。50年代初被拆毁，辟为马路，即临夏路北路。兰州大学于1956年底开始陆续搬迁至盘旋路校区，原萃英门内的校址遂划归为兰州医学院第二附属医院（原为兰大医院）所有。

在我童年的记忆中，那座带楼阁的萃英门是相当巍峨的。学校四周都是城墙，位于东南角的萃英门成了学校与市区连接的必经之门。城门下的砖块因年代久远，已经残破不全。童年时代，我经常奉大人之命去萃英门外的大饼铺买大饼，也经常在门楼下玩耍，因而对萃英门的印象是极为深刻的。

1950年前后，从美、英、德等国留学回国来到兰州大学工作的青年学者就有十二人之多，而从江南水乡、国内大城市为支援大西北建设来到兰州大学的学者就更不计其数了。我和许多同学都是在那时随父母亲来到兰州，来到萃英门的。

萃英门，到后来就不只是狭义地被认为是一座门楼了，而是广义地成为反映兰州大学在某一历史时期的代名词。

首先值得一说的是老甘院（甘肃学院）。老甘院是萃英门一个南北向的三进大院，东西各有侧院四座。院里房间很小，一式的木门木格窗。据说科举时代做过考场，甘肃法政学堂时期做过学生宿舍，后来成为教工宿舍，是兰州大学十几个宿舍中最大的一个。院子东面是足球场，西面是排球、网球场及单双杠、吊环等健身设施处，南面是钟楼，有专人负责敲钟，学校的一切活动都随钟声进行。

1950年冬至1959年秋，我家就住在老甘院东院，和足球场仅一墙之隔。院子里种满向日葵、牵牛花、菊花等植物。记得50年代初期，每天早晨，我都是在大学生“嗵嗵嗵”跑操的脚步声和“莫斯科——北京”的乐声中醒来。广播里经常播放着郭兰英的《翻身道情》等歌曲，虽然物质生活并不富裕，但人们的精神生活非常丰富，学习认真刻苦，工作积极性空前高涨，人们的精神状态总是像春天一样生机盎然。

大约在1956年，老甘院里住进来许多大学生，他们住在一、二进之间两间比较大的门厅房里。那时电影《上甘岭》刚刚上映不久，休息时间，宿舍里经常响起其电影插曲《我的祖国》的悠扬旋律和雄壮嘹亮的歌声。那歌声深深地吸引着我们，出于好奇，我们老甘院的孩子们经常去大学生那里串门。大学生们一个个都像大哥哥一样和蔼可亲，他们热情地接待我们，给我们讲故事，耐心地回答我们提出的一些稚嫩的问题。同时，我们也看到大学生生活十分朴素，学习非常刻苦。有时，一些淘气的小家伙还在他们的木架子床上爬上爬下，他们也毫不介意，在孩子们的吵闹声中，他们依然孜孜不倦地读书学习。

萃英门有众多的“堂”。老甘院东南侧是至公堂，一座东西向古典式的高大建筑。一百多年前，左宗棠曾亲自为至公堂题写过对联。至公堂做过教室、阅览室、高考考场，周末则是工会、学生会举办舞会的地方。舞会中，大人翩翩起舞，我们这些孩子则兴奋地在至公堂内外捉迷藏，在大人们中间来往穿梭，不亦乐乎。老甘院西侧，隔着排球场的是昆仑堂。一排二层楼是昆仑堂的门面，楼前半圆形的台阶扇子一般地排开，楼后连着大礼堂，大礼堂是学校开大会、放映电影、演戏及文艺会演的地方。这里不仅经常有省、市各类剧团的演出，每逢有庆祝活动，大学生们也在这里演出自己排练的各类文艺节目，就连幼儿园、附小的孩子们也在这里登台演出。

作者和弟弟们在老甘院的家门口

我们最喜欢看大学生们表演节目，从排练一直看到正式演出，一遍又一遍，不厌其烦。如果套用“追星族”这个词，我们女孩子心目中当时十分崇拜的“星”就是那几位表演《采茶扑蝶》《十大姐》舞蹈中漂亮的“村姑”，还有那位曾轰动兰大的在电影《女篮五号》中扮演配角的地理系女大学生。我们追星的方式就是当一名忠实的观众，以能够经常有机会向心目中的“星”行注目礼为满足。

每逢岁末，这里也是工会、学生会举办灯会的地方。许多老师、学生前来参加，小孩子们也可以参加猜谜、吹蜡烛、抛套圈等各种娱乐活动，可以和大人一样拿到奖品。

昆仑堂，曾经是孩子们十分向往的地方，楼上一扇扇玻璃窗，映着阳光，亮闪闪的，显得无比辉煌，仿佛都与美好的未来联系在一起。

积石堂为学校图书馆，是肃静庄严的读书之地。那里面没有多少我们可以读懂的书，因而我们很少涉足。此外，还有贺兰堂、祁连堂、天山堂，是理学院和医学院教学实验的领地。楼里楼外，弥漫着一股刺鼻的“化学气味”，一张张黑色的解剖桌和那个浸满福尔马林液体的尸体池既神秘又恐怖，吸引着大胆的孩子们时而前往探险。去楼后面捡废弃的瓶瓶罐罐，一不小心，衣裙就会被那里残留的水水“烧”出一个个洞洞来。

静观园是萃英门内最美丽的地方，位于萃英门西头，是比昆仑堂更令孩子们向往的地方。园内有横贯南北的假山，山上建有七烈士纪念亭，山上山下草木成荫。山前是果园，山后是花园，果园里有十几棵大梨树，春天繁花似锦，秋天硕果累累。园里有大大小小十多棵桑树，是我们喂养蚕宝宝的“粮食基地”。有一棵最大的桑树，秋天满树紫红的桑葚不知吸引过多少馋涎欲滴的孩子。

作者和母亲及弟弟们在萃英门静观园牡丹花丛前留影

我们的小学——兰大附小（兰大迁校后改名为萃英门小学，90年代初并到临夏路小学）就在静观园南头，每天上学放学都要从静观园经过。图画老师曾带我们去静观园写生。到了夏天，我们在山后花丛里捉蝴蝶，采集各种草叶玩过家家。冬天，果园里灌上水，便成了滑冰场，成为寒假里我们玩耍的好去处。

学校工会还在静观园办了个茶会，夏夜，教职工在这里乘凉、品茶，欣赏各种曲艺节目。到了六一儿童节，我们小学在这里举办庆祝活动，一批又一批少先队员在这里宣誓，戴上红领巾，光荣地成为中国少年先锋队队员。

四十多年过去了，萃英门现在鲜为人知，但它永远铭记在我们这些兰大子女的心中，因为它是我们无忧无虑幸福童年生活的一个见证。更重要的是，它记载着兰州大学一个时期的辉煌，将永远载入兰州大学的史册中；同时，它也是兰州大学永远群英荟萃的一个标志。

于泽俊

作者简介

于泽俊，男，1954年3月出生。先后就读于兰州大学经济系和中央党校理论部，分别获经济学学士、法学硕士学位。曾任兰州大学出版社社长、华夏出版社副总编辑、中国盲文出版社副总编辑、中国作家协会会员。著有《宋美龄大传》、长篇小说《工人》、长篇历史小说《大风》等。

盛大的节日

——关于1977年高考的回忆

1977年恢复高考时，我已经二十三岁，当过三年工人、四年兵了。当时，我刚从部队复员，回到原单位冶金部四冶四公司继续当工人。四公司的工程在甘肃永登县连城镇，人们习惯上称这里为连城沟。小山沟里消息十分闭塞，兰州的考生早在几个月前就已经知道要恢复高考，而我们则是在10月21日《人民日报》发布消息之后才知道的。

恢复高考对我来说是个千载难逢的机会，考是一定要考的，不管怎么说都要试一试。可是真的下定决心要考，又感到十分心虚。凭自己肚子里的那点东西，拿什么考呀？我十六岁就参加工作，说是初中毕业，可是中学时期除了学工学农学军，几乎一天课都没上过。隔着锅台上炕，直接考大学，听起来简直是天方夜谭。

高考共四门课：语文、政治、史地、数学。我的数学只有小学五年级水平，连开平方都没学过，史地课程学校从来没开过。自以为语文、政治还可以拼一拼，毕竟参加工作后也读了一些书，多少有点积累，可是掰着指头数一数，肚子里的库存同样少得可怜。两报一刊、毛选四卷、鲁迅文集和一些零零星星找到的旧小说，再加上《联共（布）党史》和几本马列主义的小册子，这些差不多就是我参加高考的全部资本了。

从报上公布消息到正式考试，总共只有48天时间，我用一两天的时间把历史、地理撸了一遍，其余的时间几乎全部花在了数学上。从开平方学起，一直到三角函数，把初一到高三的数学生吞活剥地学完了。所用的教材是当时出版的《知识青年自学读本（数学）》，一本书囊括了初高中数学的全部内容。这本书帮了我大忙。

我所在的机械维修车间有个技术组，由“文革”后分来的五位大学毕业生组成，我有不懂的地方就去问他们。这五位大学生都是我的恩师，不论什么时候找他们，不论找到哪一位，他们都会不厌其烦地为我耐心讲解，没有他们，就没有我的今天。

考试的时候，我的数学居然得了55分。考完之后，我到技术组去“谢师”，没想到其中一位大姐家里高压锅爆炸，受了重伤，没能来上班，后来我上学走了，再也没见到过这位大姐。

那时白天要上班，晚上一直熬到三四点钟才睡，每天只能睡三四个钟头。睡也睡不踏实，一闭眼满脑子都数学公式。临考前半个月，公司给所有报考的职工放了半个月假，这才有了整块的时间。我住的地方离食堂很远，往返要花一个多小时，为了节省时间，我一次买了三四十个馒头，一饭盒咸菜，这样就可以五六天不用出门。

宿舍里暖气烧得很热，我怕馒头变馊，装在一个网兜里挂在墙上，那些馒头很快就干了，裂开了花。吃到后来，馒头已经干得咬不动了，只好用榔头砸开再用开水泡着吃。那个铝制的饭盒也被盐侵蚀得斑斑点点不能用了。

半个月没怎么吃菜，嘴唇上裂开了一道道小口子，直往外渗血珠。个人卫生也顾不上打理，胡子拉楂的，从镜子里看，要比实际年龄老十多岁。

四公司对青年工人参加高考很支持，公司教育科为我们举办了补习班，主讲的两位老师就是教育科的干部，一个是北大毕业生，一个是清华毕业生。补习班结束时搞了一次模拟考试，我的政治、语文都是第一名，多少给我增加了一点信心。

甘肃的高考是在12月7日、8日两天进行的。我们的考场在窑街矿务局子弟中学，离连城沟还有三十公里，公司派了一辆大卡车负责接送我们。

1977年的高考对于年轻人来说，是一个盛大的节日。仿佛天上突然掉下来一个大馅饼，就看怎么分了。考场上形形色色什么样的人都有，有十五六岁的应届毕业生，也有三十好几改了户口来报名的，有师生齐上阵的，也有夫妻比翼双飞上考场的。

当时的中学，连本正规的教材都没有，高考要考什么，谁都不知道。各省市自己出题，没有任何范围。作文题目五花八门，北京的是《我在战斗的一年里》，安徽的是《紧跟华主席，永唱东方红》，广东的是《大治之年气象新》，甘肃的是《不到长城非好汉》。

语文刚考完，就听见不少考生说自己押题押中了。当时，叶剑英元帅发表了一首诗，题目是《攻关》。原诗只有四句："攻城莫畏坚，攻书莫畏难。科学有险阻，苦战能过关。"很多学校的高考补习班都押了"读《攻关》诗有感"的作文题。

看到题目，我估计大家都押中了，写出来大同小异，得分不会太高。我知道自己数学、史地不行，全靠政治和语文拉分了，便另辟蹊径，写了一篇抒情散文，后来证明得分还可以。

甘肃的语文试卷中有一道改错别字的题，出了八个成语，其中有鬼鬼祟祟、枉费心机、不知所措、一枕黄粱。考生们怎么看怎么像是挖苦自己，考完之后，就有人编了一段自嘲的顺口溜：

鬼鬼祟祟进考场，不知所措答卷忙。
枉费心机来考试，一枕黄粱梦不长。

考生志愿的选择十分盲目，兰州市的考生有老师指导，估计会好一些，连城沟的考生几乎90%的人第一志愿都报的北大、清华，反正有枣没枣打一竿子，万一要是碰上呢！到后来，则尴尬得谁都不好意思说。

我第一志愿报的是兰州大学经济系。其实我很喜欢文学，只是觉得文学不能当饭吃，只能当业余爱好，所以才报了经济系。第二志愿报的是甘肃师范大学，报完之后很后悔，因为当时最吃香的四大职业是：听诊器、方向盘、劳资干部、售货员，没有人愿意当老师。

在等待录取通知的那段时间，我心里一直在纠结，万一录取到师大是去还是不去。后来录取到了第一志愿，我便和人开玩笑说：他们怕我第二志愿不去，所以录取到第一志愿了。

考完试不久，我接到通知到永登县城去参加复试。连城本是永登县的一个镇，离永登的直线距离只有三十公里，但是中间隔着祁连山过不去，要去永登县城必须先回兰州，绕一个大三角，中间要汽车—火车—汽车，连倒三次车才能到达。

和我一起参加复试的一共七个人，其中有位陈姓大姐，也是四公司的。她是北京九中的老高三毕业生，在云南插队多年，因为回不去北京，嫁给了四公司的一个中专生，四冶以招工照顾亲属的名义，解决了她的回城问题。从北京出来嫁到这样一个小山沟，陈大姐心里是很委屈的。

陈大姐参加高考一路上可谓过五关斩六将，很不容易。她的生父曾任国民党沈阳市政府官员，1948年底被国民党政府裹挟去了台湾，因为走得匆忙，未及与妻子告别。当时她还不满周岁，母亲带着她改了嫁。这次高考，她遇到的第一个问题就是家庭出身，按高考政策是不论家庭出身，重在本人表现，但是下面执行起来就全看各单位怎么掌握了。

在我认识的人中，那一年就有好几个因为家庭出身问题不准报考或不予录取的。陈大姐当过知青，见多识广，能言善辩，她据理力争说服了招办的人，准许她报了名，可是参加高考时她已经怀孕两个多月了。去复试的时候，一路上都在吐酸水。

复试的时候，公司派车把我们送到海石湾火车站。我要去买票，陈大姐想给我们省几个钱，不让买，她要带领我们逃票。我们几个人都没干过这事，有点害怕。陈大姐说，别怕，我有经验，碰到查票的就说你是知青，一般都不管，有什么麻烦我来跟他们交涉。

谁知一上车就赶上查票，我们几个人都没干过这事，装知青也装不像，列车员一问就把底问漏了。我从未逃过票，只这一次还被抓住了，羞得脸通红。还好，列车员只让我们每人补了八毛钱的车票，并没有罚款。

到了永登，大家都已经饿得饥肠辘辘了，想找个地方吃饭，陈大姐还是不让我们去，她要给我们找个免费吃饭的地方。几个人在街上转来转去，来到一家运输公司门口，陈大姐要带我们进去，我们都不好意思，最后陈大姐一个人进去了。不知她是怎么和人家交涉的，运输公司的领导居然同意我们七个人免费在他们食堂吃饭。当时我很不理解，陈大姐为什么要省那几个钱。随着年龄的增长，我才逐渐明白了，是环境造就了人。如果没有这样的生存能力，知青们怎么活呀！

后来，陈大姐被甘肃师大录取了。其实她的考分比我们都高，当时重点大学的录取对年龄要求比较高，很多高分的大龄考生被录取到了师范院校。陈大姐原打算接到录取通知书就去做人工流产，可是那会儿孩子已经四个多月，做不成人工流产了，只能做引产，风险很大。陈大姐已经三十岁了，上完大学还能再生育吗？权衡再三，她只好放弃了上大学的机会。

费了这么多周折，陈大姐还是没能走进大学的校门，这是她终生的遗憾。每当想起她的遭遇，我的心里总是沉甸甸的。

1978年2月，我被录取到兰州大学经济系。班上一共59名同学，其中有24名党员，占全班人数的40%，35名团员，占总人数的59%强。按照当时所谓“又红又专”的标准，已经红透了。从另一个角度看，则说明考前他们都是各个单位的佼佼者，因为“红”是当时唯一的社会价值取向。

59名同学中，只有一名非党非团的“群众”，是班上年纪最小的，刚满16岁。团支部很快发展他入了团。按程序团支部书记要找他谈一次话，他很紧张，也很认真，当天晚上就跑回家去，找同学借了一本团章，背了一晚上。后来被同学们当成了笑话。

59名同学，刚入学没几天就少了一名。有位从天水考来的同学，已经入学了，父母亲又追到学校，逼着他退了学。开始我们以为他家里经济上困难，全班同学一致表示，愿意集体出力帮他读完大学，但是不得要领。原来这位同学是独生子，考前家里已经给他订了婚，父母亲指望他给他们养老送终，害怕他考进城就不回去了。他是背着父母亲参加高考的，直到入学父母亲都不知道。这位同学说什么也不肯走，与父母亲僵持了一个星期。同学、老师和系领导都来做工作，但是两位老人坚决不同意，硬是逼着他退了学。天水很穷，整个甘肃都很穷，与贫穷并生比贫穷更可怕的是愚昧。

那位同学走了之后，班上又来了一位借读生，是甘肃省建筑公司的宣传干事，他在我们班只借读了一年半就考上了研究生，成为恢复高考后经济系的首届研究生。虽然他没有经济系的本科学籍，班上同学却从来没把他当外人，一直是作为同学对待的，因此班上的人数还是59人。这位同学后来成了著名经济学家，现为浙江大学CRPE首席教授。

关于另外58名同学，故事就太多了，这里只讲几件和当年高考有关的事。

高同学入学前在陇南插队，管着队里的几百只羊，每天天不亮就要把羊赶到山上去。一天早上，他刚把羊群赶到山脚下，大队书记就追上来，告诉他不用去放羊了，说完交给他一个信封，里面装着兰州大学的录取通知书。那一刻改变了他的命运。

从兰州石油化工机械厂考来的刘同学，高考前妻子正在怀孕，高考那天早上，妻子出去给他买早点，走到半路忽然觉得肚子疼，她知道快要临产了，强忍着疼痛买了几根油条，却怎么也走不到家了。街坊邻居发现之后，帮着刘同学把妻子送进医院，让他赶紧走，不要耽误考试。第一场考完，他来到医院，女儿已经出生了。所以，他永远不会忘记女儿的生日——1977年12月7日。

如今四十年过去了，班上的同学如满天星斗，散布在全国各地，有的已经定居国外。他们在各自的工作岗位上干得都很出色，成就大小不同，但是没有一个给1977级丢脸的。他们的成就加在一起，可以用“辉煌”二字来形容。

从政的同学有三十多位，在高校从事教学科研的有十来位，能称得上经济学家的至少有五位。还有几位下海创业的，也干得相当不错，兰州市的地标性建筑世纪广场，就是我们班上一位同学所建。

我们能取得这样的成就，并不完全取决于自己的努力，在很大程度上是时代给了我们这样的机会。1977级毕业时，正赶上改革开放，国家百废待举，各行各业都急需人才，大多数人都能比较容易地找到一个发挥自己才干的平台，不像现在的大学毕业生那样，面临如此激烈的就业竞争。

关于1977级，关于我们这个班级的故事，不是一两篇文章能讲完的，我将在我的长篇小说《77级记事》中向读者全面展现他们多彩多姿的人生历程。

王安平

作者简介

王安平，男，生于1954年6月，甘肃武都人。中共党员，研究员。1978年8月，毕业于兰州大学化学系，留校任教。先后在兰州大学化学系分析化学教研室、系办公室，兰州大学管理科学系、校长办公室和甘肃中医学院工作，长期从事高等教育管理工作，曾在国内期刊报纸发表专业类、高等教育等方面论文30余篇，发表文学类作品20余篇。

西去的驼铃

——一张照片背后的故事

“忆江南，最忆是杭州”。杭州的美景数西湖。宋代诗人苏轼曾在此留下了千古名句：“欲把西湖比西子，淡妆浓抹总相宜。”1996年的冬季，美丽的杭州，翠绿的松柏覆盖着厚厚的白雪，一眼望去，一片银装素裹。美丽的西湖在和煦的阳光的照射下，湖面依然那样的平静，湖水依然那样的清澈，空气里弥漫着祥和的气息，盛开的蜡梅更是美丽无比，美得让人心动，一切都是那么的美妙。

来自全国直属高校的党委书记、校长汇聚在美丽的西子湖畔，教育部（原国家教委）第七次直属高校咨询工作会议在美丽的杭州召开了！

按照会议日程安排，会议已经进行到各个大学的校长或党委书记汇报发言的阶段。在宽敞的会议室里，座无虚席，会场秩序井然。李发伸校长代表西部六所高校做了题为《西部地区直属高校改革和发展所面临的形势和应采取的对策》的发言，也是大会的最后一个发言。

李发伸校长

汇报内容结束后，投影屏幕上出现了一队敦煌鸣沙山旁的沙漠驼队。李发伸校长继续说道："各位领导，各位同仁，同志们，在结束我的发言之前，请大家看一幅拍摄于西北的照片，浩瀚无际的沙漠上，一支驼队伴着朝阳，由东向西，缓缓前行，这不仅是一幅典型的西北风情照，它还是我们西部直属高校奋斗精神的真实写照。从积极的、进取的意义上说，我们西部直属高校背负着科教兴国的重任，正在翻越我们面前的艰难险阻，奋力前行，从防守的意义上说，我们起着'防沙站'的作用，阻止着'文化和科技的沙漠化狂潮'侵蚀我们祖国的腹地，也为我们地处发达地区的兄弟院校在完成中华民族复兴的伟业中有比我们更为良好的工作环境创造着条件。”话音刚落，会场上出乎意料地响起了异常热烈的掌声。

由于这次汇报发言和这张具有西部特色的沙漠驼队照片，在大会上引起了轰动，西部高校面临的现状和困难引起了教育部（原国家教委）领导的重视和兄弟院校的关注。在随后几天的咨询会期间，很多与会的校长、书记都纷纷前来进一步讨论、磋商、索要相关资料，甚至多少年后当时出席会议的校长们谈论起来这件事都还津津乐道，记忆犹新。无论是亲历者，还是听李校长讲述过那次会议情况的同志，都会常常饶有兴趣地谈起那次咨询会，谈起西部高校的困难和西部高校的奋斗精神，还有那张照片所带来的感动和精神震撼……

为了开好这次咨询会，时任国家教委主任的朱开轩同志指示直属办，要在全体会议上安排西部直属高校作一个发言，集中反映一下西部几所直属高校在当前改革发展中面临的困难和应该采取的对策。

为了做好这个发言，西安交大、陕西师大、四川联合大学（现四川大学）、重庆大学、西南师大、兰州大学西部六所高校的校长或党委书记曾汇聚在金城兰州，参加由国家教委直属办在兰州大学主持召开的“西部地区高校发展战略研讨会”。与会领导结合各校在地方经济发展和社会发展中存在的优势和劣势，集思广益，畅所欲言，总结了西部高校在改革发展中面临的共同问题，进一步明确了西部各高校在区域经济发展中的战略地位，探讨了西部高校进一步改革发展的对策。根据大家的发言和教育部直属办领导的总结，形成了提交直属高校工作咨询委员会第七次全体会议的参阅资料，并一致推荐由时任兰州大学校长李发伸代表西部六所高校作汇报发言。

接到任务的李发伸校长感到压力很大，未敢怠慢。经过反复斟酌，并与有关人员反复商讨，多次用电话、写信等方式和其他几所高校的党委书记或校长沟通，商定本次发言主要以西部地区高校面临的困难、教职工队伍不稳、收入较低等问题为重点，并以公开的统计数据阐述观点。

当时，最先进的放映设备也只是老式的投影仪，根据研讨会已形成的参阅材料的核心内容，决定以在投影仪上放透明胶片的形式进行汇报。我们办公室的同志根据李发伸校长的设计思路将汇报内容编辑成文件，复印成彩色的透明胶片。制作完成后，又遵照校长的要求，增加了几张展现西部风情和风光的照片，沙漠驼队就是其中的一张。在浩瀚的沙漠上一队骆驼背负着重物，迎着朝阳，迈着坚实的步伐缓缓向前行进。

西去的沙漠驼队

李发伸校长看到这幅照片后马上产生了灵感，富有激情地对我们说："这张照片不就是我们兰州大学的真实写照吗？兰州大学地处西部，当年以毛泽东同志为核心的党的第一代领导人和党中央为了战略考虑，在西北边陲确立了这所重点大学。新中国成立以来，兰州大学为国家培养了数以万计的合格人才，为祖国的社会主义建设贡献了应有的力量。多少年来，兰州大学就像这一队骆驼，她克服重重困难，肩负着历史重任，迎着太阳，向着希望，稳步前行。"校长的感慨让我们在场的同志都深受鼓舞！

是啊！兰州大学的命运总是与西部的发展息息相关，当我们年轻的共和国刚刚建立，老一辈党和国家领导人在制定第一个五年计划时，做出了开发大西北的战略决策，把当时只有150多名教师约1000名学生的兰州大学确定为高教部的直属重点大学，予以重点支持。这一决策对兰州大学的发展有着决定性的影响，使兰州大学得以成为现在这样一所国内外知名的社会主义新型大学，这一决策也改变了许多人的生活轨迹，这是兰州大学发展史上的第一个重要的历史机遇。

而历史的发展总是如此相似，在我们迈向21世纪的时候，国家在制定第九个五年计划的时候，西部地区再一次受到了党和国家领导人的关注，实施科教兴国，加快中西部地区发展，将经济建设重点逐步西移。“西部大开发”的号角已经吹响，启动了面向21世纪国家重点建设100所左右高等学校和一批重点学科即“211工程”项目。我们迎来了“211工程”部门预审，这是兰州大学发展史上的第二次历史机遇。

在勾画发展蓝图时，把更加自觉地为西部建设和发展服务作为我们共同的历史责任。根据学校制定的“211工程”整体建设规划，按照结构更加合理、规模更加适当、效益和质量更为提高的指导思想，把兰州大学建设成密切结合国家西部经济建设的人才培养基地、科学研究基地和社会服务基地，在国家西部经济建设中发挥不可替代的“桥头堡”作用。

1995年，在学校召开的第六次党代会上，李发伸校长代表学校做了题为《抓住机遇，奋力拼搏，立足西部，争创一流》的报告。他系统地分析了兰州大学所处的劣势与优势以及面临的形势，指出在办学过程中，必须坚持“有所不争，有所力争”的原则，切实落实“有限目标，一席之地”的精神，充分发挥学校基础理论研究的优势，利用西部地域特色，集中学校人力物力财力，坚持重点办好一批在国际上有较大影响、在国内领先的学科点，首次提出了“做西部文章，创国内一流”的办学思路和“扎根甘肃，立足西部，面向全国，走向世界”的奋斗目标。

1996年，兰州大学迎来了国家组织的“211工程”验收。在“211工程”部门预审会上，李发伸校长做了题为《做西部文章，创国内一流》的汇报。他重申了兰州大学改革发展的总体目标，并设想未来的兰州大学，通过特色研究而争创国际国内先进水平，将以其地域特点和学科特点在国家经济社会发展中发挥无可替代的作用，将以其雄厚的人才培养优势、丰硕的科学研究成果、广泛的国内外学术交流、与地方政府的密切联系而跻身国内一流高校的行列，在国内的地位和作用将进一步突出，在国际上的影响将进一步加强。

兰州大学的指导思想和办学思路得到“211工程”部门预审专家的一致好评，专家组组长、中国科学院院士、复旦大学校长杨福家在反馈评审意见时说：“兰州大学是一所具有较长办学历史的高等学校，几代兰大人扎根西北高原，艰苦创业，为兰州大学的建设与发展做出了无私的奉献。学校坚持社会主义办学方向，全面贯彻党的教育方针，弘扬‘勤奋、求实、进取’的优良学风和办学传统，为国家特别是西北地区和甘肃省的社会主义建设培养了大批专门人才，取得了一批具有较高水平的科研成果，成为我们特别是西北地区人才和科学研究的重要基地之一。改革开放以来，兰州大学继续发扬自力更生、艰苦奋斗的精神，注重提高教育质量和学术水平，充分利用理科和部分文科基础研究的优势，建立了一批具有明显西北地域特点的学科，初步形成了自己的办学特色，在条件较为艰苦的情况下，使学校各项事业有了较大的发展，并取得了较高的办学效益。近年来，随着国家更加重视支持中西部地区的发展，兰州大学认识到学校在西部地区发展中的重要地位和责任，确立了‘做西部文章，创国内一流’的办学思路，为学校的进一步发展明确了方向。目前，兰州大学已是一所教育质量较高、部分学科特色鲜明、学术水平居于国内高校前列，并有一定国际影响的社会主义大学。”

兰州大学顺利通过了“211工程”部门预审，从此进入了国家队，学校建设步入了快车道，也为后来进入“985工程”建设高校和现在的“双一流”建设奠定了坚实的基础。

金淑萍

作者简介

金淑萍，1954 年 7 月 28 日出生。1975 年 8 月—1978 年 8 月就读于兰州大学化学系石油化学专业，毕业后分配至兰州炼油厂研究所工作，1983 年调入江苏常州江苏激素研究所工作，1988 年调入江苏常州江苏工业学院（今常州大学）工作。2009 年 8 月在常州大学退休。

忘不了你兰大

——写在四十年后返校之际

光阴荏苒，岁月流逝，如今的我们已两鬓染霜，心如止水，伴随着耳顺之年的淡泊与释然渐渐变老。回望青春，遥想当年，我们1975级石油化学专业的三十名同学，来自祖国的四面八方，来自各行各业，齐聚兰大走进了同一个教室。

浪花翻滚着飞扬的青春和浪漫，波涛承载着无数年轻的理想和忧伤，无数学子从这里渡到了人生的彼岸。我们怀念在学校那几年的美好时光，感谢学校的培养，感谢老师的谆谆教诲。回想青春，匆匆那些年记忆中的那些人、那些事依然历历在目。这里留下过我们的青春，这里洒下过我们的汗水。凝望着你，心里漾起一种暖意，那是满载我们的回忆……

兰州大学化学系1975级石油专业毕业留念

忘不了，多少个月朗星稀的夜晚，晚自习已经结束，而有的同学仍在烛光下挑灯夜战，还有晚自习停电时的那一刻“耶”声，响彻天际；忘不了，课间休息时嬉笑打闹声飘荡在满是桂花清香的九月的校园，“胆大妄为”的同学模仿南方老师的口音引起的哄堂大笑；忘不了，英语老师那声如莺啼的悦耳发音，化工原理老师那耐心细致的授课讲解；忘不了，红砖瓦墙古朴的大礼堂；忘不了，下课后饥肠辘辘直奔低矮平房的食堂，如饥似渴地喝上一碗玉米糊糊，嚼上一块玉米发糕，南方同学偶尔看见食堂供应米饭，便欣喜若狂地装满碗、盆、饭盒等所有容器，直到饭桶见底，一粒不剩；忘不了，女生宿舍的水房常因水池外溢，下水道堵塞而“水漫金山”；忘不了，每天晨练操场上“沙沙”的跑步声；忘不了，在部队军训与那些素不相识的官兵播下的友谊的种子和收获的感动。一个月的军训，我们慢慢磨合，我们收敛了轻狂和张扬，我们懂得了关心和团结，部队的军训生活在我们成长的道路上烙下了不可磨灭的印迹，临走时依依惜别，泪眼婆娑……忘不了！忘不了！虽然艰苦但并快乐的校园生活，那匆匆的年月里，温暖而美好的时光恍如昨日……

作者在兰州大学校门前留影

兰大，梦中今夜我回来了。四十年前的今天我们毕业了，告别母校，让人情依依；奔赴新生活，使人心切切；再深情望一眼，曾经充满回忆的教室，新的开学季坐在这个教室的人就不会再是我们……

再回首恍然如梦，再回首我心依旧。我们怀念那时、那天、那人，心怀感激。今天，我们再次相聚于母校，校园里一面面彩旗迎风飘扬，老同学握手拥抱。在校的青年学子生机勃勃，看见他们就好像看见我们自己的青春模样。同学相见亲密无间，人生的记忆一滴一点漫上心头。

当岁月沧桑，兰大依然在周而复始的年轮间开满繁华，用它的沉厚底蕴谱写着最壮丽的篇章。

兰大，我的母校，你哺育了莘莘学子；百年的耕耘，你育得桃李满天下。一代又一代的兰大人走出校门，他们的身影遍布神州大地、五湖四海。他们要把这份温暖传递下去，他们要把这份收获播种下去，变成更多的希望和收获。

1975级石油化学专业同学毕业四十年返校时的合影

今年，我们毕业四十年了。这四十年也正是国家改革开放的四十年，我们共同经历并见证了四十年风雨沧桑、凤凰涅槃、巨龙腾飞的过程。今天，在改革开放的新征程中，我们又迎来母校一百一十周年华诞的庆典。一个世纪见证了，兰大老师们孜孜不倦、甘为人梯的无私奉献；一个世纪见证了，届届兰大学子严谨笃学、勤奋求实进取的学风。一百一十年的锲而不舍使兰大成为了人才培养的摇篮，一百一十年的上下求索使兰大成为了中华大地上一颗璀璨的明珠。饮水思源，我们深切感谢母校的栽培！在母校一百一十华诞之际，我们衷心祝愿母校人才辈出代代强，硕果累累兴中华，世界一流大学谱华章！

段京肃

作者简介

段京肃，1955生，山西襄汾县人。自幼在西北长大，大漠性格。1982年1月，毕业于兰州大学中文系汉语言文学专业，留校工作。1983—1984年，在中国人民大学新闻系新闻理论助教进修班学习。1984—2002年2月，在兰州大学新闻与传播学系任教，先后任助教、讲师、副教授、教授；1991年起，先后兼任系副主任、系主任；1996年起，担任硕士研究生导师。2001年12月，调入南京大学新闻传播学院任教授；2003年5月起，兼任副院长、学院教学委员会主任。主要社会兼职：中国新闻教育学会传播学分会副会长、中国新闻文化促进会传播学分会副理事长。1998年起，任中国人民大学新闻与社会发展研究中心兼职研究员；2002年，任武汉大学媒体发展研究中心客座研究员；2007年起，任复旦大学信息与传播研究中心兼职研究员。主要科研方向是新闻传播理论，侧重于传播事业与社会发展研究、现代媒介研究和媒介素养研究。1996年，获甘肃省高校青年教师成才奖，同年获中国新闻教育学会韬奋奖，获兰州大学优秀教学成果一等奖；1997年，获甘肃省社会科学优秀成果一等奖，同年获甘肃省人民政府优秀教学成果一等奖；1998年，获兰州大学首届汇凯奖教金，同年被确定为甘肃省高校跨世纪青年学术带头人、甘肃省高校社会科学重点学科（传播学）负责人。2007年，获南京大学优秀教学成果一等奖。2000年，获国务院颁发的政府特殊津贴。

不当干部上大学

知道恢复高考的消息是在一户农民的炕头上。那晚，同一起下乡搞路线教育的同事在农民家吃“派饭”，晚上八点墙上的小喇叭里开始播出《各地人民广播电台联播节目》，不记得这条消息是安排在第几条播出的，反正是听到之后的第一反应是“我要考大学”。匆匆吞下那碗面条，对同事说我要回家去找一些书。同事是“文革”前的老中专生，对我的决定和行动非常支持，并表示眼下的工作他负责，让我尽可能多一些时间复习功课。我扔下饭碗，骑上自行车，飞快地向县城赶去。深秋的河西之夜，天气已有凉意，黑黢黢的公路上只有我一人一车，头上冒出了热汗，心中更是热浪滚滚。我知道自己改变命运的机会来了。想上大学是我许久以来的心愿。尽管当时我已经是县革委会办公室的一个干部了，在当地也算是有一个令人羡慕的职业和工作单位，但上大学是我自幼的理想，可是大学的门当时对我们关上了。看着我的一些同学被推荐上了大学，也有种种的羡慕和嫉妒，但没有动过靠走后门上大学的念头。虽然父亲是当地的领导，可是无论在他的思想中还是我的思想中都不曾想到上大学是要走后门的。现在想来幸亏没有被推荐上大学，否则“77级”这个光荣的团队中就没有我的位置了。上不了大学，我第二个理想就是当一名车工，上高中时到工厂学工曾跟随师傅学过那家伙，颇有兴趣。因为我不想当干部要求当工人，因此在知青点的招工过程中一次次错过机会。我是我们知青点最后被招工的。没想到进城后仍然被分配当了干部，心中的感觉很不好（那时候不兴用“郁闷”这个词），一直在想如何换一个理想的地方和工作。现在，机会来了。

赶了五十多里的夜路回到家，已经很晚了。父母亲都很诧异，以为发生了什么事，当知道了我的想法以后又都十分高兴。父亲连夜给远在山西的三叔写信，希望寄来一些以前用过的教材（三叔是“文革”前的老大学生）。我在当地找不到合适的教材，我们上学使用的都是些工业基础知识、农业基础知识之类的书，复习考大学不管用。最难找的是历史、地理、生物等科目的书。最后我能找到的地理书只有一本《知识青年地图册》和一本《地震小常识》。拿着找到的几本书，连夜又返回了乡下的住处，没请假哪敢缺勤，那时的人多老实。

随后的一个月我是在农民的炕头上一边工作一边复习的。报志愿成了一大问题。按当时的规定，每人要报十个志愿，而当年在甘肃省招生的文科学校很少，最向往的北京大学中文系在甘肃只招生一人。费尽心思，最后连陕西财经学院、辽宁财经学院也都凑上才够了十个志愿。后来不知因为什么原因高考时间又推迟了一段时间。12月2日走上考场，环顾四周，看到一些熟悉的面孔，心中暗暗感慨，就凭他们也能上大学，在高中时他们根本不念书。

等待的时间是漫长的，也是令人焦心的。其间一个小插曲很令我开心。一天，在办公室听到几个同事议论，从高考阅卷现场（那年的高考阅卷是在各地区进行的）传出来一篇优秀作文，中学的老师印发给在校生作范文，写得很好。我心里便有一睹为快的冲动，央求同中学熟悉的同事弄来一份，打开一看却是我的高考作文，《不到长城非好汉》，那年我的语文成绩在当地考第一。

通知书是2月28日才接到的，是规定报到日期的最后一天。连夜开始准备，向同事、朋友告别，起大早开始办理各种手续。办完最后一个手续回单位的路上骑自行车跟在一辆大卡车的后面，突然大卡车刹车，我随即停下，没想到大卡车突然倒车，一下撞到我身上，一件簇新的黑色灯芯绒上衣留下了一个大大的三角口子。幸亏有路人发现大喊停车，我才得以脱身。由此马上意识到凡事不可大喜大悲，平常心待之。

3月1日，离开张掖上兰州。乘坐那趟拥挤不堪的慢车整整晃了二十四个小时，竟无一滴水喝。随身携带了一只大木箱、一只小木箱、一卷行李和一个大网兜（装脸盆、水瓶之类），肩扛背负手提走出兰州站，迎面看到了“兰州大学迎新接待站”，我知道，大学的门真正被我敲开了。

印在脑海深处的痕迹

在农场的日子

写这些字的时候，正赶上江苏降下五十年不遇的大雪。望着窗外飘舞的雪花，思绪就到了在学校农场的日子。那也是个寒冷的季节。

开学没几天（记得只上了一个星期的课），我们班就被安排去学校农场劳动。这是那些年各级各类学校学生的“必修课”。对我们中的大多数人而言，刚从生产劳动第一线进城，劳动不算什么，但心里还是不得劲，为什么上大学了，还要延续这种折磨人的锻炼。在当时，按照党中央的说法，最缺的应该是科学知识，上面号召的是“向科学进军”，欢呼的是“科学的春天来了”，可又让我们去农村劳动，这算怎么回事儿。心里想，嘴上不敢说，大家仍然是兴高采烈地打行李，步行前往火车站。好在学校离火车站只有一站多路。

学校农场位于兰州市北面的景泰县。在一个叫“白墩子”的地方下车，农场派一台拖拉机来接行李。记得有几位女生和行李一起被运走，其他人则迈开双腿步行前往，大约五六里路，便到达农场所在地。二十多年后的2006年我曾专门去那一带转了一圈，但始终没有找到当年印象中的地方……

农场是在“文革”期间响应“五七”指示办起来的，土地是由国家在当地无偿划拨的，目的有三：改造“牛鬼蛇神”、锻炼师生员工、补贴学校的粮食和副食品。主要劳动力当然是在校学生。

正是春播前的日子，平整土地，挑沟整渠，引水灌溉，在农村这也是壮劳力的活计。正值初春，河西走廊的气候仍十分寒冷，刮起风来，飞沙走石的。好在许多同学要么来自农村，要么刚插队回来，干农活熟门熟路。

有几件事还在心上

赵晓芳同学是班上体质最弱的，扛着偌大的铁锨，明显地力不从心，便被安排去“巡渠”，就是沿水渠查看是否有渗漏决口的地方。在农村时，我们也曾干过这活，是个可以偷懒的差事。但赵晓芳却极认真，沿水渠一趟又一趟地来回跑。那几天戈壁滩上的风极大，看她在风沙中奔走，围巾被风高高卷起的样子，真担心一阵大风将她自己刮入水渠中。还好，没出事。

大家干活都实在。班上的老大姐被分去农场小学教书，课余也赶来劳动。那天晚上水渠决口，我们一组的小伙子争先恐后地跳入水中堵漏，冰水刺骨，义无反顾。老大姐本可不下水，但谁也劝不住，一定下去。活干完了，她的手表却不见了踪影。在当时这是重大损失。大家都难过。分析的结果，手表肯定丢在堵口的地方。第二天派了都兴宙等人，在泥汤冰水中又摸了半天，终于手表完璧归赵，尽管已经进了水。

三位维吾尔族女同学不能和大家在同一个食堂吃饭，只好自己开伙。在宿舍门口的走廊里，几块石头垒个灶，一口铝锅，就是全部家当。可是除了一点大米，似乎没有别的东西。物资短缺的时代，有钱也买不到东西，何况是在偏僻的戈壁滩上。可怜三人，不知怎样熬过了那一个月。

劳动很苦，可大家却极为乐观。刚上大学的兴奋没有因为离开课堂的遗憾而冲淡，劳动之余仍抓紧时间学习。对许多人来说最大的问题是刚刚接触的俄语，于是在农场宽阔的土地上便多了南腔北调的俄语单词声。尤其是那个拗口的卷舌音，一天要重复上几百上千遍。今天再去，是否还能听到它的回声？

浓浓的同学情、师生情

在人的一生中，同学情谊是使人终生难忘的。尽管我们进校的时候年龄普遍偏大，已经错过了交朋友的最佳年龄，但刚刚从民族灾难中过来的“时代骄子”却有着全新的精神状态和情怀。人不分男女，岁数不论大小，出身不以贵贱，学问不管深浅，大伙之间皆坦诚相待，互相帮助，亲如兄妹。在当年的兰州大学，中文系1977级的团结齐心，在各项活动中的奋发有为，是有些名气的。后来，我班同化学系1977级一道被评为全省“新长征突击队”，与全班同学的团结与齐心不无关系。

小妹妹一样的维吾尔族同学哈斯叶提患急性阑尾炎，女同学抬不动她，急召男同学驰援（当时男女同学分住在相邻的两栋楼上），众人一拥而上，心想不是什么大事。谁知小妹妹很讲究民族风俗，决不让汉族男同学动手，众人束手无策。眼看她在床上痛苦，不知是谁急中生智，问“解放军叔叔背你可以吗”，小妹妹方才点头应允。于是，急传本班唯一的“解放军叔叔”王合伦。小妹妹乖乖地被王合伦背往医院。看着王合伦一脸的汗珠，别人却只能当旁观者，甚觉尴尬。

酷爱体育且成绩不错的甘晖却时常感冒，且一感冒就发烧，情景很吓人，有几次都是被同学在深夜送往医院的。那时没有出租车，只能背着病人步行，能有自行车就万幸了。有一次，抢运甘晖的队伍中有李有运，当时他已经因为脑部的病做过手术了，但仍坚持要和大家一样轮流背甘晖，阻拦无效只得让其一试。看着瘦弱的李有运背着健壮的甘晖在通往兰医一院的路上疾走，令人无比感动，为此我曾偷偷地抹了一把眼泪。

李浩斌四年都坐在最后一排上课。他喜欢半倚着桌子听课，左手习惯地放在桌兜里，久而久之变成下意识动作。谁知在一次俄语考试时被死板的教务处工作人员认定为有作弊嫌疑，除对浩斌的指责外，还当众批评了主考刘老师。这还不算完，还通过教务处和外语系企图处分刘老师。班上同学到刘老师家看望、抚慰，刘老师备感委屈，说几十年教书，从来没有碰到这种事情。全班大怒，班干部带队分头出动，通过正常的组织渠道向教务处和外语系进行申诉。官司最终打到了学校的最高领导处，直到得到一定不会无故处分刘老师的许诺方罢休。

几十年过去了，中文系1977级同学之间、同学和老师之间的情分仍然浓郁。如果时光倒流，还回到那时的班级，多好。

不灭的小说梦

中文系的学生，自然都曾经做过作家梦。我的梦是当一个小说家。入学后自然在小说上下的功夫大，读小说、研究小说、讨论小说、借小说、买小说，小说成了我学习和生活中的重要内容。当然，最重要的是要落实在行动上——写小说。我在插队时和后来在农村工作时就写过小说——自己心目中的小说，无非是跟报上杂志上那些小说照猫画虎。上大学了，又读中文系，写小说的冲动便又涌上心头。

班上同学在理论和基础知识学习之余同样掀起了创作高潮。加之班上有已经在创作上卓有成绩的名作家李民发等人，经常会以过来人的口吻对我们这些文学青年点拨一二，更激发了大家创作的热情。写诗的、写散文的、写小说的，热闹得很。为鼓励大家，也为了向全校师生展示我们班的能耐，由班委会发起，委托班上的成倬等人办起了著名的墙报《新芽》，及时发表班上同学的习作。我的第一个有点意思的小说《手》就发在《新芽》上面，后来还发过王安霖的小说《阿Q新传》，都挺有影响。安霖因此有了一个“小D”的雅号。再后来就是由学生会主席李民发牵头创办的油印杂志《五泉》，曾经是当时甘肃省高校著名的学生刊物。我在那上面也发了几篇小说，并得到“李总编”的肯定。

毕业时曾经特想到一个文学编辑部去工作，专门看小说、编小说、写小说。但事与愿违，我们那届毕业生仍实行“原则上哪来哪去”的分配方案。我的生源地张掖有一个名额，打听一下，回去以后分配当干部。心想我上大学的目的之一就是不想当干部，如果再回去当干部我当初上大学的理想就全破灭了。找系党总支书记陈淀老师进行一番充满深情的申述，陈老师表示理解，他说你不想当干部只有一条路：留校。思索一下，便答应了。留校以后却又让我当干部：团总支书记兼学生辅导员，老大的不高兴但又无可奈何。好在是在中文系当差，总有机会回到我的小说中去。

一年多兢兢业业的工作，同时又不断地向写作教研室和现当代文学教研室抛媚眼。好在写作教研室主任陈进波老师和现当代文学教研室主任吴小美老师都不烦我，李大耀老师特支持我随他搞当代文学。谁知阴差阳错，就在我当辅导员期限快满的时候，兰大创办新闻学专业，我作为暂时没有确切专业的人员，被调配到新闻学专业，从此我人生的轨道离小说越来越远。

二十多年过去了，虽然现在连小说都很少看了，但小说之心不死。我想，在退休以后一定要写一个小说，写一个长小说。

车安宁

作者简介

车安宁，男，1956年生，陕西省西安市人，少年时长于青海省西宁市。中国民主同盟盟员，甘肃作家协会会员。现任甘肃省政府参事。

1977年毕业于兰州大学中文系，并留校任教。后任《兰州大学学报》编辑部主任、主编等职，副编审职称。长期从事文学创作及社会科学研究，发表各类学术论文数十篇，并在《人民日报》《光明日报》《人民政协报》《甘肃日报》《大地》等刊物发表文学作品及其他各类文章数百篇。出版科普专著《管窥21世纪》《人类与水》，诗集《我拥有什么》《石羊河，我家乡的河》，学术专著《灾害学新论》，文学作品《寓言新说》等。

曾任甘肃省文史研究馆副馆长、政协甘肃省委常委、民盟甘肃省委副主委、甘肃省武威市副市长、甘肃省地方史志办公室副主任等职。

我的建议与我国双休日的实行

——为纪念改革开放三十年而作

我国的改革开放已经整整三十年了。回顾三十年来，我国的社会面貌和我们的社会生活都发生了巨大的变化。其中，双休日的实行，就是我们的生活方式发生重大变化的一个转折点。

回想起1995年3月国务院发布《关于在我国职工中实行周40小时工作日的规定》（实行双休日）这件事，我就感到欣慰。因为这与我的建议有关。

说起来那还是1983年的事情。当时我还是兰州大学一名年轻的助教，暑假时我读了一本外国小说，知道了在发达国家是实行双休日的。于是，引发了我的思考：为什么要缩短工作日？它能给社会带来哪些好处？我国能不能借鉴？

由于我个人的专业是文学，自知自己经济学理论太浅，于是便去找我的同事郭志仪学兄，他当时是教政治经济学的助教，年长我几岁，业务能力较强（后任兰州大学西北人口研究所所长，教授，博士生导师）。我们两人作了商议后，便由我动手写了论文的初稿，再由他作进一步修改。之所以说是论文，是因为我们从一开始就没有仅仅把它作为一个建议来写。我们查阅了很多资料（当时不像现在这样，资料丰富且查阅方便），写作中几易其稿。我们的文章从人类的劳动史说起，考证了工作日的起源及发展，论证了工作日的变化与劳动生产力的关系、工作日的缩短与促进消费的关系、工作日的缩短与促进就业的关系、工作日的缩短与人的全面发展的关系等问题，提出了工作日的缩短是一种社会发展的进步和必然，并最终提出：我国应当借鉴西方发达国家的做法，待时机成熟时，逐步缩短工作日。

现在回头看，我们的论文选题是超前的，观点是正确的，论证也是严谨的。题目为《关于我国工作日改革问题的探讨》，全文约5000字。但由于那时对于改革开放的理论研究不像现在这样公开和普及，所以我们文中的阐述和提法都还比较谨慎。

文章写成后，我们将其投稿到当时的《红旗》杂志《内部文稿》。约两个月后，我们收到了该刊寄来的样稿，是用大字号排出的，略有删改，并附有一封责任编辑的来信，称文章较有意义，但不宜公开发表，只能以内部参阅形式刊出。至于文章刊出后，具体交由什么部门或哪一级领导参阅，我们都不得而知，只是觉得没能公开发表，有些遗憾。

次年，我的学友徐日辉（当时在《天水师专学报》工作）与我在兰州相遇，问起我手头有无好的稿件。我便把此稿又作一番修改，交与他看。1984年初，《天水师专学报》（后改为《天水师范学院学报》）便将其全文刊出。全文约8000字，署名依然是我与郭志仪两人。不过，也许是由于刊物太小，文章发表之后，并没有引起什么反响。

转眼到了1986年，在党中央的倡导下，我国城市经济体制改革全面展开，理论界也开始活跃起来，各类文章竞相争鸣。我与郭志仪学兄都是当时甘肃省中青年理论工作者协会的骨干成员。此时，我们感到工作日的改革有必要再进行探讨。于是，我翻出旧稿，又作修改；同时，在修改过程中，我还得到了我的老师林立先生和张大可先生的指导（林教授现已故去，张教授后执教于北京中央社会主义学院，已退休多年）。

文章定稿后，以《工作日制度的改革与劳动生产率的提高》为题，公开发表于《兰州大学学报》（社会科学版）1986年第4期。全文近1万字，对工作日的产生和演变作了历史性的阐述和归纳，并就我国工作日制度的沿革及变革的可行性，分别从社会学、经济学的角度进行了较为全面的总结和深入的分析，明确提出了改革我国现行的每周48小时工作制是社会发展之必然的论点。虽然那时候不讲“以人为本”的观念，但提出了依据社会发展现状，“适时缩短工作时间，是对人的解放，也是社会文明进步的标志之一”的概念。

此次发表，不同于前。国内有关的报纸杂志都作了相应的摘要和摘引。接着，《经济日报》等刊物也陆续发表了不同角度的讨论工作日改革的文章。是年底，我们的文章在学校被评为“兰州大学首次青年教师优秀论文奖”。

到今天，二十多年过去了，我虽不敢说，我国双休日制度的实施就是我和我学兄的功劳，但我可以肯定和自豪地认为，我们当时作为青年学者，是首先着手这一课题研究的先行者。

我个人体会，无论做什么事，都需要具有一种超前和觉醒的意识，用现在的话来说，就是创新意识。并且这种创新，是要具有一定的心理承受能力，因为在创新的过程中，难免会有各种各样善意的和恶意的非议。记得我当时在尽心写作的过程中，就有一位我的老师，也是我的上级，多次善意地批评我是“不务正业”。因为当时在他看来，我国的国情根本不可能在我们可以看到的时间内实行所谓的双休日。可是后来，居然还是他第一个告诉我，国务院已经发了公告，我国要实行双休日的消息。

本文作于2008年7月

张克非

作者简介

张克非，中共党员，兰州大学历史文化学院教授，校史研究室主任，教师教学发展顾问委员会副主任，中国高等教育学会校史研究分会理事长。

1978年，由天水星火机床厂考入兰州大学历史系；1982年本科毕业，师从杜经国先生攻读中国近现代史专业研究生；1985年毕业，获硕士学位，留校任教至今。1997—2009年，兼任兰大出版社总编辑；2006—2008年，主编《兰州大学百年校史》；2013—2016年，兼任兰大博物馆馆长。学术兼职有甘肃省地方史志学会副会长、甘肃省史学会常务理事、甘肃省档案学会常务理事、甘肃省党史学会理事，中共甘肃省委讲师团成员等。

专业研究集中于中国近现代史、西北区域史、大学校史等方面，从1982年跟随导师杜经国教授读研期间，即开始关注和研究陕甘回民起义、左宗棠及西北近代区域史研究。已发表论文50余篇，出版专著6部，编写教材3部，主编论文集、通俗读物各1部。

一位有胆有识的学者与良师
——缅怀先师杜经国教授

我的导师杜经国教授于2013年3月23日凌晨在汕头逝世。几年来，先生的音容笑貌、谆谆教诲，却依然时时浮现于眼前耳畔，促使我写下这篇小文以为缅怀。

一、学者胆识

初闻先生大名，是在1978年初冬。当时，在兰州大学历史系1978级同学中私下议论着一件事：本系的杜经国老师应邀在校外某礼堂连续作讲座，否定“文革”……满场听众皆若电击。其时尚在党的十一届三中全会召开之前，这些“离经叛道”的言论，在恢复高考后新入校的大学生中间必然引起热议，即便是我这个间接的“听闻者”也不禁暗自惊异、肃然起敬。

随后，在12月19日《光明日报》第四版上，看到了杜老师撰写的长文《试论左宗棠的爱国主义思想》，大胆地提出左宗棠“是一位杰出的爱国者，他在抵抗外国侵略者、巩固祖国西北边防方面，曾经作出重要的贡献”“对于这样的历史人物，当然应当给予公正的评价”。这不仅让我们耳目一新，也在全国史学界掀起了重新认识、评价左宗棠等近代人物的轩然大波。1979年，他的《洪秀全向西方国家寻找真理说质疑》一文在上海《史学月刊》第8期上发表，他对这位曾被誉为“代表了在中国共产党出世以前向西方寻找真理的一派人物”的历史地位和作用提出质疑。

杜老师还在1980年8月之前写成了《左宗棠与新疆》一书，1983年由新疆人民出版社出版。1984年6月，该书被中国史学会、中国出版工作者协会评为“爱国主义优秀通俗历史读物”。他也因此得到时任国家副主席王震将军的接见和肯定。

作为史学家，杜老师在当时的中国近代史领域是颇为活跃的人物，为该领域研究中的拨乱反正和思想解放做出了前驱先路的贡献，这与其长期重视理论思维的治学特点、风格有直接关系。

他早年虽生于战乱、长于忧患，但所幸家境小康，抗战后就读于合肥著名初中和南京金陵大学附设高中，毕业时已是全校名列前茅的优秀学生。1950年8月，他以第一志愿考入北大历史系，很快就获“才子”之称。在未名湖畔度过的八年时光，虽因时代缘故，先生坦承“没有受到什么系统的历史学基本功的训练”，但毕竟得到过邵循正、邓广铭、周一良、熊伟等众多名师和来自莱比锡大学的民主德国教授教诲，与李时岳、马庸、王天奖等诸多优秀学长、同学时相过从，养成了重视理论思维的习惯，拥有一定的学术积累。1958年底，他受反右扩大化的影响，距德国史副博士研究生毕业尚有半年，即被学校提前发配到青海，在教育厅编写乡土教材。一年后，调入青海师范学院历史系讲授世界近现代史。1962年初，得到时任兰州大学校长江隆基的同意，又转调到兰大历史系，开设了“经典作家论历史科学”“毛泽东论历史科学和中国近代史”等课程，自己编写讲义，对历史唯物主义理论进行了系统钻研。

早年求学、工作的这些经历，加上善于独立思考的习惯，决定了他治学的基本特点，即注重理论思维和拥有敢于发人所未发的学术勇气及独到的识见。

他是到1978年才被定为讲师并开始发表研究成果的，此后到1998年从汕头大学退休，二十年间，其研究主要涉及左宗棠与中国近代史、史学理论和潮学三个方面。虽然他不以高产著称，但其论著却每每能阐发新意，给人启迪，受到学界关注；尤其是在左宗棠等近代人物的研究和评价上率先倡言，开一时之风气，这是非常难能可贵的。

“学贵有识”。古今史学论著浩如烟海，但最有价值的往往是那些“有识”之作。史学家的真知灼见，出自其思想的深刻，追求真理、历史真实的勇气、胆略和担当。这也是古今中外治史者最为宝贵的专业品质。而我正是从杜先生身上最先体会到这些的。

也许有人会将先生当年的学术影响，归结于其“聪明”和因缘时会而不屑。但据我读研时与先生的接触，他之所以关注、研究左宗棠等近代人物，并敢于率先为之“正名”“辩诬”，是与此前他曾较长时间从事历史唯物主义及史学理论的教学、研究，“文革”后期参与沙俄侵华史研究分不开的，并且经过了认真的思考和充分的准备。因而，他的“翻案文章”既非率尔操觚，更非徒托空言以立论，而是在运用理论、掌握史料上下过一番功夫的。当时学校图书馆、历史系资料室中的《左文襄公全集》《平定三省方略》《清实录》及其他相关资料如《左文襄公在西北》等书，以及美国学者贝尔斯在20世纪30年代所写英文版著作《左宗棠传》等，他都曾仔细研读过；他还请湖南社科院的学者帮忙复印过1884年新疆设省后首任巡抚刘锦棠的《刘襄勤公奏稿》等书，请前来讲学的美国密西根大学历史系张春树教授帮忙寻找国外的有关研究成果。所以，他写的相关研究论著才能既有理有据，又有自己的独立见解和深入浅出的文字，甫一问世即受到社会欢迎和学界的重视、响应。

深厚的理论素养，使他在中国近代史研究中能够独具慧眼，提出许多具有开创意义和启示的学术新见解。他还积极参与了20世纪80年代学术界有关中国近代社会性质、近代史分期和主线的讨论。1985年，他受国家教委的委托，在北大历史系老同学庞卓恒、陈高华教授的帮助下，主持编写了“高等学校历史学专业教材编选计划”中的《历史学概论》一书。该书成为当时很多高校历史专业中普遍采用的优秀教材，多次再版。

他在系统钻研历史唯物主义理论的同时，还能够以开放的心态，注意从国内外的各种相关理论中广收博采，这使他的理论视野在朋侪中更为开阔，对国内外学术界各种新的理论进展具有更强的敏感性。记得在读研期间，先生就曾向我们介绍法国年鉴学派的史学主张、中国近现代史研究中的理论和方法之争、当时学术界流行的“新三论”及金观涛等提出的中国古代社会“超稳定结构”说等，推荐我们读王亚南先生的《中国官僚政治研究》、德国哲学家卡西尔的《人论》、美国未来学家托夫勒的《第三次浪潮》等书，并常常提出自己的见解。

有了这样的理论视野和历史关怀，就不难理解他为什么能够在“文革”结束后，能够较早突破中国近代史研究领域长期形成的传统偏见和僵化、机械的理论教条，实事求是地率先肯定左宗棠等近代人物的爱国行动与思想，而且敢于在面向校内外听众的学术讲座中，大胆探究“文革”反映出的相关重大问题。

虽然自20世纪90年代开始，“理论家淡出，学问家凸显”成为中国学术的主要倾向。不少人甚至简单地将“史料派”与“理论派”截然两分，片面地推崇前者而贬抑后者。其直接后果就是学界的问题意识、进行理论探索和追求真知灼见的兴趣逐渐减退，思想深刻、观点犀利、有震撼力和新创获的论著日渐稀缺，从而使学术前进道路、人才成长大受局限。这已是近年来不争的事实，也从另外一个方面说明，像杜先生这样关注理论、善于思考、能够提出真知灼见的前辈学者，不仅在当时难能可贵，即便是在今天也同样需要！

张克非教授接受记者采访

当今中国的学术界不仅需要读破万卷、沉潜淡定、功力深厚的仁者，也同样需要视野开阔、思想敏锐、敢于创新的智者，而这两者的结合，恰恰就是开创中国学术新境界和话语体系、成就学术大师的必备条件。

二、良师风范

1979年下半年，杜先生和另一位老师给历史系1977、1978两级学生合开史学概论必修课，我们才得以感受先生的风采及其理论修养。他身材中等微胖，戴一副深色边框的眼镜，说一口略带安徽口音的普通话，嗓音稍显尖细。虽然脸上常带笑容，但目光却时而露出锋芒。不知怎的，第一次见到先生时，恕我不恭，脑海里浮现出的竟是张天翼笔下那位器宇轩昂的“华威先生”的形象。当年，杜先生是全系六七十位教师中很有个性、敢于直言，且颇受学生欢迎的好老师。其腹笥甚富，口才绝佳，讲课时议论风发、侃侃而谈，且时出惊人之语，令听者豁然开朗，乐而忘疲。同时，他又循循善诱，鼓励同学们大胆质疑，发表自己的不同意见，从不强迫学生接受自己的观点。

虽然我生也鲁钝，当时对先生讲授的历史学概论似懂非懂，远未得其精妙，但却也按照先生的引导，细读了学校图书馆里黑格尔的《历史哲学》等仅有的几本史学理论著作。期末，要求每人提交一篇相关文章，以考核该门课成绩。我不知深浅，对亲身经历过的“文革”写了些有感而发的浅见，并以“‘文革’就像知善恶树上的果子，也许要过很长时间，人们才能品出它的味道”结尾。孰料，先生竟给了很高的分数，是我此前所有课程中得分最高的。由此，也在冥冥中注定了此后的师生缘。

1982年寒假过后，系上格外开恩提供一间无熄灯时间限制的办公室，我与班上准备要报考研究生的数位同学每晚集中复习到深夜。4月底参加研究生入学考试，我所报导师就是本系中国近现代史专业的杜先生。侥幸考取后，我做了先生的研究生，得以亲闻謦欬，遂对先生有了进一步的认识。三年间，常到先生家不算宽敞的书房兼客厅里上课、提交作业并接受先生的耳提面命。先生平素对学生虽不假辞色，但对我们的学习却要求很严。记得我写第一篇专业论文，就被先生打回来反复修改、抄写四次，才勉强通过并得以发表。正是在严师的教诲、引领下，我从接触、认识左宗棠开始，逐渐成为中国近现代史研究的海滩拾贝者。

在严师面前，我这个庸碌的学生总是心怀敬畏，不敢有丝毫懈怠，亦不敢随意而言。这种习惯，通过耳濡目染，无形中竟成了我日后处理师生关系的“潜规则”。直到自己当了导师，研究生们都说怕我，才意识到这种师承作用潜移默化的影响力。

20世纪80年代中期，先生在中国近现代史研究领域声名鹊起，并担任了系主任、民进甘肃省主委，还一度传说费孝通先生来甘肃考察后曾力荐他才堪大用，省上领导也欲让他出任某重要职务。此事虽然未成现实，杜先生却利用自己的学缘、声望等，陆续邀请许多著名学者来校讲学，使学生们深受其益。他还多方设法申请了不少经费，为系资料室购进大批新的图书资料，并积极推动系里教学、管理等方面的改革。1985年8月下旬，杜先生在不动用学校和系里经费的情况下，多方筹集款项，与《历史研究》编辑部、《近代史研究》编辑部联合，在兰州主办了第三届全国洋务运动史学术研讨会，当时会议的食宿条件虽较差，但仍然是群贤毕至、名家荟萃，被学界公认是一次高水平、高规格的学术会议。

后来，因职称评定等问题，先生于1988年告别工作近三十年的兰大，举家远徙岭南，担任创办不久的汕头大学历史系主任，并当选汕头市政协副主席。此后，虽然关山阻隔，与先生联系渐稀，但师生之间仍是心相系之，先生通过各种渠道一直在关注着我的工作。

2004年，汕头大学历史系黄挺老师协助杜先生编校了《史学论著自选集》书稿，当时兼任兰州大学出版社总编辑的我，很想为该书出版尽点力。但先生却说已联系香港一家出版社，不再给我添麻烦了。2005年初，我收到了先生寄赠的《自选集》，更多地了解了先生的身世、求学经历等，并对其学术、性格又有了新的认识。

2008年秋，赴广东中山开会时，幸在暨南大学马明达教授家中拜见一别二十年的先生。虽然此时先生步履已略显蹒跚，但他的思维还是那样敏捷，言语依然在风趣中难掩率真和犀利。交谈中，作为老学生，我仍好奇地说起当年先生最终没有当上副省长的坊间传言。先生笑答：非也！实因听取曾同在北大历史系读书，后任兰大校长、甘肃省委副书记的聂（大江）公直言，谓我非行政之才，故主动推却。闻听此言，不由得对先生淡泊名利、从善如流的风范节操有了新的感受。

2010年，适逢先生八十寿辰，我与一些师兄师弟联系，商议同赴汕头祝寿。为人低调的先生坚辞不允，遂错失再向先生当面请益的最后机会。今哲人虽逝，但其道德、学术却仍足以传世不磨。回顾、感受他们这一代学人的贡献，无疑能够更加具体地认识改革开放前期中国学术的振兴、转型、成就及不足，并为衡量当下学术的进展，促进今后学术的发展，提供重要的参照和借鉴。

缅怀一位身为楷模的恩师

——忆刘树田先生与兰大公关中心及其他

惊悉前辈师长、著名新闻教育家刘树田先生于2019年9月21日上午遽然仙逝，禁不住悲从中来、心潮难平。

虽说我是兰州大学历史专业教师，不曾忝列先生门墙。对这位兰州大学新闻教育的开创者，荣获全国新闻教育终身成就奖的前辈师长，在新闻教育、新闻理论方面的贡献虽仰慕已久，但却难以置喙。可是机缘巧合，由于在1989年与一批来自各系的年轻同道，发起成立兰州大学公共关系研究中心，从而得与先生相识、相交，先生也自此成为可以推心置腹、问学求教的恩师。几十年间，先生始终关心、指导我的工作和成长，尤其是在为人处世、教书育人等各个方面，更是我永远感戴的人生导师和楷模。

一、引领年轻教师探索新路

1985年，我研究生毕业留校任教。当时，文科的年轻教师普遍有一种困惑和危机感。随着改革开放的不断深入，师生们面临新的压力和挑战。大学毕业生由原来的国家包分配，端“铁饭碗”，逐渐转向“自主择业”，与用人单位“双向选择”；从1989年开始，大学试行“缴费上学”改革，学生及其家庭开始承担逐渐增多的学费，对于众多来自西部贫困家庭的兰大学生来说，经济压力骤然增大。可是，全国高校从专业设置到课程内容等各个方面，并没有教会学生如何尽快适应新变化、如何面对社会竞争和如何培养自主就业的能力。与学生们接触较多的青年教师，最能感受学生们的需要及内心的焦虑，并且与自身的处境和生存状况相联系，自然产生了强烈的心理共振。

再有是文科本身的发展遭遇瓶颈，需要转型。文、史、哲等基础学科还没有完全从“文革”造成的负面影响中走出来，教学的内容、理论和方法相对陈旧；由于同发展经济这个中心任务关系不直接，普遍不受重视，社会上甚至流传着“跳出史坑”的说法。经济、法律、新闻等应用学科，虽然炙手可热，但与打开国门后大量涌入的国外相关学科理论、方法、研究成果等相比，的确存在很大差别，仍需一个成熟的过程。而本科、研究生毕业留校的青年教师们自身也正处在学术上的摸索、适应和成长期，传统的学问、研究课题已很难引起他们的兴趣，而对于全新的东西大家虽心向往之，但又很难在短时间深明就里、登堂入室。因而他们也难免陷入学术上的彷徨、苦闷和无所适从。

还有就是当时社会分配上的“脑体倒挂”较为严重，高校青年教师的生活条件很差。他们不仅工资收入低（月工资仅有一百多元），住房条件差（不少留校的青年教师全家几口蜗居在筒子楼的一间屋里，能够住上一间半的简易楼，已经是谢天谢地了），特别是受岗位、编制等诸多限制，晋升高级职称非常困难，须论资排辈等很多年。不少50年代工作的老教师，就是到退休也因为没有指标而评不上正高。因而，不少青年教师在无望中选择了调离、改行，或者下海。学生目睹老师们拮据的生活状况，很少有人再羡慕留校教书。

鲁迅先生说：不满是向上的车轮。兰大的一些青年教师穷则思变，决心探索一条新路。他们注意到沿海地区随着市场经济的兴起，引进了许多新的知识、观念、学问及旺盛的专业人才需求。例如直接为企业和市场竞争服务的公共关系学、市场营销学等，而且在深圳大学、中山大学、复旦大学等高校已经有人在开设这方面的课程，甚至设置了专业。于是，从1988年冬开始，来自兰大新闻、哲学、历史、经济等系的十多位青年教师，自发地酝酿成立一个新的学术组织。到次年4月，经过学校批准，全国高校中首个跨系、跨专业的“兰州大学公共关系研究中心”（以下简称公关中心）宣告成立，刘树田、杨建新等先生应邀出席并表示祝贺。

为了确保该研究中心的健康发展，学校决定将其挂靠在新闻系，由系主任刘树田老师兼主任，由我兼任常务副主任。成立之初，中心确定了几项主要工作：在全校举办青年教师学术沙龙，邀请校内外专家举办学术讲座，促进不同学科的交流与融合；开展公共关系方面的教学和研究，面向全校学生开设公共关系系列课程，增强学生人际交往、适应社会、参与竞争的能力；为省内外企业提供公共关系方面的专业服务，使师生能够通过实践接触、感受公关实务，积累实际经验，并争取增加收入，自行解决和改善中心教学、研究的经费及条件；加强与国内高校的学术交流，扩大学校的影响和声誉，力争在公共关系学这一新兴领域，走到全国的前列。

正当大家踌躇满志准备大干一场时，一桶凉水迎头浇下。由于受这年春夏之交的政治风波的影响，从国外传入的“公共关系学”等受到一些人的非议，公共关系研究中心的年轻教师们也被认为是在鼓吹“庸俗关系学”，是在搞“自由化”。

各种说法、压力不免令大家心灰意冷，就在研究中心即将昙花一现的关键时刻，刘树田主任鼓励大家坚定信心，认真做好自己认准的事情。在11月，还派我代表兰大公共关系研究中心到深圳大学出席了首届全国高校公共关系研讨会。随后，中心教师还参与了全国首部影响很大的《公共关系学》教材的编写工作。刘主任力排众议，给学校领导和各职能部门做工作，帮他们打消顾虑，使他们正确理解公共关系。也正是有了胡之德校长、李发伸校长和教务处等职能部门领导的开明、大度，母校宽厚、包容的优良传统，才使新成立的公关中心渡过了难关。经过一年的精心准备，在学校和教务处的支持下，于第二年秋季学期面向全校学生开设了首个辅修专业“公共关系学”。中心的老师们分别讲授七八门新的系列课程，教务处张天俊等老师亲自听了各门课程，阎军老师等也给予全力支持；教务处领导还破例在旧文科楼四楼给公关中心划拨了一间办公室。公共关系学辅修专业及其各门课程，受到广大学生的普遍欢迎，选修者来自全校各系，往往超过六七百人，最多的一级甚至近千人，产生了很大影响。公关中心不得不同时开设好几个班级分别授课。许多同学毕业时，就是拿着本科专业毕业证书和公共关系辅修结业证书，在激烈的竞争中胜出，找到了自己满意的工作。大家虽然辛苦，没有什么报酬，但同学们的认可和收获，就是最好的回报。

同时，公关中心的教师们还积极走出校门，与不同类型的企业合作，根据其需要分别策划各种有益、健康的专题活动，提供相对专业的公关服务，帮助企业提高了知名度、美誉度，塑造了良好的市场和社会形象。当年，兰大公关中心也由此获得良好声誉，由它策划、实施的各种公关活动，常常成为兰州街头的靓丽风景，享誉省内外，成为媒体普遍关注、报道的对象，甚至引发轰动效应，让社会公众形象具体地感知市场经济、企业竞争和公共关系的意识、手段及方法。兰大公关中心的老师们通过这些活动，进一步了解、认识了企业、公众和社会的实际需要，积累了进行公关活动的经验与能力，也为自己的课堂教学增添了许多鲜活的案例，提高了专业课程的教学效果。这些活动还吸引了许多在校学生的积极参与，为他们增强适应社会的能力提供了实践和锻炼的机会。1991年6月24日，兰州大学与广州白云山制药厂合作，在学校成立了全国首支大学生礼仪队。

1992年初，邓小平同志视察南方，发表一系列重要讲话，再次推动中国经济改革的大潮，包括公共关系在内的很多新事物也随之迎来了蓬勃发展的春天。兰大公关中心的教师们把握机遇，又有了许多新的更大的作为。如面向社会开办公共关系培训班，为企业培训相关人员；与省、市电视台合作，举办公共关系知识大赛；与中国蓝星化学清洗总公司合作，组织数百位暑期返家同学，在全国各地进行大规模的工业清洗剂和民用清洗剂的市场问卷调查，经过对调查问卷、调研结果的专业研究和数据统计分析，形成了系统的调研报告，为企业决策提供了重要的咨询和帮助。与企业的合作，也为兰大公关中心的发展创造出必要的物质条件及经济基础。后来，外语、计算机、物理等系的青年教师也陆续加入。

兰大公关中心还加强对公共关系的理论研究和教材建设，与青岛大学社会学系等合作，编写了较早的公共关系学系列教材，1995年由青岛出版社出版。随后，又与兰州大学出版社合作，出版了公共关系学系列丛书。

1994年暑期，在兰州大学召开了全国高校第三届公关教学研讨会，复旦大学、中山大学、中国人民大学、首都经贸大学、北京联合大学、青岛大学、汕头大学等几十所高校的教师代表出席。研讨会的所有费用都由企业赞助和公关中心自筹，集中展示了兰大公关中心的整体实力和良好形象。代表们在讨论、交流公共关系学的课程和专业建设、未来发展的同时，还对兰大公关中心给予高度评价，公认其是全国高校中实力最强、成果显著、影响力很大的公共关系学研究、教学和社会服务团队。

1997年，由兰大公关中心申报的“中国公共关系学课程体系建设的研究和实践”项目，先后获得兰州大学和甘肃省优秀教学成果一等奖。有的评委认为这是在学校一无经费投入、二无人员编制、三无办学条件的困难情况下，自力更生培育出的新兴专业教学、研究之花。

这一切成绩的取得，不仅表明地处西部的兰大师生在改革开放中拥有敢为人先、大胆创新、追求一流的勇气，也为学校新兴的应用学科的建设，为服务社会和企业，做出了有益的探索。而刘树田主任作为公关中心的领头人、主心骨，在凝聚力量、把握方向、鼓舞斗志、协调关系、清除障碍等方面，发挥了不可替代的关键作用。否则，光凭我们十几个三十岁上下的年轻教师的一腔热情和奉献精神，是很难干成这些事情的。

即便是在1997年底刘树田主任光荣退休，不再担任兰大新闻系主任之后，仍然继续担任公关中心的主任，关心、指导中心的工作，直到2003年以后中心由于各种原因而最终解体。可以说，刘树田主任作为公关中心的负责人，与中心相伴始终。这是他在年过半百之后，在全力推进兰大新闻系建设的同时，引领一批来自不同系的年轻教师，为学校所做的又一项重要工作。虽然他在生前很少提及此事，但他的贡献、公关中心年轻教师们当年的探索和奉献精神，是不会被人遗忘的。当年选课、受益的数千兰大各系的学子，至今仍每年选修穆建刚老师在全校开设的“公共关系原理与实务”通识课程的数百位学生，都是最好的见证。

人类的任何实践活动都会留下许多值得总结、思考的东西。从公关中心十多年自生自灭并曾走到全国高校前列的经历，联想到新闻系从中文系独立出来一度创造的辉煌，从历史系基础上生长出的民族学、敦煌学的成就和影响，都说明一种事实及规律：兰州大学如果能够立足基础学科优势，紧紧抓住发展新兴学科、专业的机遇和社会需要，构建传统学科与新兴学科、基础学科与应用学科相互促进、比翼双飞和多学科交叉、融合的局面，完全有可能形成新的核心竞争力，在“双一流”建设中实现“兴文”的战略目标。管理学院十多年的快速发展也为此提供了成功的案例。其中决定成败的关键一是决策，二是人才，三是机制。

二、良师益友与人生楷模

我作为昔日兰大公关中心的一员，有幸得到刘树田先生的言传身教，对我后来的发展形成了非常重要的影响。

他作为一位忠厚长者，对于晚辈后学从未有过疾言厉色，总是以亲切、平等、随和的态度，和颜悦色，循循善诱。每次开会、交谈，很少听他讲假话、空话，发长篇大论，但那朴实恳切、要言不烦的话语，总能让人感受到前辈的实事求是、做事严谨，以及对年轻人的深深爱护、智慧点拨和原则性、灵活性。他也很少臧否人物，对别人始终以尊重、宽厚待之，常常提及某某人的优点，启发我们学会取人之所长。

虽然他的人生道路并不平坦，1960年从复旦大学新闻系毕业后，主动要求到甘肃工作，来兰大任教十八年后才被定为讲师，四十七岁才晋升副教授。更不幸的是，相濡以沫的爱妻因病中年早逝，留下了无尽的哀伤和思念，独自一人含辛茹苦将子女们抚育成人。可是在学生和晚辈面前，他总是那样淡定、达观，从无只言片语抱怨命运的不公，始终具有坚毅旷达、不计得失、淡泊名利、沉稳低调的心态和宽广胸怀，与他相处，让人如坐春风，感受到一种榜样的力量，给人以厚重、安全和亲切感。作为师长和领导，遇到困难，他总是身先士卒，带头往前冲，出现问题，他主动承担责任，宽容、保护年轻人；相反，在荣誉面前，他却总是把年轻人往前推，自己则甘当背后的无名英雄。这也是来自各系的年轻老师都敬重他，乐于在他领导下努力工作，使公关中心形成凝聚力、亲和力的重要原因。无形中这也成为我自己为人处世的方式。

1995年，在我担任历史系首届国家基地班班主任，组织班级活动不慎跌倒，造成左腿股骨颈骨折后，甚至在我的妻子因病住院时，作为长辈的刘先生都非常关心，多次到医院和家中看望，鼓励我们战胜病痛。这使我们全家都感恩戴德，终生难忘。即使在先生晚年，偶尔到他家中探望，也总能感受到他的关心、期望，受到宝贵的启迪。

90年代末，教育部委托中国人民大学新闻系何梓华先生牵头，编写全国新闻学专业面向21世纪课程系列教材，并将其中的《公共关系学》交由兰大公关中心编写。当时，公关中心已发生很大变化。老师们有的晋升了高级职称，开始承担各自专业繁重的教学、研究及行政工作，有的攻读博士学位后调离了学校，还有的自己创办了公司，都无法抽出专门的时间和精力来编写该教材。而我自己当时也已兼任兰大出版社总编辑，对编写公关教材颇有畏难情绪和实际困难。刘先生一次次找到我，语重心长地鼓励我一定要克服困难，完成教材的编写工作，绝不能拖该全国教材项目的后腿。

受先生重托，我已没有退路，只有不辱师命，利用自己在公共关系及各方面的积累，总结公共关系事业在国内的发展，广泛借鉴国内外同行的相关成果，尽全力独自完成了《公共关系学》教材的编写，率先提出公共关系本质上是“无形资产管理”的新观点，并试图以此来构建公共关系的新体系。该书在2001年由高等教育出版社出版后，得到相应的肯定，有幸入选普通高校“十一五”国家级规划教材，并于2007年、2014年经两次修订后再版，被国内数十所高校相关专业采用，总发行量超过40万册。这也算是我对中国高校公共关系学教学，对肯定、延续兰大公关中心教师们的工作尽了绵薄之力。

倏忽间，我已从三十初立变成六旬白头，回顾我自己的工作和治学经历，在始终恪守兰大历史系（历史文化学院）中国近现代史专业教师职责的同时，又因曾兼任研究中心常务副主任而涉足公关领域的教学和研究，因兼任兰州大学出版社总编辑而试水编辑出版专业，最后因承担兰州大学百年校史的主编，开始投入高校校史研究，兼任了学校博物馆馆长、校史研究室主任和中国高等教育学会校史研究分会理事长。工作、专业上的这些因缘际会与交替，既有个人的兴趣，也有学校的安排与信任，更有刘先生等诸多师友的濡染和影响。这虽然使自己无法成为终执一业的专家，形成某一方面的精深造诣，更不敢说是干一行精一行，但也极大地丰富了我的人生阅历，拓宽了自身的眼界和知识结构，提升了分析问题的能力和见识，诚可谓失之东隅却又得之桑榆。

所以，我对自己前后从事的工作丝毫没有后悔和遗憾。因为我经历了，也努力了。感谢母校能够给我在多种岗位学习、锻炼的机会，使我有幸遇到了业师杜经国先生，恩师刘树田、刘光华、杨建新先生等许多良师和益友，使我能够在他们的教导、提携下一路走来，像一只小小的萤火虫，为学生、为学校、为社会奉献些许光亮，此生幸矣、足矣！

祭奠大厅哀乐萦回，低垂的挽联“树人立德一生淡泊，田陌山川气象万千”“为人师表无上光荣，立足本职献身事业”写尽先生品德、事功，上百人前来送别“永远的老师”。国务院新闻办、新华社和全国四十多所高校新闻学院等及国内外同仁、学生纷纷悼念、无限哀思，以及在几天前学校颁授的“坚守·奋斗”杰出贡献奖——都是对先生坚守西部一甲子，无私奉献新闻教育事业最充分的肯定。

先生在鲜花丛中的遗容是那样安详，劬劳操持的心已经放下。为之奉献一生的兰州大学、创建的新闻学院，都已开启新的征程，一定会创造出新的辉煌，您可以了无牵挂地驾鹤西行了。

谨以此心香一瓣告慰先生在天之灵。

写于2018年9月送别先生之当日

赵伟

作者简介

赵伟，浙江大学经济学院教授、博士生导师，浙大CRPE首席教授，浙江大学国际经济研究所所长，浙江大学–诺丁汉大学中国与全球经济政策研究中心主任。享受国务院特殊津贴专家（2012年）。曾任英国牛津大学（纳菲尔德学院）、诺丁汉大学、德国明斯特大学、瑞士联邦理工大学、日本神户大学、RIETI等国外名校及研究机构客座教授。兼任浙江省人民政府咨询委员会委员等政府“智库”专家，以及中国国际经济合作学会第五届委员会副会长、浙江省经济管理学研究会专家委员会主任等学术团体职务。

研究兴趣涵盖国际经济学、空间经济学及外国经济史等领域。迄今在*Journal of International Management*、*Journal of World Trade*、《经济研究》、《管理世界》等国内外学术杂志发表中、英文论文200多篇，学术随笔数百篇。著（编）有《干预市场》等书19部。主持并完成国家及省部级各类研究项目20余项，研究成果获国内外学术界关注。近年来，不断应邀赴国外讲学，先后在英国爱丁堡大学、日本京都和神户大学等国外著名大学发表专题讲演。多次应邀出席商务部、新浪网等政府机构和媒体主办的高层次论坛并发表讲演，以经济专家身份出席央视“省部长对话”栏目，参与浙江省委省政府重大经济决策论证。研究成果获多项省部级奖。1998年，入选浙江省“151人才”第一层次百名学科带头人之列；2010年，获浙江省人民政府颁发的“突出学术贡献奖”。2011年，获浙江省“优秀社会科学普及专家”称号。

我的母校我的师（之一）

我自“文革”后期邂逅一批多少有些落魄的兰大学人，到自己变为兰大人，再到离去兰大，前后整整二十年时间，其间曲曲折折的历史变故尤其是大学内外政治氛围的变化之大，可谓翻天覆地，由此自感有更多的“话语权”，也有某种义务来写写母校，来写写亦师亦友的兰大人。提及兰大，有爱慕亦有遗憾，相信每一个兰大人都会有同感，尤其是那些在兰大读完书并留校服务数年，最后终于离去者。作为大学的兰大“之大”，在一定程度上应了古人之“有容乃大”的说法，其“有容”宛若草莓，雍容大度并将果实洒向外部，为国内外学术界输送了大批人才。兰大之“有容”，部分是通过“一线学长”们那种惜才、爱才乃至求才若渴的人格魅力来贯彻的，部分是靠了大批学有专长、教有良方的教师们的工作体现的。百年兰大的底蕴是那些靠了金钱大投入及官方关照跃升的“后生大学”所无法比拟的，前者确有些“树人”的影子，后者只能尚停留在“树木”的境地，不过表面上貌似“树人”而已。

在兰州大学百年校庆之际，谨以此文献给那些为母校赢得好声誉的兰大人。

引　子

兰州大学在2009年将迎来百年华诞，在这一年这一季，我想每一个曾经在那里学习与工作过的人，确切地说每一个兰大人，都会生出或多或少的想法，发出这样那样的感叹吧？还在年初去东京访学与小住之前，临上机场打的时，接到邻门师弟高新才的一个电话，告知母校百年校庆之事，并邀我写篇回忆文章。由于当时急着赶飞机，在匆忙中也就应承了下来，同样在匆忙中也未仔细想想，便将内容也给限定了，应承写写我读研时期的导师刘天怡先生，以为纪念。然而，待到静下心来翻出这个话题时，心中却颇有些翻江倒海的感受，不由得生出了许许多多的想法，脑海中跃出许许多多关于兰大的记忆，发现要写的人和事太多太多，大大超出原先应承的范围了。说实在的，我读研时的导师刘天怡先生自然要写，但提到刘先生，便不由得带出那之前的好几位兰大人，要写刘先生，不能不提他们中间与我亦师亦友的几位，因为正是这些亦师亦友的兰大人，将我引入了学术研究的殿堂，带进了这所西部著名学府。没有他们，像我这样一个生在古文明底蕴虽然深厚而现代物质文明与文化匮乏的西北乡村，中学毕业即开始漂泊在城乡之间，且智商平平的人，何谈考取研究生，更何谈投入业已平反昭雪的一位大学名教授门下呢？然而要写这些兰大人，便不能不写我曾经学习与工作过的这所学校——我的母校。事实上，我虽求学、治学数十年，而今在国内一所还算可以的高校执教，也曾到过国外不少名校求学与讲学，但迄今所拿到的学位只有一个，这便是硕士学位，这个学位正是在兰州大学“挣得”的。如果把母校界定为获得学位的那个学校的话，那兰大就是我的唯一母校了！

出于诸如此类的想法，我决定撇开一人一事的狭小圈子，从更广的视野下笔，写写我所熟悉的兰大人，写写我的母校。

要写的内容有谱了，但起个什么名儿呢？正在犯难，恰好看到近期热播的一个电视剧，剧名叫《我的团长我的团》，好了，就仿照这个剧名，暂时就叫“我的母校我的师”吧！原本是暂时的，原本想着写毕再改名，但写着写着，发现模仿来的这个标题下所要涵盖的人和事儿，与被模仿的电视剧情节颇有几份“神似”，至少有很强的隐喻性。对于我所要写的人和事儿，这个标题不仅妥帖，而且简直有点妙极了。细细想来，电视剧描写的那个团可谓悲壮，面对强敌轮番进攻誓死坚守到底！我的母校兰大的百年史也不可谓不悲壮，历史上数次面临“关张”威胁，几经分割重组，好不容易盼到了改革开放，获得了新生与发展。但问题又接踵而至，先是因地处“边远”不得“地利”，经历了巨大的人才外流，而后似乎因不得天时与人和，而被部分地逐出都市，迁往荒郊遗弃兵营！即便如此，母校迄今似乎依然生生不息，昂首屹立在西北高原，颇有几分岿然不动的意境！其命运与经历之曲折，也不可谓不悲壮耶？不仅是母校，而且那些在艰难时期为兰大做出过贡献的“老兰大人”，他们中一些人的经历也有几分悲壮，其中包括了几位将我领进学术之门的亦师亦友的兰大人。其中有些人毕业于海内外名校，腹中学问过人，教了不少优秀学子，将大半生奉献给了母校，然而一生历尽坎坷，写兰大不提他们于心难忍！

我与兰大

我与兰大的缘分始于“文革”后期，原本是政治时事促成的。当时，兰大历史系与我当时工作的单位——省建工局（原建工部七局）达成协议，将建工局确定为兰大历史系师生“开门办学”的定点单位。那时适逢中苏边界争端，上面指定兰大历史系承担搜集与整理一些关乎中苏边界纷争的历史资料。说得具体些，就是让组织编写两本历史材料，分别为《沙皇俄国侵略中国西北地区史》和《沙皇俄国扩张史》，以便为中苏边界论战提供“弹药”。那时流行且唯一合适的做法是组织一个编写组集体编写，不允许个人编撰。编写组还须吸纳工人和解放军成员，与知识分子组成所谓“三结合”体系。不知出于什么缘故，这项任务最后只议定由兰大历史系和建工局两方合作。其中兰大历史系身份照旧，建工局则取“工人理论组”的名分。那时，我参加正式工作不久，还属于企业的“小字辈”，但因着“根正苗红”的家庭出身和“产业工人”的身份，又有些“笔杆子”功底，一个多半有些偶然的机会，被选中充入“工人理论组”，与兰大历史系的专家们一起“合作编书”了。由此开始了我与兰大及兰大人的交往。

不久“文革”终于结束，高考得以恢复，兰大获得新生，我也在全民读书热与从未有过的对知识崇尚与渴求的浪潮中进了兰大，随1977级在经济系修学。不到两年，邓小平同志提出“不拘一格降人才”及鼓励大学生跳级等教育思想与政策，我以同等学力身份考取了兰大经济系研究生，主修外国经济史。两年后，又沾着研究生缩短学籍试点政策的光，提前与“三年制”的同学一起毕业并获得硕士学位。其后留校任教，成了一名正式的兰大人。十多年后，我选择了离去，离去的原因这里不想去说，不说的原因也不想去提。我想说的是，最后我是抱着几分遗憾以及“外面的世界更精彩”的混合心情离去的，时在20世纪90年代中期。而今一晃又是十多年时间。十多年以来，我每时每刻不在关注着母校的变化。

仔细算来，自从我在“文革”后期邂逅一批多少有些落魄的兰大人，到后来我自己变为兰大人，再到无奈地离去，前后整整二十年时间。客观地来说，二十年时间的交往与感受，对于认识一个人足矣，但对于感悟一所大学及其内在底蕴和外在感召力，尚嫌不够。然而，我与兰大的这二十年，却不能算平平淡淡的二十年。因此有某种义务写写母校，写写与我亦师亦友的兰大人，当然也包括我的导师刘天怡先生。

我的母校我的师（之二）

大师、大楼、大包容与大器这些用以评判大学好赖的线索，并不适合评判时下国内的大学，原因在于，大学的这“四大”在当今国内高校，多少有些走味了。……

提及兰大，有爱慕亦有遗憾，我相信每一个兰大人都会有这样的同感，尤其是那些在兰大读完书并留校服务了多年，最后选择离去的兰大人。然而我相信，当你离去多年，尽管已经感受到“外面的世界的确很精彩”，甚至还获得了超出预期的成就的时候，你也不得不承认，母校兰大有着一种让人深深敬仰的东西或曰底蕴，尽管这种东西或底蕴有些朦胧，用言语说不大清楚，但不能否认它的存在，更不能否认它对于每一个兰大人潜移默化的深度影响。这种底蕴，也许就是学人们常说的“大学之大”吧？

说到大学之大，我自感也有些“话语权”。几年前，我在牛津大学客座访学时，基于对这座世界一流名校的实地考察与思考，尤其是由里及外的观察，沿着国内教育名家常说的“大学之大”的套路，将大学的实力归纳为“四大”，分别为大师、大楼、大包容与大器，并对这“四大”做了诠释。其中大师与大楼沿袭已故教育家梅贻琦的说法，对大包容的诠释是，对学术思想和学术人才的大包容，对于大器的界定是，“同时体现在其基本人员的行为上，具体来说就是管理者的战略性眼光，教授们的大家风范，学生们的远大抱负”。原本我是准备以这些标准为参照来评判国内大学的，然而近些年经过仔细观察，我发现这些标准不大适合国内高校，拿这些标准是无法分出时下国内大学好赖的。原因在于，大学的这“四大”在而今国内高校，多少有些走味。在此不做细评。

然而舍去上述“四大”，何以评判中国大学好赖或其底蕴呢？我以为，上述“四大”中，尚有“半个大”可以作为参照。这便是“大包容”中的半个内涵。所谓半个内涵即除去思想而外的半个包容，这里面最重要的是容人容事。其中容人即容得下有性格乃至有些孤僻的学人。这一点，我在《牛津访学散记》中曾经写过，“大学不适合小肚鸡肠、心胸狭窄的人来主政，但却应有大海那样的胸怀，能够容得下性格孤僻乃至偏执的学者与学生，尤其是韦博、纳什那样精神忧郁型的杰出学者”。我以为，一所好的大学首先应鼓励学者与学生们的个性发展，至少是能容忍有个性有脾气的学人。中外历史一再证明，那些有个性有脾气的学人，大多具有过人的创新思维。能容人，就能容事，集容人容事于一身，对于当今国内的大学，可能已经相当不容易了！

上述“半个大”或许就是先贤们所谓的“有容”吧？如果这个说法得当，就可按照先贤们之“有容乃大”的思路来评判大学了。若以这个“大”为参照的话，那我的母校兰大的确“有容”！其“有容”的表现或曰“延伸”，大概当首推兰大人尤其是学人们的“脾气”了。

提及兰大人的“脾气”，大概许多老的兰大人不由得要想起历史系的赵俪生先生了。赵先生可能是兰大最有名的有个性有脾气的教授了。尽管自20世纪50年代被打成“右派”起到“文革”结束的数十年间，历次政治运动赵先生都是重点批判对象，但老先生的直率与童真终生未改，亦常常令不少场面尴尬。记得“文革”结束不久，尚未获得完全平反的赵先生，当着多人的面调侃当时的一位老海归出身的教授。据说，那位被调侃的教授只是干咳了几声，不置可否。事后依然将赵先生敬为学术权威，更谈不上什么打击报复了。实际上，就我所知，那位教授学问很深。记得“文革”后期在建工局“编书”期间，兰大师生们一遇到学术问题就去问他，几乎都难不倒他，他简直像个百科全书，几乎无所不知。大概迫于当时的环境，怕惹麻烦而养成了述而不作的习惯吧！

兰大之“有容”的另一表现是对学人的吸纳。粗略浏览一下有关历史学家赵俪生先生经历的文献，便不难得出这样的印象：这位脾气大个性强的学人，实际上是在被多个学术单位赶走的困境下，被兰大老校长江隆基如获至宝般地请来兰大任教的。而像我的导师刘天怡先生等一大批有着留美背景，在50年代为许多学术单位所不容的老海归们，都是由江隆基校长诚聘而来的，且其中多半被委以重任。兰大之“有容”的校园文化，多半也是江隆基这位中国现代史上鲜有的大教育家所奠定的。

值得一提的是，即使在江校长过世多年之后，兰大这一“有容”的传统依然得以延续，那些有脾气有个性的兰大人，往往被学校视为“宝贝”，一旦提出调离，从专业系到学校，各级领导便层层出动，尽力挽留。挽留不成，有时还不得不动用“组织手段”予以“截留”。

或许是受了母校兰大这一“校园文化”的感染，当年我虽系晚辈，也养成了某种兰大人特有的性格和脾气，给校、系领导不少难堪，他们也不怎么计较，后来我调离时，仍然千方百计挽留，我的调动竟然惊动了学校最高决策层，要由校党政联席会议定夺。想想当年我仅系略有微成的青年人，去留竟然为学校如此重视，可见母校对人才的重视，其“有容”亦可略见一斑！

如果说上面所说的兰大之“有容”，主要指一种内在包容性的话，那么下面所说的兰大之“有容”，还体现在外形上，有几分“草莓的包容之美”。“草莓的包容之美”是我在异国他乡的感悟与杜撰。早年去英国求学期间常常分不清英文草莓（strawberry）与山莓（raspberry），有次闲聊中问一位英国朋友，他半开玩笑半认真地说：“草莓的籽长在外面，山莓的籽长在里面。”后来仔细观察，的确如此：草莓的籽一粒粒清晰地覆盖在果肉的外面，而不像山莓那样将果籽深藏腹中，藏而不露。说老实话，就这两种浆果比较而言，山莓肉少而味偏酸，草莓肉多而味偏甜，有一种雍容大度的样子，两种浆果中，我更偏好草莓！在我看来，母校兰大的包容亦如草莓那样，不仅雍容大度，而且将其果实亦即优秀人才撒向海内外，为学术界输出了大量的人才。可以毫不夸张地说，一些在改革开放初期位居全国高校末流而后来纷纷“发达”的沿海大学，不少都是得益于兰大的人才。还在90年代初期，有段时间山东青岛某大学的主要领导率人事处长等一干人，在兰大附近的宾馆安营扎寨，专门“挖”兰大人，许以优厚待遇或一官半职，挖走了好几位老师。而今，那所学校好几个专业的主要学术带头人，都系当年的兰大教师。提及校外兰大人当然远远不止这些，前年在广州过年期间曾与几位兰大人聚餐，其间议及如若集目前散落于国内一流高校的兰大人于一堂，完全可以再办一两所兰大，且其学术声誉当比目前兰大有过之而无不及，大家一致同意此说。别的专业不敢妄言，就我所从事的经济学领域而言，若会集目前活跃在国内高校经济界的兰大人，完全可以办一所国内一流的经济学院。

我的母校我的师（之三）

亦师亦友兰大人

在我的专业与学术之路上，亦师亦友的兰大人起了启蒙与领路的作用，没有他们，我可能还在企业干我的本行，或许在做宣传干事的乏味工作。这些兰大人中，第一个要提的，当是李建先生了。我与李建先生邂逅，恰是在前述“文革”后期兰大与我当时的工作单位建工局的“政治合作”中，即在两个单位合作承担那项编书任务期间。那项任务由徒有其名的建工局“工人理论组”和兰州大学历史系两方组成，其中建工局一边的“工人理论组”，实则由三四个人组成，我算其中一位，也是参与时间最长的一位。而兰大历史系的专家则分为前后两拨：一拨由李建先生牵头，成员有赵桧杰、候尚智、颉普等先生，负责《沙皇俄国扩张史》的编写工作；另一拨由卢苇、杨建新等老师牵头，成员有马曼丽、杨定名、何玉畴等老师，负责《沙俄侵略中国西北地区史》及其附属材料“西北史地”的编写。作为建工局那边“拼凑”的“工人理论组”的成员之一，我有幸同时与这两个专家组相处，从他们那里学了不少知识。这里面对我教益最大的，也要属李建先生了。

首次认识李建先生，是编写组组建的那一天，在我确有些一见如故的感觉。那是在1975年初冬的一个下午，李建、赵桧杰等专家由兰大历史系总支书记和“工宣队”负责人带队来我当时的工作单位，位于“七局红楼”的“建工局工人理论学习班”。建工局这边，则由政治部宣传处和学习班的两级领导带队。两个单位的领导将我们召集在一起，开了个简短的会议，编写组算是正式成立了。按照领导安排，李建等专家须在学习班安营扎寨。但我注意到，来的几位专家中，就李建带来了铺盖卷，别的专家只带了个小包。待到会议结束，也快到吃饭时间了，那时的单位间未有而今的宴请或聚餐的事儿，包括系领导在内的别的客人纷纷告辞回家，唯有李建先生留了下来。那时我也吃住在学习班，于是就帮他拎行李，安排住宿。出于工作考虑，单位将我们几位青年人的宿舍和给兰大专家预留的宿舍安排在同一层楼，李建先生的宿舍恰好在我隔壁。待到帮他安顿下来，已经过了食堂开饭时间，于是我们便一起去单位斜对面的牛肉面馆吃兰州拉面。餐中彼此交换了“背景信息”，始知他系湖南人，北大历史系苏联史专业毕业，已任兰大历史系讲师多年。他也了解了我的一些背景，并感叹我们失去了读大学的机会，提醒我要多读书，走自学成才之路。

我因自幼生长在崇尚知识与文化的家庭环境中，对于有知识有文化的人有着与生俱来的仰慕。虽然“时势”将我这样的青年人推到了不恰当的位置，但我那时还算清醒，自知未有高等教育背景，才疏学浅，从心底里崇拜有学问有知识的人，因此视李建先生为难得的良师。虚心请教为学之道，李建先生也不推辞，第二天便给我拿来两本书，让我去读。那以后的两年多时间，我有幸与李建及兰大历史系几位多少有些落魄的专家们朝夕相处，在他们的引导以及言传身教下，读完了大学历史系学生所应读的几乎所有的教科书和专著，打下了自感坚实的世界史基础，并在他们近乎

“手把手”的教导下，学到了一些社会科学研究的基本方法。

“非常时期”的“非常”机遇

这期间尤其值得一提的是李建先生及其同事们对我的学习的两次安排，这两次安排对我的求学之路，确切地说是“大学之路”，有关键性的影响。

一次是在1975年末到1976年末，这期间的一年多时间，我们的编写组处在某种“游击”状态，不时搬迁。虽然处在此种“游击”式动荡时代，但我的学业不仅未受影响，反而大有长进，这在很大程度上要归因于李建等亦师亦友的兰大人的影响了。原来在编写组迁入兰大时，李建等兰大人特意向我们单位领导建议，让我随编写组进驻兰大，并在兰大招待所给我安排了住宿，在历史系资料室给我安排了一间用书架隔出来的工作间，提供了当时看来简直可谓“一流”的“读书间”。那时读书的人很少，有这样一个坐拥书城的机会，我简直有些欣喜若狂。由于处在知识饥渴状态，碰到这样的好机会岂能虚度！几个月内我阅读了大量的书，做了好几本笔记。那时借书要在书后借阅单上签名，历史系许多书都留下了我的签名，以至多年后当我已在经济系任教时，有位历史系跨专业的考研生告诉我，他在历史系不少书的借书单上看到了我的签名，还以为是同名同姓者所为。

另一次是1977年，那年“文革”行将结束，高考突然恢复，编写组任务已完结并面临解散的前景。单位领导肖铭德先生惜才爱才，有意送几位好学的青年人去兰大，以进修名义深造。当时与兰大一方谈定的只有两个名额，分属历史和政治经济学两个系。我有幸被保送到了经济系，由此走上了经济学之路。事后获知，关键时候也是李建先生和肖铭德先生帮我说了话。据说，他们二位对我们单位的上级领导说，经济学比历史要难，要有一定数学功底，两个候选人中，赵的学习更勤奋，底子更扎实，因此适合读政治经济学。

后来我到了兰大，变成了兰大人，才从历史系的一些老师那里了解到，李建先生系北大高材生，有名的俄国史专家，俄语功底极好，人民出版社的高级编辑们但凡遇到俄语及苏联史书稿疑问时也常常向李建先生请教。先生为人宽厚，对晚辈尤甚，惜才爱才，同事及其入门弟子们有口皆碑。然而遗憾的是，这样一位好老师，半生经历坎坷。

遗憾的是，在我变成名副其实的兰大人之后，有段时间工作生活压力俱增，颇有些自顾不暇的处境，不知不觉中淡出了与李先生的交往。只是临离开兰州时与先生匆匆告别，十余年后当我重返兰州再想去拜访他时，方知先生已经故去。更令人遗憾的是，查了一下网络，发现李建先生故去得如此“干净”，乃至在网上也查不到他的丝毫信息，真有几分“去而无踪迹”的神仙意境，在此特表示纪念。

遥远的祝福

除了李建先生外，当年在编写组与我亦师亦友的兰大人还有多位，这里必须提及的有四人。一位是温文尔雅颇具绅士风度的四川人卢苇先生，专修中国古代史。另一位是快人快语的湖南人赵桧杰先生，北大高才生，苏联史专家。第三位是四川人何玉畴先生，给人一种30年代“肺痨学者”的印象，何先生总是一手握卷一手拿烟，专注于书稿而强忍着“喷薄欲出”的咳嗽。第四位是马曼丽老师，据传出身江南书香世家，言谈举止间流露出现代知识女性特有的那种内秀与高雅兼具的美，精通俄、德、英等多种外语。这一群多少有些落难的兰大人，成了我难得的老师。他们那种对待知识与学问的严谨态度，虽处乱世而不改追求学问承诺的人格魅力，都深深地感染了我。在某种程度上可以说，正是这批兰大人的感染与言传身教，将我带入了一个广阔的知识海洋，并领我找到了人生追求与努力的方向。

同样遗憾的是，自离开母校之后，多年未有他们的丝毫音信，在此我遥祝他们健康长寿，人生幸福美满！

我的母校我的师（之四）

“学长”同事兰大人

我进入兰大，成为这所百年学府的正式学生，当始于1980年秋季。那是在我以一种非正规身份随1977级在兰大学习两年之后。那两年，我在原有历史专业基础之上，又构筑了经济学——政治经济学专业基础，可视为我的经济学“入门”阶段。这样，从1978年到1982年研究生毕业并获得学位，我在兰大度过了整整四年半的学生生活。在此期间教过我的老师很多，但我自感在学问上受益最多的老师，当首推两位：一位是张忠修先生，另一位是刘天怡先生。刘天怡先生是我的硕士学业导师，后面将予以专述。张先生于我，则先为师长后为领导加同事。除了张先生而外，在我留校工作的十多年间，这种领导加同事关系的兰大人颇多。我以为，时下国内将大学担当院系行政职务的教师称作“领导”，容易使人将其与职业官僚混同，而忘却了他们的专业背景，实际上有几分失敬。相比较而言，旧时的“学长”称谓，当更为恰当，更为亲切。出于这种考虑，此处就称他们为“学长”加同事吧。他们中间，对我的人生选择起了关键作用，因而最值的一提的还有两位：一位是李国杰先生，另一位是史柳宝先生。

按照我就学及受益于他们的先后，先说说张忠修先生。张先生与我仅为课堂师生之交，课下并无深交，师生关系不仅纯而又纯，而且可谓淡而又淡，但先生的政治经济学课，则令我受益半生。张先生开的“政治经济学”（资本主义部分）课，可用两个词来形容：一个是严谨，另一个是丰裕。所谓严谨，集中体现在授课内容的逻辑联系上，而丰裕则体现在广征博引上。现在看来，他将马克思那种德意志人固有的富有哲理的推理与中国人的实用主义“遐想”巧妙地结合在了一起，把一堂政治气氛很浓的半经济学半哲学的课程，变成了一门理论与趣味兼具的课，听他的课的确有几分享受。我相信每一位兰大1977级政治经济学班的同学，都会同意我的如下看法：作为一堂“入门级”的政治经济学课程，张先生的课的确不俗。他的课不仅给我们打下了坚实的政治经济学基础，而且培养了大家对经济学的兴趣。两年之后，当我自己也开始边读研边给一所“社会大学”的学生上课时，讲的就是政治经济学，所用教案“蓝本”，则是上张先生课时所作的详细笔记。或许受到张先生“真传”的感染，我的课也一度让我那时的学生们着迷！这在很大程度上要归功于张先生的教学方式。实际上，我在上完张先生的课之后，自感找到了学习政治经济学的方向，便沿袭我“文革”后期养成的旧习，转入自学，花了大量的精力去读原著，其中翻得最多的要数马克思的《资本论》和《政治经济学批判大纲》这两本书了。至于别的几位老师的课，而今回想起来有些讲得也的确不错，但印象不是很深。这里我表示遗憾！

张先生属于那种“述而不作”型学者，虽然课讲得出神入化，但发表文章不多，后来兼任学校研究生处处长，行政事务繁多，想必也没有多少时间著述。但即便如此，我相信1977级同学迄今对其在政治经济学领域的学问功底，亦有几分敬畏的！

非常时期的“人和”与时世

现在说说李国杰和史柳宝两位先生，他们二位先是我考研拜师的举荐者和鼓励者，后来在我研究生毕业时，力排众议将我留校。其后数年为我的直接或间接领导，我本人以及当年与我资历相近的兰大经济系的年轻学人，受益于他们鼓励与举荐者当不在少数，提及兰大经济系20世纪70年代末至80年代中期的发展，他们二位功不可没。

说到李国杰和史柳宝两位先生，须从我的考研说起。现在看来，当年我以高中毕业的“正式学历”与文凭“越级”考研，完全得益于某种“天时”与“人和”的“时世”安排。这里最大的“天时”，莫过于改革开放促成的大环境。事情是这样的，我在兰大经济系随1977级进修两年之后，国家大环境已发生了大的变化，社会上已经开始“论文凭”了。我虽然靠自学几乎修完了历史与经济学两个专业的课程，但因未有文凭而面临着“出路”困境。正当我为下一步求学之路困惑的时候，“天时”有变：国家恢复了研究生教育制度，兰大经济系拿到了培养研究生的资格。事实上非止拿到，简直是“斩获颇丰”。就在许多大学还处在“可望而不可及”的境地时，兰大经济系首批就拿到政治经济学、外国经济史、世界经济和中国经济史四个专业研究生的培养资格，其实力之强由此可见一斑！最初听到这一消息，原本以为考研与自己太远，因此一点也高兴不起来。但后来仔细看了一下招生简章，则近乎大喜过望。原来那时国家正处在百废待兴、人才奇缺的时期，邓小平同志高瞻远瞩，提出“不拘一格降人才”的思想，鼓励高校学生跳级、越级。也许是为贯彻邓公这一思想，研究生招生简章特列一条：“鼓励‘同等学力’者报考”。注意那时强调的是“学力”亦即真才实学能力，而非“学历”。多年后，当我自己招收研究生时，有次再看招生简章时，不无吃惊地发现，不知何时这一条已给人“窜改”了，“学力”变成了“学历”！这是后话，此处不拟赘述。

于是，我打定主意准备考研了，但考哪位教授的研究生，考哪个专业呢？那时高校招硕士与时下招博士差不多，得先找好导师，冲着导师去报考。幸运的是，正在我犯难之际，得着了“人和”：我在建工局的老领导肖铭德先生听到我的打算，主动出面，鼎力推荐，将我举荐给了兰大经济系的两位领导，这便是李国杰先生和史柳宝先生，他们时任兰大经济系正、副主任。这两位先生与肖铭德先生系“文革”“开门办学”年代的旧交，正是他们二位力主给建工局一个进修生名额，我则是这种安排的第一个受益者。我那时有几分腼腆，虽在他们领导下的经济系进修，但自知学识浅陋距他们太远，未敢贸然去找过。当我带着肖铭德先生的问候求教于两位先生时，得到他们二位的热情鼓励。原来，这二位先生对我的情况也略有所闻，知道我有世界历史和政治经济学两个专业的背景，力荐我考刘天怡先生的外国经济史研究生。记得史柳宝先生说过，外国经济史是介于世界史和经济学之间的学科，带有跨学科性质，适合我考。李国杰先生还写条子给刘先生举荐我，待到我拜访了刘先生并得到肯定答复之后，李先生还半开玩笑地对我说，“小赵将来要喝‘洋水’去了”，意思是刘先生系留洋归国学人，跟着刘先生有望出国。现在想起来，李先生果然具有先见之明，后来我留兰大工作期间，出国进修两次，而自入职浙江大学以来，出国交流对我简直成了家常便饭。

正是得益于我与兰大人的这种“人和”，加上改革开放初期的有利

"天时"，我才得以以"同等学力"身份考取了兰大经济系的研究生，成为一名正式的兰大人。但这仅仅是开始而已。后来，在我留校之后的出国求学与为学之路上，李先生和史先生也不时予以鼓励，提供了他们力所能及的关照。现在回过头想想，兰大那时的"有容"，恰恰是通过李国杰与史柳宝这样的"一线"学长们来贯彻的，他们那种惜才、爱才乃至求才若渴的人格魅力，在"文革"结束百废待兴的转折年代，收拾了散落的人心，奠定了兰大在新时代发展的良好基础。我相信大多数当年在兰大经济系求学而后留校工作过的同仁，都会同意我的这一看法的。

岳逢春

作者简介

岳逢春，兰州市文联党组成员、副主席、秘书长，兰州市作家协会常务副主席，中国散文学会会员，甘肃省作家协会理事，兰州新闻工作者协会理事，兰州新区建设文化顾问。多次担任兰州地区文化、体育、艺术庆典、电视晚会等大型活动的策划人、艺术总监、总撰稿、文学统筹和评委会主任等。曾担任2008年北京奥运火炬兰州传递活动的策划人、总撰稿和CCTV直播现场特邀解说嘉宾以及2010上海世博会甘肃活动周撰稿人，荣获甘肃省人民政府表彰的奥运火炬传递和上海世博会等活动的先进个人。

发表小说、诗歌、散文、随笔、文艺评论等作品400余万字。其文学作品《借我春秋五十年——一座城市的文化记忆》和文案作品《盛典礼赞——兰州大型文化活动创意策划文案汇编》，由敦煌文艺出版社出版。

夜大生涯

——三十年前我们的读书故事

一个时代有一个时代的时尚，一代人有一代人的记忆，但无论哪个年代，时尚永远是人们所关注的一个话题。

而今说起时尚，从大街上俊男靓女花花绿绿的打扮中，从骑着山地车的大姑娘小伙子身上，从脚踏轮滑的靓仔少年的身影中，我们都能看到这个新时代的时尚。

然而，时光回溯到三十多年前，读书上大学，却是最为时尚的事情。1977年，国家刚刚经历了拨乱反正的历史大转折，中断了十年的高考制度得以恢复。参加高考上大学，立即成为那个时代的关键词和热点词，一批批被“文革”耽误了学业的年轻人怀着憧憬参加高考。然而，高校录取人数毕竟有限，为了满足更多青年求学求知的渴望，我国教育领域又陆续采取了开办夜大学、广播电视大学等不同类型的高等教育方式，来解决人们尤其是年轻人迫切渴望读书上大学的问题。

三十多年前，改革开放刚刚起步，不少人还仍然用陈旧保守的观念看待新生事物，因而，当时利用业余时间上夜大学或者电大，注定是一条充满荆棘却也乐在其中的人生道路。

一、师弟来看我，胸前的校徽让人眼热

1977年恢复高考，改变了很多人的命运和人生历程。没有经历过我们所处的那个年代的青少年，是无法真切地理解当时“大学生”这个头衔所蕴含的分量的。

1980年的夏天，我在兰州青年京剧团工作。有一天，1979年考上大学中文系的一位小师弟来团里玩，虽说才入学一年，但人的气质却发生了脱胎换骨的变化，胸前白底红字的大学校徽，让人不能不刮目相看。

20世纪80年代初，社会上对大学生具有一种崇敬感，各个单位都抢着要大学毕业生，有些单位还把车开到大学门口直接拉人。我当然也渴望能走上更理想的人生道路。无奈1980年，考大学的政策规定已经被调整，我的条件也因此受到限制。原单位已不保留大学生的工资福利待遇，而学校只发一点补助。最为关键的是，对考大学的年龄也做了限制，而此时，我的年龄已经超龄了。眼看考大学无望，岁月蹉跎令人极为郁闷，感到人生没有希望了。所幸，我这位小师弟的父亲给我指了一条路。他说，兰大开办了一个高考补习班，学完了补习班就可以报考兰州大学的夜大学。他强调，一样拿文凭，国家同样承认大学学历——这简直是绝处逢生啊。

二、报名介绍信，成了绊脚石

当时我的人生道路实际上刚刚开始，又赶上了改革开放的好时代，压抑多年的求学热情在瞬间爆发。就天天赶去补习班埋头温习功课。我是京剧演员出身，十四岁就登台演出，背诵剧本记忆台词，那可是我的特长和强项，就靠这种功夫，把课本背得滚瓜烂熟。

转眼间该到夜大报名了，却遭遇了难题，单位的介绍信成了绊脚石。现在的年轻人对三十多年前所谓的“单位”的威力没什么深刻体验。但在当时，单位不开介绍信，你什么事情都干不成。

我们几个想上夜大的年轻人请求开个报名介绍信，单位领导却不同意，理由很充分——剧团演出时间大部分是晚上进行，你们都去上夜大学，演出咋办？这样的反问，等于给我们的热情泼了一盆凉水，无奈我们只能软磨硬泡，保证一切以演出优先，决不耽误工作，这才拿到了介绍信。

1980年8月12日，我们在窑街煤矿的演出活动尚未结束，喜讯不期而遇。中午，在镇子上的一家面馆吃饭，一起考夜大的一位同学拿着兰州大学夜大的录取通知书赶来了，见面就说：告诉你一个好消息，兰州大学夜大学录取了我们。当时激动的心情，真是难以言表。

三、难忘恩师，也难忘蹉跎岁月

返回兰州后，我到学校去了解情况，这才知道，在成百上千名考生中，我的考试成绩居然是夜大1980级这批学生的第一名。

这批业余上大学的同学热情极高，兰大也就将原计划招录50人的名额扩大了一倍多，1980级汉语言文学班最后录取了107人。夜大虽然是在职业余学习，但兰州大学并没有忽视这批学生的教育。学校对这批大龄学子给予了高度重视，授课的教师都是当时学校学术水平最高的耆宿硕德和英才俊杰，诸如刘让言、黄伯荣、张文轩、庆振轩等诸位先生都是我的授业恩师，都给予了我们谆谆的教诲和严格的指导。对我所尊敬的前辈和老师们，我一直怀有一颗感恩的心。现在想来，若不是有幸在兰大读书进修遇到这些“命中贵人”，自己的人生道路大概会是另外一种模样，而那种样子，很可能是不会太“好看”的。

业余时间研修大学功课，时间自然非常紧张，每周一、三、五或者是二、四、六，白天在单位上班，夜里别人休息了，我们就去上课。那时候一周只有星期日休息，我们还要拿出半天时间去上学，可以说是拼了命要读书学习。学习的那种刻苦精神和读书的钻研劲头，现在的年轻人恐怕是难以想象的。

如此这般时间长了，本职工作与读书学习自然就会发生矛盾。当时我还不到三十岁，正是出力干活的时候，晚上又是剧团的工作时段。我们都忙着赶时间去上课，难免有些工作做得不到位，结果这就演变成了冲突，单位停发了我们三个月的工资，我们却依旧坚持上学。工资停发后，我们到处上访，四处求援，却无结果。毕竟人还要吃饭，无可奈何只好老老实实地去按部就班粉墨登场。再说，那时候还没有形成下海再就业或者择业的社会气候，离开本单位，你就无处可去，确实没饭可吃。我只能乖乖地写检查，该拉大幕的拉大幕，该搬道具的搬道具，但当时我们的心思已经不在舞台上了。

上大学，为我们打开了另一扇人生发展的窗户，我们看到了外面精彩的世界，已经难以提起精神去演什么“样板戏”了。

在人生最宝贵的青少年时期，我是在舞台上表演度过的，看起来敲锣打鼓、装龙扮虎、粉墨登场很热闹，但其实是一段不堪回首的蹉跎岁月，青春年华看似非常华丽却也被白白浪费掉了。

当时，在许多人眼中，我们应该熬筋骨练功夫，读书上大学则属于不务正业了。我记得有人对我这种执着于读书的状态颇为不满，还语重心长地对我说，读那个书干什么，上那个大学干什么，上不上，不也还是拿这点钱，大学读出来，不也还是当演员？但庆幸的是我没有闭目塞听继续沉溺在热闹的舞台上欺骗自己，反而用周总理青年时期的诗句“面壁十年图壁破，难酬蹈海亦英雄”鼓励自己，更加锲而不舍地痴迷于读书和写作，跌跌撞撞地摸索着走自己的人生之路，否则，后来的人生道路可就要真被“毁了”。

四、读了五年，大专升本科

那时，夜大班里的同学的情况都差不多。有的同学在几十公里之外的西固甚至沙井驿上班，他们或骑自行车赶来，或挤公交车，实在不行，就在学校附近租个小房子凑合睡一觉，第二天还得赶回单位上班，却没有人用混文凭的心态对待学业。

兰大夜大最初是按照专科设置的，预计学习三年。但上了两年后，我们觉得，专科之后还要上本科，就建议兰大将汉语班升级为本科班。这一建议得到了当时的兰大校长胡之德教授的认可，我们的学业就从三年变成了五年并且按照本科文凭认定学历。延长学业时间无疑是个考验，但我们却求之不得，其实当时也习惯了天天夜里去听课。

当时，我们这些来读夜大的同学的情况都差不多，几乎都是因为年龄偏大而无法参加全日制大学高考的，而且是早已经就业多年的人员，不少同学的学问很好，在今天看来也都算是有理想的工作和职位，有些同学是单位的笔杆子，有的同学已经是很有名气的记者，还有些同学当时就是有名的诗人、作家或理论研究工作者，但大家都依旧埋头学习，丝毫不敢放松。

1985年夏天，学校为我们举行了隆重的毕业典礼，我们拿到了盼望已久的大学文凭。如今，岁月流逝，当年的绝大多数夜大同学，都已成长为各行各业的骨干。但我想起当年的情形，深深庆幸在夜大读书的经历，实际上正是这个经历彻底改变了我们这些人的命运。

至今，我依旧衷心地感激我的夜大学——兰州大学。

管会生

作者简介

管会生，1956年9月出生，安徽巢县人。1982年元月毕业于兰州大学数学力学系计算数学专业（1977级），毕业留校工作至2016年10月。曾任兰州大学计算中心主任（高级工程师）、兰州大学信息科学与工程学院副院长（教授、硕士生导师）、兰州大学教育教学顾问委员会委员（教学顾问）。

任主编或副主编出版专著和教材19部，近千万字，其中3部教材经出版社推荐入选“十一五”国家级规划教材。在《计算机科学》《计算机教育》《中国大学教学》等学术刊物上发表论文60余篇。1990年获第四届全国图书“金钥匙”奖优胜奖；2003年和2011年两次获“兰州大学教学成果一等奖”；2003年获兰州大学首届隆基教学名师奖；2006年（首届）和2011年（第二届）在中国信息界学术大会上先后两次获“中国信息化百名学术带头人”荣誉称号；2009年获“中国大众文学百花奖”优秀作品奖；2010年获中国教育技术协会“全国教育技术理论与实践作品大赛”三项一等奖；2012年获甘肃省教育厅“甘肃省高等院校教学成果奖”。

高考四十年

恢复高考至今已整整四十年。有本书《我的1977》上有陈建功、周国平等近二十位文化名人所撰写的回忆文章，真实地记录了他们1977年参加高考的个人入学经历，见证了那个年代的历史。1977年的冬天，共有570万年龄介于16～35岁的青年从农村、工厂、牧区、学校和机关，涌向高考考场。1978年7月，又有610万人参加了高考。就是当年这一年龄差别很大的学生群体，翻开了中国高等教育新的一页，改写着中国高等教育的历史。

1977年高考，全国报考570万人，录取27万人，录取比例为21∶1。

2017年高考，全国报考940万人，计划录取700.12万人，录取比例为1.34∶1。

从1977年高考录取率不足5%，到2017年的74%，这样的变化也说明中国的高等教育确实从精英教育进入到了大众普及化阶段。

高考四十年，参加高考人数共达到2.17亿人次，录取人数约1.16亿人；41届高考平均录取率达到了53.28%。四十年，发生了翻天覆地的变化，改变了几代人，也培养了几代人。它走过的四十年，经历过高考的人都会刻骨铭心，因为它承载着感情，承载着记忆和情怀，承载着爱！

一张高考准考证

2007年12月2日，兰州大学数学力学系1977级数学专业学友高国维（现任兰州市科协主席）在《新浪·校友录》网站上传了他1977年的准考证，而三十年前的12月2日，正是恢复高考的第一届高考生入学考试的日子。通常人们不敢不保存好毕业证，但很少有人保存准考证。所以我们要感谢“有心人”高国维学友，感谢他保留了这张意义非同寻常的准考证，也希望他能够珍藏这张准考证。

从准考证上可以看到，1977级高考只考了四门课程：政治、数学、语文、理化（理科）或史地（文科）。可能有人会说1977级没考外语，外语水平一定不咋样。实际上，1977级确实有人因种种原因入学后进了英语慢班才从26个字母学起的。但据有关部门统计，80年代报考出国留学的还是1977级的学生最多。截至1988年12月，仅在美国的中国留学生就有十万之众。更有趣的是，一位1980级高考生考试后，对比了1977级和后几届高考的考试试卷后得出结论：“如果用1977级的高考试卷，我们1980级考生都能考中。”言下之意1977级高考试卷太简单。但他忽略了一个情景：从1980级开始，国家限定的高考报考年龄为25岁以下，1980级考生95%是应届高中生；而1977级考生中应届高中生不足5%，95%的人大多已在农村、工厂、牧区、机关等“社会大学”闯荡多年，年龄较大，考试前很少有看书学习的时间。因“文革”时期实行9年学制（小学5年，初中、高中各2年），所以1977级里应届高中生年龄都很小，一般在16岁左右。

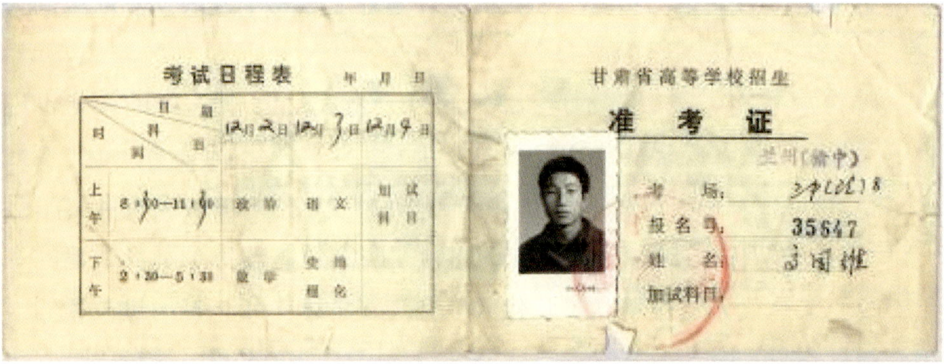

1977年高国维的高考准考证

1977年高考的具体考试时间是1977年12月2日至4日。1977级大学生是1978年2月下旬（春季）入学的，1982年元月毕业。依目前大学生按届排列的规则，1978年9月（秋季）入学的1978级大学生也是1982年毕业的，所以“82届”应该是1977级、1978级共有的称谓。

我的高考故事

这张准考证和已热播的电影《高考1977》勾起了我对四十年前那场考试的回忆。我是1973届高中毕业生。在农村插队三年后，被兰州铁路局招工，分配到武南分局河西堡机务段（今金昌火车站站西位置）运转车间任625机车司炉，干的就是《铁道游击队》电影里才有的那种给蒸汽机车添煤的工作。2004年，中国铁路主干线上的蒸汽机车都退役了，取而代之的是电力机车或动车组，这也是中国铁路里程碑式的变化。

1977年的高考，考四门课程，均为100分试题，时间均为3小时（上午8:30-11:30，下午2:30-5:30）。各科目具体考试时间是：12月2日上午政治、下午数学；12月3日上午语文，作文题目是《不到长城非好汉》，下午理科考物理和化学，文科考历史和地理。

1977年12月2日是恢复高考的第一届高考生入学考试的日子。当时河西堡机务段上千号员工中有几百名青工，平时称“伙计”，高考报名的有12人。河西堡地区的考点设在永昌县（现金昌市）一中，离机务段四十多里路。当时司炉的月工资是24元人民币，自行车对我们来说绝对是奢侈品，于是12人每人借了一辆自行车。12月的河西天气很冷。第一天考试，12人向段上请了假一大早就出发了，一个小时后哆哆嗦嗦进了考场，监考老师一个劲儿地说“大家别紧张”，但骑车冻的，没法不哆嗦。后来高考时间却安排在酷暑高温的盛夏。中午，学校清场，我们12人齐刷刷坐在校门口墙根下晒太阳。早就听说一中附近没有吃饭的地方，所以我们早上都在食堂买了大饼，十分钟啃完干粮，又对着路旁的自来水笼头灌口水，伙计们就边聊着上午的政治试卷，边等着下午2:30学校开门考数学。第二天考试到了考场发现，12人中有一半没来。考试结果是两人被录取：我考入兰州大学数学力学系，另一位伙计王国强考入甘肃工业大学水机系。

当段上通知我“有你一封兰州大学的录取通知书”的时候，我飞快地跑到传达室，里面坐着几个老工人师傅正说着什么。一位上前问我：“你是叫管会生吗?”另一位说：“这东西有冒领的吗?！快给他吧！小子，你这离地三尺的‘火’神仙算是干到头了。”我打开通知书看了几遍，脑子有点晕，过了好一会才意识到，离报到时间不到十天了，要赶快办手续。

先去给大车、二车（同一包乘组对司机、副司机的称谓）告了别，然后到段上、分局办离职手续。当我扛着行李卷回到兰州家中的时候，母亲一脸惊恐地问："怎么铺盖都搬回家了？你没犯事让段上给辞退了吧？"面对在"文革"中受过无数次惊吓已年迈的母亲，我流泪了。

到系里报到后了解到，我当时上学的年龄已是现在大学生毕业时的年龄。兰州大学1977级共招了871名大学生，当年甘肃的录取率是10∶1。数学力学系三个专业数专、力专、计专共招了128名学生，而河西地区，数力系就招了我一个。这就是我高考的故事，也曾讲给女儿管弦听，直接效果就是2002年她高考的时候，是和往常一样乘坐公交车往返考点的，并反复叮嘱我"三个不许"：不许接送、不许到考点学校的门口去等候、不许问"考得怎么样"等类似的问题。

"一流"的教育与就业

目前高校的学历教育能保证大学毕业生有胜任就业岗位工作的能力吗？一流的教育能保证大学毕业生有良好的实践动手能力和尽快适应环境的能力吗？有许多人很自信这一点。而我首先怀疑的就是所谓"一流教育"。当年在机务段学习司炉时，上岗培训时间是一个月。开学典礼上，人教处吕处长给我们讲，中国的蒸汽机车（指五个大轮的前进型机车）是世界上最先进的，当时我们很是自豪。后来才明白，"先进"是因为外国人不搞蒸汽机了，而换成了内燃机和电力机车。

感觉同样的事情1997年也发生过一回，我和同事一起去哈尔滨工业大学考"国家信息技术考试（NIT）"证书，两人都顺利考取了NIT教师资格证。当时的教育部考试中心是教育部组织高考、NIT、NCRE、四六级英语、WSK等考试的专门机构，时任中心主任杨学为在结业典礼上告诉我们：中国的考试制度与考试系统是世界上最先进的。因为当时我国的考试系统由于掌握了Windows和Office的内核技术，可以对图形窗口界面的可视化软件进行任意操作试题的机试与机判，而当时大大小小十几家外国公司，包括IBM公司在中国推出的职业软件工程师认证考试系统，仅有选择题一种题型：单选或多选。我们又自豪起来……后来，我当了近十年省自考办NCRE（全国计算机等级考试）项目顾问，又干了四年兰州大学IBM

技术中心主任，专门组织软件工程师认证考试，经过认真比较中西方教育观念、教学方法及文化、教育、经济等方面的背景，我得出一个结论：不是外国的考试系统落后，而是他们根本不重视考试。

对于学习，国外的高校更重视教与学两个方面，更重视学习能力的培养以及思维能力和创新能力的培养，而不是考试。最能体现学习意义的是学习精神和学习能力，而不是学习成绩。有个例子，中国的NIT是从英国CIT（剑桥信息技术考试）学来的，英国的CIT只有两个环节：实践题，如现场拆装一台电脑；以及作业设计，可以回家去做。而CIT到了中国，就又加上了用机试系统考试这第三个环节，因为我们的教师认为，学生若不坐在教室里不能算考试，这就是三合一的NIT。我们中国人坚信：好学生是考出来的！五千年的文明史伴随着五千年的考试史。要我说，也伴随着五千年的考试作弊史！

“兰苑有幸毓桃李，黄土无辜蒙后生”

“77级大学生”是那个年代一个很荣耀的称呼，他们是恢复高考后的第一届学生，也是整整积压近十年的“老少童生”，特殊的年代造就了这一特殊的群体。兰州大学1977级校友中，有中国科学院院士詹文龙（现物系）、中国策划大师王志刚（经济系）、曾任《读者》杂志社主编和社长的彭长城（历史系）、曾任兰州大学副校长的杨恕（地理系）、曾任陕西师范大学党委书记的甘辉（中文系）、华东师范大学副校长李志斌（数力系）、曾任兰州财经大学校长的蔡文浩（数力系）、曾任兰州文理学院院长的汪建华（历史系）、兰州大学敦煌研究所所长郑炳林、兰州大学历史文化学院教授乔健等。而兰大1977级数力系大学生中，有原本为同一中学的教师与学生，师生二人一同走进大学一年级教室的同学；有因参加1976年悼念周总理活动被关押，刚刚平反走出监狱大门的同学；有已是两个孩子的母亲，仍坚定不移地追求理想刻苦攻读的同学；有来自新疆建设兵团，曾驾着拖拉机在田野上耕耘的同学；有来自成都百货公司糖酒副食品商店，曾学习王府井的张秉贵而苦练“一把抓”基本功的同学；有来自企业并已事业有成，曾经是蓝星集团发起人和创始人的同学……

1977级大学生，毕业后有相当一部分人留校做了高校教师，以弥补教师队伍十年的断档。目前，全国1500万教师工作在53万所学校（包括中小学）的教学和科研一线，教育影响着2.7亿名在校学生。当我们选择从事教师这个职业，就意味着我们要承载千万个家庭的希望和梦想，这就决定了我们的工作每时每刻都不敢有丝毫懈怠，虽然充满艰辛，但必须默默奉献；我们可能小有所成，但依旧需要不断努力前行。“善之本在教，教之本在师”。以博者为师，长学识；以能者为师，增才干；以仁者为师，修德行；以善者为师，添爱心。一支粉笔，两袖粉尘；三尺讲台，四季耕耘。教师这样的职业，是心灵与心灵的沟通、灵魂与灵魂的交融、人格与人格的对话。我们选择从事教师这个职业，就决定了我们需要用良心和智慧去塑造人的心灵，不断地完善自我。“学高为师，身正为范”。唯有教师人格的高尚，才可能有学生心灵的纯洁。作为一名高校教师，我们不仅要做一名合格的教师，更要成为一名卓越的教师、一名迈向教育家行列的教师。倾心教育，做有境界的教师；用心教书，做有责任的教师；潜心研究，做有思想的教师；醉心课堂，做有激情的教师；真心奉献，做有爱心的教师。

有人说，红烛崇高，但终究摆脱不了油尽灯枯的结局；教师却说，红烛无泪，燃烧的是人类文明代代相传的火种。有人说，讲台神圣，但终究无法跳出方寸天地的局限；教师却说，方寸支点，撬动的是一个个有着无限可能的生命。

相见不如怀念

兰州大学数学力学系1977级计算数学专业班的诸位同学，我这里按花名册点名，若有谬误与不敬，还请各位多多原谅和包涵。羊年到，首先向我班的四大“羊”——杨兵、杨大伟、杨平、杨和荣及各位叩首拜年。遥想二十年前，四十位同窗好友，剪西窗白烛，话夜雨巴山；现如今已有十四位飞往世界各地，远在大洋彼岸。一切都已遥远，恍若隔世，淡淡地，朦胧、神秘，还有一份足以打动自己的怀念。去年上海“五一”同学大聚会，马上就又是一周年；一年来，1977级各班的聚会是一个接一个，我班再聚的呼声不断，深圳？北京？兰州？对于下一次聚会，显然大家都有许许多多的期盼。

其实，同学聚会，相见不如怀念。

岁月匆匆，弹指一挥间，让我们把时针扳回二十年前的那个时段。曾经亮丽过的情与景成为不变的旋律，牵扯出种种亲切的画面。所有的恩恩怨怨，不过花开花落，仿佛午夜时分的美丽烟火，终于消逝在灯火阑珊处。

兰州大学数学力学系1977级计算数学专业毕业合影

（二排左五陈宏刚，一排左五管会生，二排左一伍渝江，四排右五李志斌）

那时风流倜傥的侯章依当下时尚之言绝对一标准美男是何等的精明强干；

那时校女子篮球队的张晓丽驰骋球场身轻如燕；

那时惜时如金的伍渝江熄灯后床前的蜡烛是短了又接燃完了又点；

那时来自银川的陈小和如今已是“天涯海角”的一位大款；

那时运动会主力王军是何等的矫健；

那时年少英俊的陈宏刚还不像今天这般如此矜持和大腹便便；

那时爱好广泛的杨兵琴声悠扬、足球队后卫杨大伟功夫非同一般；

那时有歌后美名的周虹歌声嘹亮、文艺演出刘雁舞姿翩翩……

我真想见，我真怀念。

想见我的上铺兄弟现仍在美国的徐文斌，

想见和我一起作毕业论文现仍在大亚湾的肖子燕；

想见与我情同手足远在贵阳的周明明；

想见在富士通公司驻京办事处一干就是十几年的曹保全；

想见风华正茂上海浦东的刘欣；

想见当年运动会赛跑中晕倒的胡敏和张鲜；

想见我们的两个山东老乡刘吉光和郭齐护；

想见我的半个重庆老乡乔迁新居深圳的刘雁。

其实，同学聚会，相见不如怀念。

不知校田径队的成博是否还在贵州省建院的电算站？

不知从兰大博士毕业后的黄天霖是否还在广州外语外贸学院？

不知董鹏从西安调往南方是在深圳还是在海南？

不知回到西夏王手下当子民的武兆辉玩的是计算机还是执掌教鞭？

不知美国的于浩宇和澳大利亚的李亚文是否一切顺利平安？

不知久违的邵超英是否康健？

不知新官上任的范舒三把火先从哪里点？

不知干了十几年却先后调出计算机系的曹聪、李志斌何时才能再相见？

其实，同学聚会，相见不如怀念。

至少占我班四分之一的十位四川籍同学可以怀念，那时同乡聚会的主题还只是摆摆龙门阵而不是联欢，没有音乐茶座，也没有卡拉OK，有的只是川音川味让人牵挂、萦绕心间。还记得杨和荣的“川普”讲得是那样的磕磕绊绊；还记得那时盘旋路十字的牛肉面也就两毛八分一碗，可“川人”们面完汤尽之时餐桌上的辣椒盏也必定底朝天。

至少第一任班长周启海可以怀念，那时我班五大“周”姓同学（还有周正华、周虹、周明明、周保杰）都真可谓是“大腕”；还记得那时的周班长激扬文字、挥斥方遒，讲话时常常手舞足蹈喜欢引经据典；还记得那时的周班长起居按时按点，很讲究规律也很讲究锻炼。

至少两位老大哥魏金标和王子西可以怀念，回想当年他们是多么的艰难，既要自己读书追回失去的时间，又要扶老携子操持家务整天忙得团团转；但生活也不都是日复一日的琐事与心酸，至今我还记得“老顽童”魏金标得子后那张笑开了花的脸。现如今两位一个已退休回了上海，一个调往北京燕郊沙河之畔；在这里我遥祝两位老少童生生活愉快、家庭幸福，一切顺利平平安安。

至少兰州大学著名的足球后卫杨大伟可以怀念，如今的他作为美国客商经常往返于兰州与大洋彼岸之间；至今我仍不明白，冬天已干涸了的校游泳池内，高大强壮的洋戴维与比他矮一头的曹富士练完拳击后为什么鼻梁就拐了弯。

至少长得细皮嫩肉、白里透红颇具俄罗斯人面孔的曹承海可以怀念，这位能说会道的大连“营”对杨平杨掌门怕是早有暗恋；或许是因为每次假期要一起乘火车回银川；或许是因为杨掌门每次去北京出差下车后直奔的目标是北郊的马甸；也或许正因为如此曹老二考研杀回了杨掌门就职的西交大管理学院。

至少每每考试名列前茅的怪才严迪新可以怀念，怪就怪在这位早年新疆建设兵团的拖拉机手上课从不记笔记，说是因为字写得难看；怪就怪在这位宿舍里自封的老大熄灯后倒头就睡从不熬夜也从不失眠；怪就怪在这位从不善言辞的严老大临毕业时，却身中两位同班女生射出的丘比特之箭。

我甚至怀念在美国英年早逝已作他乡孤魂的孙立平，上学前她曾是陕西农村喂猪煮饭的一位知识青年，是那时本年级为数不多品学兼优的共产党员。怀念她的笑与泪，怀念她的刻苦执着、谦虚和腼腆；怀念她的不修边幅，因为冬天她的衣服总是里长外短；怀念她每天晨练中挥舞着的那把长长的剑，怀念她的一招一式，因为不无笨拙，所以不失真诚，曾勾起我们多少哀悼与伤感。

其实，同学聚会，相见不如怀念。

如果是股民，总指望下一波行情能改观账面。一如被股市套牢已多年的小炒手，也期待过年前多少有一点欢乐能兑现，再次探底后不希望引来更多看空和回落而凄凄惨惨。可是同窗聚会只此一家，没法减仓，更不可能把筹码来换。所以不妨向坏处幻想，以绝望的心情等待下一次聚会的突然一丝希望；就像每次聚会手忙脚乱之中翘首等待主持杨平和刘雁，就像股民在崩盘前还期待出现奇迹与反弹……

如果是市民，总指望下一年兰州不再有沙暴和空气污染，山清水秀、清新湿润、天高云淡；一如坐在电视机前千千万万无奈的观众，尽管知道频道专业化后的单调和电视娱乐化后的乌七八糟已无力回天，尽管知道那些充数的舞蹈和干巴巴矫揉造作的喊歌声让人早有迟暮之叹，尽管知道早年的名角现在不是当老板就是在建网站，毕竟夕阳无限好，花好月又圆；俗套就俗套，不看白不看。

其实，同学聚会，相见不如怀念。

如果是我，也希望频繁的聚会不要成为同学们额外的负担。毕竟世界上没有不散的宴席，同样也不会有真正免费的午餐；毕竟你我同窗一场仅短短的四年，而周围的朋友有的可能与你交往已有几十年；毕竟你我学数习理引论求证方向太偏使交流的话题已相当有限，而与五湖四海的朋友们神侃时感觉是那样的海阔天宽。人各有志不要苛求不要强勉，任其自然任其发展一切请便；一如你喜欢韦唯我爱刘欢，你疼爱珊珊而我娇惯管弦；一如你我天南地北天各一方南腔北调北虎南雁环境不同道路各异北辙南辕，但热爱生活享受生活赶快生活给点阳光就一定活得美丽和灿烂！一如美国诗人朗费罗所言，“人生就是战场，谁不愿意凯旋”。

那时的三号学生楼（学生们叫拐角楼，已拆除），每间宿舍仅有十八平方米，八人一间。所以自然形成了一个班有几个“八大金刚”的情形，同宿舍的学友依年龄按“老大、老二”相称。照相那天同宿舍少了陈小和与力专班的韦朴，后来韦朴的铺位换成了我班的魏金标。

如果是我，也希望同学聚会久逢知己有更多的共同语言，也希望不要让各位掌门和嘉宾主持太费神或带来太多麻烦，也希望马上就要知天命的我们能够一起斗酒划拳一起联欢畅谈一起甩牌搬砖，怀旧念旧叙旧忆旧，说古说今说地说天。

王秋林

作者简介

王秋林，1956年10月出生，中共党员，教育管理副研究员。1978—1982年，兰大化学系毕业获理学学士学位，留校工作；1986—1988年，南开大学政治系毕业获法学学士学位，回校工作；1988—2001年，先后在化学（系）院任辅导员、党总支副书记、工会副主席（兼）、党委副书记、副院长；2001—2013年，任离退休处党总支副书记、书记，副处长、处长等。曾兼任兰大纪委委员（两届）、老龄工作委员会办公室主任、关心下一代工作委员会副主任，老教育工作者协会、老教授协会秘书长，甘肃省老教育工作者协会、老教授协会常务理事，甘肃省老教授协会医学委员会副会长等。2013年3月调任校档案馆馆长，2014年10月退居二线，2016年11月退休。“兰大历史文化搜集整理研究”教育部招标课题负责人，目前仍在兰州大学“口述档案研究中心”继续做“萃英记忆工程”项目工作。

曾荣获优秀教学成果校级奖4项，省级二等奖1项，2001年甘肃省思想教育先进工作者，2005年甘肃省老龄工作先进个人，2011年全国老干部工作先进个人。

来自老前辈的关怀

在兰大出生、学习、工作、退休，六十多年了，现在兰大养老。忘记过去就意味着背叛，抚育、成长、养老之恩不能忘却，回忆往事则令人倍加愉悦。

1956年10月，我在兰大医院出生，随后相继在兰大幼儿园、兰大职工子弟小学、兰大附属中学、兰大化学系学习，1982年毕业获理学学士学位留校，在化学系从事学生教育管理工作。1986—1988年赴南开大学在职学习思想政治教育，获法学学士学位。2001年10月从化学院调离退休处主持党政工作，2013年3月底到档案馆任馆长，2016年11月退休。只要活着，我会一直在兰大愉快生活，可以说，兰大养育我一生。我对兰大有着深厚的感情，有许许多多与兰大有关的事情值得认真回忆。今天在这里仅回顾来自兰大老先生的关怀这一个方面的几件小事。

一、化学院张淑民老先生的关爱和鼓励

2001年10月，从化学院到离退休处主持党政工作，2002年7月被任命为处长兼书记。之后某天，接到八十岁的张淑民老先生的电话，要我到他家去一下。

张淑民先生（1921.4—2005.2）是兰大化学系（院）的老教师，有着丰富的教学经验，他的无机化学基础课很受学生欢迎，虽然没有直接给我上过课，但一直是我所尊敬的老先生之一。1990年，张淑民先生将自己出版《基础无机化学》教材的稿费6500元和家中多年的积蓄3000元总共9500元，在化学院建立了“张淑民奖学基金”，用于奖励化学院品学兼优的学子。现在看好像钱并不多，但先生曾对我说：原本是想凑一个整数

的。可见这已是先生尽其所有了。当时的银行利息相对较高，一年定期在10%左右，这样每年的定期利息可以奖励3名学生，每人300元。据我所知，这是化学院乃至整个兰大历史上所设立的第一个个人奖学金，意义非凡，直到今天仍然在继续影响着一届又一届学子。当时我是化学院党总支副书记，主管学生工作，因此，此事由我出面与张先生接洽、落实，每年评选获奖者、召开表彰大会、邀请先生出席颁奖并讲话等。这样和先生有十多年的交往，很受先生的影响，我们也因此成为忘年之交。

来到张先生家中，先生拿出一张纸来对我说：听说你调来任离退休处处长，我感到很高兴，便专门为你写了一首诗。他念道：“剑阁夔门蜀道难，千层石蹬入云端。攀登总似人生路，为上高峰眼界宽。”他一边念一边解释道：俗话说，蜀道之难难于上青天，剑阁夔门是走四川的旱路和水路的必经之处，无论是水路还是旱路，都很难走。高峰有许多，这里指知识之高峰。这是要告诉你，做离退休工作可不是一件容易的事情，你要有充分的思想准备，要不怕困难、勇敢攀登。当你排除万难，登上高峰，放眼远眺，你就会心胸开阔。人生之路也是如此。我接过那张纸，看到那厚重而工稳的笔迹，还有“秋林处长两正”的字样在上面。先生解释说：“两正为诗句与书法两处指正之意。”先生接着又深情地说：我们相处十多年，你离开化学系，为正处级干部，要好自为之。人这一辈子不论学历、职位高低，只要于公于私问心无愧，就足矣，不以成败论英雄，要眼界宽心胸宽。这就是我找你来的中心意思，也是有我们十多年相处的感情在其中。

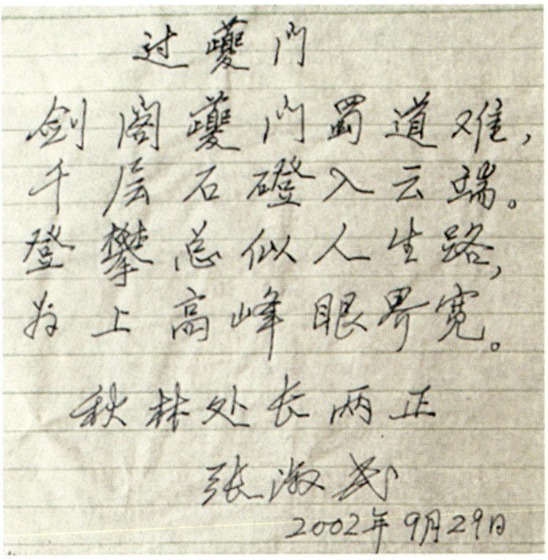
过夔门
剑阁夔门蜀道难，
千层石磴入云端。
登攀总似人生路，
为上高峰眼界宽。
秋林处长两正
张淑民
2002年9月29日

张淑民先生题诗书赠

我不懂书法与诗作便无以评说，但却从中感受到老先生对自己的关爱、鼓励和期望，让我在往后的工作中，每遇到困难、挫折时，总想起老先生的教诲和激励。因此，也是把自己所有可能的时间和精力都放在工作上，不敢有稍许懈怠，克服困难，努力前行。一分耕耘一分收获，工作也是小有成效，得到大多数离退休老同志的认可。承蒙错爱，于2011年9月被学校推荐，经教育部老干部局批准为“全国老干部工作先进个人”，受到中组部的表彰。后来在教育部组织的老干部工作表彰会上作经验介绍，我如实地讲述了张老先生对我的关爱、鼓励及影响这一情节。先生虽已去世多年，但这件事却深深地印在了我的心里。

二、文学院张文轩先生给予的鼓励和期望

2011年11月18日，时任校党委副书记、书法家李恒滨先生，在学校图书馆大厅举办“第二届海峡两岸书画名家艺术交流会暨作品展”，我前往凑个热闹，看到文学院退休老教授张文轩先生也在现场，便主动上前打招呼。

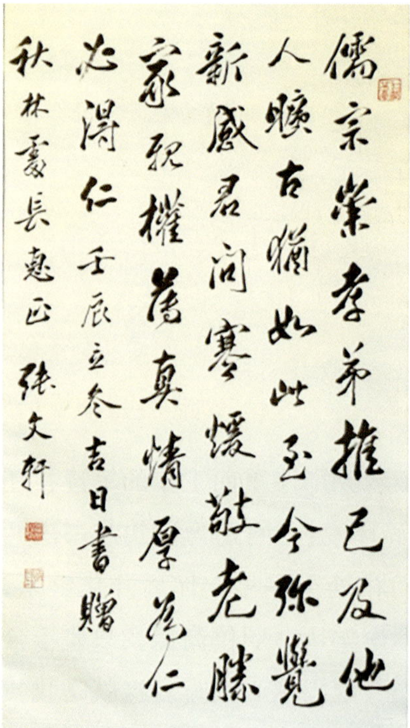

张文轩先生题诗书赠

张文轩，字术远，又字敬武，1944年5月生于甘肃永登。兰大中文系1968年本科、1981年硕士研究生毕业，留校执教，先后任讲师、副教授、教授，曾任中文系系主任、教育部教学指导委员会委员、省文联副主席、省人大常委、民盟甘肃省委副主委等职，是甘肃省委省政府的文化高参，在校内外政界、文化界都有一定的影响。张先生给我的印象，学富五车、出口成章，善写诗作赋，书法功力深厚、自成一体，中式装、老布鞋，有“老夫子”之称。百年校庆前夕，曾撰文并书写《图书馆扩建记》《兰大文库序》，文章书法并茂。在我当离退休工作处处长时，他曾多次应邀参与我处组织的“银龄行动”（全国老龄委倡导的离退休老人继续服务奉献社会的公益活动），极大地支持了我的工作。退休以后的张先生移住九州开发区，离学校有半个多小时的车程，因此平时很少在校园见到他。

我说：张先生，好久不见，一向可好，现还忙些什么？因为是来看书法展的，话题也就在此了，便半开玩笑地说：张先生一手好字，方便时给我也留一幅好不好？先生便一口答应了。我知道名家字画难求，而且一般文人都有其个性，况且我也不懂书法，只当是一个话题，当然也是出于礼貌和恭敬，事后并没太在意。

此后的某天，张先生来到我的办公室，说来学校办事，顺便把给我写的字带过来了。我很高兴，说：我也就那么一说，您还当真啊！先生玩笑道：处长吩咐，怎能违意？

我赶忙双手接过打开来看，上面写道："儒宗崇孝悌，推己及他人。旷古犹如此，至今弥觉新。感君问寒暖，敬老胜家亲。权薄真情厚，为仁必得仁。"张先生解释说：我给人写字，一般都是根据各人的实际，有点针对性地写一首诗或几句话。写给你这首五言诗，意思是：儒家崇尚尊老爱幼，推己及人，人人都该如此。几千年的传统，今天更加显得有新意。你从事离退休工作，把我们当作亲人看待，让我感到很温暖。你一个"冷门"处长，没有什么权力，但待人真诚，为大家做实事，这些退休老人是不会忘记的。张先生的一席话，让我很是感动。回想从事离退休工作十年，倒也是全力以赴，不敢懈怠，想方设法，创造条件，通过开展各种活动贯彻国家老龄政策、传递学校对老人的关爱，尽力让他们生活丰富、活跃起来。这些老人多半与我父亲（原物理系干部）同龄、同事，看着我在兰大院子里长大，我也是从内心里有一种对父辈的他们的尊敬和热爱。其实能力有限，远远不及老人所求，实感惭愧。而张先生如此厚爱，给我肯定和鼓励，真是很受鼓舞。于是我很快把它背下来，且牢记于心。然而，在一遍又一遍的品读背诵中，却又理解道，这不仅是对我的肯定和鼓励，更是希望、是警醒、是方向，"为仁必得仁"。我从内心里真正感激张文轩先生的鼓励和期望。

三、文学院林家英老师为我作诗励志

2013年3月底，我由离退休处调任档案馆工作。某天，文学院退休教授林家英先生（1935年出生于福建惠安、1956年复旦大学中文系毕业来兰大执教）来到办公室，闲聊中说起以前离退休处开展"银龄行动"、组

织百年校庆离退休人员校史回顾征文等活动，而林老师是最早也是积极的参与者之一，给我的工作以很大的支持，我们也因此结下友谊。林老师说：那时候我们在你的领导下，去临洮、到金川、赴永登，开展“银龄行动”，多高兴呀！你现在不管我们了，我们还挺想你的，怀念我们曾经的美好时光。于老师（于继岗，林老师的爱人，原兰大医学院教授）去世也是你们来安排的（后事），很感谢你曾经为我们所做的一切。我说：这都是工作职责所在，不值一提，倒是很感谢您和像您这样的老先生对我的信任、理解、支持。林老师说：平时在校园里散步，还能听到一些老同志对你有好的评价，依我对你的了解，我也认为你这个人还是很不错的。因此，我要在你退休的时候，给你写一首诗。我说：那就再好不过了，我这里先向您表示感谢。我知道，林先生德高望重，并不轻易作诗予人，因而心中窃喜。

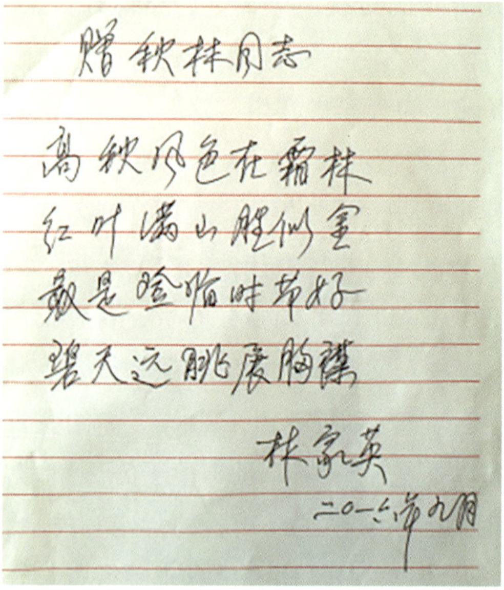
赠秋林同志

高秋风色在霜林
红叶满山胜似金
最是登临时节好
碧天远眺展胸襟

林家英
二〇一六年九月

林家英先生题诗书赠

2016年10月底，学校发文我退休了。之后某天，接到林老师打来的电话，说：我给你的诗写好了，方便时请到我这里来一下。这些老先生，说话从来都是很客气的，并不倚老卖老。我赶忙来到位于一分部的林老师家中。她拿出那张已经写好诗的兰州大学稿纸，上面可见娟秀劲健个性的钢笔书法，是四句七言诗：“高秋风色在霜林，红叶满山胜似金。最是登临时节好，碧天远眺展胸襟。”林老师解释说，我对你的为人、工作都很认同，但是，我没有直接去写你的作为成就，而是以朦胧诗的形式，表达一种期盼，退休实际意味着人生的又一个开端，你已经开始了新的生活，这是对美好退休生活的展望与期盼。

林老师进一步解释说，深秋后的树林，经过霜杀景色更加清新、迷人，满山红叶美景胜过过去的一切，这正是登高远眺的最好时机，把握时机、登高望远、展示胸怀，那将是多么美好的景象。看着林老师为我写的诗句，听着林老师的解读嘱托，我很激动，因为她说出了我当时的内心。承蒙所在单位档案馆领导关照、创造条件，提供办公场地、设备，建立“口述档案研究中心”，让我利用退休后的大好时机，在“萃英记忆工程”项目上有所作为，开创人生第二春。林老师的诗句，正是我心所想所愿，因而感到特别激动。这老先生，就好像知道我在想什么，首句很巧妙地镶进了我的名字。我告诉林老师“红叶”是我的笔名时，林老师也高兴地说，这我还真不知道，也许就是冥冥之中的巧合吧。我为林老师专门为我写诗兴奋了很久，并不断努力在“萃英记忆工程”项目的路上，坚信总有碧天远眺的那一天。

“高秋风色在霜林”，经过霜杀以后的秋林，更加清新、挺拔、美好。这句话也给我以极大的鼓舞，有一语点醒之功效，令人信心倍增。人这一生中遭遇不顺、经历挫折，一时心情不爽在所难免，要能够经得起逆境、挫折、失败。这一点，可能林老师写者无意，却对我是读者有心啊，或许也是林老师刻意所在。

四、医学院李崇高老教授的教诲牢记于心

2013年6月，得知李崇高老教授从北京回到兰州，便和同事一同前往李教授位于医学校区家属院的家中采访。实际上，我在离退休处时就曾采访过李教授和他的夫人石建贞。再次采访主要是因为他的故事多，也愿意讲述。

李崇高教授出生于1930年，山东泰安人。1955年毕业于兰大医学院，是医学遗传学教授，中华医学遗传学会第一、二、三届委员，中国优生科学协会专家委员会主任委员兼学术部主任，《中国优生与遗传杂志》主编，中国书法家协会甘肃分会会员。据说，李教授曾是兰州医学院四大才子之一。时年八十三岁的老人，身体健康，思维敏捷，学识渊博，开朗健谈，诗书画才艺出众，出版专著、回忆录、诗书画集等多部，退休后常居北京。我们曾于2002年元月起，面对离退休老人开办了一份叫《常青树》的校内小刊物，自编自印，每月一期，免费赠阅，虽简陋却很受退休老人们的欢迎。2006年前后，李崇高教授回到兰州，得知我们在经费和人力很

紧缺的情况下坚持办刊，便自掏腰包资助编印，他说希望能够一直看到它。

采访结束后，说到希望将他的书法作品在馆里收藏，老教授很爽快地答应了。几天后，老教授打电话约我去他家，向我展示了几幅作品，说：这个是给档案馆的，这个是给上次和你一起来的同事的，这个是专门给你写的。一幅约有一尺多宽、两尺多长的小横幅，只见上面草体行笔，自信潇洒地写着：“王者风范在包容，秋风细雨润田垄，林深鸟稀唯独鸣，水落石出长河中。”老教授对此没有做过多的解释，只是说，你看一下，要是觉得还行就拿去吧。我对此感到非常非常高兴，这是李老师专门为我作的一首诗，而且很有针对性。我当时正因故情绪低落、内心孤独，一时不知所措。我领会，他在劝导我要有王者风范、包容大度，所做的工作可以说是润物无声、惠及老人。老教授一针见血地点明了我的内心和现状，给我以开导，而且告诉我，从历史长河看，这点小小的挫折根本不算什么。此诗作以我的姓名藏头，最后落在一个水字上。老子《道德经》说：“上善若水，水善利万物而不争”，“夫唯不争，故能无忧”。水无形，随遇而形就，具有一直向低的姿态和勇往直前、百折不回的精神，终归大海，这是要告诫我要有水一样的秉性和品格，才能无不成之事。

老教授的教诲，让我的内心久久不能平静，熟诵于口，牢记于心，并实践于现实工作生活中，感觉人生的道路更加的宽敞了。

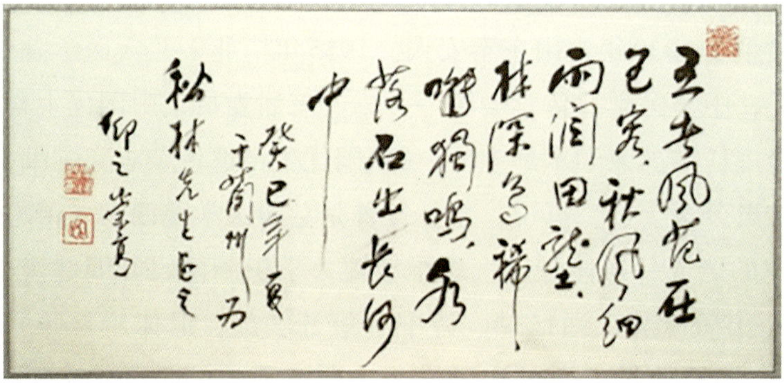

李崇高老教授题诗书赠

五、老书记王松山先生的关爱鼓励

老书记王松山先生出生于1932年，一口标准的兰州话，20世纪80—90年代任甘肃省教委主任，其间曾兼任过不到两年的兰大党委书记，正因此而成为我们“萃英记忆工程”采访的对象。实际上，许多年之前我和老书记就因故相识，但基本没有来往。他来兰大兼任党委书记后，也没有与他打过交道。

2016年元旦前夕，在事先约好后，我和馆里的同事一同前往位于省教育厅家属院的老书记的家中采访，给他讲述了我们正在做的“萃英记忆工程”项目，并专门请他回顾一下在兰大兼任党委书记时兰大给他留下的记忆和感触。

让我感到意外的是，三十多年过去了，他居然还知道我。回来以后，我们将他的讲述摘录整理成文稿，大概是在五一前夕，我拿着文稿，再去老书记家里请他审阅校对。当完成工作打算告辞时，老书记说：先等一下，你这是在做一件非常有意义的工作，一件功德无量的好事情，让我也受到感染，因此，专门为你写了一首诗。说着他拿出几个日记本，费了好一会儿功夫翻找。我没有想到的是，三个笔记本都写满了，而且有的还是用英语写的，书法也很整洁漂亮，这不禁又让我肃然起敬。他找出那首诗，为我解读：“王氏子弟有遗风”，我说，哎，这还把祖上也表扬了一下；“春华秋实报母恩”，六十岁退休，人生正是春华秋实的季节，“报母恩”指的是母校，继续做一些工作，以报答母校的培养教育之恩；“根深叶茂林弥壮”，是说这个时候正是经过了数十年的学习工作，经验较多，知识丰富；“诗书画意铸师魂”，是指用才艺继续为兰大积累财富，“铸师魂”指我正在做的“萃英记忆工程”工作。听完后，

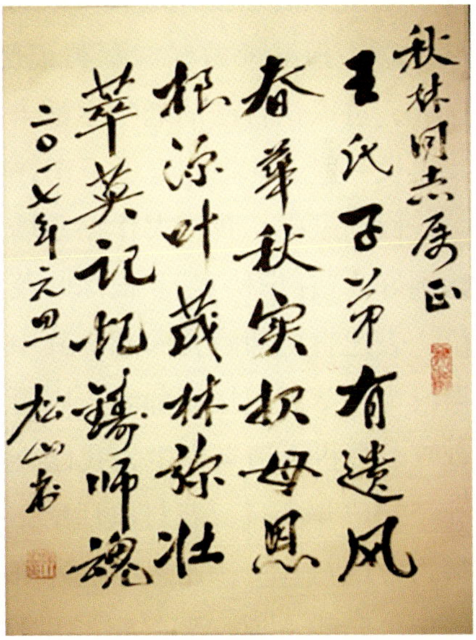

王松山先生题诗书赠一

我说：这太好了，做了这么一点事情，得到老书记的肯定、鼓励，并以这样一种方式表达，无疑是对我的最大支持，实在是太感谢了，不过希望您能够给我写下来。老先生立刻支起（折叠）圆桌，铺上毡纸、提笔挥毫，一气呵成。这自然是一个意外的收获。

当时听了老书记的解读，我很兴奋，因为他说到我的心里去了。于是，我就对王书记说：听您的讲解，让我想起，在快要退休的时候，一直想把自己的职业生涯写篇文稿，做个回顾总结，经过差不多半年的反复思考琢磨，最后概括凝结为这样两句话，就算是一个对子吧：“秋林沐雨露真情添绿大地，红叶迎晚霞赤心增色世间”，横批是“明天更美好”。前句写我的职业生涯，我——秋林，在党和国家以及学校的阳光雨露滋润下成长，用自己的真情，全力以赴工作，为学校、社会发展，也为自己的生活改善做出了努力，感到欣慰。后句写我从事老龄工作特别是将要面对退休，也是我退休以后积极的老年生活理念；红叶是我的笔名，是说，用积极的老年生活态度，迎接“晚霞”，用我的红心再为世间、为大地增加一点色彩，指继续做好“萃英记忆工程”工作，并且坚信“明天更美好”。这样，可以让自己的老年生活丰富多彩，还能为学校做点贡献。老书记让我再说一遍，并把它记了下来，写在了笔记本上。

回到家中，我把书作贴于墙上，反复诵读，品味其意。感觉此诗写得特别好，“春华秋实”“根深叶茂”的用词非常符合实际，意思表达很是到位，表述直白却隐含深意，其中巧妙镶嵌“王秋林”之姓名。最后一句如果改为“萃英记忆铸师魂”则更好，何况我并不懂诗书画艺，于是，心里盘算着择机再请老先生为我修改一下。

2017年元旦，我打电话给王书记说：王书记，新年了，我想来看看您是否方便？其实，还想给他说可否把那首诗改一下，但我话尚未说完，老书记打断我，说：那好啊，我等你着（兰州话）。我怎么听着那口气，好像老书记知道我要来，一直在等我。

果不其然，一进老书记家门，不等我开口，他便急切地说：来来来，赶紧坐哈（兰州话），我给你又写了一首诗，而且这个诗是以你的口气写的，回头可以署上你的名字公开发表。他拿出笔记本翻开来念道：“雨润秋林景色新，霞映红叶夕照明；歇肩花甲人未老，力奔兰台忆萃英。”你看看，这老人，简直是让人太兴奋了！再次用我的口气，以诗句的形式表达了我的内心想法和所为。仔细品味，感觉就是对我人生总结的解读，特别是那句“力奔兰台忆萃英”，表达了我的心声。我看到退休文件在校网公布，依然和往常一样，到办公室继续“萃英记忆工程”的工作，而且是全力以赴，总想着能够抓紧时间，多留下一些兰大记忆，因为这些老先生不能等。“歇肩花甲人未老”，这正是我的感觉，好像这时候的我，正处在一种“根深叶茂”“春华秋实”“发愤忘食，乐以忘忧，不知老之将至”的状态。我接受了老书记的美意，也体会到了老书记、老先生对晚辈的关爱。只是后悔以前没有这种主动去接受老者的指导教诲的意识，而是过于自负、自以为是。直到退休了，做“萃英记忆工程”，听老者们讲述他们所经历的故事，才对“不听老人言吃亏在眼前”有所感觉和醒悟。我协助老书记再次摆桌、铺毡、展纸、润笔，请老书记把这首诗以书法作品的形式写下来。同时，又请老书记把上次那首诗也重新抄写一遍，当然最后一句改写为“萃英记忆铸师魂”。老书记也认为这样改动更符合实际，更好一些。

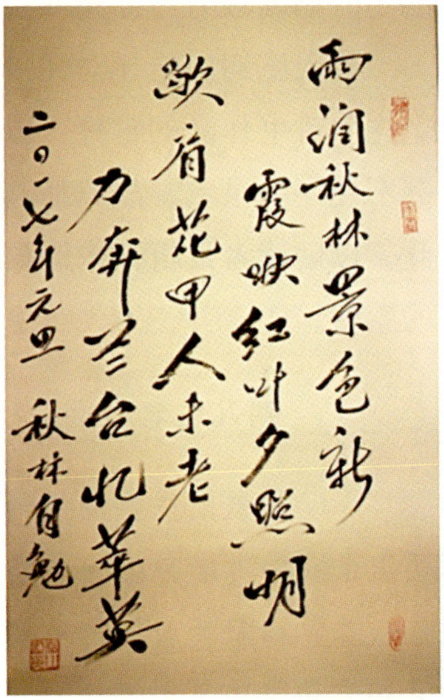

王松山先生题诗书赠二

这次新年看望老书记，又是让我感到满满的收获。2018年元旦，我再次专程去拜访王书记，以上所述就已经成为我们的话题、成为我所经历的故事了。

我将这些珍贵的诗词书作装裱悬挂于卧室，早起睁眼就能看到，反复诵读品味、熟记于心。这些诗赠书作，诗意浓郁，言真意切，顺口走心，给人以启迪、方向和力量，让人心胸开阔、精神爽朗、乐观向上、自信自强，坚信明天更美好。今天我虽已歇肩，但仍在做“萃英记忆工程”的工作。在今天和明天之间还有很长的路要走，我将不忘初心、一如既往，不负众望、奋力前行，让红叶依旧映校园，以此回报兰大的哺育成长。

后　记

这篇文稿，思考了很久。2017年11月动笔手写了第一稿，随后修改录入计算机，修改、再修改，经过了多次反复修改，花费了许多时间，总感觉不能很好地表达。特别不懂书法诗词，不好评说。因为要投稿《我的兰大——人物回忆录1》，还是想尽力做得好一点。便想到，请远在新疆的1978级中文系校友程庆拾帮助修改、点评诗书作品。庆拾兄热情开朗，擅长诗书画及其评论，人称“画家话家”。

庆拾兄回复说：“大作拜读，写得朴实而见真情，文字上已经很好了，弟似无再动之必要。五位教授之书作，我各有一点赏评，应该是比较客观的吧。如确以为可补充进去，兄尽可自便，根据您之需要摘录一下。”

我很感谢庆拾兄对文稿的肯定和鼓励，因而增强了信心。对五位前辈老先生诗书作品的赏评，以我之见，中肯而客观，感觉甚好，但怕偏离主题不便一一录入，故只择其个别词句为文稿增色。现将其赏评短文附录于此，以助读者赏析文中诗词书法，同时以示对五位先生的恭敬和对庆拾兄的感谢。

对几位老教授赠秋林师兄书作之斗胆略评（程庆拾）

一、张淑民先生的钢笔字厚重而工稳，有魏碑结体风格，可见传统书法上是有一定功力的。

二、林家英教授之硬笔书法，洒脱妙曼，字里行间似有诗意流溢，既见娟秀劲健，又颇带个性。其赠诗更见古诗词之深厚积淀，既诗意浓郁，情景交融，又见出不让须眉的潇洒胸襟，端的为古典文学著名教授之精心力作，亦可视为当代“文人书法”之典型。

三、张文轩先生之作，为数书中功力尤为深厚者。亦行亦楷，行楷杂糅而天成，既厚重沉雄，又活力弥漫，个性化书风相当强烈。可以看出，于唐宋元之楷书、行书都有颇深之浸淫与造诣。结体尤为潇洒倜傥，风标自出胸臆。个别字甚至可见赵朴初先生的书风承继。其所书自作五古句，传统文化积淀深厚，句句出心，深感秋林师兄对他的敬爱，言真意切，古道热肠，确实值得品读与收藏。

四、王松山教授之作，亦以魏碑为骨，大刀阔斧，纵横霸气，看似不甚经意，却自有一番率性与天真。其用笔或粗放或细密，浑然成幅，甚至飞白的自然留痕，也可堪玩味。

五、李崇高教授之书，以草体为主，行笔流丽婉转，左顾右盼，自信而天成，既一路轻扬潇洒，又常常肉中见骨。部分字可见当代草圣林散之先生之风规，属于行草书体中之别材也。整幅章法处理上也自然而然，颇有个性。

以上为我之品味与解读，失敬失敬。后生小子功力所限，且为一家之言，不足为重，实在惭愧！

2018年2月21日于天山下三即斋

黄飞跃

作者简介

黄飞跃，1958年8月生，福建莆田人。中共党员，副研究员，四级职员。1981年9月入职兰州大学，曾任研究生院副院长、化学化工学院党委书记、基建处处长、网络与继续教育学院党总支书记，是首届甘肃省学位与研究生教育学会理事、中国学位与研究生教育学会第三届文理科工作委员会委员。2018年8月退休。

先后在《科学通报》《大学化学》《中国高等教育》《学位与研究生教育》等报刊上发表论文60余篇；9篇化学家传记、传略分别入编《中国现代科学家传记》《中国科学技术专家传略》《中国高等学校中的中国科学院院士传略》《20世纪中国知名科学家学术成就概览》，由科学出版社、中国科学技术出版社、高等教育出版社出版。主编的《足迹》、副主编的《我的兰大——人物访谈录2》由兰州大学出版社出版；主编的《筚路蓝缕 以启山林》《耕耘》由甘肃人民出版社出版。《研究生教育和博士后工作》入编兰州大学百年校史。主要成果曾获兰州大学教学成果一等奖（3项），甘肃省教学成果省级一等奖、二等奖，中国学位与研究生教育学会“九五”学位制度和研究生教育研究课题优秀成果三等奖；获评兰州大学优秀共产党员、甘肃省高等学校招生工作先进个人、中国学位与研究生教育学会建设贡献奖。

两份项目建议书

于家中习练书法时，安平兄来电，嘱我写一篇回忆文章。遂收拾笔墨、整理心情、调整状态，坐下来“搜肠刮肚”、苦思冥想、回忆过往。渐渐地，二十九年前发生的一件往事，竟然清晰了起来。

1990年6月，一个不太像夏天的早晨，贾老师（贾忠建教授，时任兰州大学有机化学研究所所长兼天然产物有机化学研究室主任）找我相谈，言及邢先生（北京大学邢其毅教授，中国科学院化学部委员，贾老师在北大求学时期的研究生导师）来函，正式邀请兰州大学参加国家自然科学基金“八五”项目，提交有机化学方向的项目建议；经与李老师（李裕林教授，时任兰州大学有机化学研究所副所长兼有机合成研究室主任）商议，决意让我参加项目的立项讨论，负责项目建议书的起草工作。

就这样，带着些许仓促的我踏上了北上的列车，与两位老师一同入驻燕园、下榻勺园。其时，学校科研经费仍不宽裕。李老师为节约起见，和我合住一标准间。

抵京当晚，邢先生设宴为我们接风。席间，邢先生笑言有教务长花文廷出资，大家伙儿尽可多吃；又特地关照我，说自己肠胃不好，孙辈你可以吃双份。众人大笑，只听先生对一段往事娓娓道来。那是20世纪30年代初，邢先生与朱先生（兰州大学朱子清教授）同在伊利诺伊大学研究院求学，而我的伯父黄先生（兰州大学黄文魁教授）是朱先生门下弟子，故此有这么一层缘分。可惜的是，2002年邢先生已与世长辞。当日那份欢笑、那份温情，如今回想起来，却是于怀念中默默多了一层忧伤与感慨，让人难以自拔。

次日，项目组召开第一次会议，我也得以了解项目的概况。原来准备申请立项的项目有两个："我国独特的天然产物的研究"，按重大项目申报；"生物体内高活性、低含量成分的合成研究"，按重点项目申报。项目组成员单位包括北京大学、兰州大学、中山大学、复旦大学和云南大学，后来又增加了上海医工院（云南大学、上海医工院只是重大项目组的成员单位）。

项目组会议连续开了两天。有些遗憾的是，时日迁延，详细记录未能留下。只记得当时讨论得极为热烈，众多专家学者各抒己见、畅所欲言，在项目的大框架下，大家从科学依据到现实意义、从研究现状到发展趋势，进行了深入且充分的交流，至今尚有印象的是有关黄先生的一个新发现。20世纪80年代初，黄先生首次发现某些3，6-二烷氨基二苯并环状碘鎓盐能与TCNQ（四氰基对醌二甲烷）形成D-A复合物，其中几种复合物在室温下的电导率（粉末压片）达到$10^{-1}\sim 1\ S\cdot cm^{-1}$，接近金属的电导率。在提到这件事的时候，邢先生当即认为，有望找到超导体，应当深入研究。可惜，由于黄先生英年早逝（1982年12月24日遭遇空难）等多种原因，该项研究未得到进一步发展。

于我而言，这是沉浸在中国最高水平学术讨论当中的两天。白天，需要全神贯注地倾听、质疑和记录，以充分认识和理解来自不同项目、不同专家的意见与看法；晚上，则是聚精会神地梳理、分析和归纳，为后续立项建议书的起草构筑思路，提供参考依据。

彼时的我，是一个工作（尤其是深入思考）时有吸烟习惯的人。为照顾我，贾老师每天晚餐后都要给我免费提供一包牡丹牌香烟；李老师则微笑着接受了灯火通明、烟雾弥漫的休息环境。我想，某种意义上，此其所以为吾师，为吾所敬所爱。

第四天，会议议程结束，京外专家陆续返程，两位老师也相继离京。按项目组要求，我需要留在北京，完成两份项目建议书的起草工作。邢先生不满于勺园的简陋条件，邀我搬去他府上，笑称睡床之外可命钟点工多备菜品，以利工作。考虑到自己工作时制造的恶劣环境，何况二老年事已高，如此打扰实属不当，只得婉言谢绝先生之好意。

经过大约一周的努力奋战，两份建议书的初稿终于完成，并获得项目建议人的肯定。那段时间，年近八旬的邢先生不辞劳苦，每天从燕东园骑自行车到勺园，只希望能够让我的工作进展得顺利一些。先生的到来，不仅对我有专业方面的莫大帮助与指导，更是对后生晚辈的深情厚谊。当他得知我妻子正在北京化工学院进修时，当即表示可让我在工作结束后额外留京数日，以为休整；兰州大学化学系方面，由他协调。先生之情谊，实难言表，唯有感怀。

回到兰州以后的数月里，根据项目组成员单位反馈的意见和建议，我对项目建议书又进行了两轮较大的修改。当时，即使是试验性的教育网也尚未建立，更谈不上电子邮件、短信、微信、QQ等在线联系方式，只能依赖还没能进化出快递业务的邮政系统。一次修改，书信往来加上邮路递送，往往需要耗时将近一个月。

11月底的一天上午，贾老师命我即日赴京。其时机票已定，将派车载我径往中川机场。下午三点，由一字楼（四层“筒子楼”，兰大青年教职工宿舍，2007年拆除，原址位于今城关校区西区丹桂苑南侧）出发；夜幕降临时分，已抵北大。草草用过晚餐，当即着手修订建议书最后一版，以为定稿。次日，乘首班飞机离京；上午十点前后，在兰州大学化学楼一楼资料室的阅览室，张一华老师吃惊地问道：“你不是去北京出差了吗?”如今看来，执行此次任务颇有些远程办公的味道，于回忆中甚觉有趣味。

前述两个项目的提出，对兰州大学有机化学学科而言，有着相当重要的意义，对相关研究领域发展方向的理解和认识有了显著提升，对天然产物化学、有机合成化学的科学研究有了长足发展。以下是一些后续情况。

——天然产物化学的研究

贾忠建教授先后承担国家科委、国家自然科学基金委重大、重点项目和甘肃省自然科学基金重大项目等数十项研究课题，对我国西北地区特有、丰产、具有重要应用背景的190余种植物的微量和痕量脂溶性、水溶性化学成分进行了深入系统的开创性研究。以萜、苷、生物碱、黄酮等类化合物（这些类型的化合物往往是植物中的有效或有毒成分）为主要研究对象，运用现代分离、分析技术结合化学反应，分离、鉴定了700余种新化合物，其中20种为具有新型骨架的萜类。与此同时，结合药理实验，从天然纯物质中筛选出100多种具有较强生物活性的物质，解释了部分化合物的药理作用机理，揭示了其构效关系。其中“红豆杉、大戟等药用植物萜类及生物碱研究”获国家教委科技进步三等奖（1993年）、“马先蒿、橐吾等药用植物倍半萜和甙”获国家教委科技进步二等奖（1995年）、“马先蒿苯丙素甙抗癌活性和机理”获德彪—中国癌症基金三等奖（1997年）、“大戟、马先蒿萜、甙活性成分研究”获国家教育部科技进步二等奖（1998年）、“我国西部特色菊科植物中抗肿瘤倍半萜研究”获国家教育部自然科学二等奖（2006年）、“若干重要药用植物的成分研究”获国家自然科学二等奖（参与完成，2009年）。

——有机合成化学的研究

李裕林教授先后主持完成了各类研究课题30余项，其中国家自然科学基金重点、面上项目11项。在兰州大学，他独立开创了生物标志化合物的合成、大环二萜类天然产物的全合成、黄酮类及二环倍半萜类天然产物的合成、二氢沉香呋喃类化合物的合成、复杂天然产物的合成及合成方法学研究、西松烷型二萜天然产物的立体选择性合成、多巴酚丁胺合成工艺改进及其类似物的合成等研究领域，进行了一系列卓有成效的创造性研究。其中“生物标志化合物的合成研究”获甘肃省科技进步三等奖（1992年）、“大环二萜类天然产物的全合成研究”获国家教委科技进步二等奖（1995年）、“黄酮类及二环倍半萜类天然产物的合成”获甘肃省科技进步二等奖（1996年）、“藁本内酯及其类似物的合成研究”获甘肃省科技进步三等奖（1998年）、“大环二萜和二环倍半萜类天然产物的立体选择性合成”获中国高等学校自然科学二等奖（2000年）。

潘鑫复教授先后主持并完成赤霉素的化学合成研究、Trachylobagibberellin类似物的合成研究、美丽红豆杉A及B的全合成、多氧芳香型三环二萜的全合成研究、鬼臼木脂素类手性催化剂的合成与应用研究、黄酮木脂素的全合成研究、苯并二氧六环类木脂素的不对称全合成研究、具有特殊药理活性黄酮木脂素及其衍生物的合成研究、不对称催化〔3+2〕成环反应在前列腺素类化合物手性合成中的应用研究、六氢二苯并吡喃类天然产物Machaeriol A-D，Machaeridiol A-C的全合成研究等12项国家自然科学基金项目和国家教委高等学校博士点基金项目，成果丰硕。其中“具有生理活性的天然木脂素（Lignans）类化合物的全合成研究”和“一些天然产物的全合成及相关方法学研究”分别获得甘肃省科技进步二等奖（2000年，2005年）、“大环内酯类和吡喃类天然产物的全合成及相关方法学研究”获甘肃省自然科学二等奖（2007年）。

……

当年的各位前辈，有的已辞世，有的已经退休，就连我这孙辈的“年轻人”，也到了和一线工作说再见的时候。但是，诸位老师所致力的事业、所奠定的基础，依然支撑着这所学校和这门学科，寄托着他们对未来的憧憬、对后人的期望。

愿他们的辛劳不被辜负，愿兰州大学的未来璀璨夺目！

以下，是两份项目建议书的摘要，期望与读者共同领略中国有机化学前辈那份坚守与奋进的科学情怀。

国家自然科学基金“八五”重大项目建议书
我国独特的天然产物的研究

天然产物化学在有机化学的发展中占有极为重要的地位，是有机化学的源泉；其研究对象是生物体内的组成物质及代谢产物，与生命过程密切相关。在诺贝尔化学奖中，天然产物的研究占三分之一。天然产物的研究对于发展基础理论极为重要，对人类生活和社会发展也起着难以估量的作用。一方面，天然产物的研究不仅发展了有机化学，还导致了生物化学等多种学科的创建，并指导和促进了精细化工的发展；通过微量和痕量天然物质的研究，人们开辟了近代分离、分析方法的新领域；Barton的构象分析原理和Woodward的分子轨道对称守恒规则都是在研究天然产物的过程中提出的，这是有机化学发展进程中的两个里程碑。另一方面，研究天然产物对于认识生命现象、控制生理过程、防治疾病具有重要意义，人们已经从天然产物的研究中挖掘出许多结构特殊、疗效优异的新药；天然有机农药和植物生长调节剂的研究，对防治病虫害和调节植物生长有重大作用，还可以减少农药对环境的污染；对一些民族药用植物和边远地区特有植物的研究，不仅有重要的学术意义，而且对于提高少数民族的医疗水平和发展民族关系有着深远的社会影响。

毋庸讳言，在今后的天然产物研究中，必将发现一大批具有独特结构和性能的分子模型，也必将引出许多新理论和新技术。中国植物品种和数量居世界第二位，但做过化学和药理研究的仅占3%；相对于我国丰富的海洋生物资源，我们的研究则刚刚起步。这一切，为本项目的研究提供了有利条件。为此，项目组建议“八五”期间，继续深入、系统地研究国内特有的天然产物，尤其是在分子水平上探讨分子结构与生理作用的机理。主要研究内容包括：

1. 海绵等海洋生物新品种化学成分及其性能研究，珊瑚中痕量生理活性物质研究，海洋生物中有特殊性能的物质及海洋生物的化学生态学研究。

2. 在民间（或历史）记载的我国植物中，有重要应用价值的植物（尤其是西北地区的沙生植物、高寒植物、民族药用植物及其他珍贵植物）的活性成分与植物科属的联系及构效关系研究。

3. 动植物体内活性水溶性化学成分的研究，重点是对其中的肽类、糖肽和糖类化合物的研究。

4. 对上述研究中发掘的新型结构和有重要生物活性的微量天然产物进行化学合成和结构改造。

通过上述研究，发现新物质、新反应、新试剂、新方法、新技术，提出新理论。特别是通过对许多新奇分子及其生理作用机理的深入研究，进一步推动合成化学、立体化学、结构化学、生物有机化学、波谱学、药理学等相关学科的发展，使化学学科与国民经济、人民生活提高到一个新的水平。

本项目的建议人为邢其毅、梁晓天（中国医学科学院药物研究所教授，中国科学院化学部委员），项目总负责人是邢其毅。兰州大学陈耀祖（时任兰州大学有机化学研究所有机分析研究室主任，1991年当选中国科学院化学部委员）、贾忠建、李裕林、潘鑫复诸教授作为主要合作者参加项目研究。

国家自然科学基金“八五”重点项目建议书
生物体内高活性、低含量成分的合成研究

有机合成是当今化学学科中最重要、最活跃的领域之一，是有机化学的精髓，被作为衡量当代一个国家有机化学水平的重要学术标志。1990年的诺贝尔化学奖又一次授予有机化学家，获奖者E. J. Corey的工作完全是涉及天然产物有机合成化学的，他提出的有机合成的系统方法，被称为“逆合成分析法”；他指出天然产物的合成是化学的中心，因为它包含极丰富的课题，从中可以发现许多化学原理和方法；他认为天然产物的结构大多是比较复杂和很复杂的，其研究难度较大，是提高学术水平的最佳研究对象。另外，历史上有机合成在促进药物、染料、香料、合成纤维等大批化学工业的建立方面，发挥了巨大的作用。所以，开展“生物体内高活性、低含量成分的合成研究”，对于发展学科理论、保障人类健康、保护天然资源、提高经济效益、推动社会主义建设事业的发展具有重要的战略意义。

本课题研究的重点是二萜类、生物碱、苝醌类、吡咯类和海洋生物中其他活性物质的合成，并对他们进行结构改造，研究其构效关系；同时，深入探讨上述研究中的新发现。

与会项目组成员一致认为，在研究过程中，要针对课题本身提出的新的科学问题，着重进行合成试剂及反应的研究，提高合成反应的选择性和转化率。同时通过既符合国情又简捷有效的合成策略和方法，解决目标分子骨架的建立和官能团转换等关键科学问题。

本项目包括六个子课题：

1. 具有生物活性的大环二萜类天然产物的合成研究
2. 植物生长激素赤霉素（四环二萜）的合成研究
3. 南海海洋生物中活性成分的合成研究
4. 苝醌类活性物质的合成研究
5. 中药低含量有效成分的研究

6. 吡咯类活性物质的合成研究

与会项目组成员期望通过紧密协作，“八五”期间合成80～100种生物体内的活性物质及其衍生物，寻找一批结构新颖、活性高的新物质；力争在某些方面保持在国内的领先优势，缩小与国际先进水平的差距。

本项目的建议人为张滂（北京大学教授，1991年当选中国科学院化学部委员）、龙康侯（中山大学教授），项目的学术带头人是张滂。兰州大学李裕林、潘鑫复两位教授作为主要合作者参加项目研究。

那里，有一栋大楼

1958年，共和国刚刚跨入第十个年头。

1958年，战火与硝烟尚未远去，冷战的阴影笼罩全球。美苏挥舞着核大棒互相恐吓，废墟中站起的新中国尚未拥有自己的核武器。

1958年，当时全中国的钢材产量、水泥产量、发电量少得可怜，在各大发达国家面前不值一提。

1958年，人民英雄纪念碑落成。

1958年，我出生了。

六十年一甲子。2018已过，共和国即将迎来七十华诞。

而今，走在复兴之路上的中国，坐拥世界第一的工业产值和贸易规模，以联合国安理会常任理事国的身份，在全球政治和经济体系当中发挥着举足轻重的国际影响力。

如今，中国的钢材产量高达11亿吨，水泥产量近22亿吨，超过世界年产量的50%；发电量方面，以7万亿千瓦时雄踞全球第一。中国——我的祖国，已经是当之无愧的世界工厂。

如此成绩，足可告慰先烈英灵，不负他们抛头颅洒热血，用鲜血和生命为我们铸就的新生活。

今天，在中华大地的西北一隅，坐落着一座不屈的高等学府。在一个多世纪的时光里，她走过了战火与硝烟、历经过艰辛和希望，与共和国一起茁壮成长。而我，有幸与我的同事一道，在学校领导、教育部发展规划司和地方政府的大力支持下，亲手为她添砖加瓦，为共和国的建设留下了一抹淡淡的痕迹。

2007年11月，我受命就任兰州大学基建处处长，直至2012年12月离岗。坦率地说，五年时间，确实不长，甚至不足以让刚走进小学校门的孩子毕业，在我的工作生涯当中也属于相对短暂的停留。然而，有一些事情，在人的一生中虽然不长，却是那么的值得纪念、难以忘怀。

其时，学校住房建设已经停滞多年。此前最近一次校内住房建设项目，还是20世纪即1999年的一轮增建。相对的，无论是国家经济大环境，还是学校教育事业的小环境，都处于高速发展当中。由此，校内教职工对改善住房条件的呼声也是越来越高……

当时，校内共有教职工住房约32万平方米，其中56%属于工艺老旧的砖木或砖混结构，46%修建于20世纪50—80年代。在这些仅有的住房当中，砖木结构绝大部分使用寿命已经消耗了一半以上，相当破旧；砖混结构不少是简易楼，原本只适用于短时间过渡居住。仍然有大约64%的在职教职工住房不达标，甚至在校内无住房。

必须指出，学校对此并非无动于衷，即使是在经费极为紧张的情况下，兰州大学仍于2005年下半年规划了二分部校区的腾退项目，计划拆除一批年久失修的教学实验楼、办公楼和库房，以腾出空间来建设一批经济适用房，改善教职工的居住条件。遗憾的是，由于经济适用房建设相关政策的调整，该项目不得不随之叫停。

时间回到2007年11月。就在我入职前夕，学校在兰州市政府的支持下，再一次启动二分部教师住宅项目，拟建面积4.2万平方米。基建处随即启动工程项目流程，全力推进项目进度。在众多老师期盼的目光中，兰州大学二分部14、15号教师住宅楼于2008年7月破土动工，学校新世纪的教职工住房建设大潮就此揭开序幕。

序幕？是的。就在二分部14、15号教师住宅工程项目开工后不到四个月，2008年11月，兰州大学就多校区办学的现实条件进行了学校有史以来最大规模的重新规划。

正如国内众多兄弟院校一样，兰州大学的多校区体制也是在历史发展过程中一步步积累、调整和扩张而成的，在此过程中很少有机会从宏观角度去做整体规划。由此，问题也逐渐积累：校区间的功能模块或功能划分不够清晰，同类工作分布在不同校区，常常不得不重复建设办学设施，在不同校区运作和维护多个功能相同的空间模块；同时，上述情况还带来了校区间的交通规划难以稳定分级，常常为确保师生需求而被迫浪费大量运力的问题。因此，教学区和生活区也缺乏各自的公共空间和景观容量。

此外，更重要的是，长期以来生活区支持能力严重不足，解决教职工住房问题已经成为当务之急。二分部教师住宅项目只能说是解决眼下最迫切的需求，接下来才是真正从根本上改善人居环境的教职工住房的大规模建设。

学校党委召开专题会议，讨论确定一分部和二分部作为教职工的生活区。基于该方向，我们迅速展开分析调研。在得出初步结论后，会同同济大学建筑设计研究院，着手修编《兰州大学校园总体规划》。随后，第一时间编制《兰州大学教职工住房建设规划》。最终，基建处给出了住房建设的规划方案：

◎一分部：新建2220套教职工公寓，合计285000平方米，容积率2.82，分三期建设：

第一期（9～14号楼），732套，98000平方米；

第二期（15～22号楼），1180套，145000平方米；

第三期（23～24号楼和会所），308套，42000平方米。

◎二分部：新建808套教职工公寓（其中在建的14～15号楼为教师住宅），合计91300平方米，容积率2.62，分三期建设：

第一期（14～15号楼），422套，42000平方米；

第二期（16号楼），132套，16430平方米；

第三期（17～18号楼），254套，32870平方米。

按照上述规划，未来兴建的教职工公寓的总面积将超过兰州大学此前已有住房面积的总和。我们希望，能够借此机会，在能力范围内最大程度地为校内的教职员工解决好住房问题，尽可能改善兰州大学校园的人居环境。

随后，就是项目规划的逐年推进和落地了。

在这里，有必要为不太熟悉工程实施的读者解释一下：工程项目，不是说确定想要盖楼，就可以找个施工队来现场开工的。为了确保项目的规范、安全和可行，以及设计、实施环节的效率和可靠性，每一个具体项目都有大量的工作要做。简单来说，在学校里，新建一栋住宅（公寓）楼需要经过以下流程：

◎工程立项

项目建议：基建处依据校园规划，组织编制项目建议书。项目建议书须经学校同意（必要时得报请教育部审批）。

可行性研究报告：办理资金、用地等相关专业和部门的审批手续，然后委托有关部门开展环境影响评价，委托工程咨询机构编制项目可行性研究报告。可行性研究报告经教育部批复后正式立项，列入建设计划。

◎项目设计

方案设计：后勤处协调用户，提出项目需求。基建处依据项目批复，将实际需求转化为设计要求，通过招标确定设计方案。

初步设计：基于设计方案，组织开展地质勘查，委托设计单位将方案细化为初步设计，并与用户和相关职能部门在细节上达成共识后，履行初设审查程序，报请地方建设行政主管部门批复。

施工图设计：在初设的基础上，委托设计单位设计施工图，并履行相应的审查程序，获得《建设工程施工图设计文件审查批准书》。

◎实际施工

开工准备：招标确定施工、监理单位，申领规划许可证和施工许可证，明确施工管理的业主代表；然后确定建筑的定位放线（由地方建设行政主管部门组织验线），会同监理单位完善施工组织设计。

工程实施：包括质量管理、工期管理、资金管理、合同管理、安全管理、投资控制、设计变更与经济签证诸方面。由于涉及的是实施过程细节，在此不作展开。

竣工与结算：在地方质量监管部门的监督下，基建处组织参建各方和用户、相关职能部门参加工程竣工验收；验收合格后，提交验收报告，归档备案竣工资料。新建住宅（公寓）移交给后勤处，由后勤处移交给用户。施工单位提交财务结算，由基建处审核后提交审计处，出具审计结论，按施工合同支付相应的工程尾款。

至此，一栋让人可以安心入住的楼房就盖好了。

最后，基建处还要督促施工单位，在保修期内落实回访保修工作。

以上，是学校新建校舍项目必经的流程。校园里的教学楼、住宅楼、操场、道路、园林景观……可以说，一花一草，一木一石，都是精心设计的产物，而非心血来潮，一时起意。流程中的每一个环节，都有着相应的时间要求和监督管理办法。例如，所有的工程设备和材料，都必须按照相关制度和要求招标采购等。

回到我们的住房建设规划，从方案通过后开始，基建处就为此付出了巨大的努力。每一个校区，每一期规划中的每一个单体建筑，都需要对应到具体的工程项目；每一个工程项目，都需要经历上述流程；而流程中的每一件事，都要有相应的时间规划，以及出现问题时的应对措施和备选方案。

在此，无意用繁复的工作记录烦扰读者。以下，简要摘录在我任职期间基建处有关住宅（公寓）建设的历年进展：

2008年，二分部14、15号楼开工，提交一分部9 ～ 14号楼和二分部16号楼的项目建议书。

2009年，二分部14、15号楼主体封顶，提交一分部9 ～ 14号楼和二分部16号楼的可行性研究报告，并获教育部批复立项。

2010年，二分部14、15号楼竣工，完成一分部9 ～ 14号楼和二分部16号楼的施工和监理招标。

2011年，一分部9～14号楼（不含受不可抗力影响的12号楼）、二分部16号楼及地下车库开工；完成并提交一分部15～22号楼和二分部17 ～ 18号楼的项目建议书、可行性研究报告。

2012年，一分部9～14号楼（12号楼及相连车库除外）和二分部16号楼完成合同金额的85%；一分部15～22号楼和二分部17～18号楼的可行性研究报告经教育部批复立项。

此后，如前所述，我告别了兰州大学基本建设处。但是，在这里我可以欣慰地告诉大家，截至目前，兰州大学前述住房建设规划的大部分已经实现，总建筑面积近32万平方米，与学校此前原有的住房总面积大体相当。

人生六十载，从意气风发到安享天年，只求有所作为、无愧于心。

如今，已经退休的我走在校园里，有时会听见娃娃抓着父母亲的手，指着那些二三十层的楼宇，奶声奶气地喊：大楼、大楼。

是啊，那里有一栋楼，好大，好高。

愿共和国的大厦建设得更加雄伟坚固、灿烂辉煌！

吴王锁

作者简介

吴王锁，1960年7月生于陕西澄城，理学博士，教授，博士生导师。1982年毕业于兰州大学有机化学专业，继而攻读放射化学专业研究生，并先后获理学硕士和理学博士学位。曾在法国国家科研中心约里奥·居里实验室、巴黎南部大学做访问学者。现任兰州大学核科学与技术学院院长，兰州大学国家核产业研究院执行院长。荣获国家“万人计划”领军人才（教学名师），国务院政府特殊津贴专家，全国优秀教师，中国大学慕课优秀教师，宝钢教育奖优秀教师，甘肃省领军人才（第一层次），甘肃省园丁奖、师德标兵、教学名师、教书育人奖等荣誉。

长期从事核化学与放射化学、核技术应用研究，主持完成国家自然科学基金重大仪器专项、重点项目，国防重点科研项目，核工业基金，教育部骨干教师基金，甘肃省自然科学基金等各类项目数十项，发表学术论文300余篇。在放射化学与核环境领域的许多研究属国内开创性工作，其研究成果受到国内外同行的普遍关注。完成的多项应用研究项目为企业带来了可观的经济效益和良好的社会效益。获省部级科技进步奖3项，甘肃省教学成果一等奖1项。

我是兰大的孩子

“兰大人”这三个字背后到底是什么样的精神特质？我又该用怎样的事实去见证，用怎样的语言去描绘咱们兰大人的坚守与奋斗呢？

知母者，儿女也。我是一名兰大的孩子，而且是一名从来没有离开过母校怀抱的孩子。我想以我这多半生的成长经历为实例，尝试着寻找些许答案。

我是兰大学子。1978年，得益于改革开放的和煦春风，我在恢复高考后第二届考入兰大，开始了这一生与兰大的不解情缘。四十一年前，当我对有机化学的了解仅限于这个名词时，得到了朱子清、刘有成、黄文魁、陈耀祖等学术泰斗的亲自教诲；硕士、博士阶段，我的导师邱陵、杨汝栋以及（在座的）柴之芳院士等大师们的家国情怀和言传身教，让我爱上了后来所从事的核专业，为我的人生和事业找到了方向。“一个人遇到好老师是人生的幸运，一个学校拥有好老师是学校的光荣，一个民族源源不断涌现出一批又一批好老师则是民族的希望。”而我在兰大遇上了一群好老师，何其幸哉！ 徐躬耦以及（在座的）许多老前辈把职业当事业，把学生当亲人，潜心科学研究，精心培育英才。他们始终坚持立德树人，教书育人，教导我们“筑强国梦，立报国志”，鼓励我们“讲好一门课，影响众多人”。教以学兴，人以文化，正是在这样的熏陶下，我不仅顺利完成了学业，更坚定了今后的人生选择。

我是兰大教师。毕业时，我“贪念”着母校的怀抱，选择了留校任教，并从此站上三尺讲台，坚守三十余载。这么些年，我讲课的法宝之一是时刻将“两弹”精神和兰大精神融入教育教学的全过程，这些精神是取之不尽的宝库，是让知识鲜活起来最好的“佐料”。

这些年，我努力将自己所讲的课程从校内讲到校外，从国内讲到国外，从基层讲到高层。曾应邀在联合国全面禁止核试验条约组织及国际原子能机构阐述“核以道和”的核能和平利用理念，应邀出席在希腊举办的“文明对话—世界公众论坛”，强调和平利用核能助力“一带一路”建设；也曾应中央党校邀请，佩戴着兰大校徽为共产党员网录制课程《核科学技术的重要作用》。我在兰大所讲的课不仅以国家精品视频公开课的形式，而且以国家精品在线开放课程的形式传播到更加广阔的课堂。无论走得多远，也不能忘记从哪里出发，我深知上述这些经历是在母校深厚积淀的基础上才得以完成，无论走多远，我都是一名兰大人。

我们都是兰大人。沃土之上长参天之材，今天在座的有三位院士、四名长江学者和六名杰青是我的同班同学，我也有幸成长为全国优秀教师、“万人计划”国家教学名师。我们每个人的成长与进步都得益于母校这片沃土，得益于“自强不息，独树一帜”的精神滋养，得益于“勤奋、求实、进取”的品质支撑，正所谓“骨化风成，熏陶成性”。

教随代兴，因势而成。我是一名战斗在核科技战线的兰大人，还有无数条战线上也同样闪耀着我们兰大人的身影。文理工农医，12个学科门类，103个本科专业，从大漠戈壁到大山深处，从国防战线到国民经济领域，各行各业，我们都瞄准一流，着眼于人类命运和世界未来，奋战在祖国最需要的地方。更重要的是，在我们身后还有一代接一代的兰大学子走出萃英门，奔向世界各地，迈向更加广阔的舞台，我们的事业后继有人，母校的精神薪火永传！

“踏石留印，抓铁有痕”，道义相勖，孜孜为学。我们的点滴努力汇成了母校的坚守与奋斗，兰大的坚守与奋斗成就了我们的事业与梦想。无论走向何方，兰大人的烙印将永远刻在我们身上，不论身处何地，兰大人都能创造出属于自己的奇迹。

黄河东去，不舍昼夜。百十载峥嵘岁月已成序章，但时间不会改变前进的脚步，我们奋斗的姿态永远不会改变！

值此新中国成立七十周年，母校百十华诞，国校同庆之际，让我们再次为母校献上祝福，愿兰州大学的明天更加美好！

说明：此篇为吴王锁作为教师代表在兰州大学建校一百一十周年纪念大会上的发言稿，同时也是一篇很好的回忆性文章，在稍作改动后选入本书，以飨读者。

雷紫翰

作者简介

雷紫翰，南开大学研究生毕业，兰州大学历史文化学院中国上古史研究生导师。曾任兰大中国古代史研究所所长，历史文化学院学位委员会、教学指导委员会委员。2013年至今，兼任华夏文明传承创新发展研究中心执行主任（跨科攻关联合体），受聘甘肃省委统战部党外特约调研员、甘肃省人民政府参事室特邀研究员、中国民盟甘肃省文化工作委员会副主任、甘肃省老子文化研究会副会长等。

从实践中得出一个创新观点，即历史学是具有全科性质的应用学科，因此一直十分注重学以致用，认为真本领必须得经受严格的实践检验。2019年针对对社会发展和国家安全具有重要影响的显性或隐性问题，陆续撰写的调研报告，有十余篇分别被各级采纳。其中一篇被《零讯》刊载，作为决策参考，促使解决了当时一个相当重要的民生产业问题；另一篇探讨解决某重大难题的应对办法，获顶级批示并转化利用。2020年1—4月，向国家各有关部门提交十多篇与防疫有关的调研报告，已发挥应有的作用。

1991年荣获甘肃省园丁奖和优秀德育工作者称号，2002年入选甘肃省555创新人才工程，2008年获第二届中华优秀出版物提名奖。经国家学位办组织专家盲审，所指导的学位论文名列前茅，2016年初荣获甘肃省首届研究生学位论文优秀指导教师荣誉证书。

“兰大三爸”印象

前天傍晚，志伟教授贴出一条微信，点开浏览，是一册电子版家族文集。海内外亲属自发撰写，晚辈收集编辑，借此专门纪念他们的“兰大三爸”。

这册纪念文集，以诗词、散文、家书为主，心声分别出自“兰大三爸”的夫人、子女、侄儿侄女外甥、兄弟姐妹、姑舅姻亲、孙辈及其他亲友。不论篇幅长短，均情真意切，或追忆，或悼念，或倾诉，字字句句催人泪下！尤其从那些非直系亲属和曾经受助过的学生的回忆里可见，他们心目中的“兰大三爸”，是一位十分平凡的贵人。

字里行间都蕴含着一种朴素的庄严，令读者肃然起敬。

文集纪念的尊者，讳刘名锐，2016年五一节之前去世，快到周年纪念日了。赶在清明之前，族人撰文结集以表铭心不忘之情。他先后在兰大多个岗位工作，属普通行政人员，各方族人不问职位、不论亲疏，一概通称他“兰大三爸”。其侄志伟是“双一流”大学博导，研究汉魏六朝文学及文化，被遴选为中原社科名家，平时与人提起，都很亲切地敬呼“兰大我三爸”。

志伟教授这位三爸，我比较熟识。加上先后都迁居兰大一分部，上班和晨练经常相遇，每次都很亲切地侃几句，或问询或逗趣，很乐天。

退休以后，三爸坚持晨练，先跑步热身，接着来套太极拳，或比画一番剑术、棍术。在清早前往操场的花园小路上，常会望见他大步流星地边走边轮番举起单侧手臂，把一根被盘得锃亮的木棍在手指间螺旋式转动，速度不算特别快，但是很娴熟，很从容。每天运动收尾，消汗兼整理气息之际，他便与三五老友谈天说地，从衡山堂东边起头，绕过南边，再到科学馆路口，这样周而复始，顺着椭圆形林荫道转好几个来回，然后才边笑谈边回府。从花甲之年到八十离世，他一直如此康乐阳光。上述园林花草、环形阴凉小路和运动场所等，陆续已变成了一座又一座入云高楼，然而“兰大三爸”的音容笑貌依然留在老兰大人的记忆之中。

三爸人缘好，气象也很好。广额隆准，印堂闪亮，眉眼大，个子高，全天候带着满面祥和的微笑。平时见面，我爱逗他：刘老师仪表堂堂啊，要不是“大跃进”和“文革”浪费好时光，即使做不了诸侯，也至少是有勋有爵的大员啊！

回想起来，我最初认识三爸是在80年代初，他的收入不高，住在本部老旧的小套间里，家用十分简朴。然而通过省吃俭用，时常助人为乐。这么多年，志伟来兰大的行程，有许多次要么从他三爸家出来后，顺便到寒舍一叙或作竟夕之谈，要么和我先聊几句，赶紧起身去看望三爸。由此，我对这位“兰大三爸”的了解，自然就日渐加深。

志伟心里常记着三爸，一提到总是说：我三爸是个大好人，“运动”紧的那年，他把一位地理学专家转移到我们村里，帮他躲过了批斗。高考前，我来兰州念书，在他家住了一年多，三妈做饭，三爸联系上学，当时我聆听过兰大文史哲多位名师大家的指点，至今想起来那是很难得的，总之从各方面我都很感激我三爸。

多年来，老的时常在关怀，小的时常在感念，一看到、一想起三爸叔侄的亲善，我就会被感动！因为不时或闻或见当今有的亲生儿女长大后，动辄给爸妈吹胡子瞪眼，不太体贴者更是常有，那种如有似无的淡漠，会让人心头生痛的。然而，刘三爸与志伟们的长幼叔侄之情，却让人觉得暖意融融！

一年前，乐天的三爸突然走了，陆续得到不少“陌生人”的追思。那些先后远走高飞的小年轻的，还有散布各地的老学生，三爸的家属并不认识，然而这些“陌生人”记得，当年不管有啥困难和心事，只要找到三爸，他总会边逗乐边设法排忧解难的。尤其兰大一分部校区刚启用那几年，三爸在衡山堂西南边那栋学生宿舍楼里上班，许多已人到中年的毕业生，对当年在那间狭小且不规则的办公室与三爸谈心的情景，至今还能如数家珍。

北京有位知名学者撰文回忆，当年他留校后，年龄不小了想结婚，却没积蓄没房子没熟人，远在艰苦农村的老家人帮不上，里外巨细都是三爸给照料的，连必不可少的婚房和迎亲的车子等，都是三爸一趟又一趟找人又借又办才备齐。他和妻子每次想起来，都要感叹一番，在成家立业这样的人生大事上，三爸对他们所付出的辛劳，和亲生爹娘一样地细致周到。

昨天，未曾谋面的新闻学院韩亮老师在微信群留言说：安静地细读，可用八个字来概括“兰大三爸”，那就是：江湖温暖，菩萨心肠。

很可惜，好人三爸他走得太早了！

你为啥要急着走？兰大快要一百一十周年了，你再晨练几年，看看兰大日新月异的样子，该有多好！

于2017年3月26谨记

说明：该文曾被兰大宣传部筛选刊载于2017年4月15日《兰州大学报》的《萃英文苑》。

易建平

作者简介

易建平，男，兰州大学历史系1978级学生，华南师范大学历史文化学院教授，曾任中国社会科学院长城学者与湖南师范大学潇湘学者。

上午的阳光

儿子参加中考去了，上午的阳光在窗外竟是如此灿烂。心绪却如新月下的河流，迷蒙而柔婉。

难得克非与楚南同学如此热心张罗，我们才会有机会怀着感激，记下二十年前的点点滴滴。许许多多的日子，河水一般蜿蜒而去，留下来的只有细碎的月光，月光中似有似无的影子，影子的徘徊与低吟……

天空中竟然没有一丝云影。天有多么高，多么蓝。窗外茂密的树木间，传来不知名小鸟的阵阵啼鸣。在这样明媚的阳光下，万物都生机盎然，尽情地伸展着自己，为什么心情却会蜷缩一角，如此迷离？唉，二十年前的兰州大学，兰州大学的历史系……

多少个名字，多少个日子，在我的生命中，曾经是珠玑一般的璀璨啊，散布在我二十年前的天空。如今，天空不再是旧时的天空，珠玑也早已经是四散零落，不可拾缀。只是，某阵风路过，拂去尘封，沉睡已久的珠玑，三三两两，偶尔还会惊醒，睁开眼睛，迷茫地注视着，我稍稍空闲下来的思绪。恍若隔世，面带忧伤，却是依旧美丽。

瘦小的杨定名老师和他胖胖的慈爱的夫人，嘴角坚定的张代经老师，高高的轮廓分明的刘光华老师和侯尚志老师，性格随和的李健老师和他大家闺秀的夫人欧阳珍老师，爽朗而热情的冯雪琴老师，古典的张孟伦老师，白发苍苍额头高耸的赵俪生老师……都是我怀着深深的感激之情铭刻在记忆里的名字，都是镶嵌在我那已经暗淡却难以忘怀的日子里的名字。

汤季芳先生，却是一个我一想起就感到有太多歉负的老师。我从先生那里借来Karl R. Popper的*The Poverty of Historicism*一书，1981年暑假花了十九天将其译成中文，以后和赵文洪又几次修改，并请到大理论家、大翻译家何兆武先生校订，后该书以《历史主义的贫困》之名一版再版（社会科学文献出版社1987年初版）。只是因为最后译者署名已经变成他人，我也没有办法，哪怕只是在译作的“前言”或者“后记”里，对季芳老师道上一声“谢谢”，由此也不好意思给先生送上一本书。此事时时愧疚在心，令我无颜面对先生。今天，克非同学和楚南同学终于给了一个机会，让我可以在此向季芳老师深深地道歉！并且，我还在这里保证，以后如果有机会，一定还会在更广的范围，向季芳老师表示自己的感激。在此，也向历史系1979级的陈徽同学，表示我晚来的歉意和感激，记得她是一边流着眼泪一边为我们誊写这部译稿的。记得在即将离开兰大的日子里，她的美妙的歌喉，曾经彻夜地伴随过我们，让我至今不能忘怀，让我此刻想起竟然也会有眼眶湿润的感觉。真希望再有机会听到她的歌声。

当然，我深深地知道，歌声不会重复，美丽的日子不会再现，往事不会回来。人已中年矣，这是令人何等黯然神伤的事情。

初恋的少女应该早已经做了别人孩子的母亲了吧？“在那校园斜坡上采花的天使”，不知道今日在做什么？没有想到的是，我仍旧还把她埋藏在心底，时不时来翻晒一下呢。也许埋藏的并不是她，而是清晨阳光一般的那个时候的我自己的日子，依稀闪烁在清晨阳光中的那个时候的我自己的未来的日子。

哦，阳光一般的日子，少女一般的日子，少女一般的阳光，阳光一般的少女。黄河岸边的少女，早上三四点在宿舍窗下吹口哨的少女，放假回家火车上一同嬉戏玩耍的少女，我为她在图书馆占座位的少女，她为我在黄昏缝被子的少女，我为她而嫉妒别的男生的少女，她为我而嫉妒别的少女的少女……二十年前兰州大学的一个男生在校园里所遇见所喜欢的少女，少女的校园，校园的少女，我又怎么能够忘记你们。

只是，逝去的日子不再回来，美丽的青春总是短暂，令人惋惜，让人伤感。此刻的心情，真如1981年在兰大校园里写过的几个句子：

> 这里的秋天来得怎样早呵。
>
> 记得去年这个时候，我给内蒙古那位小孩写过一封信，开头一句就是："这里的秋天来得怎样早呵。"
>
> 而今，秋天又来了，又是来得这般早，我也又在写，"秋天来得怎样早"……
>
> 只是我和那位小孩的爱，没有伴着秋回来，只是我和那位小孩的爱，永远不再回来……
>
> 校园的黄昏多么静，气息多么凉；林荫道上已落的叶，老槐树上老柳树上将落的叶，奏出的调子又是多么凄切；西边天上那一抹霞，红得像血呀……

1978级的我们，人生的秋天也已经来临，伤感自然是经常的事情。只是我多么想，1978级生活过的兰州大学校园，年年秋天过去，年年春天回来，年年是记忆中那样的美丽。

2002年5月25日于北京

马飞骧

作者简介

马飞骧，字凤栖，别署白云居士、近湖庐主人等，甘肃天水人。1996年毕业于兰州大学中文系。文化学者、诗人，著有《诗经缵绎》《论语诠旨》《白云录》《川上看云集》《白云小品》等。

既温且厉

——悼念柯杨老师

柯杨老师是我读兰大中文系时的系主任，是真正集名士风范与儒雅风流于一身的知名学者、著名的“花儿”学专家和民俗学家。他的民俗学课轻松愉快，深受同学们的喜爱，不仅因为他仪态儒雅，边说边表演，摹物拟形惟妙惟肖，更在于他语言幽默，妙语连珠，“花儿”随口就来，所唱文辞质朴而音韵悠扬。他课上口吐莲花，循循善诱，引人入胜；课间与同学抽烟聊天，如同少年，平易近人。当年不止我们班兴起过一股民俗学热，柯老师带过的几乎所有班级，无不因他的春风化雨，把民俗学的种子播入心田，和着泥土的芬芳，一代又一代学子相继被滋养。“想你想你真想你，请个画匠来画你。把你画在眼睛上，看到哪里都有你！”柯老师课堂上漫过的“花儿”似乎还在脑际中回旋，而当年他教学时的情景犹历历在目，仿佛唾手可得。

1995年底大学毕业之即，在时任系主任张文轩、教诗词的王传明二位老师的鼓励下，我与同班几位古体诗爱好者发起创立了西北高校第一个古体诗社——青衿诗社。为了扩大影响，我们邀请省内知名学者和诗词专家开办诗歌讲座，柯老师是我们最先邀请的主讲嘉宾之一。他非常支持我们的活动，很高兴应邀开讲了诗歌与西北“花儿”的讲座。那天晚上座无虚席，讲到精彩处，他即兴漫起了“花儿”。甘南的一位同学情不自禁，接腔与柯老师对唱起来。柯老师丝毫没有觉得违和，很享受地请那位同学唱了“白牡丹令”等多种“花儿”曲牌，让同学们一饱耳福，他一个劲儿地夸赞同学唱得正宗、唱得好。讲座结束后，我们送柯老师到校门口。由于开讲之前他要自己打车来，讲座结束已是半夜，我们想打车送他回去，不料我们的请求遭到了他严肃的拒绝：“穷学生娃哪有钱打车！不用你们送，我自己能回去。”无奈，大家只好目送柯老师消失在茫茫夜色中。柯老师作为德高望重的教授，竟没一点专家的架子，处处为学生着想，让我们感动不已。

英语是我大学生涯中的一场噩魇。毕业前夕，担心英语四级补考再次挂科而毕业不虞，我立马想到请柯老师出面，凭他的影响力为我托人说情过关，便腆颜到柏斋找他求情。谁料话一出口，柯老师便一改往日的平易，直截了当地回绝了我：“作为学生，学习没搞好就已经很没面子了，让老师说情就更不合情理。其他事我可以帮忙，这事我可不管。”毫不留情地把我怼回去了。“望之俨然，即之也温，听其言也厉。”多年后，每每读到《论语·子张篇》子夏的话，我就想到柯老师的率真，令我面红耳热，无地自容。“君子有三变”，柯老师当之无愧。而对于我，知耻而后勇，既感受到了柯老师的拳拳爱心，更多了一份对他的崇敬。

大学毕业后，我曾数次到柏斋拜访柯老师，每次都得到他和孙师母的热情接待。一天晚上，柯老师对着窗外的灯火，和我谈起他多年来研读

《周易》的心得。我素不知他还有如此之深的古典情结，更不知道他的古体诗也写得相当好。他告诫我说，研究传统要从古人用心处着力，所谓孔颜乐处，就是要养其气而涵其体，葆其光而合其用，成其大者。他给我讲述了他以行医为名深入民间田头调研的一些经历；给我追述了他的家学渊源，以及其父柯与参老先生生前的种种行范，令我惊叹不已。柯老先生曾任甘肃省国医馆副馆长，是一位生性淡泊的陇上名中医和古籍收藏家。他翻出老先生的遗诗手稿给我看，那些纪事抒怀之作，字里行间都是老先生深具慈悲的济世情怀。“救命药方廉价卖，为医不赚昧心钱”（可能个别字记得不够准），柯老师和我对老先生的这句诗涵咏感叹了许久，这正是老先生的精神写照。孔子曾说：“夫孝者，善继人之志，善述人之事者也。”《诗经·大雅》也说：“无念尔祖，聿修厥德。”柯杨老师一生身居都市而足履乡野，言在教席而心同悬壶，继志修德，二美兼具，其来有次也就不足为奇了。而这也给我立身行世以莫大的启迪，无论身处何境，都不敢忘了继述前修、思齐贤圣的志向。

去年8月，我因事错过了大学毕业二十周年同学聚会，在视频里看到柯老师鹤发矍铄，风采依然，既深感歉疚，又甚觉宽慰。毕竟柯老师过了杖朝之年，而蔼然如春的神情令人怦然心动。去年春节前，朋友托我请柯老师提供其父柯老先生的一些素材，以充实他《陇上画坛轶事》一书的有关内容。我很歉然地致电柯老师并询问了他的起居生活，得知他身体一切皆好，承诺下次回兰一定去看他。柯老师反而劝慰不要介怀，要注意身体好好生活，并鼓励我坚持古体诗的创作，努力在传统文化研究上有所建树，为兰大争光。电话里感觉柯老师健朗如旧，孰料世事无常，言犹在耳，此次通话竟成了永远的回忆！

老师在时，我尚没有珍惜机缘，抓紧时机面聆謦欬；如今哲人已萎，只能凭记忆重温与他相处的点滴而短暂的快乐时光。斯人已逝，纪念是苍白的，而老师的道德文章长存。我想，踵武前修，立身行道，或许才能不负先生的厚望吧。谨撰挽联三则，敬祭先生的在天之灵：

绛帐仰名公，铁嘴金声传陇右；
花儿荣后土，松风水月吊梅魂。

是真名士，是真学者，试问当今世界，博雅真人尚有几？

具大慈肠，具大公心，长存千古文章，从来大美属斯人。

家学本岐黄，杏坛与杏林兼济，每忆柏斋灯火，追贤仰圣，继绝存亡传大易；

花儿托性命，民瘼并民德一怀，空悲兰泽风仪，化鹤登仙，陇云燕雨为招魂。

2017年5月18日于京华

兰大中文系九二级同学毕业二十周年聚会谢师恩赋

揽昆仑为襟，导积石为魄。当丝路重关，扼西域险塞。三陇爽气，敛聚河隰。九州英粹，驰骤兰泽。庠冠金城，名淹西北。黉门百年，人文立极。五泉分流，众系呈脉。

文学敦化，绛帐统帅。振铎珍流，得时稚集。博古通今，雷声渊默。一日之长，謦欬若惕。六月之息，鲲鹏垂翼。缁帷缉熙，春风宥密。童蒙雕琢，霁月盈室。四载一纪，沂雩好乐。万汇同流，弦诵河洛。经天为务，纬地以略。克己爰功，明德乃觉。德业斯成，寰宇为托。桃李不言，千万辽鹤。九二同窗，六十成各。二十年间，沧海翻岳。八千里外，白驹逝陌。任运随化，何期显著。鼎新革故，见素抱朴。守死善道，不污斯学。

景行山仰，师范若即。石转席卷，懋德永忆。素怀如初，冰心不易。载瞻载顾，靡朝靡夕。伏惟孟秋，来告斯职。靖恭我位，好是正直。求仁由径，有耻且格。廓尔吾往，松柏以立。大道薪传，天下楷式。

程庆拾

作者简介

程庆拾，男，汉族，字古生，三即斋主人，1959年6月生于四川泸州合江，祖籍山西武乡。

1982年7月毕业于兰州大学中文系。全国美学学会会员，新疆作协、书协、美协会员，国内著名钢笔画家、钢笔画理论家和钢笔画信息宣传工作者。中国钢笔画联盟常务理事，《中国钢笔画家》杂志编委，《当代钢笔画》杂志主编，新疆钢笔画艺术家俱乐部主席，全国“首届新钢笔画学术展”组委会委员。

美术作品和相关文章发表于《美术报》《文汇报》《中国文艺家》《文化月刊》《美与时代》《中国手绘》《建筑与文化》《新疆日报》《新疆艺术》《中国钢笔画家》《中国新钢笔画》《当代钢笔画》《我爱钢笔画》等报纸杂志。

一位普通校友的艺术探索

一直以为，人是环境动物。自幼的成长空间，无论家庭、社会，还是求学与师承之属，都将影响一个人的一生。

也一直以为，人打小的兴趣爱好，终归不会轻易忘怀与放弃，往往会成为毕生的梦想，难以割舍，一旦得了培养的土壤，必定会生根发苗。但能否开花结果，则受造化、天时、努力程度，还有人脉与机缘的左右。而小时候的爱好能成就一番事业者，则百不能一。

古今中外，这样的幸运者委实不多。

我不知道，自己算不算是一个幸运儿。

我的家乡在四川泸州合江县，地处川西南，山川俊秀，风光优美，历史悠久，地灵人杰，苏东坡、黄山谷、朱德、恽代英、冯玉祥等著名人物曾莅临采风，留下许多诗词歌赋。我的外婆王道尊，新中国成立前曾为女中校长，写一手好字，画一笔好画，文化素养之丰为乡人称赞。抗战军兴，老人家曾写诗勉励自己的学生为国出力奋勇杀敌。我出生于这样一个人文与自然环境，也是此生幸甚。而书画爱好，也的确是我一生追求的梦想，到今天已历半个世纪。我的家人亲朋，左邻右舍，包括我的同学、师长，也一直认为我有这样的天赋才情。

小学时便临摹当时的宣传画，初中时在学校的安排下，半临摹、半“创作”地画过一套漫画连环画，也临了不少《芥子园画谱》中的山水作品。高中时全班在校办农场学农小半年，天天于劳动之余，大画风景写生，似乎越发有了感觉，也进一步培养了对山水画、风景画强烈而执着的偏爱。1977年底，还大胆去重庆报考四川美术学院，总算见了一点美术界的“大世面”，虽不意铩羽而归，喜欢美术的初心却不曾暗淡下去。

我是1978年7月以应届毕业生的身份考上兰州大学中文系的。在母校四年的学习深造，我不但打下了比较扎实的中文专业的基础，课余时间也如鱼得水般努力发展书画方面的个人爱好，参加兰州市的一些美术培训，拜甘肃师范大学美术系王福增教授等为师，学习水彩画和钢笔画，各方面都得到逐步提升。

教我们宋代文学的李东文教授，教民间文学的柯杨教授，教唐代文学的林家英教授，也都很支持我课余书画上的努力。甚至一次上课时，李东文教授还说，一个中文系的学生，若能像程庆拾这样，雅好书画篆刻，打下一定基础，文学、历史、哲学、美学、传统书画艺术等方面兼收并蓄，互为生发，这对于个人的成长和学业的进步，以及今后在工作中的能力发挥，无论怎样说都是一件好事。这话当然没错，中国古代不少诗人作家，如李白、王维、苏轼、黄庭坚、董其昌、曹雪芹，都是亦文亦书亦画的大家。东文老师能这样肯定一个普通学生的小小努力，的确令我铭记终生，至今感念。

兰大四载求学，我的这些爱好的确得到一定的发展，其中有几件事值得记取。

一

1980年初，我与生物系的庞广昌、经济系的殷晨海、中文系的荆体峻，还有王虎（系别忘了）等几十位同学，发起成立了“兰州大学学生书画社”，广昌为社长，我和另外两人为副社长，共同开展书画学习交流活动。我们先后邀请了甘肃师范大学美术系的王福增先生、兰州医学院的何裕先生和兰大历史系的赵俪生先生、中文系的魏明安先生等，前来给有兴趣的同学作讲座，一时间书画社搞得红红火火。当时，书画社得到校党委办公室童若兰、校团委书记唐伟等领导的大力支持，甚至学校还将校党委办公所在地的一大间地下室拨给我们，作为书画社的活动场地。在这里我们自己学装裱，相互交流技艺，组织外出写生，还举办书画展，乐此不疲，干得有声有色。在我们组织的几次联展中，母校的不少教授和老师，也纷纷拿出自己的精品力作参展，以示支持，这令我们深感荣幸，也备受鼓舞。

二

我还在校系领导、老师的鼓励支持下，办了两次个人风景画展。几十年前，一个课余爱好美术的普通学生，能在上大学期间办这样的画展，在兰大百年的历史上或许也不多见，在当时国内其他综合性大学里可能也很少吧。这事首先是系里支持，系主任齐裕焜、陈淀和不少老师，都认为这是一件好事，不能打击我的积极性，再说运作起来也并不麻烦和破费，不过临时给一间大教室，七八十幅画，每幅用图钉固定四角，加上一点边框装饰，在公告栏里贴出画展消息，再准备一个留言簿，简简单单就这么搞起来了。前一个是纯钢笔画，题材为家乡风光写生，后一次是固体油画与钢笔画作品，与同班同学王治明兄合作，我的画作，他的配诗。班上几个热心的同学也帮着布置展厅，第二次展览比前一次影响还大，参观的师生很多，留言也很热情。一位物理系的同学说，“庆祝你拾起被别人遗忘了的固体油画艺术”，暗藏着我的名字。柯杨老师还带了他的几个国外留学生前来观看，林家英老师与她先生也来助阵，甚至当面夸奖，说从我的一些画中品出了浓浓诗意，中文系的同学最好一专多能，成为“多面手”云云。这令我实在有些汗颜，而心里也难免感到些许自豪。

三

毕业前的1982年上半年，学校组织我们参加甘肃首届大学生书画摄影展，我曾荣获一等奖，我们班和外系的其他几个同学也都有所斩获。我这个一等奖其实也是来之不易的，参加时心里颇为忐忑，因为没有底，担心如果连三等奖也无缘斩获的话，会给母校丢脸。此展有全甘肃省爱好书画摄影的各高校的大学生参加，包括西北师范大学和西北民族学院美术系的同学，人家是专业水平，我是业余爱好，处的不是一个级别。我投的作品是一组大约十幅的钢笔画，为成都杜甫草堂的写生稿，也就A4纸大小，但发挥比较出色，钢笔画技法应用可能也有一些无师自通的所谓个性特色吧，这才赢得评委老师的一致认可。此举为母校争得一份荣誉，我自己也深感振奋，甚至因此认为自己玩钢笔画天生的感觉比较好，这为我后来长期致力于钢笔画的深入研究探索，也应该打下了一个信念和基础吧。

近四十年前这样一些发展个人爱好的经历，的确是有意义而难忘的，也值得自己留下一点记录。

我们班排演话剧《啊，大森林》，作为道具的几个木箱，便是我利用纸箱改造的，自然用到了我的画技。

母校喜欢集邮的同学搞了首届邮票展，也是请我设计创作了广告招贴画。整体设计就是一张方方正正四边带锯齿的巨型邮票，有两米见方，中间藏着几张小邮票，和一些简单的宣传文字，当时在校的几届同学或许还有印象吧。可惜限于条件，当时没有留下照片之类的资料。

我甚至与开大轿车的兰大工友成了好朋友，因为他也一度钟情于美术。木工房的师傅，在我的死缠硬磨下，还帮着制作过一只画箱。甚至几位教工家的小朋友，也喜欢和我在一起画画练字。

那些年，自己的确在书画方面投入了太大的时间与精力。母亲因此担心我分不清轻重缓急，影响专业学业，甚至一度不允许我购买画材，家里的书画资料也不准带去学校，认为我毕竟要靠中文专业所学毕业工作后才能端牢饭碗。我当然能理解，但就是不能割爱，虽然自己也偶有纠结，在“情感”与“理智”上来回徘徊。

我曾自豪地治过一枚印章：“曾读萃英门下”。就学期间，也为不少老师和同学刻制印章。但现在想起来，那时自己还太幼稚，刻章之举真是“初生牛犊不怕虎”。

大学期间以及毕业支边执教以来，我背了许多唐诗宋词，也开始尝试着写，后来越来越感兴趣。这些古典文化的东西，对于我后来的中国山水画和钢笔画的创作，同样很有启发意义。有人若从我的画中品出优美的意境，美好的情愫，画意与诗情并举，其实是有赖母校的四年培养与长期浸润。美术、书法、篆刻这些艺术门类，其实不仅仅是一个“技”字就能搞定的，其背后的学养、积淀，特别是中文专业各方面知识的积淀，才是书画取得成就的“大本营”，光掌握一点技法语言，远远不够。越到后来，我越认同这样的观点。我甚至为没有考上美院而是上了兰大这样的综合性大学的中文系而庆幸，因为母校四年使我打下了较好的文化艺术的基础。

那时的周末只休息一天，在简单处理完个人生活杂务后，我常常或自己一个人或邀上几个男女同学，去五泉山、白塔山、雁滩，甚至爬上高高的皋兰山对景写生。雁滩去得最多，包括附近的黄河沙岸一带，曾留下我太多的足迹与身影。水磨咿呀，绿柳软风，果园轻唱，雪泥鸿爪，这些景致与际遇，对于我提升画技，培养对自然风光的浓郁感情，无疑是颇有意义的。

我常常说，自己一介书生，百无所长，能拿得出手，没有辱没母校的，或许就是这些对于传统书画的学习实践和参与组织相关活动，既活跃了同学们的业余文化生活，也提升了自己的精神境界。还有我后来在钢笔画上的更多努力，其实更是属于书画爱好后续性的深入探索。

或者也可以说，“自强不息，独树一帜”的兰大精神，那时我们这些普通学子其实就在不知不觉地实践着。

作者的钢笔画作品

自己数十年来在书画方面的探索，虽然得到社会的一些认可和肯定，获了不少奖，作品也入编了一些书画集，在新疆文化艺术界也是薄享虚名。但没有料到的是，去年年底，借新疆校友会成立之机，母校档案馆口述档案研究中心的王秋林老师将我作为取得一定成绩的校友，作了一次个人访谈和录像，不久介绍文章全文在兰州大学官网上刊用，还将入编“萃英记忆工程”丛书《我的兰大——人物访谈录》第二辑。学校也表示，将邀请我在适合的时间回母校办书画展和进行讲座交流，这些都令我颇为惶恐，也深觉荣幸，感到母校还没有忘记我这个普通学子。

四载求学沐师恩，
独树一帜见精神。
书画诸艺勉探索，
普通学子亦豪情！

2017年2月21日于天山下三即斋

高洪波

作者简介

高洪波，男，1960年出生，编审，国家一级职业指导教师。1980年入读兰州大学外语系，学习英国语言文学；1984年毕业，获得文学学士学位；1999年获得南开大学文学硕士学位。1984年，分配至沈阳航空工业大学任教。1985年，调转至辽宁出版总社，在辽宁少年儿童出版社任编辑。1991年，调转至辽宁省新闻出版局，任《辽宁出版导报》主编。1994年，调任辽宁新闻出版局主管《书缘》杂志社，任总编辑。2000年，任辽宁电子出版社副总编辑。2004年，辞职创办企业。现任北京汉道咨询管理有限公司副董事长和辽宁伏晶科技有限公司董事长。

怀念八十年代

这是昨天看到的一篇文章的标题，完完全全拿过来做自己文章的标题，终觉得有点不妥（私下里加一个“我的”），但昨天确实是这个标题害得我们这些当年的时代宠儿激动不已，尤其是朱丽珍同学，竟然在她的那一端拿起手机，录下了一段段饱含深情的语音……

起因是梁秋霞同学（此刻也许正在大洋彼岸的某个中学的课堂上给学生讲述“她的八十年代故事”吧），周三，也就是大前天吧，悄无声息地把那篇美文分享到我们班的群里。我呢，昨天正好有空，就打开来，读进去，读完就激动不已了，正赶上王新兰同学分享那块“传销板”上的标语该如何念，是该念“生活没有出路，指望传销致富”，还是该念“指望传销致富，生活没有出路”……

在班里，有几个同学拿我打趣，叫我“诗人”。我呢，就引用文章里的话，说：“诗人已经走远，诗歌已经死亡。”朱丽珍同学也是引用文章的高手，用她那蛮有磁性的女声坚定地说：“我们只谈爱情，诗歌，理想。”

那篇文章确实不错，从文学、诗歌、音乐、影视、体育、娱乐、思想等一大堆值得怀念的留声机里，流淌出那么多如梦如幻的旋律，让人一下子满脑子都是当年的记忆大片：阳光明媚的（兰大）校园，简单纯粹的同学关系，五彩缤纷的天水南路，激情四射的阶梯教室，肉菜飘香的学生饭堂……那个年代，我们十八九岁，那个年代，我们含苞待放，那个年代，我们春意萌动……

80年代，那确实是一个热血沸腾的时代，是一个诞生校园歌曲的时代，是一个没有传销的时代，是一个从容淡定的时代，是一个心地干净的时代……那个年代，兰州牛肉面两毛八一碗，羊肉串一毛钱一大串；那个年代，我们只谈爱情，只谈诗歌，只谈理想……那个年代，恋爱谈得也会干干净净，拉拉手都幸福无比，接个吻就会担心会不会怀上小孩……那个年代，我记得最清楚的一首歌歌名叫《年轻的朋友来相会》，李谷一原唱最好听，完整歌词百度也是可以搜索到。

站在那个年代，我们这些出生在60年代的少男少女们，会觉得二十年很漫长，简直比一辈子还漫长。那个年代，花也好月也圆，心中有开不败的理想花蕾，浑身有用不完的体力精力，遇上大考，可以连续熬夜三天，然后好好睡一觉再熬夜三天……毕业季，挥一挥手，“轻轻的我走了，正如我轻轻的来；我轻轻的招手，作别西天的云彩”。在江湖行走的人都知道“二十年后又是一条好汉”这句话说的是赴死托生，而“这个二十年”，指的是以80年代作为起点的二十年之约。我们班毕业二十年兰大聚首，我因故没有前往履约，至今每每引以为此生最大憾事。后来看他们那时候拍的照片，那些80年代纯真的少女们变身成一个个风姿绰约的淑女，一朵朵好像繁茂的花一样盛开着，把那盘旋路装点的真叫一个花团锦簇：满街的花香，满园的春色……又过了十年，2014年“六一”儿童节，我们十几个同学相聚在西子湖畔，那一年我已经过了知天命之年……是的，我们不再是十八岁，但我们的青春记忆就定格在80年代，定格在我们的蓝天下。80年代，已经变成了我们最珍贵的记忆，也是我们生命里最有诗意的记忆。

呵呵，以上一番废话，让今天的年轻人看了，一定会说这是老家伙玩的岁月乾坤大挪移啊！呵呵，我还真的要说，80年代我们正青春，这是我们一生一世都为之骄傲的年代。在那个开满丁香花的校园里，我们有过少年维特的烦恼，我们有过伊甸园般美好的爱情，我们有过洁白无瑕纯净的友情，“今宵酒醒何处，杨柳岸、晓风残月”，我们为爱牺牲、为爱哭泣，我们因爱成长、因爱醒悟，我们长大了，我们告别了母校，我们涌进了祖国最生机勃勃的80年代建设大潮中……

有人曾问金庸：“人生应如何度过?”

金庸答：“大闹一场，悄然离去。”今天，对于我们这些80年代的天之骄子而言，我们赶上了最好的时代，我们可以说轰轰烈烈地活过了，夕阳西下是最美的衣裳，但不是最美的谢幕妆！我们会气定神闲地微笑，对世界说：安好！然后期待明天太阳照样升起！

在杭州，与兰州同学相会

从1984年大学毕业离开兰州后，我第一次和同学重逢，是在杭州，所以说，杭州这个城市在我的记忆里变得不一样了。

2014年春天的某一天，我接到了时任春风文艺出版社副总编辑常晶师姐（兰大中文系1983届）的电话，说我的同班同学在找我，于是，何永权的名字在毕业三十年后第一次回到我的记忆中。我们通了电话，忘记是谁打给谁，只记得很激动，在电话里大叫，恨不得冲到另一端，和对面的他来一个大大的拥抱。

记忆中的何永权，圆脸，长得有点娃娃样子，学习十分刻苦。他是浙江义乌人，但当时的印象并不深，对北方同学来讲，他和朱丽珍、周东萍还有章国贤被我们统称为南方（浙江）人，不再细分具体在浙江哪个地方。他们几个年龄都偏小，周东萍是1965年的，是我们全班最小，朱丽珍和何永权都是1964年的，章国贤好像是1963年的。他们几个浙江人，个个脑瓜子聪明，学习好，成绩总是名列前茅。

何永权个子不高，给人的印象是一直在微笑，目光和善，看起来蛮自信也很和气，淡定得略显有点少年老成的样子。我们俩接触最多的是晚自习后经常一起搭伴回寝室，天南地北地聊一下。不记得是哪个暑假了，他在南京长江大桥下面救下了一个溺水的小女孩，锦旗被送到兰大，他因此获得学校一个大大的表彰，让我们这些同学羡慕了好久，也学习了好久。永权学习成绩好，毕业后留校任教，之后考上了水天同先生的研究生；研究生毕业后才回到杭州，比本科毕业即离校的我们在兰州多待了五六年。

我们1980级被分为甲、乙两个班，每个班25人，男女比例也是一半对一半。除了精读、语法等小班课程，大多数课我们都在一起上，宿舍也是混在一起的。我记得先后有八九个同学与我同寝，赵晓明、刘玉明、张广东、文军胜、师胜利、张学军等是甲班的，水均益、张中祥、姚文振是乙班的。

特别记得，我本来被分到了水均益的上铺，因为他家就在兰大家属院，一出后门那个红楼就到了，所以他也不怎么常住。看我这个东北来的大个子，每天爬上爬下很辛苦，这小子大发慈悲，就把他的下铺靠窗的好位置换给了我。他这一善举让我记了一辈子，逢人就说他的这份好。大学四年里，我和水均益成了无话不说的哥们儿，也是源于这次换铺，倒不是因为他成名了我故意沾他的光。后来我成了他家的常客，在他的“闺房”里抽烟，间或他会偷偷拿杯子倒一点他爸爸水天明教授的好酒，我俩一边品酒，一边分享秘密。

水妈妈对我特别好，每次去都会关照我吃饭了没有，如果我说没吃，就会给我做一碗热气腾腾、香喷喷的臊子面，那叫一个真好吃啊！四年下来，我都记不清吃过多少碗了，所以要在这里特别感恩水妈妈、祝福水妈妈。她老人家现在北京，已经九十多岁的高龄。

所以说大学四年，我们比较认可外语系1980级就是一个班，虽设甲、乙，却不分彼此。我第一次回归到这个班集体就是与何永权通了电话之后，被他拉到了我们班的微信群里。重逢拥抱的时刻也是在这个群被定在了2014年的“六一”，主办的三名同学分别是当时在杭州的何永权、王新兰、韩玉萍。按照活动总策划何永权的说法，是要给我们毕业三十年的老同学过一个“儿童节”。时至今日，回想起来真的特别感谢这三位在杭州的同学的精心准备和策划，让我们这些一别三十年的老同学只把杭州当兰州了。我猜想在杭州聚会，是何永权的点子，因为这“三人主办方”只有何永权算是纯粹的“浙江地主”。

王新兰家是兰州本地的，记得特别清楚的是她的皮肤特别白，有点胖，头发有点黄黄的，是一个真正的“黄毛丫头”，戴一副眼镜，给人的印象是不苟言笑。据王新兰后来讲，大学四年我们几乎没有说过话，她说是因为我“高傲”，我倒是不认同。我个子高是高了点，给人傲的感觉，可能是因为大家都羞涩，沟通少。那时候的王新兰，也是心高气傲，一副公主的样子，让当时我等这些“傻男生”也是心中徒生怜爱意，哪敢轻易表真情。三十年后见到的王新兰，比起十七岁的王新兰更多了很多风韵，苗苗条条，举止端庄大方，说楚楚动人一点也不为过，颇有几分民国淑女的范儿，完全不像是来自大西北黄河边的女生。

韩玉萍也是来自大西北的女生，家是甘肃武威的。我在《想起了马渊明》那篇文章里写到了韩玉萍，给我印象最深的是她走起路来皮鞋咔咔作响的样子。三十年杭州同学会，她作为组织者之一，跑前跑后地张罗，给我们提供非常好喝的红酒，还准备了很多好吃的。记得最后一面是我们结束杭州之行那一天（好像是2014年6月3日），在何府吃家宴，她因为家中有事来得晚了些，又给我和马世芳、郭以敏带了礼物来，依依惜别，想不到竟然成了永别，说起来，心里特别难过……

说到在浙江的同学，赵林也是要被提及的。赵林是山西人，毕业后也考取了本校的研究生，后来几经周折，来到嘉兴学院任教。赵林给我印象最深的是体育特别棒，篮球最厉害，还有长跑也是相当了得。这一次杭州同学会，赵林也出了很多力，开车接送同学什么的，十分热情，这一次给我印象最深的是她很有酒量啊！

杭州同学会下榻的酒店三台山庄就在西湖边上，我是5月31日下午到的杭州，一路踩着西湖的美景，一路小心脏嗵嗵跳着，想象着见面那激动人心的一刻。我到达的时候已经有几个同学先行到，我一出现，大家齐声欢呼，先是紧紧拥抱，然后拽着彼此，仔细地辨认，那感觉，就像失散多年的亲人终于找到了，口音无改但鬓毛已衰，在跨越三十年这个时间轴里，找寻过去风华正茂的青春模样，没有老泪纵横，但心里真的是翻江倒海，朝夕相处的四年同学情啊！

同学们陆陆续续抵达，每来一位，都是一片欢呼声：

“你是赵林？”

“你是郭以敏？”

“你是马世芳？”

“你是洪佩丽？”

“你是张兴波？”

“王新兰，你怎么一点没变？”

“赵达祥，你怎么还是老样子？”

“何永权，还是个娃娃样子么！”

“你是王松平，怎么像个小伙子？”

“邹卫宁？一点都不像了！”

“韩玉萍？想不到你变成这样子了！”

“哎呀，赵兰平啊！”

“赵德育？你还真像个老教授的样子了！”

“周东萍呀，我们的小妹妹！”

没被认出那叫没面子，认不出别人是要被起而哄之的，这样的相隔三十年的辨认会持续了好久，一直到晚宴开始的时候，还有同学抵达。最没有悬念的是刘鸣放和杨翠萍第三天的到达，他们夫妻（我们班唯一一对）二人，离杭州最近，但因为有事，来得最晚。

杭州同学会的活动，设计组织得十分精心周到。6月1日开了一个别开生面的会议，何永权和郭以敏做主持人，双语版，一瞬间，仿佛把我们带回三十多年前的课堂上。最叫绝的是何永权设计的考卷，串联起了当年好多记忆的碎片，我们这些老青年“一边吃棒棒糖一边绞尽脑汁寻找记忆”，真的是遥想公瑾当年，妙趣横生，童趣满堂，笑声满屋……

三天的时间安排得满满的，在绿油油的茶园放飞心情，到青藤茶楼品茗论情怀，雨中集体逛西湖，在三潭印月坐游船，到楼外楼一号餐厅吃大餐，在三台山庄外边一边看星星一边品红酒，微醺中真心话大冒险，交代三十年前谁是谁的暗恋对象……忘记是谁了，在楼外楼直接喝得酩酊大醉，最后被几个哥们儿给抬了回来……想一想，这重逢的快乐啊，真的是不亦乐乎，都快把整个西湖装满了！

对了，美照，还拍了太多的美照。说到照片，一定要感谢一下永权的夫人吴迎星。作为本次活动的唯一赞助商，她给我们每个人配了一条质地特别好的非常飘逸的真丝丝巾，戴在脖子上，立马都年轻了十岁，个个漂亮得跟花似的。这是我长这么大，头一次戴五颜六色的花纱巾，感觉都被装点得有几分江南的妩媚了，呵呵……其实照片拍得最好的是在西湖雨中漫步的几张“情侣照”：雨打湿了我们的衣裳，那份从心里洋溢出来的情意打湿了我们的心，不论背影还是正影，看起来都是那么浪漫，那么开怀！有一事值得一提，四名同学在杭州获得了新雅号：马世芳被提名为大美，王新兰被称为小美，张兴波被叫作小波，大波么，当然就是我了，呵呵。

三天的时间很短，转眼就到了依依惜别的时候，真的是难舍难分！但终归要各奔东西，只能期待下次的重逢……

转眼，又一个四年过去了，一个大学的时间就是一眨眼，这四年，我们失去邹卫宁、韩玉萍两位好同学啊！我的心好痛好痛！

当我在2018年11月9日早上带太太又一次来到了杭州，我的心情就不平静了。何永权六点不到就来车站接我，陪我们一起逛西湖，中午又和夫人及王新兰请我们吃饭……待我们12日从乌镇归来，又相聚在绿茶餐厅，用永权的话说，一定要陪我喝一顿酒，于是乎，就好好喝了一顿。谢谢永权和夫人，谢谢新兰！欲把西湖比西子，因为你们，我爱上了杭州。

此刻，我在飞往成都的飞机上，写了这篇长文，用以纪念四年前的重逢时刻，也想唤起同学们心中的同窗情意。明年，是我们毕业三十五周年，也是兰州大学一百一十年华诞，兰大外语系1980级的同学们，我们约起来吧，趁心中还有激荡的青春，回到那个我们一起成长的地方好不好啊！

黄建平

作者简介

黄建平，男，1962年11月出生。中国科学院院士，兰州大学特聘教授，国家杰出青年基金获得者，教育部“长江学者”特聘教授，国家基金委创新研究群体学术带头人，*Scientific Reports*、《中国科学：地球科学》等杂志编委，联合国政府间气候变化专门委员会（IPCC）第五次评估报告第一工作组的主要撰写人，国家重大科学研究计划项目首席科学家，首届“做出突出贡献的中国博士学位获得者”，首届“赵九章优秀中青年科学工作奖”获得者，国家自然科学二等奖获得者（排名第一），全国优秀科技工作者及全国创新争先奖获得者。甘肃省第十三届人民代表大会代表。

大道至简　气象自成

——贺恩师丑纪范院士八十寿辰

人生有许多选择，但关键的就那么几步。我深以为幸的是，在我的人生路上，能够遇到这样一位老师，一路指导我做出最正确的选择，走过最光明的人生路。

我的老师既是学识渊博、具有开拓精神的学者，又是眼界开阔、具有战略思想的科学家。他就是国际上知名的气象学理论研究专家、中国气象界的泰斗级人物、兰州大学大气科学专业的创始人——中国科学院院士丑纪范先生。

丑纪范先生

师恩如海　桃李深情

1986年，我跟随丑纪范院士攻读大气科学博士学位，有幸成为先生招收的第一个博士研究生。更为荣幸的是，时至今日，我也能经常聆听恩师的教诲。

还记得先生与我第一次见面，就长谈了三个小时。从个人经历、求学心得，再到写论文的方法、做学问的技巧，都无所保留地对我一一说来。至今，我还对先生第一次的谈话内容记忆犹新，这也成为日后我向学生们传授的第一课。

再回想，其实先生对每一位学生都是这样，真心真意爱护，全身心投入地培养。先生愿意把自己毕生的精华心得都传授给学生，引导学生运用正确的思维方法，选择正确的科学道路，树立正确的人生理想，而这也正是他培育出那么多优秀气象人才的原因。

在教学中，先生非常注重夯实学生的科研基本功，要求学生既有扎实的理论和实际研究的基础，又要勤动脑、勤动手，充满活跃新颖的思想。记得那时他要我一方面为本科生指导毕业论文，另一方面为研究生讲授部分动力气象课程，当时我并不理解先生的此番心思，只觉得自己对很多知识还“混混沌沌”。

给学生指导论文的压力迫使我努力了解专业领域的最新进展，梳理研究思路方法，而为了完成好先生提出的“上课不看讲稿，公式现场推导”的要求，我只得细心备课，研习公式推导，将大气动力学的基础知识牢固地记在心里，以免被先生当堂一针见血地指出错误。毕业后我明白了，正是先生这种独特的培养方式，促使我充分认识到自己的不足，在点滴积累中增长了讲授能力。

20世纪90年代，我先后在加拿大和美国从事研究工作。在此期间，先生一直关心着我在国外科研事业的发展。记得有一年圣诞，我接到先生寄来的一张贺卡，及随附的一封长达六页的书信。在书信中，先生悉数近年来国内大气科学的发展，希望我能够“以国家需求为己任”，回国发展。

2003年，我辞去了国外的工作，承师命回到母校兰州大学，参与筹建大气科学学院。在学院筹建初期，先生倾注了大量的心血与精力。先生告诉我，要一年一个台阶，一步一个脚印，除了继续数值天气预报研究外，还要“立足西北，走出自己的特色”。

依托西北地区得天独厚的自然环境，2005年，兰州大学大气科学学院率先在海拔1966米的萃英山顶上建立起了我国第一个能够对云、气溶胶和陆气相互作用同时进行观测的半干旱气候与环境观测站。

时至今日，这座全球独一无二的观测站，已在研究解决我国黄土高原半干旱区气候与环境等问题的科学研究中发挥了无可比拟的作用，学院也在研究干旱半干旱气候尤其在沙尘研究等方面，取得了一批具有创新意义和国际国内影响的标志性成果。回想起来，学院的每一步发展，每一项成绩，无不得益于先生的关怀，印刻着先生的影响。

研风习雨　追沙捕尘

先生长期从事数值天气预报的基础理论和方法及其有关的大气和海洋动力学研究，他将数学、物理学、气象学等学科综合运用，对已有大气的观测资料在数值预报和数值模拟的使用方面作出了系统的创造性研究，提出了一系列令世界气象学界瞩目的新观点、新方法，并撰写了大量有重大科学价值的学术论文和专著。

在我看来，先生最杰出的贡献就是以创造性的理论开启了中国数值天气预报研究的自主创新之路。时至今日，这项研究成果依然为我国数值天气预报业务的发展发挥着巨大的指导作用。

先生曾用最浅显的语言，向我阐述了他在数值天气预报方面的构思，并指导我将统计与动力相结合的数值天气预报作为我博士论文的选题。

先生说：过去的天气预报依赖于预报员的经验，在预报员的脑海中，天气形势的槽脊涨落，就是一张张连贯的天气图。而后的数值天气预报虽然取得了很大成绩，但存在一个根本性的缺陷，即所谓的处值问题，只使用一个时刻的资料，而忽略了长期历史资料的运用。

如果将统计学的方法和历史天气图应用进来，不只是用当时的天气图，而是可以像预报员一样把历史上的和近期的资料都用上，不是更好吗？针对这个问题，先生下了很大功夫，专门研究并思考如何解决。

经过刻苦钻研，先生于1962年完成了题为《天气数值预报中使用过去资料的问题》的著名论文，将数值预报问题由微积分方程定解问题转化为等价的泛函极值问题，提出了数值预报中使用前期观测资料的具体实现方法。就其核心实质而言，这是世界上最早关于四维同化的理论和方法，比国际上提出同一思想的时间要早十年。

此外，先生还通过证明大气温压场的连续演变和下垫面热状况的等价性，为充分利用已有的观测资料打下了理论基础。

他进一步提出将古典初值问题改变为微积分方程反问题的新观点，将解反问题的理论应用到数值预报中来，提出用历史资料反求参数并使之与长期预报模式相匹配的创新型方法，率先建立了一个动力统计的季节预报模式，取得了巨大的科研成果。这些研究成果，不但具有极高的理论研究水平，而且对天气预报业务具有较强的实用价值和指导意义。

1981年，先生被公派到美国麻省理工学院做访问学者，与著名气象学家Lorenz一起工作。当时，国内在数值天气预报领域的教材几近空白，非线性大气动力学在国际上刚刚起步。因此，先生一面将工作的重点放在专业教材编撰上，一面将研究的重点放在了非线性大气动力学方面。

1982年回国后，先生率先在国际上开创了非线性大气动力学长期演变的全局渐近性质的研究。论证了初始场作用的衰减，得到了大气运动的长期行为具有向外源强迫的非线性适应过程，提出了大气吸引子观，进而得到定常外源作用下大气运动的自由度缩减的结果，并将其应用于短期气候预测和新的资料同化理论中，为我国科学研究开辟了一个新的方向。

1986年，先生出版了《长期数值天气预报》一书，不仅引起了国内外学界的巨大震动，更为教材稀缺的气象领域雪中送炭。而此后，他编写的多本非线性大气动力学研究生教材，也同样得到了同行专家的一致好评。

20世纪90年代，先生依然活跃在大气科学研究领域的最前沿，继续为我国数值预报业务体系的完善和发展提供高屋建瓴的思想指导，并组织开展“原创性科技成果”的研究，发展我们自己的创造性理论和方法。

2007年10月，七十三岁高龄的先生撰写发表了《数值天气预报的创新之路——从初值问题到反问题》一文。在文中，他就自己对数值天气预报问题多年的钻研思考作了系统总结，并对未来中国数值天气预报的创新发展指明了道路。先生指出，目前，我国虽然已建立起了比较完整的数值预报业务系统，但是业务预报的准确率与国外先进水平还存在较大的差距，而且近十年差距在扩大而不是缩小。

对此，他寄语新一代气象工作者，要完成从跟踪创新向自主创新的转变，强调“我国自主知识产权”和“原创性科技成果”，实事求是地分析和考察国内外的基本理念，找到根本性的可改进的缺陷，从而提高我们自身的预报水平。

智者思维　哲学深蕴

在科学研究中，先生具有一套极富哲学深蕴的思维方法，在《院士思维》这本书中，他将这种思维方法概括为“不求形似，但求神似”。

在先生看来，大气科学中蕴含着无穷无尽的复杂变化，各种矛盾、各类问题纵横交错，往往令人“乱花渐欲迷人眼”。如果什么都想抓，什么都去抓，其结果往往可能是什么都抓不好，事倍功半，成效甚微。

他认为，对一个具体的科学问题，不能只求“形似”，主次不分，贪大求全；只有追求“神似”，结合实际，牵住牛鼻子，找准着力点，才能集中力量找到解决复杂问题的关键和重点。

对长期预报问题，特别是气候系统的研究，先生认为，应先简化，突出主要特征，揭示根本规律。在最大简化的前提下，揭示问题的主要机制、主要规律，再从简单到复杂建立起更完善的数学模型。

数值预报亟待解决的最主要问题，就是不能只利用物理规律，还应充分利用实况资料。针对主要问题，先生利用最大化的气候模式进行了实验，得到了许多具有意义的研究成果，并最终提出了数值预报中使用历史和近期资料的一整套理论和方法。

此外，先生认为，科学研究不能只见树木、不见森林，只见局部、不见全体，将眼界拘囿于狭窄的范围之中，而应正确处理局部和整体、阶段和过程的关系，大处着眼的同时，兼顾小处着手，树立全局思维，选择最佳方案，实现最优目标。

20世纪60年代，先生就采用集合论的观念，用全局思维对数值预报进行综合考虑。而从80年代开始，先生又按照此种思维方法，率先开展了同时考虑耗散、外源强迫的非线性大气动力学研究。

用全局分析的观点，研究了大气动力学方程组的性质。借助几何直观大气动力学方程组的极限解集进行了定性分析，运用胞映射理论大气系统的数值模型的整体特征进行全局分析，从而提出了研究大气可预测性问题的图形，并对“气候”这个模糊的概念提出了严谨的数学定义。

在多年研究问题、解决问题的科学创造中，先生坚持运用尽可能考虑所有可能情况的全局性思维，把思考的维度拓展到整个大气系统的演变和长期的过程之中。站在宏观层面上，高屋建瓴，对大气科学中的多个问题进行了长足的探讨研究。

“简化与全面是统一的，不要简化只要全面的，最后连全面的也丢失。要能简化得恰当，就是以有所不为达到能有所为，就是要抓住矛盾的主要方面。”在先生看来，阴晴雨雪、风沙尘土，大自然的规律往往就蕴藏在这些既简单又复杂的现象中。

无法而有法，形非而神传。先生提出的这种思维方式，既是对科学本体价值的富有哲学深蕴的辩证思考，更是他本身不激不厉、至简至纯的人格风范的反映。

逆顺坎坷　坚守不辍

对于先生的经历，我曾听到过不同侧面和角度的讲述，以下记录的只是我所了解的情况。

先生于1934年7月23日出生在湖南长沙。他的父亲早年毕业于湖南大学电机工程系，在上海英租界美商中国电气公司工作。母亲受过良好的传统文化教育。先生七岁那年，太平洋战争爆发，日本人接管了英租界，不替日本人做事的父亲带领全家离沪返湘。返湘后，先生跟随父母相继在长沙、衡阳、祁阳、零陵、贵阳等地逃难。

1946年，先生十二岁，光复后的长沙小学各年级同时招生。先生回忆这段经历时说：“一开始，我报了上四年级，母亲听说邻居的孩子比我小一岁报了五年级，而我落后别人这么多，就着急地哭了，我便又跑去改报了毕业班。”

虽然从小受到母亲的教育，语文成绩不错，但对于算术，先生根本就没有接触过。在接下来半年的时间里，先生将全部精力和时间花在了算术上。在一番夜以继日的埋头苦学后，先生终于从“一窍不通”到“名列前茅”。而这段特殊的经历，不仅使先生喜欢上数学这门深奥的学科，而且还培养了他的自学能力，训练了逻辑思维，为之后从事理论研究打下了基础。

1952年，先生以优异的成绩考取了北京大学物理系。怀揣着科技报国的理想，先生原来的志愿是搞原子能，从事国防工业研究，但入学后被分配到了气象专业。他深知个人志愿应服从国家需要，因此并没有在专业上闹情绪。在著名气象学家谢义炳先生的教诲和帮助下，他开始了自己研究气象的生涯。

1956年，先生从北京大学物理系毕业，被分配到中央气象局科研所工作，在著名气象学家顾震潮先生的指导下，走上了数值天气预报研究这条道路。正如先生所说，在自己的求学、研究过程中，有幸遇见了两位名师——谢义炳先生和顾震潮先生。正是两位恩师的指导和影响，使他能够取得今天的成绩。

命运总是在不经意间做出改变人生轨迹的选择，若按照设定好的轨道，先生也许一生都会在北京从事他的气象研究。可是那场动荡的政治运动，让先生与兰州大学这座西北高校结下了缘分。

1972年，先生从中央气象局“五七干校”调到兰州大学，担任兰州大学地质地理系气象学专业教研室主任。在时任兰州大学教务长崔乃夫的支持下，他开始了长期数值天气预报的研究工作。

从湿润的南方到干燥的西北，从北京舒适的研究环境到兰州艰苦的科研环境，先生毅然服从组织的决定，没有丝毫怨言。在艰苦的岁月里，先生始终没有放弃对事业的追求，为大气科学学科的发展做出了卓越的贡献，成为兰州大学大气科学学院的奠基人。

1987年，兰州大学成立大气科学系，先生任第一任系主任。2004年，学校为了更好更快地发展大气科学学科，成立了大气科学学院，先生任名誉院长。

从1972年到2004年，先生见证了兰州大学大气科学学院从一个专业一个系，再到一个独立学院的发展之路。其中浸透了先生的心血，以及一代代气象人的汗水。而今，先生已步入耄耋之年，仍心系大气科学教育事业，时刻关心着大气科学学院的发展，常来学院为晚辈报告讲学，讲授专业课程，与青年教师谈心交流，为学院的教学和科研工作建言献策。

后辈学人如相问，一片冰心在玉壶。先生把一生都奉献给了气象事业。不论事业、功名、生活、命运、境遇逆顺坎坷，他都坚持不辍，矢志不渝，这也时刻激励着兰州大学大气科学学院的每一位教师和学生，不断进步，不断前行。

结 语

2013年是丑纪范先生八十大寿，他为气象事业奋斗了整整六十年。一甲子的时光，中国大地风云变幻，先生一直活跃在气象领域，用他的智慧观察天地、体悟生命。先生虽然年事已高，却依然没有停止探索。大道至简，只能体悟，不可言说。

先生始终将自己看作是认识自然的学生，这份对自然规律的敬畏和谦虚，也许正是先生心中的大道。或许我们能从先生学术的大成就上窥知一二吧。而即使是这一二，也足以让我们这些学生晚辈受益匪浅，成就生命的大气象了。

在此，我谨代表我个人及兰州大学大气科学学院的全体师生向先生八十华诞及在大气科学领域笔耕六十载，不辍之荣，表示最真诚的祝贺和最真挚的祝福，愿先生古稀重新，健康永驻，福寿绵长！

王春法

作者简介

王春法，男，汉族，1963年11月生，山东乳山人，中共党员。1988年6月参加工作，先后获得历史学学士、经济学硕士、经济学博士学位，研究员。现任中国国家博物馆馆长（副部长级）、党委副书记，中国国家博物馆学术委员会主任，《中国国家博物馆馆刊》主编，十三届全国政协委员。

1988年6月—1990年8月，任中国地质大学北京管理干部学院助教。1990年8月—2003年2月，在中国社会科学院世界经济与政治研究所工作。2004年5月起，任全国人大常委会办公厅研究室国际室主任。2005年11月—2015年7月，在中国科学技术协会工作，先后任中国科学技术协会党组成员、常委、书记处书记。曾于2016年2月—6月参加中央巡视工作，担任中央巡视组第七组副组长。2017年12月起担任中国国家博物馆馆长（副部长级）、党委副书记。

曾长期从事世界经济史与科技政策研究，著有《技术创新政策：理论基础与工具选择》《国家创新体系与东亚经济增长前景》《主要发达国家国家创新体系的历史演变与发展趋势》《科技全球化与中国科技发展的战略选择》《经济全球化背景下的科技竞争之路》等多部专著，参著《西方国家农业现代化透视》《美国农业社会化服务体系——兼论农业合作社》等学术著作，发表《FDI与内生技术能力培育》等学术论文100余篇。

怀念导师刘天怡教授

很久前就想写一点东西，以纪念我的硕士生导师、著名外国近现代经济史专家刘天怡教授。恰好前几天刘先生的儿子刘新陆同志给我打电话，说正在筹备纪念父亲诞辰一百周年的活动，约我写篇回忆文章。我欣然应允，利用公务间隙，写成这篇短文。

刘天怡教授是兰州大学经济系的教授，早年赴美国丹佛大学读研究生，后入威斯康星大学经济系读博士。新中国成立后，他毅然放弃学业，回国参加建设事业，并被分配到兰州大学经济系任教，担任副教授，并且很早就在国内经济学权威刊物《经济研究》上发表了关于凯恩斯经济学研究的学术论文，引起广泛关注。

改革开放后，他重登讲坛，始以外国近现代经济史为业，并使兰州大学与中国人民大学、复旦大学以及中国社会科学院研究生院一起成为国内最早的相关专业硕士学位授权点之一。

在我读本科期间，刘先生作为校学术委员会和学位委员会副主任，其大名不时在校报校刊上出现，或吟诗，或作书，或谈学，令我辈后生小子向往不已，欣欣然欲投其门下，就近求教。及至毕业，我从历史系报考经济系研究生并且一考而中，成为同学中捷足先登、令人羡慕的佼佼者。

在三年的研究生学习生活中，先生在为人、治学、处世等方面给了我全方位的教导和培养，让我从一个好读书求学尚不得其门而入的懵懂少年逐步成长为一个略知学术并孜孜以求、沉思不倦并乐在其中的青年学子，为我以后的研究生涯奠定了比较坚实的理论功底和专业基础，以至于刘先生自己都说没想到我会进步如此迅速。其中，有几件事给我印象深刻，至今难忘！

第一件事是教给我基本的研究方法。先生对学生为人治学要求很严，入学初始就明确要求在学期间必须在国内核心期刊上独立发表两篇研究论文，以此证明已经具有独立研究能力。在专业学术训练方面，除外国近现代经济史、国别经济史等专业课外，先生还单独为我开设了一门专业基础课，指导我编制外国近现代经济史论著索引，阅读摘录马恩全集中有关国别经济发展的重要论述，要求在三年学业结束时汇编成册，作为学术训练和研究积累之用。当时电脑尚未普及，这些工作不可能像今天的许多学生那样知之为知之、不知百度之，而是全部都必须手写完成。

我每天既要到图书馆、资料室查阅最新文献，又要认真研读分类、逐条编目，工作量相当大，好在我自小吃苦惯了，自学能力也比较强，经过努力还是很好地完成了这项工作，在毕业时编印了厚厚几本的资料汇编和论文索引。

我是跨系攻读研究生的，史学研究讲究的是论从史出，基本方法是纵向思维和归纳逻辑；经济学研究讲究的是以论带史，基本方法是横向思维和演绎逻辑；而经济史研究则需要把历史和逻辑很好地结合起来，转变思维方法的难度很大，需要补的课程也很多。先生这一独特的学术训练方法对于帮助我尽快完成思维方法转变、进入角色和系统掌握国外研究现状，起了至关重要的作用。时至今日，我还时常翻出当年的资料汇编和论著索引品读一番，感念先生的培养之恩！

第二件事是教导我该如何尊师问学。当时是入学第二学期初，我刚刚结束寒假返校，分管研究生工作的系领导突然找我，说刘先生对我提交的期末论文很不满意，向系领导提出不愿带我了，并问我是否有什么事情惹先生不高兴了。我百思不得其解，自问对先生是敬畏有加，学习也是刻苦认真的，为写好期末论文下了很大功夫，水平虽非上乘，但也绝不至于不及格啊！负责研究生工作的系领导王廷湘教授对我很负责，另找其他老师和高年级学兄阅读研判我的论文，认为水平还是不错的，遂向先生建议让我继续留读。先生同意了，但明确强调第一学期的专业课不给成绩。后来，系里负责研究生工作的学术秘书告诉我，可能是我在放假前把期末论文交给刘先生就回老家了，没留下来等待先生的指导意见，而且过年期间也没有给先生打电话或者写信问候，使先生误认为我不够严谨认真，对他本人也不够尊重。此事让我惊出一身冷汗，更明白了做人做事的道理，从此以后更加小心谨慎，对老师、对学习不敢有丝毫懈怠！

第三件事是指导我如何做研究写论文。到了第二学期末，我按照先生的要求写了一篇文章作为学年论文，题目具体是什么已经忘记了，只记得我恭恭敬敬地抄写好，并按期交给先生请求指正。针对这篇论文，先生主要在三个方面对我进行了指导：一是如何立题，即界定要研究的问题，这是研究的第一步，因为只有理清了题目的内在含义和问题所在，才能明确论文的主攻方向。若不对题目进行深入的解读和分析，论文的研究和撰写就是无源之水、无本之木。二是根据论文主题拟定提纲，这其实就像是渔夫结网一样，主要目的是利用这张网去捕鱼，也就是收集相关材料。在这个过程中，既可以根据材料情况及时对提纲进行修订，进一步深化和细化，也可以根据修订过的提纲适当调整收集资料的范围和内容，两者可以互相促进。三是写作成文时特别需要把握好角度，遣词造句务必准确，仔细推敲。他时常举清朝战报中“屡战屡败”和“屡败屡战”的例子，说明事情虽然是一样的，但不同的表述方式可以产生完全不同的效果：前者代表一种劲松志泄的失望情绪，后者则是一种昂扬向上的不屈斗志；前者可以杀人，后者可以活人。他还常说，中国古人虽然没有逻辑学，但写出来的文章很讲逻辑，所以我们要多向古人学习，向古文学习。正是在先生的谆谆教导之下，我把唐宋八大家文选等翻看多遍，很多篇章甚至能够背诵，写作水平因此有了明显的长进。

第四件事是坚持邀请高水平专家评审论文。1988年初，我的毕业论文已经完成，题目是《论美国西部开发模式》，初稿有6万多字。先生认为过长，要求压缩到2万多字，因为数据资料较多，压缩起来很费力，经过两个多月才压缩到4万多字。当时我很瘦小，有一次师母上街买菜时看到我，就问我是不是病了，我说可能是最近学习压力过大所致，结果下次到先生家请教时论文就通过了，估计可能是师母做了些说服工作。在论文送出评审的时候，先生明确地说要在全国范围内找评审专家，并且强调：在全国范围找专家评审是全国水平，在甘肃找专家评审就是甘肃水平。按照先生的意见，我把论文寄给著名经济学家、外国经济史学会会长、辽宁大学宋则行教授和著名欧美经济史专家、复旦大学经济系夏炎德教授评审，结果他们都给予了很好的评价，认为论文思路清晰、逻辑严谨、论述透彻深入，观点明确合理，建议切实可行，完全达到了经济学硕士论文的水准。直到后来，我从中国地质大学调到中国社会科学院世界经济与政治研究所工作时，两位先生特别是宋则行先生的评语再次发挥了非常重要的作用，以至于我经常说自己到社科院工作实际上是宋先生推荐的。

三年研究生时光匆匆而过，先生给我的教诲良多，令我终生难忘。不幸的是，在我硕士毕业离开兰州的第二年，先生就患了中风，卧床不起，并于1992年仙逝。斯人已逝，斯风犹存！

这么多年来，每当遇到困难的时候，我总是会不由自主地想起先生，想起先生的音容笑貌，想起先生的渊博和犀利，想起先生的睿智和深邃，并时时从中汲取不竭的思想动力和精神力量！

谨以此文纪念刘天怡老师！

孔明

作者简介

孔明，本名张孔明，曾用名张孔民，陕西蓝田人，散文家，编辑家。1985年毕业于兰州大学历史专业，现为陕西人民出版社编审，责编《全唐五代诗》《贾平凹文集》《陕西文学60年作品选》等大型图书。有《说爱》《谈情》《红炉白雪》《当下最美》《书中最相思》等散文作品集及点评本《贾平凹妙语》行世。为中国作家协会会员、陕西省作家协会理事、陕西省网络文学委员会委员。

兰大与我

一

兰大一百一十周岁了。作为兰大的学子，不想她是不可能的——不唯今日，几乎日日。在我的心里，岁月的錾子凿刻了一尊碑，上边已刻满了我对兰大的思与情、爱与敬。或者说，人在旅途，兰大是我人生的一个印戳，烙印了，就长在身上了，走到哪儿，都有资格以兰大人自居了。

1981年夏，临近高考，我常在校园里徘徊。时而低首，时而望天，时而对着一棵树或一丛兰草发痴发呆。高中就要毕业，我能顺利考上大学吗？全国那么多所大学，哪一所将接纳我？

一日，在花园边上徘徊，被阅览亭里一张彩报吸引了过去。我的目光不由自主地凝聚在一幅风景照上：黄河岸边，绿柳垂吊，一座铁桥横卧，有学子抱着书正在优雅地散步。目光移向报头，才看见了“兰州大学”的名字。仔细地阅读完兰大的自我介绍，我怦然心动了，寻思：若是能像那风景照里的学子抱着书在黄河边散步，该多美、多惬意、多得意啊！随即，一朵愁云涌向心头。人家是全国重点大学，咱够得上吗？虽然心高如天，但仰望白云悠悠，我的心里尽是忐忑不安。并非自卑，却也并非自信，只是心存一种心驰神往的愿景罢了。

填写高考志愿时，我神使鬼差地放弃了重点大学那一栏，直接在一般大学的那一栏里填写了唯一的学校——西北政法学院。我的目标真不高远，能上大学就谢天谢地了。志愿表上交后，班主任王至正老师气冲冲走进文科班，指着我说：“你来！”转身即去，疾步如飞，我追跟不上，便踅进了厕所，想让自己的情绪舒缓一下。此前，已挨过他一顿训斥，心里嘀咕而胆怯。那是在春天，学校动员报考航空学校，我和班长都放弃了报名，导致全班没有一位报名的。王老师大发雷霆，骂我们没有爱国情怀。班长坦白，说他是听了我的话且觉得我的话很有道理才没有报名的。王老师闻言，气得满脸通红，把我叫到他办公室，先是一顿批评，然后又语重心长，使我如释重负，没有背上不爱国的包袱。我记住了他的一句话：“人生如履薄冰。”

我向王老师办公室走去，心里真有“如履薄冰”感。走到门口，立定，喊了三声“报告”，里边没有回应。王老师背对着门，伏案而坐，头也不抬。我正要再喊，他终于转过头来，铁青着脸说：“进来！”走近，端立在他座椅跟前，只见我的志愿表正摆在桌面上。王老师说：“你很张（陕西方言，轻狂的意思）啊！”又说：“真是出得槽了！”这是骂人的话。我已明白他生气的缘由了，盯着自己的志愿表，不敢吱声。他用指头敲着志愿表重点大学一栏说：“给我乖乖填上，填满，五个志愿，不许留有空格！”又指着第二、三、四栏说：“都填满！”又加重了语气：“这是态度，懂吗？”我向他解释：“我为了保险。”王老师说：“幼稚！”摆摆手：“快回去填写好交来。”我回到教室，坐在自己的座位上，恭恭敬敬地在第一栏里填上了兰州大学。

真没指望考上兰州大学，觉得上西北政法学院或许还有些把握。和其他同侪考生一样，其后是漫长而怀有隐忧的等待，整天用读书熬着时光，用指头掐算着日子。心里只祈祷考上，不要再回母校“吃第二遍苦，受第二茬罪”便好。

二

一天晚上，生产队长王宣旗突然推门走进我家，对我妈说：“便姑（我妈名王便），你孔（我的昵称）考上了！”闻听此话，我的心“腾腾腾”地狂跳起来。他说：“我进县城办事，路过县政府，看见光荣榜了，大红的纸，贴在墙上，醒目得很！我就寻孔的名字，看见了，很靠前的。”此言不虚，当晚，县广播站也广播了榜上的考生姓名，果然有我。一颗悬挂的心骤然间落地，至于上哪所学校，真无所谓了。那时候，考上便是鲤鱼跳龙门，偷着笑呢！

有一个日子像我的生辰一样镌刻在了我的心里，那就是1981年8月17日。连日淫雨，忽然放晴了。晌午，有些闷热。听见有人叫我的名字，我即闻声出门，只见大队会计张景缠踩着一路烂泥，从场畔走来，蓝天白云衬托得他格外精神。他是我大哥的同学，与我大哥同年，且一直友好，我叫他景缠哥。他笑不拢嘴，脸上就像一朵莲花开放。他穿着靴子，裤管挽到了膝盖，靴子上沾满了湿泥。手里拿着一个大牛皮袋，说是兰州大学录取通知书。村里一些人闻讯，跑来围观。当着众人的面，我拆开大信袋，里边居然还套着一个小信封，再打开，才看见了录取通知书。此外，还附寄了《新生入学注意事项》，将如何报到交代得一清二楚。

对兰州，我知之不多，却也并不陌生。一者，我是文科生，学地理。兰州是西北第一工业城市，又是甘肃省省会所在地。二者，我知道兰州军区是全国七大军区之一，听说景缠哥的门中人在那里给司令员掌大厨。三者，我读过关于兰州战役的书。故此，能上兰州大学，我真是喜出望外。

或者说，录取完全赶我心上来了。我一家人都高兴，这是自然而然的。特别是父亲，他寄予我厚望，我总算没有辜负他。今后，他在人前说话应该更有底气了。

家里人迅速行动起来，为我上兰州大学做准备。其实也没啥好准备的，一切都现成的。王老师说我张，我得承认："有点儿。"高考后一回到家，村里人问："能端上公家饭碗不？"我回答得不留余地："能！"叫我妈、我姐给我缝被子。从接到通知书，就预备上路了。第二天，我回了母校，去向老师报喜。第三天，我哥去粮站卖粮食，换全国粮票，并帮我迁移户口。这意味着从今往后，我吃上"商品粮"了；也意味着从今往后，我告别自己的家乡了。在那个时代，"吃商品粮"是被村里人啧啧称羡的。

我父亲在玉山供销社工作，供销社在许庙街道上。母亲送我到许庙，在父亲那里住了一个晚上。这是我第一次真正离开父母，不能说难以割舍，却可以说心里还是怪怪的、酸酸的。我躺下睡后，闭着眼睛，其实并未睡着。母亲几次走到床边，拽我身上的单子，其实是为了看我。我那时候还不能真正理解一个母亲的心，甚至嫌她过于操心，因为她总在和父亲嘀咕，也不知道父亲睡着了没有。

供销社有一辆东风卡车，第二天进城送我。父亲为我准备了两大木箱行李，最占地方的当然是两床被子和褥子，都是新棉花网套的被胎、纯棉的被里、印花布的被面，看见喜庆，摸着柔软。父亲尽他所能，日常用品能想到的，都备了双份。就这，我妈还怕我在外边"受症"（陕西方言，就是受苦、受熬煎），临走前，把一沓子新角币（10元）塞进了我随身携带的挎包里。

永远不会忘记那一天：1981年8月25日，农历七月廿六日。那一天，是我告别农村、告别故乡的日子。

三

父亲跟着卡车把我和行李送到西安火车站。父亲决定先送我上火车，然后他再办理行李托运。我排队买了去兰州的火车票。赶上学生暑假返校，西去的车票供不应求，西安火车站临时加了一趟慢车。那时候我对火车的快慢还没有概念，并不知道快车有多快，慢车有多慢，只知道西安距离兰州有一千多里。我家离县城四十多里，感觉已经够远了；离西安一百多里，那就更远了。我要去的兰州，一千多里，该有多么遥远呀！

父亲陪我在火车站广场排队。那队形拐了几个弯，真像蛇爬行一般。雨后的晌午，天上有日，却被薄云遮挡，雾雾的，没有风，湿热难耐。父亲看着行李，我去附近一个书摊上买了两本《长安》文学月刊，准备在火车上看。排队等候进站，感觉时间漫长呀。好不容易进站了，终于顺利上了火车。

此前，我曾经两次跑到火车站，买票上了天桥看火车，做梦也没想到我自己会坐在火车上，感觉真好呀。期盼着火车开动，火车真开动了，伴随着长笛和车身颠动，车头冒起了白烟。在那一刻，感觉长笛是那么悦耳，颠动是那么舒坦，白烟是那么好看。也是在那一刻，我的梦想放飞了。

在火车上，我一直望着窗外，眼睛舍不得离开。扑眼而来的田园、村庄像画儿一样逼近跟前，又一闪而渐远。离故乡越来越远了，离梦想越来越近了。我想象着兰大，想象着今后的大学生活。

看久了，眼睛看累了，就把目光收回了车厢。慢车站站都停的，而且停很长时间。中途上来了两个与我年龄相近的人，一看就是学生，就和他俩搭讪，才知道他们也是兰大的新生。一个叫马金魁，眉县的，被录入外语系英语专业；另一个姓名不记得了，好像是耀县的，被录入了哲学专业。我们立即亲近起来，顾不得欣赏窗外了，谝得很是投缘。

下午四五点吧，火车进了宝鸡站，等了不长时间，听到广播说宝天铁路断了，火车不能运行了。我们仨都是第一次出远门，心里的紧张可想而知。广播通知，让返校的大学生与大学新生出站后集中，统一安排住行。出站时天降大雨，我正好带着一把红油纸伞——就是毛主席去安源时手里拿的那种。瞥见一女子胸前戴着兰大校徽，我立即奔过去，把伞撑在她头顶上，告诉她，我们仨都是兰大新生。她很热情地接纳了我们，领着我们去了一家旅社——应该是车站安排的。旅社的店名里有一个“红”字，忘记了是红星还是东方红。我们被告知，已经没有床位，只能打地铺了。我跟着那位学姐去办手续，一晚上很便宜的，每人八毛钱。又买了长途汽车票，第二天早上五点半出发。关于车票，有个小插曲。我们四个人结伴，买的票却不是同一辆车，那位学姐去交涉，把我们调在了同一辆上。

我们都睡得很踏实，却又很警醒，按时起床了，也按时上车了。对号入座，我们是最后一排。一路上的事多半记不清楚了，只记得两辆班车结伴而行，我们坐的是第二辆最后一排。半路上不记得到了哪里，班车停下来休息，我第一次吃了榨菜——味道至今记忆犹新，而且记得学姐给我们从罐头瓶子里用勺子剜舀榨菜的情景，她的手真白、真灵巧呀！说几句后话：我后来一度爱吃榨菜，总吃不出那位学姐罐头瓶子里的那种味道，百思不得其解。她的榨菜真香啊！

日落的时候，两辆班车把我们拉进了固原车站，住了一晚，第二天蒙蒙亮，又上车赶路了。四个年轻人坐在一起，自然不寂寞。翻越六盘山时曾经有惊无险。上到山顶转而下行时，前边那辆车竟然驶离了公路，幸而公路边上是个缓坡，坡下还有梯田或者台地兜着。但不敢往下看，下边不是万丈深渊，却也不是一马平川。眼看着车横踅在半坡上，悬悬乎令人心惊胆战。我们的车停了下来，车上的人都下来。那辆车上的人也都小心翼翼地从车里出来，上坡时我们都顺势给一只手拽拉。没有办法的办法是那辆车上的人都上了我们的车，车在下行时虽然缓缓行驶，小心翼翼，但车上的人肯定都捏了一把汗。等车行驶在平地上了，车上的人才都松了一口气。已经调度来一辆班车，我们车上站着的人又都下去了。

还有一个插曲：车过定西，只见公路两边都是瓜园，白花花的满地都是。学姐告诉我们，那叫白兰瓜，兰州特产，很甜，很好吃。过一个瓜摊时，班车停了下来。瓜摊很大，垒起的瓜像一座小山丘，旁边站立着一位老农和一个小姑娘。老农叫卖，车上人都蜂拥而至。有买瓜的，也有不付钱就把瓜抱回车上的，竟然还有人抱起瓜就向车上扔，竟被人从窗口接住了。连续扔了好几个，有一个砸在车窗玻璃上，碎了玻璃，司机看见了，没有言语，招呼大家上车。车开动了，一车人都在吃白兰瓜。

黄昏，车开进了一条宽阔的马路——后来就知道了那叫天水路。我觉得西安的路够宽了，却没见过天水路这么宽，宽得就像一个长方形的广场。班车绕到了兰大门口，停下来，让我们下车。我们向司机挥了挥手，表示感谢。班车绝尘而去。

四

兰大校园的门楼是一道风景，我早已看过照片了，但还是在竖挂的兰州大学门牌前驻足，行了注目礼。

进了兰大校园，迎面的文科楼前，摆了一排迎新的桌子，我一眼就瞅见了历史系的迎新招牌，激动得疾步走近。一位同学笑眯眯迎来，接过我手里的帆布包，我就跟着他走，和他交流，竟忘了和那位学姐挥手告别，等我反应过来时，已不见她的踪影。对她一直念念不忘，时常用目光在女生堆里横扫，就是找不见她的模样。此前问知她是数学系1980级的。校园太大了，一开始不好意思打听她，到好意思了，她已经毕业离校了。至今不知道她的姓名。她是四川人，毕业后应该回了四川。

接过我包的，名叫王兴斌，个子比我高，也比我帅，总笑眯眯的，戴着深度近视镜。问知，他也是新生，新疆哈密人，与我一个宿舍。他显得老练而沉稳，开学后就做了我们班的团支部书记。一直到毕业，他对我一直友好。寒暑假归来，他带好多新疆土特产，供全宿舍的同学享用，如葡萄干、哈密瓜等。1984年暑假，他和我宿舍里的其他同学去过我的故乡，那都是后话。

到兰大报到的第二天，就接到我父亲电报："兰大接行李两件。"由于铁路中断，父亲没有写信，也没有更具体的信息给我，我和全宿舍的同学分析，电报告诉我，有两件行李托运到兰大了。我天天去校门口的收发室和邮电所，查看包裹、行李到达信息，一壁墙上写满了姓名，就是不见我的。同宿舍的同学陪同我去火车站查找，也一无所获。没有被褥，学校安排我去住招待所，第一天上课就迟到了。招待所的所长听说后，同意我将被褥带回宿舍。

一个月过去了。十月的兰州，已经很凉了，我心里火烧火燎，写信给父亲，终于接到回信。父亲在信上说，送走我的当天下午，他看见了兰州大学接待站，旁边停着一辆大卡车，喜出望外，就去告诉接待站的人，他是新生的父亲。一位姓梁的科长热情地接待了他，并接收了行李，让他放心。父亲没有理由不放心，高高兴兴地回许庙了。

离开父母的那天晚上，父亲说过一句话，我一直记在心里。父亲说：

“在家靠父母，出外靠组织。”我看了父亲的信后，第一个反应就是去找“组织”。我去了校部，却不知道“组织”是谁，在楼道徘徊、犹豫，一间房门敞开着，里边有人问：“这位新同学，你有事吗?”我闻声走进去，手里拿着父亲的信，将信里的内容告诉了他，他笑了笑说：“你不要急。”拿起话筒，拨通了电话，说：“小梁，你来。”不一会儿，进来了一个人，三十来岁，蓝制服外套。他听明白了我的情况，让我去他办公室。一进去，他一脸不高兴，批评我：“为什么不直接找我呀?”我想解释，却张不开口。他承认他接收了我的行李，答应帮我寻找。他就是父亲信上说的那位学生科梁科长。后来开学生大会，招呼我进办公室的人坐在主席台上，我这才知道他是校党委副书记聂大江。他后来当了兰大的校长、书记，先后兼任甘肃省委常委、宣传部部长、省委副书记，从中宣部副部长任上离休，都是后话。

过了一周，梁科长终于告诉我：“行李找不见了。”闻听此言，如雷轰顶，我的眼泪几乎要急出来了。他安慰我不要着急，随即拨通了历史系办公室王文淑老师的电话，说像我这种情况，可以申请困难补助。王文淑老师兼着我们历史系1981级甲班的班主任，对我的困难了如指掌，也一直在帮我寻找行李。

按照王老师的吩咐，我写了困难补助的申请。过了几天，王老师就带我去定西路百货商店，帮我购买日常生活必需品。王老师不但慈爱如母，而且心细如丝，能考虑到的东西，都替我买了。过冬的绒衣、绒裤，都是双份；一件夹克外套和一条涤纶裤子；两床被面，一条是缎子，一条是绸子，纯棉胎套子。我至今记得：绸被面子九元，缎被面子十三元。这一下我可以安然过冬了，不眉开眼笑都由不得我了。

星期天，我去文科三楼教室读书，路过一个教室，几位学姐把几个桌子拼在一起，正缝被子，我认得那被面子，脸立即热辣辣起来，却不好意思进去向她们当面道谢。事后，王老师还告诉我，买被子、被套的棉布票，都是高年级学哥、学姐捐献的，她把剩余的全给了我，叮咛：“寒假拿回去，你家里人用得着。”感动得我心里只觉得热，脸上也烫，却不知道说啥好。从这一日起，我心怀感激，一直到毕业，一直到今天。我爱兰大，起根发苗就在这里。

五

11月的兰州绝对是冬天。一日黄昏，天飘着雪花。我从同学手里得到了一张兰州大学校报，四开四版，“兰州大学”的红色报头特别醒目。我边走边浏览，看到第二版时，一行标题吸引了我——“温暖先寒来”，心咯噔了一下，感觉是我的话，一看正文，果然是我的。文章不长，五六百字，却变成铅字了呀！接连看了好几遍，心里的“温暖”真难以言说。我把报纸揣在怀里，一个人在灯光下、林荫道上走了几个来回，以慢慢回味自己的“成就感”。

自从铺上了绸面褥子、盖上了缎面被子后，我的心里就酝酿了一篇文字，恭恭敬敬地写在稿纸上，悄悄溜进校报编辑室，放在了编辑李生茂老师的桌案上。我没指望发表，但存有奢望，想不到真发表了。在我心目中，印在纸上的铅字多么神圣多么高不可攀啊！我记得清楚：上初中时，父亲曾经给《西安日报》的“读者来信”版写过一封信，内容我忘了，却牢记了抬头的两个字：“编辑。”我不认识“辑”字，父亲只有一本陈旧的《四角号码字典》，为了查“辑”字，我研究了一上午查字法，稀里糊涂竟查找到了。那是我唯一一次使用《四角号码字典》，其收获便是认识了“编辑”的“辑”。我没有请教过别人，心里只管琢磨兼想当然，认定“编辑”是很了不起的角色，起码很权威，好像无所不知，若其不然，为何报纸上的“读者来信”，都写给了“编辑”呢？我当然不会想到，这可能是我宿命的渊薮，我是命里注定要当编辑、要吃文字饭的。

出乎我意料的是我还领到了稿费：3.5元。在我眼里，这是一笔“巨款”，要知道我入学后第一月的伙食费才是6元。我把这3.5元纸币郑重地夹在日记簿里，压在箱子底里。后来，即使在我最缺钱的日子里，我也没舍得动这笔具有纪念意义的稿费。

因为这篇文章，我被校报吸收为通讯员。说来惭愧，大学四年，我总共在校报上只发表了四篇文章，另三篇是《美之歌》《打水大哥·扫地大哥》和《心里的话儿说给母校听》。《美之歌》是我发表的第一篇散文，与《温暖先寒来》是同一个主题。《打水大哥·扫地大哥》应该算通讯稿，写的也是真人真事。“打水大哥”是指隔壁宿舍的朱永相，他来自河南，年长，当过民办教师，人非常好，和善、勤快、助人为乐。他不睡懒觉，起床很早，起来第一件事就是去打水，左右两手各拎三个热水壶。有时候，他左右手里只拎两个壶，半路上遇见打水的同学，必顺手接过壶，笑眯眯的，就像自己得了啥好处似的。一些宿舍的同学星期天都睡懒觉，起床后壶里空空如也，必到朱永相的宿舍去蹭开水。我问过他为何要这样，他笑呵呵地说："我正好锻炼身体。"他毕业后被分配到兰州市人民政府当秘书，前途无量是肯定的，却身患绝症，早早地离开了我们。写到这儿，他的音容笑貌活灵活现在我的眼前，我已泪如雨下。当年我一直叫他大哥，他真是个好哥哥！"扫地大哥"是指同宿舍的管廷辉，他来自辽宁，也年长，有长者风范，谨言，与人为善。大学四年，宿舍里基本上都是他在扫地、抹桌子。与我友好，去过我家。大学毕业后，他回了辽宁，被分配到抚顺矿业学院。多年前他来西安，我们见过面。我祝福他。《心里的话儿说给母校听》，其实是我毕业后写给母校的一封信，没想到发表了。

提起在校报发表文章的往事，有两位编辑老师绕不过去，一位是李生茂老师，我发表的文章，都经过了他的修改。另一位是张硕敏老师，大大咧咧的那种知识女性，却当得起"落落大方"四个字。在我眼里，她有端庄之美，更像个大姐。对我的写作，她一直鼓励有加。她后来当了校报的主编，我毕业后她又当了校党委宣传部副部长，分管校报。我写给母校的那封信很自然落入了她之手，被发表就在情理之中了。

我本有文学情结，又与校报结缘，写作的热情自然不减。给《诗刊》寄过一首诗，被退了回来。给《中国青年报》的《秋实篇》栏目寄过一篇杂文，也被退了回来，编辑在退稿一文标题旁边有批语："文笔不错，缺点：浅！"一个"浅"字，如冷水浇头，又如醍醐灌顶，使我既受到刺激，又有所感悟。我当了编辑之后，更掂来了一个"浅"字的分量：为文不浅，谈何容易，须得用一生去修炼！

也因为文学情结，对兰大的文学活动我一直给予关注，但缺乏参与的热情，原因之一是自卑，原因之二是自尊。兰大有个文学社，社长是黄剑华，他是1979级中文系的老大哥。文学社办了个《五泉山》文学杂志，我是否投过稿，记不清了，但即使投稿，也自信不足。我读过《五泉山》上的作品，佩服是主要的，一些同学的文笔、文采确实好。意识到了差距，我就不刻意求发表了。“纸上得来终觉浅，绝知此事要躬行。”一直到大学毕业，我都没有放弃阅读和写作。我希望在阅读中接受文学熏陶，又在写作中提升自己的文学水平。

学校每次征文，我都参与。一次是《祖国，我爱你》征文，时间是1982年国庆。记得我写的是散文《被子》，获得了三等奖。《被子》写的还是我丢失行李的事，能获奖可能还是因为文章有真情实感。此次获奖给我传递了一个强烈的信息，那就是写作离不开真情实感。我是从农村迈进大学校门的，丢失行李那一年我才十七岁，第一次离开父母，在举目无亲、孤独无助的情况下直接感受到了母校兰州大学的温暖，对母校的热爱是发自肺腑的，怀揣感激和感恩，感情不由自主，化作文字就很自然能打动人了。在那一代大学生心里，母校就是祖国，向母校抒情就是向祖国抒情。

另一次是1983年，兰大举行联合国亚太经社委员会“环境与发展”大学生作文比赛征稿活动。看到通知后我怦然心动了。我对这个主题并不完全理解，之所以有了参与的冲动是因为我联想到了我的家乡。寒假回老家去，目睹了南北沟的滑坡完全是垦荒种地引起的。我现在回想起来，不能不惊叹母校兰大的先见之明与远见卓识。改革刚刚起步，发展迫在眉睫，母校兰大已敏锐地关注“环境与发展”了，这个征稿活动至少向莘莘学子传递了一个信息，那就是发展不能以牺牲环境为代价，如果那样终将得不偿失，甚至适得其反。现在，恰是生态环境的恶化开始困扰改革，甚至困扰现代人的生存、生活质量。嗐，一些事非得回头看才掂量得来其历史性的厚重。

第三次是1983年，兰大学生会举办国庆征文，我的散文《宜把诗魂壮国魂》获二等奖，奖品是狄更斯的名著《远大前程》。我手头还有其他奖品，多是笔记簿，居然还有兰大党委宣传部奖励的，却忘记了具体的活动名目。抚摸着这些奖品，我落泪了！

六

岁月过滤了我的记忆，反而使我的一些记忆像图画般清晰。我上兰大后，有两个暑假没有回家，不是不想，而是不能，因为回家要花路费。学校每月发给我二十一元助学金，吃喝是足够了，但一买书就捉襟见肘了。

父亲刚落实政策，被恢复党籍，工资由原来的三十七元调到了五十元，一大家人的吃穿都需要他贴补，给我的零花钱十分有限。每次回家，来回路费及花销，至少是父亲一个月的工资。故此，虽然想家，但还是觉得留校比较划算。

1982年暑假，感觉美得很。校园里空荡荡的，树木花草正茂盛，走到哪儿都是风景，都好像人在画中行走。每天上、下午，最惬意的是去图书馆阅览室，一本书接一本书地阅读，完全称得上如饥似渴。不去读书了，就坐在教室里写作，笔耕的喜悦难以形容。沉浸在自己虚构的文字世界里，浑身像长了翅膀，轻飘飘的，真有翱翔云上的感觉。眼累了，手困了，就走出教室，走出文科楼。楼的东边有一条林荫道，直通古典庄严的图书馆，馆前是假山喷泉，在朝阳或斜阳下，时常变幻着五颜六色的彩虹。林荫道旁，老柳垂钓，遮天蔽日，漫步其下，如同置身仙境一般。我喜爱这条林荫道，喜欢一个人迈着轻快的步子，想书中的人，也想心中的人，如痴如醉了，竟然眼含泪水了。少年不知愁滋味，不知为谁洒清泪。

1983年暑假，有一件事对我意义重大，那就是勤工俭学。本来我是想报名参加暑假自行车丝绸之路考察队的，只可惜我的车技太差不能满足长途骑行的要求，临时抱佛脚训练已经来不及了，只好放弃了。正扼腕叹息，又听说兰大与中国科学院、北京大学等科研院校开门合作，暑假要去西固搞大气观测实验，需要学生打工，我就报名了。8月9日上午，经过了短期培训的我们，被一辆校车拉到了兰化的一幢楼里，我们就在此安营扎寨了。食在兰化研究院职工食堂，住在兰州市政第四工程队新楼406房间。我与刘中祥被分配到科学院实验小组，带队的是一位女老师，姓齐。我与刘中祥的任务是收放氢气球。老师让放，我们就按照操作要求轻轻地转动齿轮，让氢气球升高，升到预定的高度，然后固定。人必须守候，寸步不离，还要不时地观测氢气球在蓝天白云下的浮动状况。我们俩管三个气球，两白一红，听说白的是国货，红的是美国货，俩白的加在一起都没有一个红的值钱贵重。那红的要回收，反复使用；白的破了就破了，有时候就破在高空，随风飘浮，不知在何处飘落。这时候我才恍然大悟：小时候在故乡北沟拾到的所谓“飞机蛋”其实就类似于我们释放的那种气球，剪成小碎片可以吹无数个小气球。

勤工俭学不只使我受到了锻炼，拓展了眼界，更重要的是使我明白了很多道理。一些道理来自老师的言传身教，一些道理则是我身临其境之后逐渐感悟的。一位工程师给我们讲了一个故事，说是姐弟去乡下玩斧头，弟弟对姐姐说：“你敢把指头放在墩子上，我就敢剁！”姐姐说：“你不敢剁！”姐姐真把指头放在墩子上，弟弟的斧头真落下了，姐姐的指头真被剁了。之所以会发生这样的悲剧，是因为姐弟俩的思维顶牛了：姐姐只想着弟弟肯定不敢剁，弟弟却想着我剁时姐姐肯定会把指头拿开。这个故事告诉我：人不能存侥幸心理，更不能孤立地想问题，否则就可能事与愿违。

此次勤工俭学使我意识到了环境保护的重要性。国家在兰州西固进行大气观测不是无缘无故的。那时候的兰州空气真不敢恭维，记得有时上课回到宿舍，鼻孔里有黑乎乎的东西粘在鼻毛上。我之所以参加亚太地区环境与发展的征文活动，应该是基于兰大人环境意识的早期觉醒与耳濡目染。

1984年暑假，历史系1981级全体同学组成学生实习考察队，由叶骁军老师带队，赴古城西安参观学习。乘火车到西安后，两辆大轿车把我们拉到了西北大学校园，我们将借住在西大的学生宿舍里。与兰大相比，西大的校园更像风景区，草地绿茸茸的，像地毯一般。十多天里，我们每日早出晚归，被大轿子车载着，参观大雁塔、秦始皇兵马俑、乾陵和茂陵、楼观台以及周、秦、汉、唐都城遗址。现在回想起来，真是个美！兰大对我们这些莘莘学子，真可谓用心良苦。平心而论，这就是母校之恩嘛！

1984年寒假，对我来说也非同寻常。放假前，校长胡之德教授在学生大会上号召学生参加社会实践，会后我有些小激动，也有点小冲动，立即写了一个利用寒假回故乡搞社会调研的申请报告。记得是一个星期日，我写好报告后去校园散步，在图书馆前的喷泉边上遇见了胡校长，居然不无胆怯地将报告直接呈给了他，不料想他认真看完后问我：“带笔了吗？”我赶紧从书包里掏出钢笔，拧开笔帽，递到胡校长手里，胡校长竟然在报告上唰唰批示，要求历史系予以支持。我激动得忘了说“谢谢”，胡校长已转身走远。历史系自然一路绿灯，我顺利地借到了实习经费。

兰大给西安市人民政府开了介绍信。回西安后找到市政府办公室，一位接待人员很客气，他提起电话请示了相关领导后，问我："你想到哪里实习?"我说了长安和蓝田，并出示了兰大分别给蓝田和长安开的介绍信。他笑道："你拿兰大的介绍信直接去就是了!"兰大的介绍信还真管用。由于我调研的是家庭联产承包责任制，所以去长安，县上派妇联主任王春丽陪我，先去引镇，后去斗门乡，这一镇一乡，都是长安"先富起来"的地方。无论是引镇，还是斗门，政府都很重视，派人陪我去乡镇企业或直接访问农村"万元户"，吃住全包了。春节后，与蓝田县政府办公室接洽，政府办安排我参加"三干会"，吃住在会上，会后召集有关乡镇干部座谈，收获非常大。调研后回到兰大，我即撰写了大学毕业论文《家庭联产承包责任制与农民》，受到导师李世俊的好评。

此次调研有一个小插曲，也足见兰大对学生的关爱。回到西安调研，少不了去见老同学。我真傻，以为学生调研按出差办，啥费用都能报销。与老同学成群结队去名胜古迹参观游玩，车票、门票都是我掏钱，并索取了票据。回兰大报销费用时，会计指出一些票据不能入账，如连续号的车票、门票等。如果不能报销，就意味着我要退50元差费，这咋办呀，我哪里有钱退呢?学校财务室会计批评我"不懂事"，说"账上不能马虎"，建议我通过系上写一个特别困难补助。系上分管学生工作的副主任刘光华老师也是先"批评"了我一通，才在我的特别补助申请上签了字。于此，不能不提系办公室主任王文淑老师、年级辅导员冯学琴老师，她们对我可能印象好，所以竭力替我说情、通融，总算使我的出差亏空通过补助解决了。走上工作岗位后，只要出差，我就想起这个教训，再不敢犯此低级错误了。

七

总结四年大学生活，总体上说，我上课积极，从不逃课，给老师留下了较好的印象；喜欢读书，常泡图书馆，给阅览室管理员也留下了较深刻的印象；不积极参加班级学生活动，能躲避则躲避，所以可能给一些同学、老师留下了"孤僻"的印象。其实，我在兰大接触面挺宽的，凡是与我有过交往的人，绝不会把我与"孤僻"联系在一起。我一入学就当了校报通讯员，与张硕敏老师、李生茂老师建立了良好的师生关系。

班上每次办活动，班长钟广军常找我谈话，希望我不要缺席。我那时有种错误的认识，觉得一些活动意义不大，白浪费时间，还不如寻一个清静的地方去读书。

与班级同学接触少，另有两个原因。其一是报到后丢失了行李、包裹，没有换洗衣服、鞋袜，走不到人前去，见人便自惭形秽。没有换洗裤头，就干脆不穿裤头了，一位同宿舍的同学背后取笑我，被我听到后曾与他发生剧烈冲突，他扬言要打我。他比我小，却比我高大，打架我自然不是对手。他不知道“陕西愣娃”愣起来不要命的，多亏有同学从一旁开导我，不然后果想都不敢想。此事经年，我多次梦见我袭击他，常吓得我出一身冷汗。与他的冲突，他可能没当回事，我却因此疏远了其他同学，不愿意在人前“招摇”“显摆”，发誓要活出自我来。

其二是那一年冬天，我感冒后，咽喉发炎失声，一直看不好，最后落下了嘶哑的后遗症。医生叮咛我减少说话，我即奉为金科玉律。实际上，我天生爱说话，一直自认是个毛病，很想趁此“戒掉”。对我来说，想减少说话，就要减少与同学接触，不给自己说话的机会。我是感性性格，理性思维，对自己言行比较能“管控”。与我有接触的人必觉得我健谈，或者还有思想；与我未接触的人必觉得我“孤僻”，或者有点“高傲”。

也有同学说我“过于自尊”，我曾经检讨自己，觉得我的“自尊”是面子，“自卑”可能才是里子。何以自卑，我是比较清醒的。一者，我是异乡人，身在异乡为异客，与人来往缺乏底气；二者，我是乡下人，身上总有乡下人的土气；三者，我个子低矮，与其他同学相比，没有优势。有一次晨跑，迎面走来一群女同学，其中有一位是我心仪已久的，我居然掉转身去，踅向了别处。我自己知道，这便是“自卑”。

读大三的时候，我的内心已经没有“自卑”了，这显然得益于母校兰大，是她给予我怀抱，赋予我自信，让我在校园杨柳春风的沐浴中脱胎换骨，很快找到了自信。平日戴着兰大校徽去商店，去饭店，去书店，基本上都能感受到羡慕的目光。回故乡去，一些陌生人听说我是兰大学生，那种高看的目光不加掩饰。自信在内心充盈，走到哪儿都不再胆怯。一些女同学向我示好，我居然能泰然处之；一些女同学对我视而不见，我居然一笑置之。这种心态一直维持到现在。

西安好多大学都有我的中学同学，我也都去过，听他们说话，我非但感受不到他们的优越感，反而使我的兰大优越感油然而生。兰大的校园，那真叫“高等学府”，总让我有“高等”的感觉。动辄就有中外名流学者来校园讲座，偌大的教室座无虚席。暑假或节假日，学术交流活动一个接着一个，学生可以随意去旁听。我记得史学家田昌五先生、历史地理学家谭其骧先生等人都曾到兰大演讲。有一年暑假，兰大举行“斯大林模式”研讨会，伍修权出席了，我曾经旁听。在此，我仅凭记忆提及他们，如果打开日记，我听讲过的名流讲座肯定更多。我曾经和其他学校的一些高中同学交流，他们对这样的讲座竟然一头雾水。

兰大有新老两个学生食堂，饭菜的确不错。我说这话，一些同学可能会反驳。也难怪，我来自农村，知道农村生活的艰难，所以总觉得兰大的伙食在天上。我不理解总有同学给学校食堂贴大字报，抗议饭菜质量差，兰大从善如流，竟然启动学生参与管灶，以帮助校方改善伙食。那时候，大学生月供三十斤全国粮票，70%细粮，30%杂粮。由于副食丰富，好多同学月月有余粮，有的用粮票换书、换鸡蛋。前边提到了，入学第一个月，我的伙食是六元，让今天的人难以置信。毕业那一年，我一个月的伙食是十六元。但有一点不能忽略，当时的主食是凭粮票购买的，粮票也是有价证券，特别是全国粮票，黑市买卖一直被打击，一直未绝迹。

如果不买书，我的大学花费不应该很紧张。每月领二十一元助学金，不买书绰绰有余，若买书就捉襟见肘了，故此，月月都少不了父亲的资助。我知道父亲月月入不敷出，总是告诫自己买书要克制，但每逢星期天，就蠢蠢欲动，去逛书店成了我一大快事。近的，去天水路书店；远的，去西关十字的张掖路书店。看见心仪的书就想买，尽管每本书定价也就几角钱，但几乎买每本书都要咬牙，脑海里总浮现家里人节衣缩食的恓惶日子。大学毕业，衣锦还乡谈不上，“书箱还乡”是名副其实的。我带着六纸箱书去上班，接待的同事看了都很惊讶，说我“很富有”，我的心里自然乐滋滋的。

我本来是立志考研的，报考的是中国人民大学胡华教授的研究生，结果俄语不及格，落榜了。总结落榜的教训，我知道问题出在哪儿了。扪心自问，如果读课外书克制一些，如果给文学创作时间吝啬一点，如果在感情上对自己要求严格一些，考研未必是件难事。但我只有在写作的时候会忘记了读书，只有在读书的时候才会屏蔽感情上的心猿意马。我的克制是有选择的，文学之梦萦怀，总想在文学的园地里经营自己的“一亩三分地”，只管耕耘，不问收获。总体上说，在大学时代，我的创作成绩甚微，主要是练笔了。但失之东隅，收之桑榆，读书、写作使我的文笔日渐得心应手，使我的文思也似乎取之不尽、用之不竭了。故此吧，我虽然不无遗憾，却心安理得。兰大使我的人生之路不再盲目，而且可以说步入了顺境，未必尽如人意，也未必事与愿违。能从兰大顺利毕业，且走上了较理想的工作岗位，我知足了。

八

1985年春节一过，我即面临毕业。我还在西安搞社会调查的时候，兰大那边反馈给我一个信息，毕业分配的单位已经公示了，听说竞争激烈。我心里自然着急，没有心思再搞社会调研，立即返校了。到校后可以说虚惊一场。我的去向已经明确，就是回西安。陕西要人的单位绰绰有余，有高校，有省级行政单位，有省级科研单位。西北电管局一家就要五人，竟然无人报名。我考研考的是中共党史，希望毕业后继续从事党史研究或者教学，以方便今后再考。系上征求意见时，我报了陕西省委党校。后来几个陕西乡党找我，劝我争取去陕西省社会科学院，因为我有竞争优势，让出陕西省委党校给另一位陕西乡党。此前不知道陕西省社科院也要人。系上主管分配的是党总支部副书记黄兴吉老师。一天晚上，我去了黄老师家，向他提出去陕西省社科院的请求，黄老师当面没有表态，过后还是答应了。

想去陕西省社科院，我还有个“小九九”。陕西省社科院有个党史研究所，所长是齐心。记得在“斯大林模式”研讨会上，我见到过齐心先生，向他表示对党史专业感兴趣，他很支持，说搞党史有前途。毕业前，兰大校医院的乡党医生告诉我，我有咽炎，不适合从事教学工作，建议我争取去科研单位。故此，能去陕西省社科院党史研究所是再理想莫过的了。历史系副主任刘光华老师特意把我叫到他的办公室，向我介绍了他的研究生、我的师兄王雷生，让我报到时去找他。

回到西安，我兴冲冲去陕西省社科院报到，没想到社科院与党校刚分家，孤零零一栋楼临近马路，另一栋楼还“孤零零”在党校院子里。环境是差了点，但我还是蛮上心的。先去找王雷生师兄，他自然非常热情。他带我去人事处报到，人事处的一位女士接过我的派遣证，看了看后柳眉倒竖，嘴里嘟囔：“兰大牛啥？我们要俩经管（专业）的，咋搭配一个历史（专业）的？”说要请示领导。王雷生又带我去拜访齐心先生，齐先生说党史研究所改名为陕甘宁边区研究所，但他已不在其位，对我的工作无能为力。下午，我只好又去人事处，被答复说，历史研究所可以接纳我，但必须先去资料室，至于从事研究工作，等以后再说。我断然拒绝，索回了我的派遣证。

我就像树叶飘落，一下子心里没有底儿了。好在毕业前黄老师叮咛过我，报到顺利与否，都给他回个话。这时候，我恨不得飞回母校去——兰大真成母校了。我打通了黄老师的电话，诉说了我的遭遇，因为委屈，声音近乎哽咽。电话那头，黄老师竭力安慰我，说我是优秀生，找单位不用发愁，兰大会负责到底。他建议我去找陕西省高教局学生处，能直接解决则罢，不能解决或者解决不满意，我可以返回兰大，另行分配。

黄老师给我吃了定心丸。我又想起我手里还有一张“王牌”。前一年，我曾经收到陕西省高教局学生处热情洋溢的贺年卡，卡里夹了一页贺年词，题目是《回来吧，陕西同学》。家乡在召唤，我当时的心真已飞回了陕西。想到这一点，我决定直奔陕西省高教局，不是投诉，而是寻找改分的可能，因为我对陕西省社科院的态度已经“失望”了。

我从地图上寻找高教局，找到了大致的位置。坐公交到钟楼，沿北大街北走，一路盯着一栋乳白色的高楼——显然是新盖的，显得很气派，寻思，要能在那样的楼上上班该多美哇！到了那栋楼的大院门口，问传达室一位老者：“高教局咋走？”他的手往西一指，说：“那是青年路，进去一拐。”我即穿越了北大街，步入青年路。一路林荫，朝阳透过树叶，洒落一地斑驳的树影。我走得飞快，快到十字路口时赶上了一男一女正并排行走。我问男的：“师傅，请问高教局咋走？”那“师傅”回过头，一脸慈祥，笑眯眯回答：“跟着我们，我们也去高教局。”我就跟着。“师傅”忽然问：“大学生吧？哪个大学的？”听说我是兰州大学的毕业生，“师傅”的眼睛亮了，那一位女士的眼睛也亮了，都打量我。“师傅”又问：“你哪里人?”我提高了警惕，不愿意告诉他详细，就说西安的。他又问：“西安哪里的?”我答：“东郊的。”他反问：“蓝田的?”我答：“是的。”虽不情愿回答，却也不忍心撒谎，心里有点烦他，谁知他不依不饶，继续追问：“蓝田哪个乡的?”我老实答：“东川的。”他忽然眉开眼笑了，说：“许庙吧?”我这才意识到可能遇见乡党了，赶紧说：“是!”他更热情了，说：“我是山王村的，和许庙隔一条灞河。”乡党见乡党，两眼泪汪汪，我的心里真热了。他就关心地询问我的分配情况，我说我被分到陕西省社科院了，他说社科院好哇。我说我不想去了，他就很郑重地问我：“想到陕西人民出版社工作吗?”我说：“想啊，但不知道人家要不要。”此前我心里已经有过念头一闪，如果高教局学生处征求我意愿，我就说想去陕西日报社或陕西人民出版社。在我心目中，这俩单位是神圣得高不可攀的。那位女士咯咯咯笑了，指着“师傅”说：“他就是陕西人民出版社的老总呀。”我还未回过神来，“师傅”就发话了：“乡党，我们要你了。”这时候，经那位女士介绍，我才知道“师傅”名叫刘夏至，真是陕西人民出版社副社长（我报到未久，他就转任副总编辑了）。

说话间，我们进了高教局的院子。刘总指着女士说：“她叫李淑兰，政治处的。我们来高教局，正是要人的，哈，太巧了!”李淑兰说：“是缘分!”

我将派遣证给了高教局学生处一位姓陈的处长，刘总认识他，对他说：“这个学生我要了!”那位处长不说二话，在派遣证上唰唰唰写了一行字“改分陕西省出版总社”，并在上边盖了印章。至此，我的工作单位总算尘埃落定了。

在此，不能不补一句：我从钟楼往北走，一直盯着的那栋乳白色楼，就是陕西人民出版社的大楼。冥冥之中，此非天意乎?

上班后，我给母校去了一封信。9月，母校寄来一张校报，副刊发表了我的那封信，拟题为《心里的话儿说给母校听》。这年冬天，兰大宣传部副部长张硕敏老师来西安调研新生就业善后情况，找的第一人便是我，可能与我写那封信有关。我在维龙春泡馍馆请她吃羊肉泡馍，和她一边掰馍，一边说笑，师生谈话，十分融洽。她的笑貌，至今历历在目。

1987年3月，听说我结婚了，在校时的年级辅导员冯学琴老师利用星期天专程来西安看望我，送了我一套瓷器。在我心目中，她像慈母，她代表兰大。

1988年，我曾经返回兰大，冯老师让我和低年级师弟、师妹见面，谈谈我对大学生活的一些心得体会。记得见面会结束时，我主动和一位师妹握手，她稍作迟疑，却还是将手伸给了我，握住时才发现她只有两个指头。那一刹那，我心里既羞愧又感动。我羞愧于我的莽撞冒失，却感动于母校的慈悲为怀。她能被兰大录取，足见兰大不一样，就是不一样！

九

从中学而大学，说是“鱼龙变化”一点儿也不言过其实。首先，既没有了高中时代的那种升学压力，也没有将来就业的压力，心灵骤然间放松了，一种理想在胸间酝酿、充盈、鼓动。我们需要的只是对知识没有穷尽的攫取、消化、吸收，使之转化为自己的技能、素质和本领，毕业时则服从祖国的需要和挑选，服从分配将是天职，而非讨价还价的砝码。

其次，大学生虽然过着集体生活，有学校规章制度及班系、团组织的约束，但相对而言，每个人还是相对独立、自由的，能从学校、老师那里感受到尊重，能从社会的窗口领略到被高看一眼的目光。过的是集体生活，却基本上靠自觉、自律、自省，一般都是自行其是，什么该做，什么不该做，多半自己做主。

兰州大学从1981级开始实行学分制，除了专业必修课外，学生可以根据自己的兴趣选修其他课程，哪怕是跨专业、跨系，也被默许。学生听课自由，师生之间容易交流，学习效果不言而喻。读书、自习、听讲座，学校都不刚性约束。一寸光阴一寸金，学生自己懂的，不用纪律约束。“混”的学生肯定有，我之所以给混打上了引号，是因为回过头看，那实在不能算作混，很多“混”出来的大学生步入社会后反而更有出息，我身边这样的同学比比皆是。兰大是个熔炉，只要身在其中，想不被锻造、塑造都不行，这恰是上大学的魅力、意义所在，也恰是兰州大学给我身上烙下的最深刻的印记。我的很多同学很爱兰大，原因很多，其一便在这里。

我从上大学那一天起，就有了一个强烈的自我意识，那就是我长大了，我成人了，我可以为自己负责了，我可以为自己的未来设计并绘制蓝图了。其实考上兰大的那一年，我才十七岁，我的同学中还有比我更小的。但在兰大，我很少感受到来自老师、学长的轻视或傲慢；我来自陕西农村，也很少感受到歧视或侧目而视的目光。所到之处，不是月光的祥和，便是阳光的灿烂，我真有归宿感、主人感、如鱼得水感。丢失行李是我的不幸，但由此而获取的资助和关爱使我在那个冬天倍觉温暖，使我在往后的岁月里总有暖流涌动——我知道那都是母校所赐。

作者自画像

是的，从接到兰州大学录取通知书的那一刻起，我已经命里注定不再是从前的我，而是今后的我。回想起来，就那一刹那，就是“鱼龙变化”的感觉。走在路上，看见树木花草都在为我点赞，看见地里的苞谷棒子都在为我咧嘴微笑，看见陌生的人迎面走来，都一脸的羡慕和友善——其实那不过是自我感觉罢了。记得上了大学后的第一个寒假回家，村里人看见我，没有不眉开眼笑的，很多人这样向我打招呼：“大学生回来了？”然后把我从头看到脚，满脸都是喜悦。我去一位堂兄家串门，堂嫂一句话把我逗笑了。她说：“孔，你现在是公人了，还认得嫂子么？”我也逗她：“我不认得你，我只认得我姐。”她欢喜地为我端凳子，为我倒了一杯白开水，却放进去了一勺白糖。在我的故乡，村人把在外边有工作的人唤作“公人”，潜台词是端公家饭碗的。她那样说，我心里是得意的。我去看一位小学老师，她的丈夫也是老师，走到我跟前，竟然拥抱我，说：“你看我娃文气的！”我上小学时爱打架，可能给老师留下了“蛮”的印象。如今吧，站在他面前的，居然是兰州大学学生，戴一副眼镜，没忘本，还来看老师。我的老师就是这样当面夸我的。返校后，我收到老师的信，信中谈了她好多心愿，其中有一句话我至今铭记在心，她说：“希望你将来能摘取历史学的皇冠。”这话令我至今惭愧不已，因为我辜负了她。

四年兰大生活，分明是我经历过的，后来回想，没有人在旅途感，却有如梦如幻感。故此，有人问起我的大学生活时，我爱说：“像梦一样美！”不，这不是煽情，不是文学修辞，更不是故弄玄虚。梦想上大学，梦想成真了，那大学生活不正是梦了吗？走出校园了，又好像走出梦境了；思念母校了，那留在记忆里的，只能是梦了。一叶一世界，一花一菩提。听老师上课，一个老师就是一本教科书；读圣贤书，一本书就像一位圣贤在耳提面命。何其美哉，又何其幸哉！总记得坐在多功能大教室里，台上老教授眉飞色舞、口若悬河、滔滔不绝，台下莘莘学子一眼仰慕、渴望，一脸虔诚、恭敬；总记得校园的路上，师生俱在胳肢窝夹着书和笔记簿，去教室的路上步履匆匆，下课的路上舒缓了脚步，别是一道动漫般的风景；总记得校园里是如此安静、祥和、优美，有人在树荫下读书，有人在草地上闲聊，有人在花园里散步，有人在操场上踢球。每到周末，学校会在大礼堂里放电影；星期天，学校会在大教室里办讲座；每逢重要的日子，学校总有文艺演出或其他文化活动。树木已有年轮，证明兰大的学府资历；花草更替荣枯，诉说着兰大的风雨兼程。

有人说：“大学生有啥？也就一张皮！”这话对，也不对。考上大学了，就是大学生了，可还是原来那个人，说是一张皮，也不无道理。但考上兰州大学了，披上“大学生”那张皮，还真就是大学生了。记得大学毕业的时候，历史系总支部书记张代经老师赠给了我们毕业生两句话，写在黑板上：“与善人居，如入芝兰之室，久而不闻其香；与不善人居，如入鲍鱼之肆，久而不闻其臭。”于我而言，兰州大学就是“芝兰之室”，经过四年熏陶，我自认我算得上“芝兰”了，若其不然，那兰大就是白上了。当年不上兰州大学，今天的我会怎样呢？不敢想象，却能想象，肯定不会像今天这样的！仅此而言，我当然要感恩我的母校兰大了！

范国明

作者简介

范国明，1966年3月生，四川广安人，1988年毕业于兰州大学哲学系。现为重庆市九龙坡区政协副主席、中国书法家协会会员、重庆市书法家协会第三届学术委员会主任、九龙坡区政协诗书画院院长。作品多次参加国内外重大展览，获得过兰州大学首届书法大赛特等奖，1988年在兰州大学举办过个人书法展，开创了全国在高校举办个人书展的先河。著有《龚晴皋评传》（四川美术出版社）、《重庆文化艺术志·书法篆刻卷》（西南大学出版社）、《九龙坡区美术史》（中国书籍出版社）、《九龙坡区美术人物志》、《张问陶书法研究》、《翰墨广安》、《亲近怀柔》（随笔）等专著10余部。研究成果发表于《中国书法》《书法之友》《书法报》《书法导报》等刊物，并在全国数十家报刊介绍其艺术业绩，个人简介收入《中国当代书法家精品集》《当代书法家名典》等多部辞书。

负笈金城三十年
——我在兰大的学书之路

一

甲午（2014年）秋日，回到三十年前入读的母校兰州大学，思绪万千，心潮澎湃，写下了《兰州十颂》。由于作品刚好契合了《人民日报》和甘肃省委举办的“丝绸之路·绚丽甘肃”全国书画展的主题，拙作忝列此展。当然对于个人来讲是微不足道的，荣誉应当归功于母校的教导和培养。这十首诗中的《翰墨兰州》是这样的：

甘州自古文华盛，翰墨因缘各逞能。
搦管铺毫觅诗句，又留千纸在金城。

1984年秋，我入读兰大哲学系，出于对书画的天然爱好，对陇上人文和书画有一种特别的情怀。新学期中秋联欢会上，我收到了一份别致的礼物——兰大校园风景书签，背面印有“月伴中秋分外明，同窗今宵共婵娟”的篆刻，据说是张宏发学兄的大作，心中煞是羡慕。虽然当夜无月，却也有东坡承天寺对怀民的心情。那时尤钟情于书画篆刻，听同室好友萍乡思春兄说，兰大成立了书画社，何不报名参加活动？于是在思春兄的鼓动下，我参加了书画社，成为社中的成员，课余读帖临字，听讲座，看展览，非常用功。兰大书画社举办的系列活动，为我们爱好书法的同学搭建了很好的平台，引导我们学习并打下了很深的基本功。黎凡、曾来德、王见、秦理斌等先生的讲座资料我现在还保留着。黎凡先生对于运笔基本方法的讲解，曾来德先生关于现代书法的创新理论，王见先生开设的西方绘画欣赏，秦理斌先生的硬笔书法系列课程，都吸引了不少爱好者。兰大后门的书画长廊会集了何裕、顾子惠、尹建鼎等一批陇上名宿的力作，百米长廊就是一个巨大的不会落幕的露天展厅。

黎凡书法

范国明挽何裕先生联

黎凡先生对中锋用笔的方法讲得很生动，示范要领讲得深入浅出，让人一听就明白，对何绍基的高悬两指执笔法讲得很风趣，尤其是他讲到何绍基运笔速度快时毛笔居然从手中飞了出去，我们感到很有趣。他给思春兄二十岁的生日礼物是“弱冠雄虎”的单条，气息古朴，笔力硬杰，不知思春兄还保留珍藏没有。王见先生讲当代艺术很时髦，他的书法很质朴，艺术的形式感很强，用幻灯片讲西方绘画，提纲挈领地给我们传授，很有收获。据说，王先生后来到了广东，偶尔从报纸上看到过他的作品。

秦理斌先生书法根植于“二王”，注重传统，书风蕴藉典雅，帖学功力深厚。秦先生为人平易近人，其讲座朴实严谨，古典文学基础扎实，兰州大学书画社的同学受他的教益最深。我在1988年的个人书展作品都是经秦先生一一审定，而且先生专门拨冗为我撰写序言。

军旅出生的曾来德先生籍贯四川蓬溪，他的家乡出了诸如陈子昂、张问陶等著名诗人。沾溉于先贤引领，加之独特的个人气质，曾先生在书法一途成为学界风标，书法面目日新月异，并不断吸取前沿思想和西方文艺方法，拥有众多的书法粉丝。拔乎其萃的演讲口才，并不停地在校举办个人或联展，曾来德先生成为众多学子的偶像。尽管他的碑学书风与传统帖学格格不入，但获得了大多数学生的认同，他的书学思想也获学子们倍加褒赞。从三十年书法历程来看，曾来德先生在兰州时期是他走向全国的重要奠基期。

二

2015年5月25日，著名书法家何裕先生于兰州归道山，享年九十四岁。微信圈内，兰大书画社的朋友和老师纷纷撰联表示怀念。秦理斌先生《挽何裕老先生》联云："酒星寿星生命缘何丰裕人书俱老，山乎川乎气象岂不合聚德艺崇隆。"刘白瑜兄《敬挽聚川先生》联云："备何德始谓之丰裕？聚百川方见其汪洋！"

余在渝亦撰《挽何裕老》遥祭：

德也伟矣裕后光前；
书何妙哉海容川聚。

对联将先生的名和字嵌入，意对先生的尊重。对先生的怀念，不由得想起三十年前，那时何裕、肖弟、赵黎泉等先生都是令我们非常崇敬的书法大家，对他们的书风和源流都有认真的分析，比如何裕先生胎息魏振皆、肖弟先生取法汉碑、黎泉先生源于汉简，都有各自的优势和独特的艺术语言，令我辈学书者心向往之。尤其是何裕先生来校笔会示范的次数较多，我们向他请益的机会就较多，比如写魏碑狼毫与兼毫孰优孰劣的问题、五指执笔写大字是否就是最佳执笔法的问题、碑和帖是否可以兼学的问题、学习书法是否非从楷书入手不可的问题等等，何先生都给予了很好的回答。由于何先生取法魏振皆先生的魏碑，用笔方整，线条浑厚，结体稳称，字势雄奇，给人以力量和气势，写碑到此程度也算是一种享受。我曾在兰州文物商店看到何先生一幅"微云淡河汉，疏雨滴梧桐"的魏碑对联，久久不愿离去。每次逛街从那个商店门口过去，都要张望一下，情不自禁要进去欣赏一阵。何裕先生书法广涉甲骨、金文、汉简及敦煌写经，遍临法书名帖，尤善榜书，用笔洒脱，结体奇峻，章法严谨，碑书古拙朴茂，雅俗共赏。加之何老秉性忠直，为人循规坦诚，学风严谨，兰大书画社的朋友对他十分崇敬。

甘肃自古人文荟萃，历代书画大家辈出。苏东坡有诗云：“笔成冢，墨成池，不作羲之作献之。笔秃千管，墨磨万锭，不作张芝作索靖。”张芝、索靖皆是甘肃人，受到苏东坡的崇拜和肯定，是了不起的。还有诸如梁鹄、张昶、胡缵宗、王了望、魏振皆等一大批享誉古代书史的名家。尤其是拥有一批诸如《裴岑纪功碑》《西狭颂》《武都太守石刻》等稀有碑帖，同时著名的居延、敦煌、武威、甘谷汉简，书体多姿多彩，成为书法宝库的耀眼明珠。敦煌遗存的文化遗产成为书画爱好者取之不尽的学习源泉。身处兰州，真是学书人的福分，因为这里有很多可资学习的资源，有很多名流大师的范本，有着珍视书法的良好氛围。

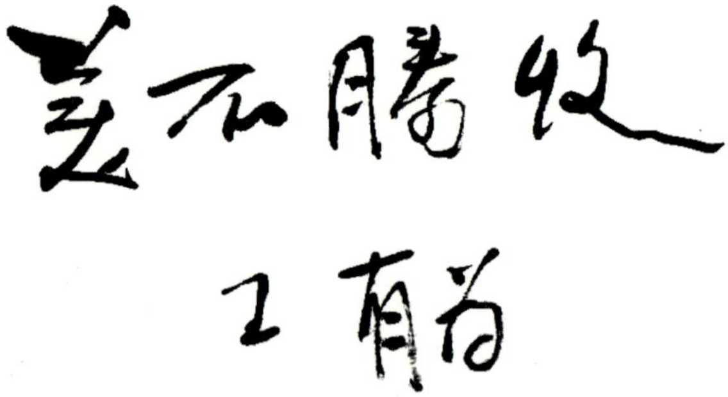

兰州大学哲学系教授王有为在范国明书展簿上的留言

兰州军区书法家蒙子军，善用自制鸡毫，写草书恣情挥洒，颇能抒写性情，他的草书别具一格。也常来校举办讲座和展出。他的巨幅草书，线条奇异莫名，对视欣赏，令人性情激荡，可惜由于当时我们比较年轻，难于掌握，不敢问津，看看也就罢了。另外，北京书家谢德萍先生还来学校做过一次精彩的演讲并举办了个人书法展。他的书法主攻欧体，我记得他有幅“己不正则不能正人”的六尺整纸中堂，结体端庄，字势英武，令人震撼，颇有点见到林则徐那幅“海纳百川有容乃大，壁立千仞无欲则刚”的感受，令人鼓舞。那时他在文化部工作，曾参与发起举办“第一届全国书法篆刻展览”和参加中国书法家协会的筹备工作，据说他创立了一种“滚龙体”的书法。我于2011年秋挂职北京市怀柔区长助理时还见过他给

“怀柔一小”校名的题字，睹物不由嗟叹再三。

三

在兰大学书的四年中，给我最大帮助的是秦理斌先生。因那时他在校党委工作，家住学校，给我们书画社同学请益书学带来很大的便利。他当时获得了全国硬笔书法大奖，跟高惠敏等书法大家联系紧密，从他那里又能得到很多新的信息和新的观念，因此书画社的同学都乐于向他请教，秦先生也把自己所学毫无保留地教给我们。

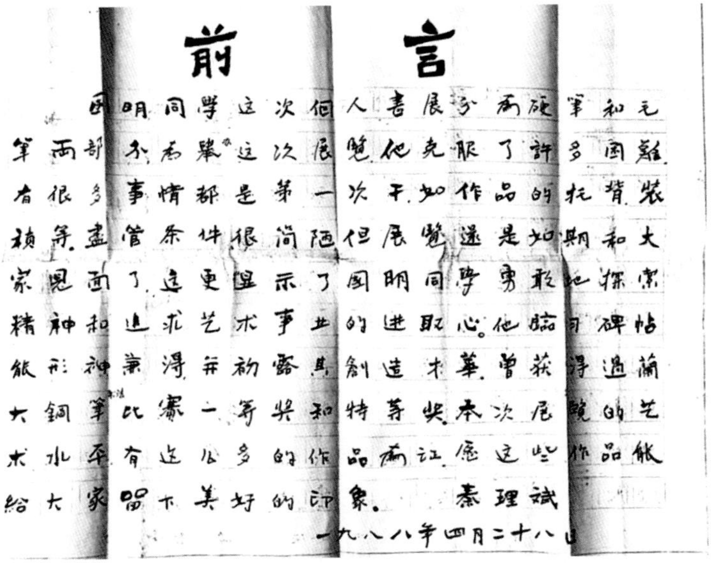
前言

国明同学这次個人書展分為硬筆和毛筆兩部分。為舉辦这次展覽他克服了許多困難，有很多事情都是第一次干。如作品的托背装裱等。尽管条件很简陋，但展覽还是如期和大家見面了。这更显示了国明同学勇敢地探索精神和追求艺术事业的进取心。他臨习碑帖能形神兼得，并初露其創造才華。曾获得過蘭大鋼筆比赛一等奖和特等奖。本次展覽的艺术水平有这么多的作品而让愿这些作品能給大家留下美好的印象。

秦理斌

一九八八年四月二十八日

秦理斌先生为范国明书法展所作《前言》

1988年，1984级同学行将毕业离校，思春兄建议我在“五一”节前搞一次个人书法展。个人办展，谈何容易？那时我们经济都很拮据，用纸只能用四川夹江宣纸，墨能用一得阁就算够奢侈的了，烟灰缸作砚台，印泥只能借公章印泥来盖。装裱找谁，得花多大一笔钱？思春兄鼓励我，“先第一个吃螃蟹，因陋就简，搞起来再说。”在思春兄的鼓励下，我花了两个月时间准备作品。为减少开支，购买了些现成的空白成品条幅，挂出来也还像模像样。自己学起了简易装裱法。为使展览作品不致单调，还用吹塑纸将硬笔作品进行了裱褙和美化处理。秦理斌先生专门到我寝室审读了每一件作品，提出了整改意见，并为我书写了展标和《前言》。《前言》

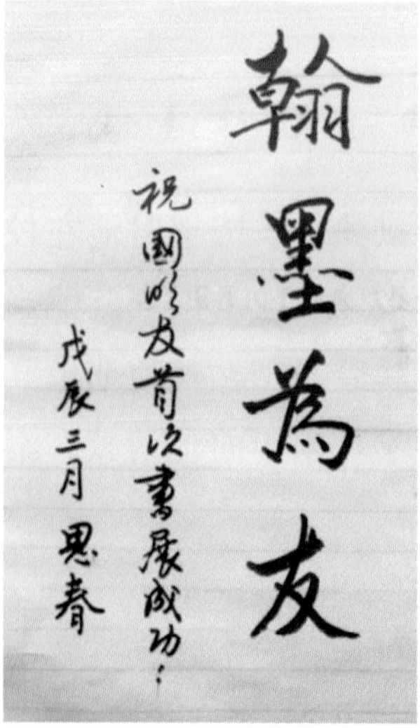

哲学系李思春观后题词

简短而朴实，形式非常特别，在白纸上界格，用硬笔书写，与展厅的风格非常协调，我想这肯定是秦先生精心设计的款式。黑板上的展标用的是白色颜料，以他惯用的碑版书风挥写，大气磅礴，摆放在寝室通往食堂的要道，也算攒足了眼球。那时我想，同学们欣赏书法恐怕主要还是欣赏展标书写人秦先生的书法吧。

展览在“五一”前如期和大家见面了。简单的开幕仪式就在教学楼门前举行。那天来看展览的人很多，不少领导和同学还给我题词，给予勉励和赞扬。校领导刘众语、史启祯，哲学系主任林立，班主任杨魁，书画社社长张宏发，好友李思春、杨成田、刘白瑜、魏翰邦等都留下了非常珍贵的题词墨宝，至今我还珍藏着。虽然现在看来我那时的作品还很稚嫩，很多作品今天已羞于示人，但也看出那时的激情和勇敢。现在想来，趁年轻，多做点事、多闯闯是对的，尽管不成熟，但走出了这一步，本身就是一种成功。所以，对于秦先生、思春兄，自己这一生中是难以忘怀的。随后的《兰州大学报》上用了一个整版的篇幅对展出的情况和我个人学习的经历进行了报道，看得出校方的重视和关爱的程度。但我收到报纸，已是在重庆报到上班的金秋时节了。

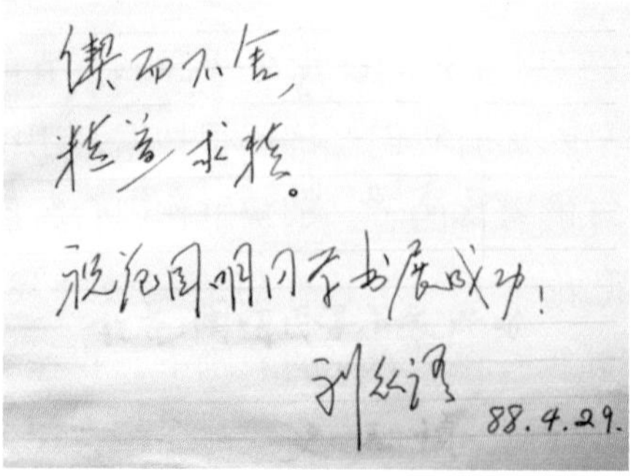

兰州大学原党委书记刘众语观后题词

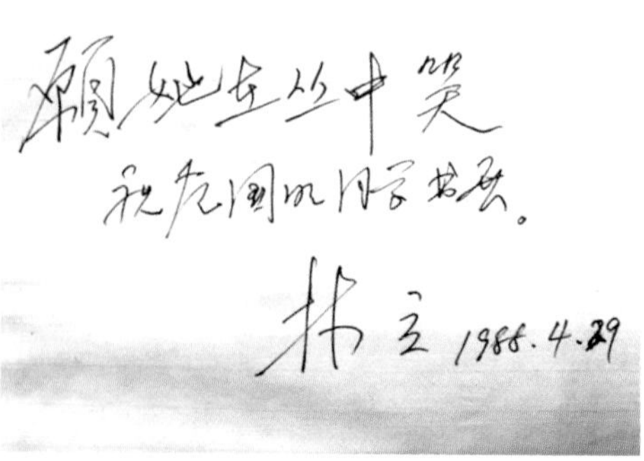

哲学系教授林立观后题词

四

艺术品既然作为一种特殊的商品，就具有其特定的价值，有价值的商品就会引来不法者的觊觎，故书画失窃时有发生。我们常常将盗窃书画者戏谑为“雅盗”，如果这种“雅盗”运气不好，是要倒大霉的。百岁老人吾师重庆屈趁斯先生，家藏晏济元山水，一日被“雅盗”而去，窃贼居然是十多年来常在先生家中打麻将的装裱师傅，公安局三十六小时破案，最后“雅盗”被判刑十二年（参见2011年8月29日《重庆晚报》）。兰大书画社社友们的展出也经历过这样一种被盗。翰邦兄在《我与书画社之缘》一文中回忆到那次书展失窃之事：“有一次，展览在新文科楼地下室举办，作品不知让什么人偷了，我和成田兄晚上在桌子上睡觉守着。”在那次展出中，我的一幅《天净沙·秋思》隶书作品靠窗户最近，也被“雅盗”了。当时心头很愤怒，但回头想，总还有人欣赏自己的书法，不惜斗胆破窗行窃，也算冒了很大的风险。作品算是遇到了“知音”，心中释然了许多，后头这事就不了了之了。这“雅盗”比起那位获刑十二年的“麻友”结果就如同云泥了。现在看来，自己的那幅作品早就该付之一炬或当作垃圾扔掉，免得看坏眼睛。甲午初夏，成田兄自铁岭昌图来渝公干，旧友相会于渝西桃花溪畔，谈及此事，未尝不为昔日耽寄书画之深情而感叹。

80年代的兰州是改革开放后书法艺术活动极为活跃的地区，崇尚书法的人文氛围并不比东部和经济发达地区差，书法进入市场已经有了雏形。一些商家开始收藏名家书画，开展书画投资，商家逐渐和书家靠拢。兰州文物商店有不少当代名家的作品，诸如钱君匋、费新我、赵朴初、启功、舒同的作品，还有本土书法家如王了望、魏振皆、顾子惠、康务学等人的作品。五泉山公园、白塔山公园附近的一些旅游商店和兰州饭店等国营企业的销售部也能见到名人字画的出售，艺术品作为商品在兰州已不新奇。当时还听书友们闲侃，某位大师的书法作品动辄上千，一般人拿钱都买不到。其来兰一次，腰缠万贯，已然家常便饭，故而印章只能由老婆严管，免得“资产外流”。对此我们开始以为奇谈，后来事实证明世事正“有过之而无不及”之势。也许从那时开始，伴随书画市场的发展，“雅腐”也就应运而生了。但总体而言，那时的书画市场还是低端而健康的，社会上对书画界的风气总体还是持肯定态度的。

城关区政府水电系统七公司有家东湖餐厅，邀我题匾，店面虽不豪华，但老板也还大方，提出要给报酬。我也不客气，邀约了七八个朋友海吃海喝了一顿，找了回“润笔”，也算合理的回报，大家都很满意。三十年如白驹过隙，可能今天那家餐厅早就不在了。

五

大三时读到汪曾祺散文引用的一副对联，很有意思：“静对古碑临黑女，闲吟绝句比红儿。”汪先生说写字本是遣兴，就要有一种怡然自得的心境，何必自寻烦恼。这里的“黑女”实指北魏的《张黑女碑》，又称《张玄墓志》，何绍基认为此书为碑书之上品，无妙不臻。我在大四时，受汪先生所引这副对联影响，写了很有一阵子的《张黑女碑》，但始终没有汪先生的那种悠闲和美艳的境遇。后来到了重庆，此碑我写了不少于八年，曾两度在《书法报》上《临书一得》栏目中发表自己对《张黑女碑》的临书感言。写《张黑女碑》的确可以把人带入恬静浪漫、悠闲清旷之境，绝去尘虑，神韵天然。

兰州学书，到处都可找到与你气质相符的字帖和范本，你随时可以“拿来”。五泉山、白塔山等公园是我们假期和周末经常聚会游玩的地方，那里有数不尽的匾额和名人对联，让人玩味不尽。五泉山公园大门“乐到名山”的题额是中国书协首届主席舒同的手迹，线条盘曲绞绕，有颜真卿风骨；园内更有楹联大家福建长乐梁章钜、五泉山人刘尔炘等清人杰作。兰州河神庙有查九峰所题“曾经沧海千层浪，又上黄河一道桥”的名联，为历代对联中的上品。在甘肃省博物馆可以读到《彭泽墓志》，它是兰州墓志中的代表作品，是已知兰州墓志中文字最长的。你还可以找到关于兰州建城史料的黄谏所撰《金城关记》、那彦成撰书的《重修兰州城碑记》、升允撰写的《创建兰州黄河铁桥碑记》、左宗棠撰写的《兰州节署园池记》、王力仁撰书《湟惠渠落成记》等等。这里有在礼县秦公大墓出土的青铜器上的古篆铭文，有庆阳发现的秦始皇统一全国度量衡的诏书秦诏版，有被称为“汉隶三颂”之一的西峡颂摩崖石刻，以及秦汉简牍、敦煌写经、怀素《自叙帖》（大历丙辰本）和汇集各家书法墨迹的《淳化阁帖》等。

甲午夏秋之时，我再次登上了阔别三十年的白塔山，观赏兰州碑林，轻抚着每一块石碑，黝黑光滑如同幼儿的肌肤，那样柔绵，那样亲切。这里有以草圣张芝命名的草圣阁、四百米长的东西碑廊以及碑轩、碑亭、张芝雕像、陇右书艺院等。我曾一度痴迷于张芝《冠军帖》，在2007年题书重庆潼南杨尚昆旧居大门“四知堂”匾额时还参以其法，似乎颇传张芝神韵。碑林草圣阁檐下分别是赵朴初题写的“兰州碑林”“塔影河声”，启功题写的“草圣阁”，朱乃正题写的“翰墨流芳”，赵正题写的“黄河第一阁”等牌匾。一楼陈列着甘肃出土的书法珍品，二楼陈列着碑林的三大精品，三楼陈列着兰州碑林的拓片、资料，四楼陈列着林则徐、左宗棠、于右任、张大千、梅兰芳、丰子恺、郭沫若等晚清和近代书法家的作品。不过，对我吸引力最大的还是汉简和《肃府本淳化阁帖》，这才是甘肃所独有的文化资源。我将汉简石刻（尽管是翻刻本）一一拍照并精心剪裁制作，用作学习临摹的范本，似乎比正式出版的字帖还要纯正，这也是现代信息技术和现代照相技术高度发达的今人才能享受得到的。

“搜罗金石师欧赵，管领风骚即杜韩”，学书之路永无止境。兰大的四年学书之路是快意欣然的。回忆三十年前的求学经历，如与书画诸友携手相行于山阴道上，吾将永志不忘。

牛成继

作者简介

牛成继，笔名路平，字凯风，网络名韬光尚志，甘肃会宁人。毕业于兰州大学化学系，高级工程师，中国化学会会员，中国石油学会会员，学理好文乐收藏，奇石钱币赏书画。散文和诗词作品散见于《暮雪诗刊》、《中国乡村》、《陇原文风》、《黄河风文苑》、开问网等刊物和公众平台。

青葱岁月的趣事

——大学校园生活趣事记

校园，承载着我们青葱的岁月，绽放着我们纯真的笑脸，流动着我们青春的往事，我们琅琅的读书声仿佛还在校园上空回荡……

青葱岁月，总会有男女之间萌发的故事和传说。在20世纪80年代以前，男女见面大多数都是经熟人介绍或家人介绍，在城市里也会有男女之间通过看电影、逛街、逛公园 、上自习、散步等形式进行约会。

80年代初的一个夏末初秋，我们正式开始大学校园生活，也开始有机会目睹和体验城市人的生活。作为从边远山区农村考入大学的我，在校园里看见男女同学双双出入教室、食堂、图书馆、实验室、电影院等现象甚是好奇。

兰州大学校门

8月26日，我正式到兰州大学报到。由于是平生以来第一次步入兰州，入学报到前家人通过亲戚联系到会宁籍的苟师兄（会宁籍学长）在学校新生报到处等我。见面后按照程序办完手续，背上行李——一床救济的军用棉被、一个自制的羊毛铺毡等到3号楼405宿舍，简单把行李放好后就准备去食堂吃饭（当时没有办理饭票，是苟师兄请客了）。到了食堂，排队打饭的时候，好奇地回头看看食堂简易桌凳边正在吃饭的大学生们，突然间映入我的视野的是一两个饭桌前男女大学生共餐的镜头，就问苟师兄“大学里有兄妹一起上学的吗”，苟师兄用诧异的眼光盯着我说“赶快打饭吃饭，这种事过一段时间你就晓得了”……

毕业后，有一天和一位女同学（名为小夏）聊天，就知道了下面的一段故事。

常言道：最美人间四月天。这个故事就发生在4月下旬的一个周日，当时大多数同学或者去自习，或者参加体育活动，或者逛街，还有的在宿舍聊天……

我们的林班长却不然，他对小夏可能钟情已久，所以小夏的活动信息他基本了如指掌。大约快十点的时候，他准确地在图书馆阅览室找到了小夏。

“小夏，我到处找你，原来你在这里看书啊！”

“有事吗？”

“班里今天组织活动，大家都在等你啊！”

“是吗？宿舍里也没有人说啊？”

“这不是我亲自来通知你来了吗？抓紧走吧！”

“在哪里集合？”

“盘旋路邮电局门口的公交站。”

“好吧！我把书包放回宿舍就走。”

“赶快走，你去放书包，我在你们宿舍楼下等你。”

……

一起走出校园，右拐向前行进约二百五十米后到达盘旋路邮电局门口的公交站。

“林班长，咋不见别的同学啊？”

“可能他们等不及了，先走了吧！”

“那去哪里活动啊？”

“去白塔山公园”

“公交车来了，咱们俩抓紧走吧……”

无助的我也无法验证消息的可靠性，就这样无奈地坐上了从盘旋路到中山铁桥的公共汽车……下车后，我依然没有见到班里的任何一位同学，突然觉得哪里不对劲，顿觉茫然。正在我环顾目及所至的一切时，他说：“小夏，快走吧，同学们可能过桥了，在公园卖票口等我们……”

我们两个人几乎在没有任何语言交流的情况下，疾步走过中山铁桥，到桥头后，他三步并作两步走到售票窗口，花四毛钱买了两张票，心里美滋滋地但也挺忐忑地走到我面前说道：“咱们进去吧！”

我更觉得茫然并无语以答，但在他的再三催促下，我和他一起沿着入园的阶梯走进了白塔山公园……

此时此刻，我们两个的心里可是感觉不一样啊！他的心怦怦直跳，一直在琢磨着后面的事态发展……我却一片茫然无助，不知所措……

到了白塔山公园入口的第一个平台，我依然不安地在环顾四周找同学，他更加忐忑不安，汗珠从额头似露珠般簇拥而下……过了片刻，他装作若无其事地用不自然的微笑，语言不大连贯地终于吐出了真相：“小夏，给你说句实话吧，今天班里没有活动安排，是我很想和你一起聊聊，我喜欢你……”

我本来心里就一片茫然，毫无思想准备地突然听到这个消息更不知所措，表情变得愕然无语，脸庞泛起一丝丝一片片红润，温度瞬间上传头部，下传身体的各个神经末梢和五脏六腑……低头沉思，难道这是《庐山恋》电影里表达的爱情故事要发生的前兆吗？心里如同在井里打水的十五个桶子七上八下，有窃窃的美意，有羞涩的苦衷，有甜蜜的嚼味，有忐忑的不安……通过内心的思考、斗争，对未来的展望和期许后，哭笑不得地说道：“那就一起走走吧！”

……

后来，在校园的所及之处，就看到了他们俩形影不离的身影和足迹，听到了他们热恋的笑声和婚后的幸福与传奇故事……

这就是我大学校园青葱岁月的一桩趣事。

也许“沿着校园熟悉的小路，清晨来到树下读书，初升的太阳照在脸上，也照着身旁这棵小树……”的场景依然会映入我们的眼帘，让我们一起荡起双桨，不忘初心，砥砺前行！

也许，校园生活和学生时代的欢声笑语陪伴你无数孤独、寂寞、思念、遗憾的深夜……

兰大校园内毓秀湖一角

也许，其实什么都没有，什么都不重要了，我们只是听着，我们只是议论着、讨论着、辩论着……如果当时我们能不那么羞涩，能不那么倔强，现在也不那么遗憾。不管你是带着泪回忆，还是带着笑沉默，这些年来，有没有人让你不寂寞？

生活就是这样，永远在某一个地方，那个×××爱着那个×××。

2018年4月25日午应大学同学之约而草记

张海霞

作者简介

张海霞，兰州大学1987级应用化学专业，2000年获得分析化学博士学位，目前在化学化工学院任教。

我与兰大

1987年9月，我第一次踏入兰州大学的大门，那时候我很傻，尽管当时认为自己很聪明。我父母陪我来的，毕竟我是我们家的第一个大学生，我姐姐已经上了我们厂（长风机器厂）的技校，妹妹尚幼。

走到学校大礼堂的地方，有人从远处喊我的名字，我们三人站住了，居然兰州大学有人认识自己？自豪感油然而生。一个中年女教师来到我们跟前（或许周老师那时其实很年轻，但是在十几岁的孩子眼里，比自己岁数大的，就是中年人了），热心地告诉我我的宿舍房间号，她让我们先放下行李再去办手续。后来知道她是周玲，分管学生工作的化学系党总支副书记。多年后我也成了兰大的教师，聊起来才知道周老师的记忆力超群，在我们入学前已经从照片认识了我们！当时我的感觉是“自己是不是因为学习好，被老师知道的啊”。想想那时很傻很天真，但这件事情当时的确给了我无限美好的印象和盲目的乐观，轻松地打动了一颗幼稚的心灵，至今这个回忆都是甜蜜的和喜不自禁的。

在大学里发生了太多的事情，列举两件事情。一件事情是一天做实验，我迟到了，不敢进门打扰正在讲解的老师，周玲老师帮我敲门，让我进去；第二件事情是我的英语老师，她是那么时髦和甜美，白白瘦瘦的，一次在我的作业批语中，使用了“excellent”，令我想入非非了几天，我很感谢她的鼓励。那些年，我对词语有敏感的反应，比如我总是认为“优异”比“优秀”好。哪个老师对我的评语中出现“优异”，我会莫名欢喜，一脸兴奋。我总是从老师们不经意的词语中找到兴奋剂或者抑制剂，影响着我的情绪。在入学后一年里，我学习成绩一般，后来成绩好起来，拿到二等和三等奖学金。

我一直处于混沌状态，至今都不知道自己在大学里干了什么。我很“好学”，假期无事可做，我便在吴绍祖老师的实验室里“做实验”。可是我啥也没做出来啊，居然吴老师还给我发生活费，吴老师的女儿是我同学，她说：“你给我爸妈灌了什么迷魂汤，他们喜欢你，甚于喜欢我？”尽管是玩笑，吴老师夫妇的确对我极好，包容我鼓励我。大四的一天，张老师（吴老师的爱人）对我说：“如果我是你妈妈，给你一个巴掌，为什么不考研究生？”那一年情况特殊，化学系没有保送生，我的一些同学早复习早受益，很多没复习的就只好工作去了。我没考上研究生，吴老师帮我找到了在一所中专当老师的工作。我从小的志向是当一个教师，如我所愿。

我在中专工作两年后，1993年重新考入兰州大学攻读硕士学位。当年我报考了分析化学，之所以改变专业，从应用化学到分析化学，是因为我的确没搞明白我学会了什么，索性从头开始吧。我报考的导师是胡之德教授。我只是知道他是校长，并未多想，因为他在我们复试的时候没有任何校长的架子，很亲切，如同我以往的其他老师。甚至他告诉我，如果和男友关系稳定，可以先领证再入学！他当年的话一直陪伴我这一生。他说，做科研不能发财，出成果要稳下心智，不受外界金钱的诱惑，要善于归纳总结，寻找科学规律，化学也是科学，不仅仅是实验。多年来我一直这样评价胡老师：高瞻远瞩，思维敏锐，具有超前意识，在分析化学学科发展上起到了举足轻重的作用，得到同行的广泛认可。后来的事实表明，他的预见能力非同一般，很多学科的发展都在十年后得到了迅速的发展。每当一个预言实现的时候，我就感叹自己的鼠目寸光，后悔没有聆听他的教诲。

研究生时代与老师们的接触更多起来，很多教师都指点我激励我，不胜枚举。胡老师把我分配给刘满仓老师指导，刘老师学习化学后进一步学习了计算机，胡老师在课题组率先展开了“计算机在化学中的应用”方向，这应该在全国都是超前的。之后的三年，我主要和刘老师学习，成为他家的常客，包括吃饭。刘老师为人谦逊，很少发火，所以我的硕士生涯可以说是简单快乐的。关于刘老师的回忆，另文详解。1996年我毕业了，留校成为一名大学老师。

1997年我开始攻读博士学位，导师是朱彭龄教授，和他学习色谱。当年的实验条件苛刻，他从国外带回来软件，教授我们进行梯度洗脱，分离中草药、血样等复杂样品。他总是很务实，每一个工作都是为了解决一个实际问题，要求我们校准仪器等，实验室建立的固相萃取、固相微萃取等装置，对其他老师来说很新鲜，也带动了其他同学加入了这个领域。朱老师带过的学生很少，不足十人，他的文章也不多，但是检索一下，会发现引用率很高，都是经典之作，现在阅读这些文献也不过时。他编写的《现代液相色谱》，也是经典之作。后来有同行询问我的导师，我一旦报名，对方立马说《现代液相色谱》，我知道我知道……朱老师是一个率直的人，一生保持着疾恶如仇、永不妥协的精神。

光阴如梭，2004年我自己成为一位研究生导师，我的学生也受到了刘满仓教授、胡之德教授、朱彭龄教授的指点。他们参与过我们的组会，询问过学生的实验进展，为我们指点过实验思路。上述几位先生深深影响了我的一生，有一次一个本科生询问我个人的经历，我说，三生有幸，一路上我有贵人相助，他们的引领使我不假思索地走过每一个抉择时刻，没有他们，我不知现在何处。

感恩老师们的同时，我也时刻反思反省，希望我的一句话、一个唠叨，能给手足无措的青年学子一丝帮助、一丝鼓励，让他们和我一样，感受前辈的温暖，感受兰大的包容。

从1996年留校，已经过去了二十余年的光阴，我的工作生涯没有离开过这个学校，经历了学校的大小变迁和变化，自己身上已经烙印了兰大的精神。工作中受到的关心和指点更是太多，唐宁教授、王春明教授、张原老师、韩玮老师……他们都在我困难的时候帮助过我，而不求回报。

回忆让我更增添了敬畏和感恩之意。以老师为榜样，愿我的兰大越来越好，希望我可以为她的长存和辉煌尽一份力。

居易

作者简介

居易，原名朱义，1970年4月出生。1988—1992年就读于兰州大学中文系。毕业后曾在西南重庆某军工企业就职，后辞职到成都发展，受聘于新希望集团，曾任职为当时的中国首富刘永好的秘书。企业文化专家、笔迹学家。

西北汉子

三十一年前，我在填写高考志愿时，第一志愿填报的是兰州大学，第二志愿填报的是武汉大学，第三志愿填报的是北京大学。这种与一般填写志愿相反的做法让很多人不解。我是湖北人，选择武汉大学似乎是情理之中的。想上北京大学，对于莘莘学子来说，也是梦寐以求的。但我为什么反而将兰州大学填写在首要位置呢？

我现在告诉大家我当时内心真实的想法，是因为“西北汉子”。我是湖北荆州人，再具体些，是荆州监利县朱河镇人，是一位江南水乡长大的小伙子。小时候爱花爱草，多愁善感，喜欢写诗写字。监利县，据说是屈原写《离骚》的地方。所以，这里的人文气盛。但监利县，同时又是伍子胥的故乡，这里的人武气也盛。小时候，我也喜欢舞枪弄棒，在我的内心里，有着对“男子汉”三个字的追求。再加上在备战高考的同时，我也深爱武侠小说，不能不说也受到侠客精神的感染。西北，那个神秘、深邃的地方，沙漠、戈壁、黄土、高坡，大碗吃肉、大口喝酒，令人神往。而能够满足我这个内心的想法和专业要求的，便是坐落在西北边陲的高等学府——兰州大学。

但，真到了西北的兰州，我却先写了一首短诗《不相信》：

不相信
荒凉的高原
永远荒凉
不相信
沉默的一切
永远沉默

然后，我就开始学习大口吃肉大碗喝酒。记得大学的第一个节日是中秋节，同学们在宿舍里庆祝。兰州的同学拿着一个大碗给大家敬酒，我接过碗就一口干，然后人事不省。醒来，内心觉得真是爽快，仿佛那就是男人样。

然后，我又开始学习踢足球。在中学时代，尽管我酷爱体育，跑、跳、乒乓球、羽毛球、篮球都会，但我没有接触过足球运动。我们当时的那个小镇上，没有足球这项运动。第一次踢比赛，我就和1987级的师兄因争抢头球双双血流满面，我们一起从校医院里包扎出来时相视一笑，那个时刻内心里也是十分的爽。仿佛这就是男人样。

然后，我开始唱摇滚。1988年，摇滚于中国是先锋与新潮，于兰州则更是叛逆之体现。我有印象的是崔健曾在兰州举办过一场摇滚演唱会，现场退场者众。但是，在兰州大学当时每年一届的《黄河杯》文艺调演中，我上台演唱了两首崔健的作品《一无所有》和《假行僧》。在台上，从来没有跳过舞的我，居然是舞着、跳着唱完的。也许，我是兰州大学第一个在舞台上演唱摇滚的歌手。仿佛这也是男人样。

我亦写了《血镇》这样的诗来纪念我在兰州大学的心理与性格的成长。

（一）

橙黄的大海上
漂泊着倾斜的城
碧蓝的天空如唱晚的心情
血镇，自然是一处凶杀的地方
被洗劫的寡妇似的
升不起炊烟
石板路冷清清的
总像那冷面美人走过，侠客一样

（二）

只一眼来不及撩起江南的面纱
缠绵的梦里时常挂出鸳鸯蚊帐
塞北的苍茫里旅客在行走
逃亡，因为逃亡
对于宇宙的恐慌以及孤单
庇受着太阳的冷，随时
风景里都能跳出蒙面的人
刺客，总是无影

（三）

在追逐里苍老成男人
当脸上阴郁出破铜烂铁

心砧上已打好
杀气腾腾
一阵腥风从巷尾翻起
一个白浪又掏空了一切
我在我身体里委顿
血镇，自然是一处凶杀的地方

我在兰州这座城里在兰州大学这个学府里洗涤着自己的内心，塑造着自己的血性，感受着这种变化与涅槃。

时间荏苒，光阴流逝。转眼来到大三。我对西北的了解似乎不再限于印象与感觉。有时候，我会一个人徜徉在兰州的街头巷尾，看着那些穿着粗布的男人女人。有时候，兰州的同学会跟我讲一些西北的现实与故事。有一天，有个同学给我讲了甘肃民勤的一位养蜂老人的故事。我根据它创作了《黄河的养蜂老人》这首诗：

每晚只听着涛声
听得涛声也是甜甜的如蜜
每次只放着黎明
收得黄昏澄澄的如蜜浆
林子是静默的老伴
四十年都不曾言语
日头西挂的时候
林子很暗，很幽深
蜜蜂归来了
像他的儿女们一样吵闹着
他的孤独从没有向人说
他的欢乐谁也不会明白

这位养蜂老人的故事对我的触动非常大。他质朴、厚重、深沉，就像西北的黄土一样。也许这才是我应该寻找的东西，也许这才是西北的

DNA。于是，在兴隆山旅行时，走进满山的桦林，我感受到了中华民族的气质。我用《走过桦林的时候》这首诗记录下我的所感所思所想：

走过桦林的时候
是走一条五千年的中华大路
我见到了黄皮肤的祖先
昂首低眉，冰白的胡须
生长在绝壑沟壁之上
一座山峰朝我压来
我的祖先曾移动太行王屋
他们沉默着无语
空寂的深山迈不开我的脚步
他们冰白的胡须
石子般投入我孱弱的情怀
走过桦林的时候
走在一条胆战心惊的桥木
山上飞泻下瀑布
矫鸟也不敢在此唐突
前面又阻隔着高山
我渴望草原和布谷
我渴望蓝天上白云几朵
我渴望在贫穷的欲望里
过丰足的日子
我渴望能与祖先们交流一下泪水
喝一杯浊酒唱一支曲
走过桦林的时候
是走一条五千年的中华大路
我不能坦荡地走着
我不能无视一座山峰的飞来
也不能无视脚踏着断桥木

我不能在此永生
也不能在此亡悼生命
我的头顶上聚集着百蝶飞舞
我也不能在此涅槃
即使我的心中萌生邪恶
我也不能在此坠下地狱

写下这首《走过桦林的时候》，我感觉到我在兰州大学的四年没有虚度。因为我在这里找到了根，找到了方向，找到了使命，成为了我想成为的“西北汉子”——他是一位有血性、有豪气、有传承、有责任、有担当、有深度、有创造的男子汉！

因此，无一例外，在毕业时，在给每个同学的留言簿上，我写下的都是《抽雪茄的男人》这首诗：

渐已疯狂，继之以平静
一呼一吸，大海起伏
隐雷震聋了耳膜
总有一种声音不可欺骗
总有一种状态动人心魄
有一次陨落无法解脱
望着星，我们抽完雪茄再说
说时已冰冷，仿佛铁铸
一个姿势，保持千年
时间也为之停留
我岂是你眼中的那种人
又怎是你心头的那种人
我是你血上的那种人
抽完雪茄，萤火又划亮了星辰

汤书森

作者简介

汤书森，1970年10月出生，陕西省山阳县人，高级工程师。1994年从陕西工学院（现陕西理工大学）毕业，同年参军入伍到中国酒泉卫星发射中心发射测试站工作，历任助理工程师和工程师。2002年转业到兰州大学信息科学与工程学院，从事实验教学工作。

兰大，我的第二母校

我是20世纪90年代初，从陕西的一所高校本科毕业后，为响应国家"921工程"建设的号召，参军入伍，成为一位技术兵。三个月之后，完成了从一名地方大学生到军人的转变。

2002年，我转业来到兰州大学信息科学与工程学院，从事实验教学工作。回忆起那个年代和岁月，有许多的无奈、彷徨、辛酸，但也留下了许多美好的回忆。现在人过中年，回首往事，这是一笔宝贵的财富和满满的幸福感。

我出生于陕南的一个贫穷的小山村，因为勤奋刻苦，考上了大学（当时录取比率少，本科更少了）。当年我求学的时候，务农的父亲经常生病，家庭经济异常拮据。全家的经济来源主要还是靠售卖为数不多的农副产品，如鸡蛋、黄豆、绿豆、花生和芝麻等。

幸好那时候我们上大学，国家有助学金和奖学金，帮助我完成了大学学业。毕业了就想迫不及待地找个工作，为的是解决生存问题，来到地处沙漠戈壁的酒泉卫星发射中心。

当年生活条件异常艰苦，水的碱性很大，风沙也大。完成任务之余，业余时间主要就是看书，或者在短暂的秋季看胡杨林，时常也被那些胡杨林顽强的生命力所感动——有着“活一千年不死，死一千年不倒，倒一千年不朽”的说法，并耐旱耐涝。秋季时间不到一个月，很快就进入冬季了。再说交通吧，那时候从西安到基地，乘绿皮火车就是三十多个小时，大多数火车上没有开水，车厢的地上一片狼藉，而且来回基本都是乘坐硬座。唯一令人欣慰的是工资高点，穿戴免费（当年的小我意识，也是生活的无奈）。此外，让我们地方大学生能够多年坚持待下去的还有“东风精神”和“航天精神”的鼓舞。是的，一个人是需要一种精神的。

2002年，由于满足转业条件，我进入了兰州大学，成为一名实验教学人员。学校是我当年依依不舍又不得不离开的地方，时隔八年终于又回到了这个神圣的殿堂。然而，曾经干了许多当时是高科技的工作，回来教数字逻辑电路实验，起初我彷徨过、郁闷过。

一年后，年过三十岁的我又开始了在职研究生的生活。现在的积石堂里、毓秀湖边和榆中校区的昆仑堂中，众多的学子当中，也嵌入了我的身影。和我教过课的学生一起上研究生，这又是一种特别的感受，也很美。冥冥之中，兰州大学有一种精神在催人前进。学然后知不足，在工作之余，我又开始了如饥似渴地求取知识的学生生活。这种充实、繁忙而又非常有意义的“青春生活”，现在回想起来也美滋滋的。是的，奋斗的青春最美丽。我仿佛又回到了十八岁大学生活的美好时光里，但更多了一份经多年阅历而沉积的厚重成熟。教学相长，在实验教学中我是学生们的老师、朋友，我不仅传授知识，也分享做人、做事的道理，激励他们人是要有一种精神的。研究生毕业后，我很快评上了副高职称，还主编了由清华大学出版社出版的四部实验与实践教材，发表了十余篇教学研究方面的论文，获得了“隆基教学奖”，也算收获满满。我的进步中，又饱含多少恩师的汗水以及指点迷津和谆谆教诲呀！

当我短暂地浸淫在小小收获的喜悦时，时常陷于沉思。面对当今信息化、网络化、数字化以及智能化的浪潮奔涌而来，社会飞速发展着，我们不能安于现状。学如逆水行舟，不进则退。教与学要与时俱进，紧跟时代的步伐，学海无涯，大浪淘沙。我们为生活在这个时代而骄傲和兴奋，也要为这个时代而奋斗。面对互联网+、智能化+、工业4.0等问题，我们的教育应该与时俱进，培养的人才也应该面向这个新的时代。这个时代催人奋进，这所高校也激励我们不断前行。

年过四十的我又开始了在职博士研究生的生活。在博士学习阶段，我的视野更加宽阔了，知识更加系统和丰富了，我的职称又晋升两级。每每回味起来，这段生活也非常充实和有价值及意义。

我们伟大的祖国正发生巨大的变化。家乡变美丽了，也富足了，我的第二故乡——兰州也变了。现在中国进入了高铁时代，西安到兰州只需三个小时，兰州到酒泉也只需四个多小时（往日苦涩的生活不堪回首，原来要十多个小时）。而且，家乡早已开通了高速公路，并迈上了全国新农村建设示范镇的快车道（从家乡到西安原来需要八个多小时，现在只需两个小时）。高铁时代缩短了我们的空间距离，网络时代又缩短了我们与世界的距离。兰州大学的发展不会再因地处西部受太大的影响。我坚信，在“一带一路”的链接纽带中，兰大从“985”到“双一流”建设中，会有更大的发展机会，兰大为实现祖国伟大复兴的中国梦，必将做出更大的贡献。因为有许多像我一样当初为高工资和免费服装的人，现在都转变成了追求理想的人，追求人生价值的人。

时至今日，我才明白，只要你融于兰大的生活，就会成为兰大人。冥冥之中，是在接受兰大精神的教化和感染，在接受兰大学风的影响。润物细无声，我们在潜移默化中受到教益和启迪。“自强不息，独树一帜”的校训是兰州大学宝贵的精神财富，是兰大精神的集中表达。“勤奋、求实、进取”的学风，将一直激励一代又一代兰大人奋勇前进，并为实现中华民族伟大复兴的宏伟目标而不懈努力奋斗。

兰大，我热爱您！我对您有份特殊的感情，不仅仅是我在这里完成了学业，也不仅仅是我在这里安家落户，在这里我的思想得到了升华。我热爱教育事业，教书育人也是一门学问和艺术，因为教育是一项神圣而又伟大的事业。要用关心子女般的心去关爱学生，你今天多给小苗的一捧土和一滴水，将孕育的是祖国明天的一片参天大树。

兰大，您润物细无声，您给了我第二青春，更是我的第二母校。我从这里真正成长起来。

李晓君

作者简介

李晓君，女，1974年7月出生，河北人。1996年毕业于兰州大学新闻与传播系，现任甘肃日报社总编办副主任、甘肃新媒体集团新甘肃客户端负责人，高级编辑，多次获得甘肃新闻奖。自小向往记者这个职业，在兰州大学的培养下最终如愿以偿，从二十多年的工作实践中收获着成长的快乐。

我们班

一

公众号开通的第一天，大学同学群里就有人给我提了要求：要多多回忆咱们班的事啊，说完，还发了一个特别大方的红包。我的心里一紧，这个作业可不好写，写不好，实在对不住这个大红包啊。

隔天早上起来，周身困乏，梦里全是回忆，信息量特别大，有些凌乱，要是梦能够再有条理、更加清晰一点就好了，我可以将梦想照进现实，原样复制。

此时，正是盛夏周末的清晨，兰州令人欣慰的特色之一就是凉爽。比起京城的桑拿天，此刻是多么适合进行美好的回忆啊。

对着镜子里不再年轻的我的脸，为什么这张四十多岁的面孔之下，依然藏着一颗小女生的心呢？我上下求索，然后坚定地认为——那是大学时光带给我的。

当十八岁的我在父亲的陪伴下，从河北唐山千里迢迢走进兰大校门时，不知深浅的我还有点怅然若失：之前十几年的奋斗难道就是为了走进这所看似庸常的大学？

多年之后，我很懊悔自己常因为对自己并不坚定的自信和并不恰当的谦虚，不够珍视曾经惺惺相惜的过往，小看了母校，冷落了青春。就像是不谙世事的孩子，总是十分挑剔地看待自己那么温暖的父母；就像是我们常常抱怨周遭的环境、不满于我们所在的岗位，可是当抽身冷静面对时，就会发现，我们经历的和现在所拥有的，都是我们用奋斗甚至用优秀得来的，都是那么难得，也是那么值得尊重。

前段时间，我随外地来兰的师兄师姐参加在兰大举行的“天南海北兰大人，携手相约跑兰马”的启动仪式，那热烈与庄严，那赤诚与执着，瞬间将我拉回到二十六年前，我的浮躁融化在2018年6月午后的艳阳里。

正值高考学子填报志愿的时节，兰大作为“211”“985”序列的名校，有着较高的入门水准，毋庸置疑地吸引着来自全国各地的学子，这里，是他们通向美好未来的五彩桥。我的母校兰大，您令我敬仰；作为兰大人，我们当为自己骄傲。

第一次班会，三十九个人坐在一起，女生少，男生多，物以稀为贵，属于特别好的比例。男生看的是哪位女生长得漂亮；女生偷瞄的是哪个男生疑似白马王子。别看个个都是中学里的学霸，其实心里的不安分正在滋长，含苞待放。那是一个改革开放的好时代——我们入学的那年，正好是邓小平南方讲话发表的那一年。

东方风来满眼春。教室里蹦蹦跳跳地来了一位“小女生”，个子娇小、长相娇媚，一袭鹅黄色的连衣裙包裹着她年轻、匀称的身材，一条马尾辫一甩一甩地宣示着自己的青春。原来，这位刚刚毕业留校的女老师就是我们的班主任，她眼睛不大，但晶晶亮亮、顾盼生辉；她用洋气的四川普通话叽叽喳喳给我们讲话，挥动着只相当于我们的一半的、鲜嫩的小手，时而认真地把嘴努成不同的形态用以区分十和四，她偶尔明朗地笑成一个小女孩，露出八颗牙齿，还会俏皮又适度地吐出舌头，眼帘垂下去又飘上来，显得纯真、可爱又风情万种……所有男生的眼睛都被吸引了去，女生的心理年龄则不知何故地迅速长大、长大，忽而呈现出一副特别稳重的、老女人的姿态，静静地看着眼前这一切，不想说许多话。

班主任转头用粉笔在黑板上写下了自己的名字。这下，所有人都把嘴巴张成“O”形，身体纤细的她，字体隽秀有力，更令人惊异的是，那个名字，在刚刚发下来的《基础传播学》一书的作者栏里，也有。

不得不多说几句的是，那时的兰大新闻系在全国赫赫有名，号称全国前五。那时的系主任刘树田老师虽然为人低调，却颇有名望。新闻系每年只招收一个班，四十人左右。据说，当年招生的时候，系里不仅看分数，还要看颜值。第一次上课，老师们会稍不留神地说：那个谁，你是我招来的，本人比照片还漂亮嘛！说得我们心里美滋滋的，天之骄子的得意贯穿了我们的大学四年。

来到学校，才知道我们所学的专业，不叫新闻学，而叫新闻传播学。多了“传播”两字，确实充分体现了兰大超前的学术理念。这就好比是工厂，原来只注重产品本身，而要适应市场，你得考虑售前和售后。新闻传播学拓展了新闻学的范畴，增加了对受众层面和传播效果的研究，使媒介的功能更加全面。看，经这么一叙述，你一定要对兰大新闻传播系的学生高看一眼，虽然现在是媒体融合时代，但终究离不开“传播”二字，在传统媒体摸爬滚打多年的老牌新闻传播学系的学生，照样可以在新媒体时代绽放光彩。

话题回到班主任身上，她那时能参与《基础传播学》的撰写，可见理念多么超前。

若干年后，班里部分同学聚会，小鸟依人的班主任也在，她依旧年轻的样貌、率性的谈吐、自信的举止和掩饰不住的有腔（情）调的生活，令同学十岁的儿子理所当然地认为，班主任看起来比她任何一个学生都年轻、有活力。听了这话，我们这些女同学，瞬间又衰老了许多。

如今，班主任已在德国定居，过得依然有腔（情）调。每每她回来，我们都会抽风似的敷面膜、买衣服，急赤白脸地找寻着自己的青春。

兰大，是令我们开阔眼界的母校啊。

二

班主任被初次见面的男生女生在心里暗生情愫或暗自忌妒的时候，有一对“她和他”却在做小动作：北京男孩坐在无锡女孩的后面，他在轻轻拨动着女孩搭在后桌上的发梢。

真是奇怪啊，头发丝上没有神经、没有血管，但却那么显而易见地牵动了女孩的心。她的脸红开来，头低下去，似有似无的微笑浮上眼角；男孩从后面肆无忌惮地盯着她的后背，胜券在握地从细微的颤抖中读着她丝丝缕缕的反馈。

一切是那么顺理成章。她和他在我们入学的几天之后，迅速牵手。北京男孩家境殷实，女孩出自南方水乡，高挑秀美，是名副其实的校花。

关于她，一定要多写几句，论长相气质，她是绝对的偶像加实力派。一米七三的身高，腿长且直，站在我们中间就是鹤立鸡群。长发波浪般垂下，映衬着鹅蛋形的脸庞，眼睛很大，鼻子高挺，嘴巴有着完美的轮廓，饱满又有弹性。她时常流露出成熟又略带忧郁的神情，显得我们既矮又丑还稚嫩。她英文很好，读英语的发音，有种英国贵族的气质，加上她喜欢喝咖啡，喝的时候用高高大大、有英文字母的杯子，双手捧着，一口一口呷，望向窗外，她站在那里看风景，其实她自己就是一道迷人的风景。你看，我这么描述她，丝毫没有夸张的意思，同时显得我特别大度。

北京男孩兼具的优势大家一定都懂的哈。第一次班会，他穿了一件宽松的麻质长裤，腰是松紧带的，垮垮地透出随意的自信。他每隔五到十分钟就把裤子往上那么提一下，这么做也许是为了显示从容与淡定。我们都特别佩服他说话时的感觉，老师提问的时候，他能把一个简单的判断题，回答成一道论述题，或者论文。“您问的这个问题吧，我认为呢，从总体上来说，需要这么考虑，就是说呢……”对于北京话，我总结了一下，每个字发音很标准，可是，它是靠每个音的长短实现了抑扬顿挫，显得有种特别的韵味。比如，“我认为呢”这句话，“认”，就是八分之一拍，“为”这个字，就需要三到四拍——你要不信可以试一下。

我们心里常常为女孩鸣不平，若是她不那么早就名花有主，她的追求者肯定从天水路排到西关什字了吧。班里班外、校里校外，有多少男孩黯然神伤啊。

以此为引领，没多久，班里迅速配对。感谢新闻系的团结友爱，系里组织了舞蹈培训班，大二、大三、大四的师兄师姐在连续多个周末的晚上，为大一新生培训双人舞。后来我们发现，主要是大四的师兄教大一的师妹。

校花不断开辟着柔情似水的新境界。她早上很少睡懒觉，按时起床，然后急匆匆地端着饭盆、提着水壶，快步奔向食堂，奔向恋爱生活。

一般情况下，早餐她会买上一块油饼、一份稀饭和一小块腐乳，然后，站在宿舍里的窗边，沉静地吃起来。刚开始，是大口大口地吃，之后是小口小口地吃，当三种食物各剩到二分之一强的时候，她就停下来不吃了，拾掇成整整齐齐的样子。半个小时或更长，她总是有些心不在焉魂不守舍地耗着，等到她认为合适的时间，她就马上利利索索容光焕发地提着水壶、端着饭盆，两手都十分辛苦地直奔男生宿舍而去，几乎每天如此。看着她勤快的背影，我们会偷偷心疼她，她爸妈要是知道，自己的女儿一上大学就为别人如此勤勤恳恳，心都会碎了吧。

大学四年里，她兢兢业业、小心翼翼地守护着那份爱情，买饭、提水、洗衣、占座，有时是贤惠的小媳妇，有时是失意的大女人，我们爱莫能助的目光，为她祝福或为她痛苦。事后我在想，新闻讲求时、度、效，其实男女之间的付出，也要讲求时度效啊。

关于感情的奇迹出现在大四毕业前夕。北京男孩与无锡女孩变得磕磕绊绊行将分手之时，班里一位品学兼优、一表人才的男生表白了一位内外兼修、低调平和的乖乖女，两人厚积薄发似的一拍即合，短暂却果敢地明确了一致的人生方向。我们得知后，奔走相告，虽然这段你情我愿来得有点晚，但火车总算还没开动，抓住她，还来得及。

女孩为了这段爱情，毅然放弃了去家乡省报工作的机会，留在兰州一个不大的报社，心甘情愿忽略了自己在工作方面的宏大目标，把智慧投入到幸福生活里。两个人彼此信赖，互相体贴，和和美美、踏踏实实地过日子，把儿子成功送进比兰大还好的大学，是我们班所有人点赞并佩服的唯一配对成功的一对儿。

事实证明，先和牌的，最后真不一定赢上钱。

兰大，是令我们情窦初开的母校啊。

三

在当时的大学校园，可以肯定地说，恋爱并不影响学业。就像北京男孩和无锡女孩，他们天天黏在一起，上课的时候不是前后桌，就是左右手，还经常坐在最后一排，学习也能相互促进。阅人无数的教授看一眼便能猜出他们的关系，课堂上总能给他们留足空间，提问或分组都恰如其分，决不惊扰——多么人性化的大学啊。

我们从四面八方来，由于省份来源不一，分数也都高高低低。我自以为是地发现，河北考生我的分数，在甘肃省竟遥遥领先。沾沾自喜着不足三十秒，马上就得知，班里来自江苏、山东、河南等地的不少考生，他们的入学分数比甘肃状元还高出几十分。特别是江苏人老朱。

老朱后来被我们称为小米。他的个子高高大大，但不是特别挺拔，有点社会小青年歪瓜裂枣的劲儿。常穿牛仔裤、运动鞋，上衣要么白，要么红，走路的时候，脚后跟从来不沾地，动感十足，显得特别酷。他的鼻尖上长了一颗小小的痣，并没觉出任何的不好，反倒有些可爱的俏皮，于是我们想到了米老鼠，加上他的姓氏“朱”写起来，伸胳膊带腿，也像是个米字，于是，“小米”就这样诞生了，全班人这么叫了他四年。多好听的名字啊，比小麦还好听。

毕业前夕，他把我堵在楼道里，两条腿的重心不断轮换着，两只手摆在胸前，一只手不断按压着另一只手的骨头节，发出啪啪的声响，四肢和五官一副准备随时战斗的样子，他瞟我一眼，眼皮又马上浅尝辄止、颇有分量、很有范儿地垂下去，飘移到斜下45度角的方向。这位强悍的男子一本正经地问我：小米这个名字到底是不是你起的？为什么会叫这个名字？他严肃的样子吓坏了我，我要是承认，他还不给我两个饼啊。我假装云淡风轻，一脸无辜地否认了。

在这里，我要向小米，不、不，是老朱道歉，希望这个并无恶意的雅号，未曾给你带来困扰。

刚才提到入学分数，这一点，我认为在一定程度上体现了教育公平，在全国各地不同区域选择同一层面的孩子，即使分数不一，相对水平也都差不多，因此在大学校园，要适当把自己清零，从头开始。当我们本科四年毕业时，你很难判断究竟谁学习更好些，大家都在不同领域绽放光芒，在我们彼此眼中，对方都是那么优秀！

由于新闻学实践性强，有大实习和小实习，因此在课程设置上特别精练，除了文科院系的基础课程，新闻理论、新闻写作、新闻史、报纸编辑等课程是我们的特色，偶尔会吸引外系的一些小姑娘来听课，搞得课堂效果大打折扣，男生们老是走神，因为来听课的大都是美女。于是，我们也伺机蹭别的系的课，扰乱他们的课堂。

得益于兰大的开放性思维。不知道从什么时候开始，学校开设了辅修课程。可供我们选择的有市场营销、公共关系、实用美术等专业，晚间上课，两年学制，有点像双学位。这几个专业都是当时社会需求的大热门，班里同学按兴趣分别报了不同的课程，夜生活更加丰富，大家的“武艺”也更加高强。

那时我选修了公共关系学，与班里的另外两名男生小马哥和阿典搭伴。由于住在一分部，上课时要每天骑着自行车前往本部校区，可是我们老是迟到，迟到了就坐最后一排，坐下来便有点听不清老师的声音。趁这个机会，我们三人建立了铁哥们的人际关系，并通过女生的背影，力求发展新型公共关系。

在三人小组的共同策划下，我们聚焦了一位生物系的女生，正中阿典下怀。经过试探、约会、再试探、再约会……三个星期的来来往往，本以为确认了眼神，最终却是过眼云烟。虽然我们进行了适当的“危机公关”，但最终也未能达成长期合作共赢的关系。幸运的是，晚上的课，我们都坚持下来了，并且，对公共关系有了深入的理解。

在其他院系学生眼里，新闻学和新闻系的学生都是活跃的、前卫的，虽然人不多，却是小系大气魄。

还记得《新闻报》么？我说的不是丹福上办的报纸，而是兰大新闻系的得意之作。一张双人床那么大的黑板，办成报纸的样子，傲骄地安放在食堂附近的小广场上，名曰《新闻报》。有头题、报眼，讲究分栏、破栏和标题制作，文章是新闻系的学生自采的校内新闻，然后用毛笔蘸上白色的水粉，一笔一画写上去，颇显功力。我荣幸之至地被选为编辑组成员，与师兄师姐一起定期誊写，每期都是好几个晚上趴着写呀写，衣服黑了，脸却白了。每当看到有同班同学的稿件，我就写得格外卖力，这一点，不知道胡子同学有没有感觉到我的偏心。

说来真巧，那时常常在《新闻报》上头题的作者，如今正好在新华社工作，也经常上报纸头题。1990级有位师姐，流畅秀气的小楷，一撇一捺都韵味十足，显然是多年的童子功，让我敬佩不已。

当年的《新闻报》，让新闻系变壮了；那样的磨砺，让我的世界变大了。

论学科，我喜欢新闻理论，当然不是因为理论本身，而是因为那是段老师教的。段老师也是兰大的学长，他的身上，自带着兰大人的温暖。他身材不高，略微发福，人到中年却一点都不油腻。因了深厚的学术功底，他不仅能把枯燥的理论讲得很有趣，还能把一个“点”扩大成一个“面”，甚至是一个“体”。课堂内外，他总是微笑着，或是似笑非笑着，智慧的眼神滑过我们每个人的脸，然后慢慢移向阳光灿烂的窗外，配以那绵长的、好听的尾音，显得悠远又深邃，使讲堂幻化为思想迸发精彩不断、魅力四射的舞台。遗憾的是，兰大终究未能留住他的脚步，如今他在南方一所著名的大学里任教；不过，他常常回来，为学生奔走。几年前，段老师受邀到我们单位来授课，即使在工作了二十年后，他的课依然听得我聚精会神、呼吸变缓，真是太好听了。

如果说段老师给人的感觉是师长，李老师在我们心目中，就是兄弟。

李老师讲的是消息写作，而我们听到的，却是对人生、对社会的认知，他的旁征博引、精辟论断，他不拘一格、意味深长的总结与善意狡黠的笑容，与我们不断产生一个又一个新的共鸣。

令人感激不尽的是，不论上学时还是毕业后，我们从他的眼神里读到的，永远都是欣慰与欣赏，就像，我们的一言一行、一举一动，都是他的骄傲——这令我们时时心花怒放，受到嘉奖般表现得更好，这样的教育，多么舒畅，又多么具有正能量啊。与学生聚在一起时，他一定会推心置腹，至情至性，空气里洋溢着温暖。有一回偶然遇到，二十米开外的李老师在一行人中张开臂膀，我仿佛嗅到了阳光、大地、海洋般的味道，冲过去，在老师的博大里回归成一个孩童。这个细节，光明磊落，坦坦荡荡。

我们毕业后，他愈加清瘦，令人心疼。但他的眼神，一如昨日那般强大，一如阳光般柔和。

说实在话，你现在要是问我某一门学科的基本体系，我会像没上过大学那样茫然。或许，大学教育留给我们的是渗入骨髓的思维方式，而不是具体的要点公式，还有，就是那些各具特色的大学老师。

Mr.李和燕子老师，你们还好么？Mr.李是我见过的演讲最具煽动性的老师。他背着咖啡壶，戴着黑框眼镜，用外国人发音时的口型和偶尔耸肩的丰富夸张的动作，向我们讲述詹姆斯·戈登·贝内特时，透出了稀罕的幽默风趣和异域风情。他用紧凑的、长长的句式讲述新闻的历史，用慢节奏的呼吸和快节奏的腔调表达微微的忧患，我们被他的风度深深吸引，这是一个具有美式思维的演说家，他的舞台应该在大洋彼岸。

征服这样一个男人的是他的太太——燕子老师。有次去燕子家，她把我们热情地让到沙发里，Mr.李低调温和地为我们倒茶。学生与女老师谈笑风生的时候，身材高大的Mr.李从厨房走出来，端着一张小板凳，很自然地坐在了靠近阳台的一角，安静地看着我们，那一刻，他人性的平和定格在我们心里。

我领悟到，一个张扬的人，能够随时放下张扬，就像能喝酒的人，可以随时放下酒杯，一个牌技高超的人，想赢就赢，想输则输，这是多么富有弹性人生啊。

燕子老师从省报记者成为大学教授，她的言谈举止散发着高远的自信，她的课堂弥漫着实地采访的农家气息（据说她曾在张掖驻站），她将自己的亲身经历提升为生动的甘肃故事，让我们对记者这个职业充满幻想。对了，她一定是那个年代里兰大跳舞最好看的老师，或婀娜多姿，或狂野奔放，我们为这个藏族女人的魅力和潜力深深折服。

说来奇怪，我提到的这几位老师，大多数已经调离，均前往更好的高校，我们向更高的平台致敬，也为多年的坚守点赞。不过能不能这么理解：我们那时上的是兰大，可老师，是来自南京大学、中传媒或者更高的水平的平台呢。

如果有机会与老师们重聚，我一定要先于他们，张开我并不宽阔的臂膀，我想用自己仅有的温度，让他们体会来自学生的永远的感恩，与爱。

兰大，是引领我们不断成长的母校啊。

四

到了大二，当北京男孩和无锡女孩卿卿我我、稳步发展时，各种小实习开始了。这时，班里的灿国同学粉墨登场，他在低调了一年之后，逐渐显现出普通人罕有的特质。

关于灿国的这一篇，建议您一定要读下去，因为，很可能在您的身边，就有这样的同学；或者，灿国也是您的朋友，那您一定要了解他，了解他精彩的人生片段。

灿国个子不高，裤子却提得有点高，上大学那会儿长得圆嘟嘟，感觉特别立体；他头发微卷，鼻子有点像刘德华，眼神则像刘诗诗，你有时会搞不清楚他看的是哪个方向。他有着特别秀气又盈润的嘴唇和长长的睫毛，这使他时时呈现孩子般纯真的表情。

综合他的特别，颇像相声演员李金斗，当然你也可以把他幽默的神情想象成憨豆先生——罗温·艾金森。

他的长相虽不出众，而他的内心，则是诗与远方的田野。

灿国来自湖南，说话抑扬顿挫，偶尔一惊一乍。别人是身材呈S形，他则是口音呈S形。由于他爱激动，常常是不到三句话，他语言里的S形便七扭八扭地走出来，口水偶尔也会随之冲出来，让面对他的人肃然起敬地后退几步。

上课的时候，他总爱抢着回答问题，那些开放性的问题他回答得总是特别开放，而且冗长。刚一开始，老师与学生听得聚精会神，到了后来，往往是忍俊不禁，连段老师李老师那么儒雅的课堂都会占去许多哄笑的时间，只好强行打断。灿国会显现出极度失望的表情，慢慢坐下，然后“嗖”地又站起来，补上一句更为夸张的话，我们的课堂像放了烟花般绚丽多彩。事后我想想，灿国的那些废话，其实是很有见解的认知，只是在当时看起来，像愣头青般不着边际。

灿国总是在我们笑过了以后，爆发出迟来的、毫无顾忌地哈哈大笑，我们不得不为此再哄笑一次；而当需要感动一下的时候，女生们还正在酝酿，他却早已落下雨来。他经常会流露出某种特定的、无辜的神情，头稍偏一些，眼睛则看着别处一个方向的某个地方，然后缓缓地摇头、轻叹，继而，他像总结讲话那样，无比低沉地唤着你的名字，表示出深深的忧虑与浓重的思考，体现出忧国忧民的深沉与博大，你也会因为他称呼你的语气，把自己想象成一个颇具分量的人。当你沉浸其中时，他又会突然莫名其妙地咧开嘴，笑得特别没尺度，让为此深深感染的我们，蓦地一下惊醒，从天上掉到地下。

他是兰州人嘴里的怪章子，你对他的判断永远在千里之外。

一般情况下，灿国不愿与男生为伍，也从不打架，他有着阿Q般的战斗精神。当然，在原则性的问题上，他有时会把自己当成鲁迅式的战士，尖而锐。

当他追求女生时，特别真诚地聊理想、谈人生、诉思乡之苦，讲明日之未来、诗词歌赋、诗情画意。当他十分敏锐地认为，这些语言都不足以打动对方时，他就会忽然地伸出右手，猝不及防地拍向女孩的左肩，哥们儿似的表达一些空洞的祝愿，草草收场。女孩站在原地目瞪口呆，他早已扬长而去。

有一回，同宿舍一个小女生临睡前幽幽地、羞羞地向我们讲起灿国感人的表白与远大的志向，我们其他人心理都在悄悄地狐疑与慨叹：那些破事儿，那些车轱辘话，除了无锡女孩，灿国都分别对我们一本正经地说过。之所以没有对无锡女孩表白，一是因为北京男孩比他壮很多；二是由于无锡女孩的美貌是校花级别，向她表白确实需要足够的底气。

灿国属于屡战屡败、屡败屡战的强者，从来都不轻言放弃，并且不断变幻着新的战术。后来我们常嘲笑他花心，他从来都矢口否认，但也从不生气。

那次，我们邀请了已经毕业的几位师兄来班里座谈，他们非常中肯地向我们分享了新闻实践工作的特点，我们如饥似渴地听着，还认真地做着笔记，从座谈中畅想着各自的美好未来。

座谈告一段落后，娇俏的班主任让我们进行自由提问。灿国把手举过头顶，弹簧般站起来，肚子挺成一张弓，他的体态毫不拘束，思想也信马由缰，他用S形的口音特别率真地问：“我想问一下师兄，记者是不是最好不要找同行结婚?”

这个问题让师兄的表情迅速收紧，在从容里变得茫然。

师兄略微思考了一下，给出了答案：记者这个职业特别忙，可能会经常出差、加班，如果夫妻两个人都忙的话，是不是不太好……

卷卷头灿国将信将疑，时而戏谑、时而严肃地侧耳倾听，然后没吃饱不解渴似的，流露出悻悻然的表情。

这位师兄曾在黑板上，特别帅气地写下了自己的名字“剑南”。

需要补充的信息是，后来我与这位剑南师兄成为一个单位的同事。当年的粉笔字如今已演变成颇有功力的书法作品。他以长者的风范践行了自己当年对于婚姻问题的理解，找了一位非同行女子做太太，不仅为我们班发挥了表率作用，还在报纸日渐式微的今天，有效降低了家庭内部的行业风险。不过，不知道师兄剑南当年是否曾经忍痛割爱?

而灿国，则反其道而行之，不依不饶地在新闻系的圈里兜兜转转。后来，利用课余时间，灿国开始联络兰州的各家报社，他的长项从课堂延伸到社会。从曹家巷花五十块钱买了一辆自行车后，他在金城的大街小巷跑采访，每隔几天，便会拿回一张报纸，那里面有实习生刘灿国的文章。

报纸上他的名字越来越多了，文章的块头也从一张名片的面积扩大到一斤豆腐甚至是一个巴掌那么大；文章的体裁也从消息、通讯到述评。他拿上稿费的当天，一般会请同行的女生吃饭，相谈甚欢。以现在的眼光来看，灿国那时就做到了工作生活两不误，实现了经济效益和社会效益的良性循环。

那时的灿国，走过我们身边时，空气里常飘来火锅的味道。

我们谁都不曾设想过他的生活，就像不曾设想有哪个女孩不在乎他的天才的眼神和偶尔的古怪，能真正与他携手，那个人也一定是个天才。

是的。有位新闻系的师妹最终选择了他。毕业后，二人双双去了北京，女孩如今是央媒的资深制片人，灿国则在中记协某行业协会任职，将本职工作干得风生水起，自费开了公号，面向媒体人分享业界动态，探讨媒体变革，还经常牵头举办各种论坛，开展媒体人资助项目，他的眼界、境界一直在扩充、扩充；他的精神世界，特别符合社会主义核心价值观的要求。

当一个人的世界与情怀有关，再平凡的事也会变得庄严与博大。

毕业后的第一个十年后，灿国提出来组织班里的同学在兰州聚会，当然他始终是思想的巨人，我们特别给力地成为行动派，将班里三十多个人唤回到母校。灿国那次感慨万千："十年太久，我们中间已经有一个人离开了，以后五年聚一次吧。"聚会常实行AA制，灿国特别豪迈地表示，如果费用不足，差多少，我补多少。那一刻，他又长高了许多。

就这样，十年聚会开启了我们班定期聚会的新篇章。新闻92的温度一直保持着，我们内心的激情从不曾减弱。三十八个性情中人积攒着对彼此的惦记与祝福，每隔五年释放一次，然后再积累、再释放。聚会时，灿国是我们回忆、调戏的主要目标，也是我们点赞的首选。

灿国的情怀似一面旗帜，那是新闻92的杰作，也是兰大人的骄傲。

我们去北京出差，第一个会想到给他打电话，他用虚胖的、柔软的内心接待你；同学有什么事，他会用不挺拔的身体挺拔地站出来张罗；兰大北京校友会、兰大全国校友会，他都是重要的组织者或参与者；他不停地以兰大人的身份，为母校奔走。

在论坛上讲话时，灿国在衬衫西装的包裹下，像夏日熟透的哈密瓜，我们先是为他捏把汗，然后会放下心来，以他思想的睿智和过于流畅的口才为荣。太感激电视同行的编采水平，剪辑后的镜头里，灿国端庄大气有档次，气宇轩昂有思想——他是那么可爱、那么体面的我的同学！他是那么温暖、那么灿烂的我的哥们！他仍是那个在兰大就读的花样少年！

兰大，是让我们拥有家国情怀的母校啊。

五

本周正在经历着一个个异常繁忙的午后，我从一个偶尔文艺一下的女青年，变成了一路小跑、表情僵硬、语速快进、心急火燎的工作狂。

如此情形，我还是强行把自己按在椅子上，把心火灭下去，让自己静下来，享受片刻的、属于小麦的午后，回味那仍然延续的、美好的大学时光。

大妞跟我一个宿舍，北京人，身高一米六，体重一百四十，有点儿胖。四年里，我们一直同宿舍、上下铺，我了解她的内在，说实话，那胖一点都不油腻、不松弛。她自从进了兰大，就占领了操场。晚上九点至十点，不论春夏秋冬刮风下雨，从长发到短发，身穿运动裤T恤衫戴耳机的“大只”女，就是她。她打高中起就喜欢童安格，听说学新闻，就是因为梦想着有朝一日能够以记者身份见着他的男神。工作若干年之后，听说是见了，现在听那位先生的歌不多了。不知是那会儿风气好，还是有童安格陪着她，抑或是她运气不错，女大学生的四年夜跑竟然平安无恙，没碰上流氓——其实她自己就是个“流氓”，平均每两句话就带几个脏字儿。当然，无恙的还有她的身材，跑了几年，她没让自己继续胖，可也没减下多少肉。这事儿，有点像炒股，不少股民最大的庆幸不是赚多少，而是本没赔。

学习劲头和身体健康互为促进。我们宿舍其他三个人都谈恋爱压马路看电影的时候，她长期“伫立”在宿舍，看小说、读英语、想歪理。夜跑回来，她会在下铺旁边放一张凳子，然后站上去，相当于长高了一米，颇有一览众山小的气魄和特立独行的优越。她长年趴在上铺写字听歌背单词，既巩固了知识，又锻炼了体魄。就这么站着，她的个子没怎么长，倒是在我心里高大了许多，她如今那么强大的文笔和智慧，就是那么“站”出来的。不过，这厮终日在我床边站着，就寝的时候，她的脚挨着我的头，她的腿像半堵墙，让我心里颇不是滋味儿。

北京大妞看起来不是特别外向，可是一聊起来，她以自身特有的京腔京调、似乎是有理有据劲劲儿的说辞，把身子往门框上一靠，连比画带耸肩膀，一侧的嘴角略微斜上去，白皙的手顺势从那个方向画下来，一句挨着一句，一句高过一句，有肯定句、疑问句、反诘疑问句乃至感叹句，涉及打比方、举例子、列数字、做比较等多种修辞手法，能把你反击得语无伦次、张口结舌。特别是在谈论男朋友的时候，未曾谈过恋爱的她摆出曾经沧海难为水的架势、本着站着说话不腰疼的理念，能把处在浓情蜜意中的我们和他们，数落个遍，五湖四海、五花八门，让我们五迷三道。为此，在我们班，女生们都不大喜欢她，实际是怕招惹她。后来想想，大妞表面如石头般尖酸刻薄，内心却像水草般温情柔软。

大学四年，我和大妞关系最铁，但也常常掐架。在感情问题上，她数落我多些，这一点，我有些吃亏；但在服装共享方面，我占优势。她的衣服我都能穿，但我的衣服，她根本把自己塞不进去。她家我去过，家人我都认识；我父母生前，也把她常挂在嘴边，大学里筑成的姐妹关系，弥漫在两个家庭，延续至今。

毕业那年，大妞回了北京。在一纸风行的都市报，她风风火火闯九州，一腔热血写春秋，以个性的笔触和深邃的角度，迅速蹿红，并升至部门主任，她创造的精辟语言还让崔永元“借用”过。然而，她的横冲直撞、无边无际让领导很是头疼，知道她能干，也知道不好驾驭。千里马再能跑，哪个伯乐会喜欢不听话、尥蹶子的驹？这也是千里马常有，伯乐不常有的原因。那年我们班毕业十五年聚会，她说工作忙，来不了，为人民服务、为单位效力的态度斩钉截铁、死心塌地、任劳任怨。聚会的第二天，她跑来了，听说是给报社领导专门写了一封信，那封信写得发自肺腑、动人心扉、情怀刺骨，班里转发之后，感动得我们声泪俱下。具体内容我忘了，最后一句是：同学聚会，谁也别拦我……多么彪悍的语言！来是来了，我们睡觉她写稿，我们欢聚她睡觉，聚会两天半，她和我们吃了一餐饭，特别没劲。

过着过着，就过了四十；走着走着，就没了宣武。人到中年，大妞送走了她罹患癌症的父亲，顶梁柱般看着弟弟成家立业，现在和母亲一起，在生活里如小尖刀般指指戳戳、又像小棉袄般彼此温暖。自小在宣武胡同长大的她，被拆迁工程推到了京郊生活。从中心城市到首都郊区，终于，她高傲的头颅开始放下了——她得了严重的颈椎病，噢，后来说是心脏不好，再后来说是有些抑郁。同学大小聚会，她基本不参加。其实，她啥病没有，她需要更加多姿多彩的生活。

为了让母亲开心，她常陪着妈妈外出旅游，坐飞机的时候，工资不高的她基本都坐头等舱，她说，人活这么大岁数，得让自己舒服着来。前几天外地同学赴京出差，大妞和另一名女生亲自探望，为防止颈椎病的压迫，她不占别人的床，干脆躺到了客房的地上，把身体放展，把心放宽，四脚朝天，潇潇洒洒。她的行为选择，你可能看不惯，但是，她让你看不惯的那股子劲儿，你又特别佩服和喜欢。

后来，她辞了不大的官儿，保留了工作，依然负责跑了几十年的口子，那些稿子，她比自家的事儿还熟。她可以十天半个月不去单位，但报纸上天天有她的名字。后来，报社给她开了专栏，她开始回忆老北京的故事，她的文字有滋有味也尺度惊人，让人喷笑，也让人流泪。她可能不知道，那些文章，我经常会反复咀嚼，我想从其中，翻出她的过去，感受她的现在，偷看她不易察觉的苦痛，嗅出她心心念念的幸福。我和同学们屁颠颠儿转发她的文章，她却从来不点赞、不吱声，这厮……

现在正赶上媒体变革的时代，她所在的报社听说也在面临着转型发展。我特别想站在他们老总面前，叉着腰说，放弃谁，也别放过她！她的文风，像老北京的非物质文化遗产，那是皇城根儿的骄傲。

上次见面已经是两年前了，电话里常数落她，但也会想起她；见了面，一定会先掐她，然后拥抱她，啃她肉乎乎的脸；听她说话，一定会斜着眼瞟她，瞪她；或者，只是静静地，微笑着，看着她……虽然是大妈年纪，那厮心里却仍是一个小姑娘，大智若愚的单纯，自以为是的执拗，嬉笑怒骂的善意，指鹿为马的羞涩，她拥有并不一样的世界。

那谁，我说得对错、写得好坏、尺度大小、恰当与否，就这了哈，不许骂我。

兰大，是让我们绽放青春的母校啊。

六

前晚，芳芳在群里发了截图，她的那些朋友们纷纷提出，“为啥在‘你们班’还没有见到你的影子？”

好尴尬啊，我。

论颜值，芳芳排名前三；说身材，那是绝对高级；谈交情，芳芳是我闺蜜，而且她是很多同学的闺蜜，她拥有全班最动人的心灵、最温暖的笑容，为啥她这么长时间还没出场？

说实话，我从第一集提笔开始，就没规划、没提纲，想哪写哪，随兴而来，现在，连续剧越拉越长，我都不知道该怎么处理出场顺序、人物关系和叙事结构了。更为关键的是，我不自信我这段时间痞子似的文风能否反映出她的花样年华与馨香优雅。

不管了，写就写。

芳芳其实我在第一集里就提到过，她是巨浪老师招来的，并且重点被考察了颜值。芳芳是甘谷人，一米六四的个头，身高在班里属于中上，骨架宽，肉不多，身材略微扁平，这么说吧——如果灿国的身材可以比喻成一根擀面杖，那么芳芳就是拌馅的小铲子，依现在的审美看来，这叫高级。想想，名模大表姐、杜娟，都是这样的身材。

她拥有“天水白娃娃”的典型特色，全身上下白里透红，显得特别鲜嫩；长发披肩，除了洗澡那天是偏分式散开之外，其余时间都在后脑勺扎起一半来（那时候大多数女生不太用发油、柔顺剂之类的化妆品，全靠发质的原有光泽，洗完澡当天属于生理性自然柔顺，是女生们最美的一天）；鼻子高挺，鼻尖的部分像被削尖了似的，恰到好处地耸立在白皙的脸颊中间，笑起来的时候，眼睛弯下去，嘴角翘上来，尤其是嘴，特别好看，咧到适当的位置，舌尖顶到牙齿内侧靠近上颚的部分，这样看起来，微张的嘴就不会显得特别空洞，而是有了舌头的若隐若现，既有种神秘感，也透着儿童似的清纯。

幸运的是，我后来也学会了这样的笑容，尤其是在拍照时，不停地在龇牙咧嘴的问题上下功夫。惹得我女儿经常讽刺挖苦：妈妈，你的舌头能不能安静地缩回去！

后来芳芳的同乡向我们透露，芳芳在中学时期是当地的校花，学习好、长得美，很多男生暗恋她多年。大学毕业一年之后，她的确嫁给了中学时暗恋她的学长。她家先生如今看她的眼神，仍是男生看女生的眼神——写到这一句的时候，我的眼神里，情不自禁地闪现出灿国般的深情与艳羡。

刚入学那天，芳芳带着一副大大的眼镜，眼镜又时髦地采取了变色的设计，在阳光下变成了土黄色，不知道是不是刻意，她同时身着土黄色的套装，整个人从头到脚一片黄彤彤。

初入大学时的隆重和用力过猛，使她的白皙与美丽有点被遮蔽了，当然，这也为她毕业后的惊艳埋下了深深的伏笔。

巨老师在课堂一眼就认出了她，并表示了没有看走眼的欣慰和惊喜，她无比灿烂地笑着低下头，白得几乎像透明一般的手指并拢，像一片树叶，轻轻地拂在唇前，简洁又娇羞，特别女孩气——那样的动作，太销魂、太圈粉。

注意啊，她身上所有的美好，都特别自然，“作”这个词，恐怕一辈子都不和她沾边。

芳芳在性格上是班里最随和的人。她与每个人关系都特别好，在背后从来不说别人的坏话。比如我，到食堂打饭肯定等着大妞一块走，芳芳则跟谁都可以亲亲热热无比和谐地并肩而去；谁需要什么帮助，当别人还想稍作考虑时，她不假思索地就伸出双手；她从家里带来的土特产，我们宿舍全体人员都分享过。作为班上的生活委员，她帮我们领饭票发饭票，不急不躁，笑容可掬。

说来奇怪，芳芳说起普通话，总有一种涩涩的感觉，语速有点慢，有些字音连不上，有些又黏在一起，像是开车在居民区里行进，偶尔会遇到减速带，总是不能开得太快；而她说起家乡甘谷话，那简直是在高速路上狂奔，效率高得不得了。也正因为如此，芳芳用不紧不慢的普通话跟你聊天时，你能感觉到，她在居民区行进，很贴心地踩住了油门，生怕冲撞到突如其来的行人，她一边说话，一边自然而然地判断着你的反应，掂量着事情的来由，整理着自己的措辞，修饰着自己的声音，散发着由内而外的真诚与贴心，她暖暖的情怀就这样流淌而来。

她天生不经意的高情商，使她与任何人的关系达到了微妙而又恰如其分的平衡，使人感到特别舒服。再拔高一点的话，我认为这是一般人不具备的能力和素养。

也正因为芳芳与每个人的关系都阳光、温暖、直接，反而没有了一般男生女生心里窝藏的暧昧，班里的男生都很喜欢她，但如果对她暗地表白，则会显出一丝丝猥琐来。

还有另外一个原因，那就是芳芳的同乡太多了。自打进校门，芳芳就有不同学校、不同层次、不同性别的甘谷老乡成群结队而来。她的业余时间，常被同乡们拽走。他们大概去约另外一拨同乡，使得队伍更加壮大，然后一起去吃饭，或者到某个人的家里聚会，他们抱团取暖，使芳芳像小太阳般周身散发着使不完的热情与能量。

芳芳的大气还体现在，她常常会把甘谷同乡介绍给我们一一认识。同宿舍的一群事儿妈，一旦见过芳芳的某位同乡，会一眼看出，那位先生是不是有超出友谊的非分之想，芳芳常常会老实巴交一头雾水十分木讷地否认。当芳芳外出归来，如果她用普通话叙述某件事的时候不太连贯，有点小结巴，我们便可以准确判断，有人跟她表白了！

多年之后，芳芳的那些同乡，都在全国各地的各行各业，绽放着情理之中、意料之外的灿烂光芒，甘谷人，真是令人敬佩的人啊。

大学四年，芳芳的生活是一条越来越宽的河。

如今，芳芳与她家先生在成都一所著名高校任职，由于结婚早、生娃高效，芳芳的女儿已经上了大学，颜值爆表。

到了芳芳狠劲儿享受生活的时候，她最大的爱好是拼命捯饬自己。

写到这儿时，是周一中午，主角芳芳当晚竟从成都赶到了兰州，神一般出现在眼前。回乡探亲外加来兰办事，她的奔波之苦与见面之喜，交织在心里，让人既欢欣又心疼。

不仅是欢迎也感激着她的到来。兰州兄弟们许久没碰面了，我们八个人在毕业后选择了留守，除两位在高校工作外，其他人依然奋斗在新闻战线，忙碌在各自的岗位上，一年也就见两三回，除了我这个好事者摇旗呐喊，更好的相聚理由就是外地同学来了。

今年兰州两位同学的孩子分别参加了中、高考，都取得了特别好的成绩，这个夏天，虽说雨水有点多，但丝毫不影响阳光的暖。

芳芳的车开进兰州城的那一刻，金城的上空，晚霞无比绚烂，像极了我们五彩斑斓的青春。

大学四年，我们究竟学会了什么？

说实话，曾经学过的专业知识在我的记忆中逐渐走远，但非忘却，而是升华为我们的思维方式和工作能力。记者这个职业，比文字水平更重要的是新闻思想，说得更宽一点，是人生观与价值观。

班里的同学，不论是做人还是做事，都带有新闻92的特色：做人正直、不事张扬、心态平和，总体差距不大，字体都很相近；另外，女生以芳芳为领军人物，都挺爱——捯饬。因为，我们是那么热爱生活。

经过毕业后的尝试、揣摩与自学成材，芳芳逐步找到了适合自我的最佳着装风格：工作时干练、大气，生活里文艺、民族，品质以真丝、棉麻为主。她常以宽腿裤、连身裤、大长裙、套装示人，有时是一身白，有时一抹黑，偶尔是一片红，甚至是全身上下一袭绿，她每一天都过得隆重、华丽和惊艳，她不仅用工作业绩，也用外在形象展示了人民教师的时代风采。

特别值得一提的是，芳芳的每件衣服，都有特定搭配的饰品，耳环、项链、手环，不一定有多贵重，但却是那么恰到好处。

这就像新闻作品，不同的采访题材，要落到相应的体裁，随之采用不同的文字表达——这是惠民老师教给我们的。

有一次芳芳春节回老家，共七天。第二天，她发现那件紫色毛裙上经常搭配的灰色项链忘在了成都，搁谁都可能将就了，她不行。马上打电话让朋友从成都的家里把项链快递来，收到项链时已经是第五天，多么一丝不苟的态度啊——这也是惠民老师教给我们的。

芳芳的照片发来，我们常常担心她再次用力过猛，易招来侧目。但令人欣慰的是，她一贯的好人缘和工作中的超能力匹配了服装的高精尖，她的同事、朋友乃至上司，不仅接纳她，也肯定并点赞她。我想，作为对外宣传窗口部门的重要一员，芳芳对于提升那所大学的整体形象一定做出了不可磨灭的贡献。

新闻92的女生，大多都像芳芳这样，注重形象，追求时尚，周身上下弥漫着正能量。我们内心如“水”，样貌如“花”，却从不水性杨花；我们推崇“路透”精神，但从不露，也不透；我们胸“怀”宽广，拥“抱”生活，但从不投怀送抱，从不。

那年夏天，芳芳回兰州，穿了一件麻质的格子衣裙，样式简单但看起来价值不菲，闺蜜们在一起，换着穿对方的衣服，镜前扭来扭去，自我欣赏并互相吹捧。看到好朋友穿着自己的衣服很好看，芳芳马上把格子衣服收起来装进朋友的包袋，“就知道这件衣服更适合你，快拿去！”她实实在在的慷慨，传递着爱的能量。

此后，对于她的衣服，我们尽量保持低调的好感，生怕某种眼神被她读到，她的慷慨着实令人过意不去。

“也许因为小时候家里条件不好，长大了就会尽量对自己好，满足自己曾经的奢望；也许是刚毕业时太艰难了，一有条件就会对别人好，想过那种完全不考虑钱多钱少的日子。”

芳芳毕业时，为了与师兄奔向同一座城市，最初去了铁路系统，在太原。那时候条件苦，两人要了一间宿舍，单人床一合并，就结婚了。很快有了孩子，床不够大，就把纸箱翻过来垫上被褥当婴儿床；工资不高，孩子的衣服都是同事或老家的亲戚们送的旧衣；孩子没人照顾，妈妈来了又没地方住。在工作上，从著名的兰大新闻系毕业，虽说是宣传工作，却没能正儿八经地加入记者的行列，心理上有着难以名状的苦衷与遗憾；由于岗位安排，夫妻彼此相爱却长期两地分居。后来，从太原调到成都工作，既要适应新环境，又要建设新家园，孩子还嗷嗷待哺，那段时期，小太阳的光芒被遮住了。

有一年，芳芳回兰探亲，她背着三岁的女儿，换了一款轻便的近视眼镜，褪去了土黄色的衣衫，穿着一件简洁清新的连衣裙，将头发随意地挽在头顶，同时留下许多缕，在雪白的颈上轻盈地飘下来，周身上下、举手投足间散发着四川小女人的美妙，同时，又有一种为生活所累，又不在乎那种累的举重若轻的神情。

我们一起吃饭的时候，芳芳抢着买单，她说：我们家现在都有七千块钱存款啦，这次来兰州，我们花三千，还可以剩四千呢。

话刚说完，我的嗓子顿时哽噎。好心疼她，想拥她入怀，毕业几年，一直奔波，没有积累，也从不贪心，这般的小快乐好令人心酸啊。

工作生活更加稳定，日子一天天好过起来。芳芳可以拿着工资卡，随意逛街了。糟糕的是，她买东西尺度有点大，不论是进超市，还是逛专卖店，她经常用几天时间，不知不觉花掉一个月的开销。同事约她逛街，她是先找借口拒绝，然后再给自己找个理由答应；为了限制自己的购物欲望，她刻意不带钱也不带卡，可最终，她总是借同事的钱把东西买回家。那年年末，单位发了七千多块钱的代课费，她拿上钱就逛街去了，三个小时内换回来了几件衣服。

她家先生，从匪夷所思，到学会适应，再到乐享其中，逐步习惯了逆生长妻子的购物欲，实现了从一位普通男子到好好先生的完美过渡。其实，芳芳由内而外的越变越美，升华着全家的幸福，她昂扬美好的状态，绽放在那所愈加蓬勃的大学，也装点着朋友的生活。

芳芳在大学里从事宣传工作，凭借她的能力水平，她完全可以用70%的精力把工作干好，但她却用了200%的精力投入其中。她还讲授供大学生辅修的新闻学课程，并以丰富的视野和阳光般的笑容，征服了理工科的孩子们。

工作之余，芳芳拿到了EMBA毕业证书，同时，她也在不停地看书，争取拿到心理咨询师的资格——其实，她不用学，她天生的胸襟，自带心理咨询师的天性。

前几天，我家先生因病住院，我两天没在群里吭声。电话响了："怎么了，是不是家里有事啊？"心灵感应。电话这头，虽故作轻松却湿了眼眶。

"一定很辛苦，你也没说一声，就这么承受着，要照顾好自己啊……"

我在群里常显摆自己做饭的手艺。微信里甩过来一段话："看着照片，虽然感觉特别好、特别热爱生活，但是心里有点难受，每天那么累，饭可不可以再简单一点，留点时间多休息……"

——当妈的语气。

在班级群里，除非有特殊情况，芳芳永远是那个有问必答，有声音必有回应的人，而且她的回应永远都特别得当和温暖，虽然大家很少见面，但你感觉，她一直都在。

见到同学，她热情得像只快乐的小鸟，又像操心的姐姐；谈起班里的每个人，她的语气里都透着毋庸置疑的尊重与理解；说到人生，她有着超常的达观。

芳芳有段时间常读台湾作家张德芬的书。书里有句话：什么样的人最有魅力？答案就是——内心有力量的人。我想，快乐的芳芳是因为内心有力量，才如此美丽。

感谢兰大，让我们遇见，并成为知己；写下这些文字的此时，我不关心人类，我只想你。

愿我们红尘做伴，活得更加潇洒。

兰大，是让我们走向幸福的母校啊！

七

拉拉杂杂写了七八篇，好朋友调侃我：还没写累？我们都读累啦——多么耿直的建议，像兰州最近的雨，噼里啪啦，掷地有声。

细想来，回忆是一种短暂的情怀，人不可能天天陷在回忆里拔不出来，在奔忙的今天想着昨天的事，偶尔一下，还算有点情调；长此以往，显得特别没出息。

听说我要暂时收手，同学阿莱在微信里发来了大段大段的感慨，似乎那是一种宣言——他的思绪正飘忽在二十六年前的上空，既展示了深厚的文字功底，也提升了回忆的境界。于是，我尝试把阿莱的文字融合进来，作为一份特别的纪念。

阿莱是班里年龄最小的男生，现在是职位颇高的领导。从那年那月起，他就显露出了人民好干部的风度：气质温和、不温不火、才貌双全。做事稳稳当当，走路丝丝文文，虽然是广东人，但普通话发音标准；虽然年纪小，却并不稚嫩；虽然家底雄厚，但穿着从不花哨。他语速较慢却内涵颇丰，一本正经却机智幽默，深得大家的喜欢。如今虽身居要职，但他依然保持了心底难得的情怀，有时纯真，有时深邃。总之，那都是属于兰大人的可爱，属于我们班的美好。

当我写下这段文字的时候，群里传来小马哥履新的好消息，然后是四面八方一长串真心的祝福。

我特别想对阿莱、对小马哥、对同学们说：这许多年过去，其实并不太在乎你的职位高不高，我更想知道你过得好不好。时光未老，我们还没有待够，你们的头发，不要白得太快。

感谢兰大，让我们一路成长。

有些同学，在前几集中未有提到，在这里，还是想特别认真地、零星地提起。

首先是英姿飒爽的班长，我特别要调整坐姿，用比平常更加妩媚的神情，向回忆里的他致敬。

班长是我在班里认识的第一个男生。他一米八三的身材，十分英俊，鼻子高挺，黑龙江人，男子气概十足。他形象端庄，走路的姿势却颇令人玩味：左腿特别殷勤，右腿却散发着出老干部般的不慌不忙，直到我多年之后认识了电视里的张嘉译，才知道那是一种特别的范儿。他与灿国同学正好相反，一个笑话，我们反复笑得前仰后合，他可以一直保持严肃，显得我们特别浅薄。青春逼人的班主任在第一堂课上，除了展示自己的活力与魅力外，还有敏锐的嗅觉，当即确定了班长的人选，那时女生们都在揣摩，她选班干部的时候，一定是以颜值为先的——后来的无数事实证明，班长的颜值与能力成正比。

如今，班长在一家央媒就职，我们见了面，不太谈工作，但我们知道，他的能力和业绩令我们骄傲。

与班长在同一座城市发展的晓宁，她的爱情与生活会令人想到“恒久”两个字。

这位来自新疆的女孩，打一进校门就带着她特有三样东西：才华、爱情与王杰。她青梅竹马的初恋在大学四年里特别认真地延续着，也成熟着。晓宁在课余时间常常把自己关在位于下铺的碎花帘子里，读着来自新疆的信，耳机里是王杰沧桑的吟唱，然后她会翻翻消息写作、新闻评论的笔记，不多时，她又会重新复习一遍那封信……被异地爱情包裹的女子简单快乐着享受着大学四年时光，哪怕是跳上灿国同学自行车的后座，她依旧是那个心无旁骛、明丽灿然、只是一种同行的小伙伴。

毕业后，她回疆工作，顺利地结婚、生子；又几年，她家先生因工作出色被调到北京，晓宁也因此前来。现在，他们一家人在首都过得特别好，夫妻恩爱、孩子优秀、衣食无忧。晓宁的幸福，而“恒”而“久”。

还想提到笨笨。这位女孩来自河南，大学期间，她低调平和、质朴，不像我们那么叽叽喳喳，她在自己的世界里认真准备着，不慌不忙地奔向未来。毕业后，她去了家乡省份的一所大学，可她觉得那座城市与自己的优秀一点都不般配，于是，通过努力考取了南方一所大学的研究生。后来，她留在广州成为一名公务员，工作之外，她因善理财而经济富足，因眼光好而婚姻幸福，因达观使儿子积极向上——这是她一直想要的生活。朋友圈里的她那么自信、优雅，与那时的她判若两人。

看得到的未来，与想不到的意外，都是坚持梦想结出的硕果。感谢兰大，成就了越来越好的我们。

千里之外的兄弟姐妹们，请尽情幸福吧，我决不嫉妒。

兰大新闻92，全班三十九个人，七位留在兰州，七位在京城，四位在宁波，三位在四川，三位在广东，三位在山东，两位在海南，一位在加拿大……掰着手指头，竟有点算不清楚大家的去向了。我们大部分都在媒体，有不多的几人从政、经商。大家在不同的地方奋斗着、想念着。

特别想说的是，虽然现在传统媒体日渐式微，但是我们一直在坚守，不是为了有个岗位，挣份工资，而是因为我们曾是新闻系的学生，那是我们青春年少时的追求。

还有，两位同学已经离开了。

因此，因此，我们更加珍视彼此，也珍视兰大情怀。

那是20世纪90年代的兰大，我们处在一个特殊的转折点：兰大的师资与影响力由盛转衰；大学生从包分配变成了自主择业。

那时的兰大，图书馆藏书还算丰富，老师教学还算负责，社团活动还算多彩。尽管低调再低调，我们永远是“985”“211”和“双一流”。

不长青草的球场，不算清澈的泳池，不算可口的饭菜，不算美丽的校园，丝毫不影响我们对这所大学的挚爱。

我们是幸运的，享受到了还算雄厚的师资，别上校徽还有“天之骄子”的骄傲；我们是幸运的，当商品经济大潮席卷东南沿海，西北内陆的兰大依然宁静与厚重，大家可以安心在象牙塔里静心学习和思考；我们是幸运的，无论同学们来自大城市还是小乡村，大家的内心都很纯净，也由此让我们的情感纯净至今。

桃花盛开的春天，瓜果飘香的夏天，银杏金黄的秋天，银装素裹的冬天，一个四季分明的城市，每季都有不同的风景。白塔山，黄河水，迄今还会常常入梦；沙坡头，麦积山，穷游也是那么开心。

无论最后是断线的恋情，还是惺惺相惜的友情，我们见证了彼此的青春，了解彼此的悸动，每个人的色彩构成了斑斓的画卷。那时的梦里不一定有你，但是你现在的回忆一定会——有我。

我们的友情，深入骨髓，永久存续，从不变质。

时光越流逝，距离越遥远，我会更想你……

写到这儿，关于“我们班”的回忆暂告一段落了，但不意味着就此收手。没准儿哪天，我会抽风似的续上“新闻92”，聊起典哥、说到潘总、写写胡子、想想小易，把红豆撒在文字里，把琳琳唤到身边，让阿亮的歌声再次响起，当然，或许还有我自己。对了，蓦地想到藏龙卧虎才情喷薄的93们，鬼才峻江、英才丁韬、奇才心放、智者王丹等等，你们，都在我心里，虽多年未见，但也从未走远。

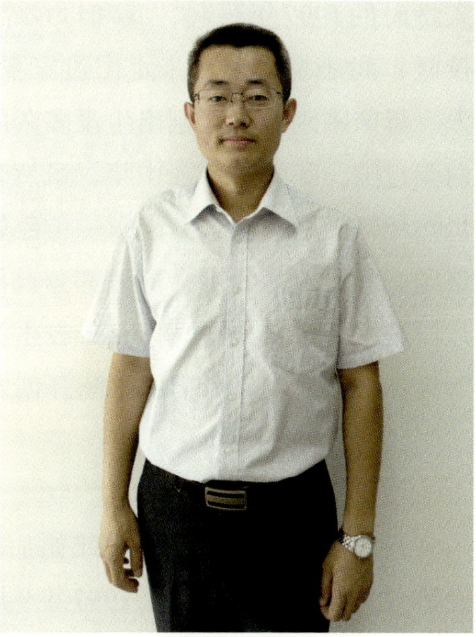

申江

作者简介

申江，男，1977年11月出生，1997年考入兰州大学中国语言文学系。2001年8月—2003年11月就职于青岛啤酒集团，2003年11月至今就职于海信集团总裁办公室从事企业管理，任高级主管经济师。

兰大之恋

1999年适逢母校兰州大学九十周年校庆，那年暑假，我和班里大部分同学都没有离开兰州回家，而是留在学校盘旋路校区集中排练。9月15日那天，我们参加了在黄河剧院举行的校庆晚会，集体饰演了五四时期的兰大学子。如今一转眼二十年飞逝，明年也就是2019年，母校即将迎来她的一百一十周年庆典。离开母校十几年，想起来都是满满的回忆。

从毕业时的2001年7月算起，我离开母校已经有十七年之久。如果从入学时的1997年算起，我和母校结缘的时间已经持续长达二十一年。入校时，我还是一个从未走出过家乡县城的青涩年轻人，而现在，我和爱人、母亲刚刚一起把刚出生没多久的双胞胎儿子喂饱，哄入梦乡。时光如白驹过隙，我转眼步入中年，虽然整日忙于工作和家庭，但在母校的时光仍然记忆犹新。兰大给予了一位年轻人一生中极其珍贵的一段时光，她如烙印一样，成为我生命的一部分。借此机会用这篇文字把我在母校的生活片段记录下来，是我对以往母校生活的怀念，也更是一种祝愿，愿母校能始终保持旺盛的生命力，不断开创发展。

一、初到兰州

我跟母校是典型的“先结婚后恋爱”。我的老家在山东沂水，当时是经济欠发达的革命老区。1997年9月的我，之前去过最远的地方是离沂水县城一百多公里外的临沂市。虽然高中毕业了，却连火车都没有见过。当时的本科录取率还比较低，我所在的沂水二中高三七班，记得当年全班八九十人只有十几位同学被录取为本科。我的高考成绩在班里是第四名，第一名是县里的文科状元李安钢，被北京大学录取，第二名是北京商学院的王恩伟，第三名是张涛，报考志愿过高没有被第一志愿录取，第二年复读同样如此，但他后来考取了复旦大学的硕士研究生，实现了夙愿，第四名就是我。虽然从收到母校录取通知书的时候，我就开始打听兰州的情况，在家人的帮助下，准备入学的行李，但当时对兰州和兰大均是没有一点概念。未来的兰大生活对我是全新的陌生世界，我和母校的感情完全是后天培养出来的，所以说是典型的“先结婚后恋爱”。

1997年是特殊的年份，那年7月1日是香港回归祖国的日子。当时高考是7月6日—8日三天时间，7月份的山东已是盛夏，教室里异常的闷热，不像现在高考提前到6月份，考生还能享受阴凉的天气。记得7月1日那天晚上电视里开始直播香港回归盛况了，因为还有几天即将高考，复习备考已经过了几遍，绝大部分同学都不在教室里，只有我和两三位同学还在教室复习。好不容易等到高考出成绩，当时的班主任张竹老师对我说，根据去年的录取情况，你这个成绩可以报考兰州大学，这是一所不错的大学。于是，我和母校就此结缘。事实证明，张竹老师说的是对的。

要去母校报到了，父亲担心我这个从未出过远门的农村孩子路上的安全问题，坚持要送我去兰州。从沂水到兰州大约一千八百公里，坐飞机需要一笔昂贵的费用，我们根本没有这个打算。当地又没有火车站，我和父亲先坐长途汽车从沂水出发北上到青州，然后乘坐从青岛始发经停青州的K172次火车到兰州。记得火车经停青州时是半夜，那是我出生后第一次见到真实的火车。半夜经停的火车一般没有坐票，父亲不知从哪给我买到了一张卧铺票，把我送上车厢，自己却不知下半夜到了哪里休息。

K172次车是绿皮车，冬天冷夏天热，从老家到兰州大约需要三十六个小时，差不多就是一天两夜的时间，第一天晚上上车，经过第二天一个白天，再经过一个晚上，第三天上午才能到达兰州。出火车站后，站前广场有母校接新生的班车，附近已经有很多像我们一样来报到的新生和家长。我和父亲乘坐的班车挤满了新生，好在火车站离母校本部也就是现在的盘旋路校区非常近。一个从未出过远门的农村孩子一下子进入到了一个全新的环境，听惯了家乡的山东方言，记得当时连身边新生的普通话也是第一次听到，一切充满了新鲜感。

毕业班山东籍同学合影

沂水的老乡们早就在各系的新生报到处落实好了信息，有哪些新生老乡要来、都是哪些专业的等。所以我刚到本部就被热情的老乡们带着快速办理完了入学手续。后面四年的时光里，我和老乡们结下了深厚的感情，直到现在，我们仍然经常联系，互通信息，到对方所在的城市时一定约上聚餐，假期如春节回老家时还会坐到一起叙旧。

我报到第二天，父亲即匆匆返程。因为没有到家的直达车，就买到了徐州站，然后坐客车到临沂。到临沂的时候已是深夜，因为单位有事急着回去处理，父亲想连夜赶回沂水，结果在乘坐当地土三轮车的时候遇到了抢劫，不但身上的财物被洗劫，还挨了歹徒的打。这些都是后来我从别人口中得知的，父亲从未向我提起这件事。2017年夏天，父亲因病去世。从1997到2017，算起来只有短短的二十年时间。如果在1997年就能够知道，我们之间只剩二十年的相处时间，我想我就不会像现在这样留下种种遗憾了。父亲的身体一直非常健康，却因为一场大病匆匆离开我们。现在闭上眼，我的眼前就会清晰地浮现出他生前的音容笑貌。

二、一分部的宝贵时光

在榆中校区启用之前，兰大的一些文科专业如中文、新闻、法律、历史、国政等均设置在一分部，地址在城关区嘉峪关西路上。附近的著名地标是东部批发市场，简称“东批”。如果你不知道一分部的位置，你可以向街上的行人打听“东批”在哪里，它的南门外斜对面即是一分部。在兰州的四年里，一分部的学生们在这里来回穿梭，我的很多衣物等生活用品均是采购于此。穿过“东批”从北门出去，还能到西北电子商贸城去购买电子产品，陪伴我大学时光的两个音箱即是从电子商贸城购入，毕业离校时留给了在甘肃电视台工作的魏建建同学。在1997年BP机都没有流行的年份，看电影是很重要的娱乐活动。穿过“东批”，可以到“飞天”或者“八一”电影院看电影。看完电影后，大家再结伴穿过“东批”，经过两边是一排排的卷帘门紧闭的通道，回到一分部校园。有时候回去晚了，宿舍楼已经熄灯，难免被宿管大姐唠叨，我们因为理亏，也是老老实实地垂手听着。

一分部面积都不大，大门是朴实的，如果不看兰州大学四个大字，估计有人会以为这是一所中学。一进大门，是一个长方形的喷泉池，晚上池底彩灯亮起时也是一道风景。喷泉池的右侧即是一分部为数不多的几栋大楼之一——逸夫文科楼，里面有中文系的资料室，中文系的学生可以到此借阅，资料室负责图书借阅的赵静老师永远是那么和蔼可亲，给我们留下了深刻的印象。当时逸夫楼里还有录像资料室，记得大一的时候上体育课，体育老师带我们在录像资料室里观看了乔丹的篮球集锦。乔丹飘逸洒脱的赛场气势完全征服了我。在这之前从未打过篮球的我，很神奇地从那天即开始练球。在整个大学四年里，篮球成为我最重要的业余爱好。毕业后刚参加工作，我还代表单位参加内部的篮球赛。至今，我仍然抽空在周末参加篮球活动。从大一开始的篮球运动，不但锻炼了我的身体，更重要的是让我养成了可能贯穿我一生的运动习惯，一生受益。

从逸夫文科楼前经过，继续往前走即到了一个岔路口，左侧是多年未建成的图书馆地基。因为平时长满了杂草，矗立着几十根混凝土的柱子，因此被一分部的成员们亲切地叫作“圆明园”。右侧是一分部的办公区，各个系的办公室即坐落于此，那是一栋有独立院子的“L”形二层小楼，因为是红砖砌成，因此被称作“小红楼”。从“圆明园”前的路往前走即是一分部的教学楼——衡山堂，是我们大学四年来停留最多的地方。衡山堂当时也被叫作文三楼。文一、文二均在本部，文一是一进天水路校门正对着的一排灰色俄式小楼，现在已经拆除；文二即是现在的祁连堂，位于盘旋路校区图书馆左侧。衡山堂是一栋回字形结构的建筑，整栋楼四周围绕，中间留空。从衡山堂前往前走，依次是食堂、小操场、图书馆、澡堂、田径场、木器厂等。如果从经过“小红楼”的那条岔路往前走，则分别是篮球场、花卉基地、自行车库、宿舍楼，最后面一排宿舍楼墙外即是兰州第二热电厂的两座大烟囱，这也是一分部的标志之一。

比较有意思的是宿舍楼，楼体是翻开竖立书籍的样式，每栋楼有左右两个单元，每个单元四间宿舍，比如我们1997级中文系本科班在二号楼三楼，分别有3011、3012、3013、3014和3021、3022、3023、3024八间宿舍。每单元的1号宿舍住六人，其余住四人。我们入学的时候，每栋楼均以花的模式命名，记得分别是桂花苑、丁香苑、牡丹苑、迎春苑、芍药苑、玫瑰苑和芙蓉苑。但到了后来，也按照本部的模式改成了1–7号楼，从我们学生的角度看，改名后未免失去了活泼与个性。

当时一分部周边远不如本部周边繁华，每次去本部参加活动、学习，我们就带点自嘲的口吻说我要进城去了，现在想起来还是很有意思。虽然不在本部，但离本部并不远。我们时常在一分部和本部之间来回穿梭。本部的教学楼、图书馆、毓秀湖、操场等想起来时还是那么亲切。

毕业十一年后，2012年我和爱人回去一次，2016年班里组织毕业十五周年活动，我和爱人、大儿子又回去了一次。第一次回去的时候，一分部的样子已经变化不少，逐渐成了文科研究生的教学场所和家属区。但是一分部小卖部还在，老板娘似乎还认识我们，犹豫着要不要打招呼。管理自行车车库的大姐看见我和爱人第一句话竟是，你们回来了啊。完全是老熟人的口气，让我和爱人感慨万千。2016年我们毕业十五周年，到兰州后，我们几十号人包了一辆大巴，集体重回一分部。一分部的变化更大，里面见缝插针地在盖楼施工，门口喷泉池的位置上正在矗立起一栋高层写字楼，篮球场早变成了车库，宿舍楼成了老师的家属区。虽然变化非常大，却丝毫没有影响我们对往昔岁月的怀念和感激。

2001届全班同学毕业照（后排右三为作者）

除了香喷喷的牛肉面，让我难以忘记的是上午两节课后课堂间隙食堂的包子，包子不大，却非常好吃。下课后，大家都抢着去买，如果去晚了就买不到了。在那个牛肉面一块七一碗的年代，物质并不像现在这么丰富，大家都很珍惜。难以忘记的还有一分部附近的“邓记麻辣烫”，是一对四川夫妇开的，当时我和爱人经常去吃。夫妇二人很和气，总是忙忙碌碌的，他们的小儿子虎头虎脑的非常可爱，吃一碗喷香的麻辣烫成为我们大学时代重要的组成部分之一。2012年因为行程紧张，竟然没有抽出时间去吃一次。2016年，我们终于去了店里一次。刚过去的时候竟然没有找到老板的店面，印象里低矮破旧的小吃店早已被干净整齐的店面所代替。就在我们失望要回的时候，同去的同学终于找到了现在的“邓记麻辣烫”。十五年过去了，老板娘还非常清楚地记得我们，说回来看看她很高兴，要给我们免单。当时夫妇二人虎头虎脑的小儿子已经长成英俊小伙，且正在读大学。我们终于再次尝到了熟悉的麻辣烫味道，也被时间带不走的感情深深打动。

三、良师益友

我们当时的系主任是张文轩教授，张老师主要讲授的课程是古代汉语。印象里张老师比较严肃，不苟言笑，但跟我们交流的时候却完全给人一种温暖慈祥的感觉。王喜绒老师讲授当代文学史，她喜欢把文学史中的人物作为故事来讲，并告诉我们一些人物生活中的典故，听起来非常有趣味。她还非常爱笑，有时候讲完一段我们还没反应过来，她本人已经笑得前仰后合。张进老师讲述文艺理论，他讲课有很好的逻辑性，不是照本宣科，而是离开书本，用自己的思想来串联起每一堂课。所以，他负责教学的课程虽然理论性很强，但经过他的诠释和展示，课程会变得富有吸引力，他的课翘课的人很少。受他的影响，我毕业时考研的专业即选择了文艺理论。李星兵和刘文江老师当时在读本系的研究生，先后任我们班的辅导员，两个人一个瘦高，一个微胖，为我们班里的事情操了不少心。印象里李利芳老师没有给我们教过专业课，但她对学生很负责，也很有亲和力，我成为预备党员的大会即是她主持的。石兆俊老师当时给我们讲授思想品德等课程，当时他很年轻，浓眉大眼，讲课带明显的西北口音，非常平易近人。兰州的冬天早上天亮很晚，所以冬天我们刚开始上课的时候天还是黑的。思想品德课被安排在前两节课上，石老师比较辛苦，到教室上课的时候窗外还是漆黑一片。武文老师教授民间文学，他身材高大，非常有气质，讲起课来嗓音略带沙哑。到现在我们同学聚会回忆起武文老师时，还会模仿着他念“鸡生蛋来蛋生鸡，伏羲女娲成夫妻”，然后相视大笑。庆振轩老师讲授古代文学，他善于把古代文学人物的故事与现代的社会现象相结合，讲课也是非常有趣味性。比如他在衡山堂做过《柳永词与当代流行歌曲》讲座，除中文系外，还吸引了一大批一分部其他系甚至本部的理工科学生来听，教室里挤得满满当当。给我们以专业知识滋养的还有赵小刚老师、王勋成老师、常萍老师、刘泽民老师、徐家荣老师、王亚林老师、秦理斌老师、胡颖老师、刘泽民老师等，他们各有特点，为我们中文专业知识的积累付出了很多辛劳，现在想起来音容笑貌还是如在身边，使我受益终生。

我们班一共有七十余人，女生比男生稍微多几位。感谢兰大使我们结缘，一起度过了四年的美好时光，结下了深厚的友谊，同学是我一生的财富。非常可惜，我有两位同学报到时一起报道，但不久即休学。一位是安徽的李昆鹏，一位是青海的张永发。两人休学均因为身体的原因，张永发后来到了比我们低一级的1998级，但是李昆鹏后来再没有回到兰大。

刚入学时，我们都被分配到了四人间的宿舍，我们宿舍有广西的韦峻兢和福建的郭毅、王龙剑，但很快就重新分配了宿舍，我被调到了丁香苑3011室，直至毕业也没再调整过宿舍。3011室属于六人间，宿舍面积相对较大，因此后来成为班里同学的“公共俱乐部”，平时大家都喜欢到3011来串门，沟通信息。我的同宿舍同学有李向锋、徐清华、林超、黄深钢和韦峻兢，后来韦峻兢调到了别的宿舍，从物理系转到中文系的田科代替了他的位置，成了睡在我上铺的兄弟。河南许昌人李向锋个子中等，因为大眼睛，脾气又比较温和，后来被送外号“大眼妹”。向锋同学是系报《半月报》的骨干成员，写得一手好诗，时常有作品发表。忘记是大二还是大三的时候，我和班里的欧阳兵同学一起入选了兰州大学黄河漂流队，参加了九十周年校庆庆祝系列活动之一——乘坐羊皮筏子沿黄河漂流，一行人浩浩荡荡从甘肃漂到了宁夏境内。又因为做事负责，为人公正，后来完全通过投票的方式被推选为班里的第三任班长，直到毕业。山东聊城的徐清华同学平时话不多，看上去属于内敛型，但一旦发起火来，却是相当的惊人，是个山东真汉子。山东济宁人林超同学个子不高，身材敦实，有山东人固有的执拗，也有山东人少有的精明，还酷爱足球。有一年暑假，他和班里来自安徽的李军同学每人找了一辆自行车，两人从兰州跨越千里骑行回家，相当有情怀，相当有毅力。他做事会动脑筋，口头禅是“闲着也是闲着”。大一的时候就牵手了班里一位美丽的新疆姑娘，两人最终在北京安家，有一个可爱的儿子。来自重庆的黄深钢是个社交活跃分子，用某位女生的评价来说就是“主动攻击性强”。作为男生来说，皮肤白得有些不像话，不将就，有才情，在校期间文学作品就获得大奖，歌唱得好，球踢得好，很有女生缘。1997年重庆刚刚成为直辖市，如果你说他是四川人，他会马上纠正你，说我是重庆直辖市人。广西桂平人韦竣兢有一口标准的广西普通话，而且是一直很稳定地让你不仔细听就听不懂。他脾气很好，着急生气了最多冲你瞪瞪眼。来自湖北襄樊的田科是班里很有个性的一位同学，他本是1996级物理学专业，后来转到中文系。他个子不高，白细皮肤，小嘴巴，像极了他的父亲。他很善良，有才气，崇尚武侠，但是有时胆子不够大，一些想做的事情都窝在心里。

我和爱人是大学同班同学，从1997年至今已相识二十多年。我们的大儿子已经上小学三年级，双胞胎儿子今年4月出生。没有母校兰大，就没有我们相识相恋的缘分，也就不会跨过当初的重重困难走到现在，我很感谢我的母校。

军训结束时与同学合影

大学四年里，我们之间发生了数不清的故事，开心过，也沮丧过，信任过，也怀疑过，却一起度过了人生中最宝贵的四年青春，一起体会母校教诲我们的勤奋、求实和进取。现在回想当初我们这一群青涩的年轻人中发生的故事，只有温暖和感谢，谁的青春不是这样过来的呢？

四、《半月报》

大一时，我就加入了中文系系报——《半月报》，成为其中的一分子。这份报纸主要刊登中文系学生的思想动态、文学作品以及身边发生的一些重要新闻等，向全校同学免费发放。报纸为A3纸张大小，一般每期四版。当时采用电脑排版、打印机打印的方式，协助电脑排版打印的是一位名叫于明霞的兰州女子，个子不高，微胖，很乐于和学生们打交道，我们相处得也很愉快。报纸虽小，五脏齐全。由学生记者收集采访资料形成稿件，交到当期责任编辑处，然后汇总稿件、设计版面，最后形成完整的一张报纸。当时我们或者单人或者结伴去做采访，回来后形成稿件，记得每次审稿通过后刊登在报纸上，看到自己的署名，心里是满满的成就感。我们还曾到著名的《读者》杂志编辑部参观学习，感受和学习媒体工作经验，到西北师范大学、甘肃农业大学等高校组织交流等。在《半月报》的工作，不但提高了我的写作能力，增进了同学间的友谊，还使我学到了如何和采访对象打交道，为我以后踏入社会走上工作岗位提供了很好的锻炼机会。

《半月报》后来改名为《半月文苑》，后来又改为《文苑》。不管名字如何变化，在系报工作的这段经历使我学到了很多，到现在我还保留着在校期间的一些报纸。

虽然毕业离开母校十几年了，但与母校的感情并未淡忘。工作生活之余，一开始我会通过学校的官网，现在订阅了微信公众号，来关注母校近几年来的发展和动态。2016年，兰州大学青岛校友会正式成立，曹红副校长和校友会的老师们来到青岛会场，我荣幸地作为主持人之一见证了校友会的成立。母校培养了我，我对母校永远怀着深深的眷恋之情。希望母校的未来更加美好辉煌！

牛旭斌

作者简介

牛旭斌，男，1982年10月出生于甘肃成县。2002年9月在兰州大学继续教育学院旅游管理专业脱产学习，2004年7月毕业。甘肃省作家协会会员，作品见于《雪莲》《岁月》《延安文学》《在场》《文学报》《人民日报》《解放日报》《甘肃日报》等130多类报刊，入选《中国随笔年度佳作2011》《乡愁若灯》《2018中国微信诗歌年鉴》等30个文学选本，出版散文集《风起离乡》。现在陇南市成县人民政府办公室工作，任县政府后勤事业中心副主任、县政协十届委员会委员。

兰大给我从不屈服的自强

——我的兰大生活

在我已经远远离开校园生活后的这十多年里，面对如海洋般巨浪迭起的生活，在繁忙公务之余的时间夹缝里，我常常想念我的大学。

这是一座坐落在大西北丝绸之路上的学校。从感觉上讲，她不华丽，也不雄伟，而就像兰州的地理环境一样，有一种荒寒，甚至还有一种孤独，但正是这样的原因，让我从走进校门的那天起，心中就树起神圣和坚韧。这种不与繁华接壤的环境，正为安心读书求知提供了得天独厚的土壤。学校的低调，也造就了这所学校与众不同的气度，那就是朴素而厚重，卓尔不群，独树一帜，这也激发了我这个社会进修学生奋斗的意志，不论什么时候回味，都像记起一位温文尔雅、独居一隅去寻找和窥探自然科学与社会的老学者，那么让人发自心底地去钦佩、去感恩。

时间过得飞快，像一截还没有写下多少字就已被削秃的铅笔头，但在兰大校园度过的每一刻时光，却依稀如昨，历历在目。朴素的老师，亲密的同学，校园里的每一条小路、每一片绿荫、每一棵树，站在老校长江隆基塑像前触摸历史，坐在人工湖畔看秋风吹落叶，内心感到沉甸甸的同时，却催发出我发愤图强的精神和绝不屈服的勇气。那抢座位的图书馆，绿茵茵的操场，打开水的锅炉房，寄信的邮局，用201卡打电话的蓝色电话亭，每到最后一节课就闻到的食堂饭菜飘香，天南地北风味俱全的小吃街，我们住过的俄式建筑宿舍，冬天里令人无比温暖不想回家的暖气，还有每一次考试，每一场结伴去兰山、白塔山和黄河边出行游玩……全部刻写在我岁月的相册里，记入我人生的账簿，而我以怎样的努力，似乎又都无法偿还这所学校给予我的教育和营养。

2002年9月，我通过成人高考步入兰大校园，就读于旅游管理专业脱产学习班。给我们上课的是经济学院、历史文化学院、外语学院的教授和老师们，对于失去过读书机缘早早步入社会的我，能够重新回到校园读书，我像从没有见过图书馆的书虫，沉浸在比汪洋还要宽广的书海里一发而不可收。

1997年，我因家庭困难放弃了读高中的想法，参加我们当地的小中专预选后到县城参加全省统考，考取了一所小中专，毕业后得到了国家分配的工作。但爱读书的心仍不甘，经过勤奋努力，考取了梦寐以求的兰大。而当时的我，已经有一份安定的工作和一个较好的工作环境，也已经结婚生子，过上了平淡而又安逸的小日子。

那时候，我的老家陇南还是一个贫穷落后的地方，追求读书在一定程度上总会多多少少遭到别人的不理解和嘲笑，甚至还会有人说这个人不务实不安分，但这并没有动摇我读书学习的决心，而我心中之梦，就是力图通过读书改变命运，我不愿我的人生苟且于一天吃什么饭穿什么衣这些问题上，我打算做一个精神上富有的“异类”，所以我重新开始了我的读书生涯。

在我每每出入兰大校门时，我都感受到一种热流涌动的骄傲，也许校门的庄重传递出的一种威严和理性，也许是校门口挂着的那块研究生院的牌子鞭策着我，让我一走进这里，就彻底地爱上了兰大，并努力做一名名副其实的兰大学生，我觉得唯有每天在这里认真汲取到新的知识，我才不辜负我一路求学的艰辛和来之不易的机会。

记得第一节课是王起亮教授的旅游英语，老师们为旅游专业精心编写了校本教材。王起亮教授在黑板上用英语写下一段话：“人不怕无知，就怕对无知的无知。”二十岁的年纪还涉世不深，并不太懂这句话的深刻含义，但直到今天，我总能一遍遍地想起这句话，并一直用这句话警醒自己，走好人生的路，提醒自己，不要迷失方向。也是在兰大，我学习到中国旅游地理，在书本里和课堂上遨游了名山大川，了解了大千世界，学习了旅游管理基础理论、客源市场分析、旅行社管理等方面的专业知识。学校还为我们提供了本科旅游专业的校本教材，对我们同样关爱。读书期间，我每学期都被评为优秀学生，参加了全校“青春中国”校园艺术节文学作品大赛并获奖，得到了学校表彰，这也更加激励了我。

读书学习让我感觉周身充满力量，让我真正理解了什么是“腹有诗书气自华”，也让我的生活更快乐充实。

兰州大学坐落在霓虹灯闪烁的盘旋路，北面有中国科学院，向西是纸中城邦书店，坐在那里可以看一上午或一下午的书，那些散发着书香的绵密的文字，像一座座迷宫，吸引着我去不停地探寻。每到夜幕降临，在兰大电脑城的门前就摆起了一条长长的书市，我在那里淘得一百多本自己喜欢的书，虽然多数是旧书旧刊，但至今是我所有藏书中最珍贵的部分。

多少年后，从同学微信群里得知，许多同学现在都是省内外旅游企业的经理人，他们已成为甘肃旅游和丝绸之路旅游业界的中流砥柱，让敦煌文化、丝路文化走向世界。

滔滔黄河九曲不回，兰大品格刻骨铭心。在琐碎而现实的生活面前，我可能遗忘了许多事情，也渐渐褪去青年的棱角和激情，但我始终记得母校对我的滋养。谢谢母校兰大，让我在人生道路上，锁定自己的坐标，不忘初心，不断砥砺前行。

我为曾在兰大学习而感到荣耀，也心怀感恩。

作者

杨勇

作者简介

杨勇，男，1986年2月生。2004年8月进入兰州大学历史文化学院历史学基地班专业学习，2006年8月转入新闻与传播学院新闻学（网络新闻方向）专业学习，2008年6月毕业。

毕业后成为家乡广元的一名大学生村干部，服务基层近两年。2010年8月31日，进入“5·12”地震极重灾区青川县，到青川县检察院工作。2012年取得检察官身份；2014年任办公室主任；2015年8月31日，任青川县检察院党组成员、总支书记。

走进你，温暖我

话说2004年4月，还在秦巴山麓脚下读高三的我，正值十八妙龄，每日耕耘于书山题海，孜孜不倦，雄心勃勃。

某一日，闲暇之余翻阅《求学》杂志，看到一篇介绍兰大的文章，这本重量级的高考资讯杂志把我未曾了解丝毫的兰大“摆”在面前，让我欣赏。一番品读了解后，脑海里逐渐建立起对兰大的良好印象。这所位于西北的质朴大学来到了我的人生十字路口，供我选择。

2004年6月10日晚，足球欧洲杯上，法国雄鹰在齐达内的带领下，神奇逆转英格兰之后，我和亲爱的同学们填报高考志愿，书写人生之笔，选择人生之路。一番权衡思索，我把未来四年郑重写成：兰州大学。

完成志愿填报，没有特别的解脱之感，高考后“学业已过万重山”的感觉并不明显。只是觉得，这三年对我来说其实并不怎么苦，相反还很喜欢，纯真的中学时代让人记忆深刻，同学之间日积月累的浓浓情谊难以忘怀。这就是时间的作用，过滤着人和事，过滤着情绪和记忆，过滤着伤心和痛苦，留下来长做伴的，更多还是美好的一幕幕。

与同学们一一道别，用故作轻松的面庞和微笑祝福大家。中学的班级，就像一朵蒲公英，经过三年的培育生长，终于在这一天这一刻，吹来了高考这股暖而和劲的东风，吹散了紧紧簇拥已久的我们。大家依依惜别、泪眼彷徨，然后四处飘散，去不同的地方扎根，在不同的地方成长。

7月24日，一个阳光明媚的下午，我拿到了兰大的录取通知书：××同学，经审核批准，录取你入我校历史文化学院历史学基地班专业学习。请于二〇〇四年八月二十六日至二十七日来我校报到。

确定被兰大录取以后，我并没有什么特别的庆祝活动，和同学们也没什么联系，想象中的大笑或者大哭都没有。这个时代上大学已不再是难事，况且我们这个小山村已经走出好几位大学生，我只是在延续，而并未突破。要说不同，仅是学校更好了一些。于是，我在略显安静而又略带兴奋中静静度过夏风轻拂、蝉鸣声声的每一天。我只是觉得我的世界将开始有新的变化。

这是人生之中一个重要的转折。我暗自憧憬着我的大学，不知道会是什么样子，会是想象中的那么唯美吗？会是绿荫绕湖水、学子二三俩的宁静世界吗？进入图片里的兰大会是怎样的体验？想象无穷尽……我仔细阅读着随通知书寄来的资料，翻来覆去看，仿佛要“目透纸背”，直看到遥远的兰州去，在湛蓝的天空上俯视兰大，找寻想知道的一切。

很多人送我出发，其中有一位甚至是我最后一次见到了。当年交通还不够发达的时候，去外地读书意味着告别家乡、远离故土，以后的以后，每隔一段时间知悉家乡的情况时，都会起新变化、有新内容。如火如荼的雅典奥运会此时也被我放到了一边，即将开始的大学生活，始终占据着我的兴奋空间：第一次出远门，第一次坐很长时间的火车，第一次走出四川，第一次见到很多不说四川话的人……许多的第一次似乎让我看到了长期闭塞的自己，许多的第一次现在才有机会去经历。

爸爸送我一起坐上晚上八点钟的火车。在车上，早早遇到了兰大的新生老乡小超，和我一般块头、一样瘦削。他是广元另一个县区的考生，但我一直都记错了地方，在他的多次纠正下，多年后方才明明白白记住。不知道是不是因为火车上的早遇，大学四年联系最多的老乡就是他。

“春风得意火车疾，一夜穿过川陕甘”。第二天清晨，火车过了陕西宝鸡，进入甘肃境内。车窗外飞逝而过的景色变得很陌生，夏山不再如碧。一直以为所有的山山水水都是从小在四川见过的那样，现在一夜之间睁开眼，发现突然进入到另外一种自然怀抱之中。小学时课本所讲“我们的祖国多么广大……”此时显得格外生动。我认真地盯着窗外：不亲切，却有些新鲜，心里也颇为自己选择外地的高校而开心。

到了兰州，便感觉到和四川不一样的热，这也是至今还残存在记忆中不多的初始印象。在火车站被戴着小红帽的兰大迎新工作人员接上校车，向着梦想之地前进。不多时，校车经过位于盘旋路的兰大本部，担任讲解员的学姐很兴奋地指着外面掠过的一处灰色建筑对我们说，快看，那就是兰大本部。那个时候对兰大的几个校区没什么了解，也不知道自己会被拉到哪里，所以对本部的概念和印象并不深。

校车继续前行。等到出了兰州城区，转上高速之后，我心里开始有些发慌，如同从眼前飞驰而过的黄土荒坡一样，我的大学怎么越走越荒凉？怎么离城市越来越远？我的心突然间比拔凉拔凉还要拔凉拔凉，失望的情绪开始悄然滋生。这样的不良心态一直微微持续着，直到在榆中安定下来，慢慢稳定心神，并且习惯以后……

在三角城下了高速，是一片广袤的田园，远处有低矮山脉绵延，路边散布着农家和大片的蔬菜地，一派“天似穹庐，笼盖四野”景象。校车飞驰其间。快到榆中校园时，望向远处，有一片夹杂着绿色的红灰色建筑群逐渐放大，映入我们眼帘。在这样的田园风光里，这片绿意簇拥的校园，抬眼望去仿佛“暧暧远人村”一般。这时，讲解员不失时机地开始向我们介绍榆中校区的基本情况。如若不是亲眼所见、亲身所赴，谁能想到在这样的“土地平旷，屋舍俨然”之地，竟有着一块富有文化气息的宝地。

尽管对环境失望，但我仍然在内心轻轻地呼唤着：哦，亲爱的兰大，我来了！

与这一片田园广阔的寂静形成鲜明对比的是，那一片绿树萦绕的校园相当热闹。从校车上下来，我的眼睛就不断搜寻着新鲜的东西，来来往往的人群，洋溢着欢快、兴奋、好奇和激动的面庞不时闪现。天公也格外作美，风和日丽、轻云流苏，阳光从叶缝里透下来，洒落满地。至今，回想起那已谢幕许久的镜头，心里仍然十分激动，那样的画面、那时的心情难以忘怀，在每一个想起它的时刻，都澎湃心里。

后来大三新闻课上，老师与我们分享大学情怀时说，你们还记得当初进校时的情景吧，到了大学毕业的时候，你们也应该会记得。我在博客中这样写道：是啊，往事仍在目，想想当初的我，好像很无知，有点温暖，有点孤独……

迎新点设立在隆基大道，隆基大道取名自兰大60年代的老校长江隆基之名。以学校发展史上的老校长、老教师的名字命名，是兰大的传统。榆中校区还有着这样一些名字：树帜、安亭、文魁等，名字很美，充满诗情画意，其中文魁大道是为了纪念1982年赴广州参加学术活动飞机失事遇难的黄文魁先生。还有一些俊逸、励志之名，总体上构成了榆中校区纵横方正的道路网。

办理完登记，领取了到校通知和住宿手续，然后被一个清瘦的男生领到15号楼宿舍。宿舍楼是新建的，一切都是新的，包括未来的几年，都是崭新的，一张白纸等着我们去书写绘画。进入宿舍，看见有一张床已经收拾好，桌上摆放着一些物品，看来是有同学先到了。等我出去办了一圈手续回来，他已经回来了，相互一交流，才知是四川老乡，以后睡觉脚对脚的老乡——包子。他是昨天到的，刚去送走他妈妈。

后来接触到更多的同学，相互聊起刚入学的那段光景，才知道当初入学报到时有很多提前到校的，有的甚至是提前一两周就早早地来到榆中。想想，他们比我要兴奋得多、向往得多。

宿舍的床分上下两层，上面睡觉，下面书桌，有悬梯上下。后来了解到，宿舍是随机布置的，有的宿舍楼是床桌分开，一边是四张书桌，一边是两架上下床。也许这个时候就是人生最“清贫”之时，睡觉的仪式是“我上床睡觉了”。等到毕业以后发展千差万别，有的还是“我上床睡觉了”，有的已变成“我回房睡觉了”“我上楼睡觉了”。

15号楼105室，这是我将要待好几年的地方。当我一开始被领进这里的时候，心里很凉了一阵：我极不喜欢住在一楼，而且105还处于楼梯口，来来往往的人会很多，吵闹，没有安全感。其实，后来的生活证明住一楼还是很有好处的，倒垃圾、与人联系、进进出出都很方便省事，而且还有利于和住在一楼的楼管们搞好关系。以后大四回到城里住到了四楼，才极其怀念曾经一楼的生活，怀念曾经属于一楼的便利、喧嚣和热闹。

下午的时候，来了位“老”同学，很老很成熟，他是老杨，安徽怀远人。老杨长得和我有“天壤之别”，带他来的学姐见我开口就是：你看着好小啊。也许是从迎新点把老杨带过来，一路上熟悉和习惯了老杨的“老”，乍一见我这么“小”的，视觉对比强烈，一时之间转换不过来。不过那时我看起来的确显小，个儿小，偏瘦，还有一点儿娃娃脸。等到四年后参加工作，刚开始几天，每见着新的领导或同事，他们仍然有这样的认识，你看着好小啊，今年多大了？有二十了没？如果是非正式场合，我通常都顺着他们的话，十六、十七、十八、十九……他们也相信。诸如此类的问话，多了就觉得有些反感，不过通常由此开始的接触性对话很能增加亲切感、随和性。

老杨的成熟与其年龄有关，他大了我五六岁，以前有过辍学并进入社会，经历了诸多磨砺后才重拾学业。这是我后来才知道的，他被动中夹杂着主动，作为我的新闻课人物通讯作业的主人公，一本正经地接受了我的“采访报道”。老杨有很多故事，大学一起住了三年，有很多很多值得回忆的东西，不过随着时间的流逝，许多已经丢失掉，找不回来了。

宿舍住四个人，报到完来了三个，另外一人等了好几天都不见踪影。

不知道什么原因，大概不来了，去复读了吧。他也姓杨，因为宿舍按照姓氏的首字母排序，所以，我们几个Y、Z打头的住到了一起。隔了不久，在学院安排下，又调进来一名历史学类专业的同学，仍然姓杨。

年轻的我们

包子因为来得早，与隔壁、对门宿舍的同学见过面认识了，晚上的时候，他带我过去和同班几个宿舍的同学交流了一会儿。也不知道这次相识都说了些什么，大概是姓名、籍贯和一起步入大学的惺惺相惜之类的话语吧，很可能会是这样一种盛况：每个班级宿舍，每个人的嘴里，见面第一句话，就是恭喜恭喜、你好你好……

当时对老谢印象深刻，一看他就是那种埋头刻苦用功的好孩子，后来也证明了确实是那样。他常在一个散发着橘黄色光芒的小台灯下面，仔细钻研竖排的古文书，真是“书卷多情似故人，晨昏忧乐每相亲”。我难以做到，在这点上，我是极其佩服他的。这种“板凳坐得十年冷”的钻研精神和“浴乎史海、风乎史山”的乐观精神，正是历史人所必须具备的，如果没有沉下来的坚定，也就不会有以后飞上去的荣光。后面慢慢发现自己在这方面的欠缺后，大三时终于走上了其他的道路，带着历史赋予我的思想、智慧与感悟，告别了史学。

办理各种报到手续的同时，也对榆中校区有了初步认识和熟悉。校区很大，刚开始得拿着报到时发的简易地图才知东南西北。后来通过了解得知，兰大榆中校区位于兰州市榆中县夏官营镇，距兰州市校本部大约五十公里。因为在夏官营，所以兰大学子们也常以夏官营大学自居，百度百科甚至还有夏官营大学的词条。

当时的榆中校区总占地面积5500亩，其中建设用地2200亩，绿化用地3300亩，是兰大五个教学园区中规模最大的校区。榆中校区始建于2000年9月，2001年9月迎来第一批新生，时有三个年级本科在校生9000人，设立20个学院，64个本科专业。我们去的时候，校区条件已大为改善，与第一批学生相比，已然幸福很多。看着学校“西北望”BBS上早期的校区照片，真是十个指头都数不过来的“凄凉”“凄惨”。

据当时的宣传资料，榆中校区处于甘肃省确定规划建设的“兰州科教城”的核心地段。同时，又处于兰州市城市建设“东扩区”榆中盆地的有利位置，地理空间容量较大，具有比较明显的区位优势。2001年12月，甘肃省委、省政府同教育部签订了省部共建兰州大学的协议。各级领导对榆中校区的发展建设非常关心，历任教育部部长多次在校区建设期间亲临考察，省、市领导也曾先后专题研究解决校区建设相关问题。榆中校区这颗幼小的种子，沐浴着各级党委和政府关怀的阳光和雨露，在这片黄土地上逐渐绽放出美丽，开始有“颜值”有“气质”，我们去时也才有了更多的美丽。

虽然因环境的偏远和荒凉，心里有这样那样的各种微情绪，却也没有造成多大的影响。以后的日子里，看着入住的宿舍区周围从一片黄土到逐渐被绿色覆盖，心底的快乐和安慰也不断多起来。每年夏季，宿舍楼之间的地带在阳光照射下格外漂亮，常见花叶艳艳、草木苍苍，时有鸟雀嘲啁、蜂蝶徜徉，阳光抚慰下的土红色宿舍楼，反射出的光芒耀眼般的温暖。每一名学子都要感谢经常穿梭于校园的当地村民们，他们在这里勤恳劳作、建设兰大，让这里更美丽。地力盛者草木畅茂，这一片沃土，长出了绿色，也长大了一茬又一茬的优秀学子们。

等慢慢适应了榆中，远离城市的悲哀也就逐渐减少。对于我这样习惯了三点一线简单生活的人来说，安静的榆中校园和喧嚣的城市一样，况且自己本就来自小城镇，心中也并无多少落差。如果一开始就把我放到大城市的浮华中去，估计会多少有点儿水土不服。榆中的消费也不贵，还可以节省不少的花费，而且当时个人意识也未关注到位，没有怎么重视环境对个人成长的影响，没有体会到不同的环境其无形的给予能力是大不同的，带给一个人的眼界宽度会有明显的差异。等到毕业后逐渐接触社会，方才若有所悟。榆中偏远角落的环境，比之喧嚣而丰富的城市，虽然有其独特养分，却也少给了我们其他很多东西。“山色横侵遮不住，明月千里好读书”的兰大名句，更多还是单纯学生年代的一种自我安慰、自我励志。

也正是因为榆中当时环境较差，在每一届的新生中都会流传这样的故事：来自北京、上海的某某新生开学报到当天，下车后看着校园和远处的萃英山，一下就哭了，说这是我十年寒窗苦读后要待的地方么？“可是泪水，就连泪水，也都不相信”的荒凉之地！立马打道回府，下定十二分决心复读。想着学校一定曾把“吃奶”的力气都拿出来用在了榆中的新生接待上，但仍然留不住他们。未曾求证也无法求证这样的故事到底是真是假，理论分析应是具备不小的可能性，我听闻的另一个消息是我们那一届没有上海的考生报考。后来的校长接受《中国新闻周刊》记者采访时说，兰大平均每年有三十六名本科新生退学。

关于环境的问题，一直是选择大学不可回避的一个焦点。有一种说法，选择大学，首先看地方，其次看学校，最后看专业，如果按照这样的逻辑，想必兰大在很多高考考生心中的位置会往后、再往后吧。以我现在的认识，如果你来自北上广等沿海发达地区，见识了社会更多的五光十色，其实可以选择西北这片沃土，用最好的青春体验一下纯粹朴素的大学是什么样子；如果你本就来自偏远西部或是贫穷落后地区，建议尽量走出去，去更加接近现代、接近开放。

后来我便想，在每一届的迎新工作中，老生任务真的不轻，除了帮助带路、引导报到等常规工作外，最重要的大概就是要在最短的时间内、用最快的速度，把兰大最好的一面展现给新生和家长，做好情绪和思想稳定工作。只要能留下来，就好。留下了，便不会后悔吧。兰大校友、著名主持人水均益回忆曾说，本来他是要报考北大、上外的，因为当时年纪小，只有十六岁，母亲动用了一点特殊关系把他留在了兰大，但他并未后悔上兰大。水均益的曾祖曾在榆中县务农，后逃荒至兰州，爷爷在新中国成立前曾任甘肃省教育厅厅长，父亲水天明曾是兰大的俄语专业教授。

作者

为了帮助新生尽快熟悉校园，尽快适应新环境下的生活，学校和学院联合举办了一个新生校园游活动。我则按照自己的方式不断融入这里。晚上去第一食堂吃饭，很大的地方，以前从未体验过在一个很大的空间里很多很多人一起吃饭，便又有一番激动。唇齿之间的香和甜，是感受一个地方温暖的最直接体现之一，我很关心这里的饭食，仔细品味西北的风味。那个时候对校园里吃饭的地方，印象里只有食堂，觉得自己可能要在食堂吃上很长时间，所以需要赶快品鉴一下味道如何。当时总体感觉不错，饭菜很有特色，特别是那个已经忘了名字的丸子很好吃，吃了好长一段时间。

27日的中午，在排了一个长队，办完校园卡之后，终于结束了报到相关事宜，床位和桌子也收拾妥当。我躺在床上望着天花板，心里默念着：大学，我来了。兰大，你好！

莎士比亚说：青春是块原料，迟早要制作成形。我的青春没有在北上广盛放，而是在这一天，在西北，在兰大，开始新的奔腾。四年里，我们青春做伴；四年后，它也将成形。

刘成晨

作者简介

刘成晨，笔名刘晨，男，汉族，1988年生，湖北荆门人。华中科技大学理学学士（2010年），兰州大学法学硕士（2014年），现为桂林理工大学人文社会科学学院教师，澳门大学社会科学学院社会学系博士候选人，福建农林大学福建省高校人文社科基地“农村廉政建设研究中心”兼职研究人员，爱思想网学术观察员，澳门社会学会理事。主要研究为三农问题、网络政治、公共治理与知识分子社会学。

已出版的著作有《被围困的社会：转型中国的政治想象与乡村理解》（独著，上海三联书店2013年版）、《知识分子与农村发展》（三作，上海三联书店2016年版）、《理想的下场》（独著，上海三联书店2015年版）、《风口中的乡愁》（参著，中国社会出版社2015年版）、《读懂网红经济》（合著，人民出版社2017年版）、《半解乡村》（独著，上海三联书店2018

年版)、《网络政治研究四讲》(独著，上海三联书店2018年版)。在《求是》、《红旗文稿》、《战略与管理》、《亚洲学术论坛》(香港)、《领导科学》、ISTP、Aussie-Sino Studies等国内外期刊上发表中英文学术论文40多篇；在《南方周末》《南方都市报》《深圳特区报》《社会科学报》《澳大人》等大陆、澳门地区的刊物发表学术随笔等70多篇。参与国家社科基金课题与省部级课题10多项。

我的兰大

时隔三年，在回过头来看在兰州大学的生活和学习经历，恍如昨日。2014年6月，从兰州大学硕士毕业后进入澳门大学攻读博士学位。我现在都还记得，到澳门的第一年，我买了一张飞机票，回去兰州看望那里的老师和同学，依旧是牛肉面一碗，依旧是校门口拍照，依旧是谈天论地，依旧是丰满的青年美梦。

随后，又因为开会或者其他的事情，我又回去了兰州多次。感觉，每一次回去都像回到了家里一样，回到了自己的大本营，回到了这片我感激不尽的黄土地上。从空中俯瞰兰州，一条河，一座座山——一望无垠，感慨万千。一方面，在这样的环境下，能做好学术是不容易的，另外一方面，原来自己的内心深处从当初的那种“不情愿”，却变成了“深爱着”。所以，下飞机的那一刻，我会发一个定位——啊，我又回到了兰州，随后急忙坐上大巴，然后到母校。

说实话，母校于我，最舍不得和难以忘怀的，主要是那里的人，那里的事。

谈到人，不得不说我和我的硕士导师魏淑娟副教授。她是一个比较和蔼可亲的人，除了在学问上指导我们，还在为人处世上给了很多。我记得，在我毕业的时候，我送给她一本书——香港中文大学周保松副教授的《走进生命的学问》，我拉着她的手说，魏老师，我也希望兰州大学再出一个赵俪生老师。这个希望，其背后所需要付出的东西有很多，包括如我今天，以硕士学历破格进入桂林理工大学，也是其中的一部分。一边教书，一边拿博士的我，或许已经逼近于当初的那个承诺，但我也深知，很多东西无法复制，你只能尽可能地朝着那个方向走。

谈到人，又不得不说起我的室友。我万万没有想到，在读研究生期间还能遇到一群好友，至今都还联系得颇为紧密。而世俗的说法却是——纯粹的友谊只有在高中遇见。相反，在读硕上也可以遇见，只要遇到了对的人。他们现在已经基本上都工作了，有的人在省委党校从教，有的人在新疆塔里木大学从教，有的人在江苏做村官，有的人回到了老家。天南海北，却友情不变。深切情谊的背后，恰好是咱西北人的那种朴实无华所造就的，试想，如果都是“自私”的人，怎么可能会走到一起？且维系这么长时间的友情？不幸的是，其中的一位硕士毕业后去了中科院兰州分院攻读博士学位，后因患胃癌，而与我们告别。不知那是那一天，我又回了一次兰州，做了最后的告别，心中充满了沉重、悲伤。而今也会时而想起杨怀德博士的身影——他下棋时坐在床边的样子，以及他在寝室时有说有笑的声音，黯然伤神，无比惋惜。

谈到人，不得不说我因兰州大学而结交的朋友。最令我难以放下的，要数甘肃省首家民间图书馆馆长刘易老先生。他是我在去兰州读书后认识的第一位也是唯一一位让我肃然起敬的老人。自己花费了那么多钱，投资创办了绿云书庵，服务于社区的农民工和孩子们阅读，而自己却不计回报。并为了这个书庵，和商业进行博弈，最后无奈，只能搬离雁滩。我为此还专门撰文，在网络呼吁要保护好这样的好地方，但无力于我只是一个书生，很多美好的想法抵不过资本的侵蚀。

后来，每当我有空，每当我回去兰州，我就去看望老先生一次，老先生年纪也不小了，七十多岁，真的是操心不已。他又图个什么？民族的阅读，是为了民族，而不是为了一个人，再说，七十多岁的老人能阅读之后做些什么？这些，不仅仅是我对此赞美不已，还有很多媒体，例如甘肃的、中央的媒体等。这说明，这的确是好人好事。我也因“好心”和他的友谊长存下来，时而会通个电话。我知道，他的内心是苦闷的，但他貌似又能“轻易”地放下。

还有一个人值得我去书写，那就是我现在的妻子，也是兰州大学的硕士毕业，但是和我不是一个专业。我们一同毕业，她从兰州随我先到武汉，再到广东，再去桂林，一路相随，死心塌地。兰州大学不仅给了我学术，还给了我一个妻子，很遗憾的是校庆106周年所举办的集体婚礼，我们没有那么多的时间去参加，否则我们肯定会带上我们的孩子去一次兰州，让孩子看看爸爸妈妈曾经生活过的那片土地。

说到事情，其实也有太多的可以拉出来一点点地谈。刚去兰州的时候，自己是很不适应的，尤其是干燥的天气，让我鼻子流了好几次血，但这都不是什么事情，最主要的是，你要学会并开始对自己的学术生涯负责。

我现在依稀记得研究生一年级时，是有些无措的，上课、修学分等这些事情几乎占据了很多时间。二年级也是，但三年级就好了许多，主要是写毕业论文。而在一年级和二年级期间，所做的事情最多，得到的也最多。

确切地说，一年级的时候，我加入了校研究生会，任学术部干事，随后出刊了二期《兰州大学研究生志》，当时做得如火如荼。我延续了在武汉读书时的那种忙碌，希望在学术的领域里继续耕耘。但因为时间原因，后来我选择离开校研会。

一段时间里，我颇为不安，我把所有的经历一股脑地全部投入到了科研上，以此化作我想走纯学术的“理想”。所以，在二年级的时候，又加入了院研究生会，任学术部副部长。这个时候，我们创办了哲学社会学院的研究生会读书讨论会，邀请学者来给我们讲课，从而扩大研究生们的视野（面向全校），增加他们对学术的体验和感悟。该读书会我一直负责到我退任。

同时，我们还举办了诸多活动。例如趣味运动会，我也参加过，得到的奖品如肥皂、毛巾，却被我师妹和师弟全“拿”去了，这是活生生的“打劫”（一笑）。这些活动，一方面增加了生活和学习的乐趣，另外一方面增加了研究生们之间的友谊，我觉得挺好。这样的运动会，我至今只参加过这一次。

与此同时，我还在论文和书籍上进行了发力。硕士二年级以独立作者发表了CSSCI一篇，北大核心期刊一篇，并在上海三联书店出版了我自己的学术处女作一本，北大社会学系的谢立中教授为此作序推荐。同时，还获得了三好学生、校优秀干部、国家奖学金（2013年）等。值得一提的是，这本处女座，社科处的陈文江教授在其中帮忙很大，尤其是出版费的解决，为我减轻了不少压力，我为此在我的第二本著作中专门提到了这件事情，并表示感谢。而这些回报，恰好是坚定我走学术道路，并到境外留学的主要原因之一，它至少给了我很大的鼓励。

这些进步和收获的背后，是以兰州大学作为坚强后盾来完成的。如今，每当我出去，走到任何一个地方，人家问，你硕士在哪里读的？我都会说，兰州大学。因为我觉得她给了我很多东西，她是我的一种莫大底气和骄傲。

说到事，其实还有诸多内容值得怀念，如一起去酒泉做课题调研，一起出游，一起……我现在都还能清晰地记得那些曾经的过往，或许也会是一辈子记得。可以这么说，在兰州的三年时光，过得是很快乐的，收获是很多的，它俨然成了我的第二故乡，我现在还经常和那里的朋友说，有时间一定再回去。

——去黄河边走走，看看中山铁桥，去刘家峡转转，看看我那位躺在大地里的兄弟，把我的书给他烧一本过去，帮他完成“此生未完成”，去吃吃正大门对面的牛肉面，加鸡蛋、加肉、二细，到纸中城邦去歇歇，看看书，看看阶梯上安静地坐着阅读的人们……有太多的想重复的事情。

我想，这一切再重复一次并不难，只是随着时间的流走，岁月的加深，我们都回不到过去那种简单的快乐之中，而随着身份的转变，背负着这个国家重任的知识分子，却需要考虑得更多。

而一个人的前行，并不是一瞬间就可以完成的，需要一个阶梯一个阶梯，如开篇所述的，如何再续赵老师的那种“辉煌”？我想，兰大于我应该是“其中最坚实的一步”，也是最“意义深远”的一步。

收笔于此，还是想多说一句——感谢你，我的兰大，祝福你，我的兰州。希望在西北的大地上，你能“飞天”不止，自强不息，独树一帜。

我们于你，如孩子，你于我们，如母亲——我的兰大。

2017年10月9日作于澳门大学

孙瑜洁

作者简介

孙瑜洁，女，生于1996年4月19日。2015年9月—2019年8月兰州大学信息科学与工程学院信息安全班在读本科生。2019年9月，中国科学院神经科学研究所运动控制神经机制硕博连读。

给兰大的一封情书

天山南，昆仑北，雄鹰展翅飞，黄河水，驼铃催，兰大永为美。

亲爱的兰大：

见字如面。

我写不出华丽的句子作为这篇情书的序言。我敢说的，只是一个普通的我对你稚拗又深沉的爱。

还记得与你初遇的那个秋天，风吹叶落，微凉的秋风并没有让你的热情减损半分，校车把我带到了你面前。然而，看着荒凉的山，看着破败的路，内心隐约泛起挫败感，好像你就是那无可奈何的将就。而你，却在一点点感动着我，融化我心中的偏见与误解。是你让我懂，当北风与冬天让一切凝固时坚守的温暖。

我爱你什么呢?

大概是萃英山的苍凉沉静；大概是银杏林的孤独坚守；大概是情人坡自由无虑的蒲公英；大概是青草地上凝神读书的少女；大概是斑驳的涂鸦地板；大概是在寒风中坚持不败的花儿；大概是神秘的风洞实验室；大概是温柔了苍凉西北的温室；大概是十几年如一日默默无闻却坚毅如初的兰大界碑；大概是萃英山脚下羞涩又坚定的"I♡U"；大概是昆仑堂自习室墙上或激奋或平凡的絮语；大概是时好时坏的网速；大概是每日准时响起的广播电台；大概是天山堂排列组合、舍不得解开的ABC区；大概是清晨将军苑里惊艳了时光的惊鸿一瞥。大概是你一件又一件温柔的小事。

作者

而我更爱的，是你“自强不息，独树一帜”的坚韧品格。1909至2018，你经历了逾百年的风霜雨雪，时间改变了你的容貌，但你并不苍老，一代又一代爱慕你的人让你焕发新的生机。

新中国成立前，有七烈士，为了你的自由安康，抛头颅洒热血。最动人心的，是辛树帜校长："揽天下英才而用之""慎选师资，广罗仪器，购置图书"，他爱你入骨，许你一世的陪伴与呵护。后来是江隆基校长，兢兢业业、脚踏实地，他用心丁改变，改变落后的现状，成就你的黄金时代。正是这些深沉又广阔的爱，让你坚忍不拔，又酿成了你骨子里的温柔。

除此之外，还有无数爱你的人仍在为你努力。教室里的谆谆教诲，实验室里忙碌的身影，图书馆里的笔耕不辍，巡逻车昼夜不停，守卫你的安全，食堂里繁忙有序，为你补充能量……

而现在，让我来爱你。

我会爱你多久呢？

我不知道。

我只知道于千百所学校中，于高考残酷的竞争中，没有多一分，没有少一分，我刚巧赶上了。

我只知道，从一入学，我就是你的人了。

我只知道，你早已深入骨髓，年深月久地成了生活的一部分。

你问我爱你值不值得，其实你应该知道，翻山越岭遇见了你，就是今生不悔的选择。

最寂寞的你，因为我，因为我们，你不再寂寞。

后 记

我接手收集《我的兰大——人物回忆录1》书稿的任务已经好长时间了，承蒙各位领导、各位老师和各位校友的关心支持，给本书撰稿、赐稿，让我感到特别温暖。

收集整理稿件的过程，又是一次了解兰大、熟悉兰大的极好机会。我们能从文章中更深地了解兰大的历史与发展，也让我更加敬仰兰大、热爱兰大，再一次受到兰大精神的鼓舞。

说起来也很艰难，也许是我的方法欠缺或者影响力不够，没有引起更多的校友对此次征稿的关注，没有更多的渠道让大家知情，以至于刚开始稿源显得有些不足。但是也有许多校友积极性很高，热情投稿，还有校友推荐了一些优秀稿件，并能按照编辑要求随时补充材料，有的作者还常常询问本书何时出版，给予我们很多的关心关注，这使我们后来的工作进展顺利。

赐予我们稿件的作者，有耄耋之年的老校友、老师长、老领导，有奋斗在各条战线的优秀校友，也有刚刚跨出校门的年轻人，还有老师长、老领导的儿女们，他们积极热情地投稿，并不厌其烦地修改完善，流了许多汗水，倾注了许多心血，给本书增色不少。

本书所录作品各具特色，题材丰富多样，让人赏心悦目。有对母校校园生活的深情回忆，有对老领导高尚品质和人格的深切怀念，有对尊师风采和教诲的记述，有对母校严谨校风校纪的赞美，等等。特别是对辛树帜、江隆基、辛安亭、徐躬耦等老一辈兰大领导人的怀念与追忆，对赵俪生、刘天怡、柯杨、杜经国等老一代知名学者的感念与敬意，饱含深情，感人至深。

本书收录的七十多篇文章，是对兰大发展历史的回顾，对兰大自强不息精神的赞美，让人们从不同的视角了解兰大，了解老一辈兰大人在困难时期对兰大的建设与坚守，对兰大的执着与热爱，从而激励晚辈后学砥砺前行，奋斗笃行，传承和发扬兰大精神，脚踏实地地为兰大增光添彩！

这本《我的兰大——人物回忆录1》终于可以与读者、与校友们见面了，非常欣慰，值得纪念。但也有些遗憾，因为有的作者已经无法看到他们的作品了。